अंग्रेजी- हिंदी

# प्रशासनिक कोश

अंग्रेजी-हिंदी

# प्रशासनिक कोश

कैलाशचंद्र भाटिया

प्रभात प्रकाशन

प्रकाशक • **प्रभात प्रकाशन प्रा. लि.**
4/19 आसफ अली रोड,
नई दिल्ली–110002

संस्करण • 2025
मूल्य • छह सौ रुपए
मुद्रक • नरुला प्रिंटर्स, दिल्ली

**ANGREZI-HINDI PRASHASANIK KOSH**
(English-Hindi Administrative Dictionary)
*by* Dr. Kailash Chandra Bhatia

₹ 600.00
Published by Prabhat Prakashan Pvt. Ltd., 4/19 Asaf Ali Road, New Delhi-2
e-mail: prabhatbooks@gmail.com
ISBN 978-93-5266-779-6

# प्रस्तावना

शब्दकोश निर्माण निस्संदेह एक कष्टसाध्य कार्य है । प्रस्तुत शब्दकोश भी अनेक वर्षों के कठोर परिश्रम का परिणाम है । इस ग्रंथ की रचना मुख्यतः हिंदी में प्रशासनिक कामकाज करनेवाले तथा अनुवाद-कार्य में लगे कर्मचारियों/अधिकारियों के प्रयोगार्थ की गई है । परंतु अन्य ज्ञान-पिपासुओं के लिए भी इसकी उपादेयता किसी भी दृष्टि से कम नहीं होगी । यह कोश विद्यार्थियों के अंग्रेजी के ज्ञान में वृद्धि करने में सहायक सिद्ध होगा; अध्यापकगण इसका एक स्पृहणीय संदर्भ ग्रंथ के रूप में उपयोग कर सकेंगे; अनुवादक इसकी सहायता से सरल एवं बोधगम्य अनुवाद करा सकेंगे, ऐसी मेरी निश्चित मान्यता है ।

यूँ तो आजकल अंग्रेजी-हिंदी शब्दकोशों की भरमार है और भारत सरकार ने भी प्रशासन-शब्दावली प्रकाशित कर रखी है । आप पूछेंगे कि फिर एक और प्रशासनिक शब्दकोश की क्या आवश्यकता है । वास्तव में शब्दावली और कोश में जमीन-आसमान का अंतर होता है । शब्दावली का क्षेत्र बहुत सीमित होता है । उसमें तो केवल पारिभाषिक शब्दों के समानार्थक दिए होते हैं । इसके विपरीत, कोश का क्षेत्र कहीं अधिक व्यापक होता है । कोश शब्द के अर्थ का सुस्पष्ट बोध ही नहीं कराता; बल्कि किस शब्द का किस मुहावरे, वाक्यांश, लोकोक्ति, सूक्ति आदि में किस अर्थ में, किस प्रकार प्रयोग किया गया है, यह भी दर्शाता है । कोश में एक ही शब्द से निकलनेवाले अनेक नए शब्द एक स्थान पर मिल पाते हैं । एक ही शब्द से विभिन्न उपसर्ग-प्रत्ययों की सहायता से अनेक शब्द बन सकते हैं तथा अन्य शब्दों के साथ सामासिक रूप भी प्राप्त कर सकते हैं । पदनाम तथा विभाग के नाम भी मूल शब्द से बन जाते हैं । निरंतर अभ्यास से प्रयोगकर्ता में यह क्षमता स्वतः ही विकसित हो जाती है कि जो निर्मित शब्दकोश में समाहित नहीं किया जा सका उसका अर्थ वह स्वयं समझ ले । इस कारण उपादेयता की दृष्टि से शब्दावली और कोश सर्वथा भिन्न हैं ।

दूसरे, हम कितने ही प्रशासनिक तथा अन्य शब्दकोश प्रकाशित कर लें, हम किसी को भी अंतिम नहीं कह सकते; क्योंकि आज के संदर्भ में राष्ट्रीय और अंतरराष्ट्रीय घटनाचक्र निरंतर नए-नए शब्द, वाक्यांश, मुहावरे आदि देता जा रहा है और जीवंत भाषा सदैव विकसित होती रहती है । अतः नवनिर्मित शब्दों के मानक अनुवादों एवं समानार्थकों के संग्रह की आवश्यकता सदैव बनी रहेगी ।

प्रस्तुत कोश में अनेक ऐसे अपभ्रंश, अवहट्ट तथा देशज शब्दों का प्रयोग किया गया है जिनका पूर्व प्रकाशित कोशों में समावेश नहीं हो पाया है । यहाँ यह

भी उल्लेख्य है कि कोश-विज्ञान की जटिलताओं से इस कोश को जानबूझकर दूर रखा गया है । एक ही शब्द संदर्भ से कहीं संज्ञा रूप में रहता है, तो कहीं क्रिया रूप में । Absorb का संज्ञा रूप में अर्थ है, 'आमेलन'; जबकि क्रिया रूप में भिन्न अर्थच्छटाओं में 'सोखना', 'तन्मय हो जाना', 'निमग्न हो जाना', 'चूस लेना', 'सहना', 'आत्मसात् करना' आदि प्रयोग में आता है । संदर्भ में ही शब्द की व्याकरणिक कोटि का ज्ञान हो जाता है । मात्र यदा-कदा बहुवचन (Pl.) का संकेत इसलिए किया गया है कि उससे सर्वथा भिन्न अर्थ का भाव निकलता है, जैसे 'Accessory' का बहुवचन रूप 'उपसाधन', 'सहायक सामग्री' के अर्थों में आता है ।

जहाँ अर्थ पर्याप्त भिन्न है वहाँ भिन्न-भिन्न अर्थ दर्शाने के लिए क्रमांक 1, 2, 3, 4,आदि का प्रयोग किया गया है । सामान्यतः अंग्रेजी मूल शब्द या उससे बने हुए शब्द के अर्थ अंग्रेजी में नहीं दिए गए हैं । पर जहाँ अर्थ में/प्रयोग में व्यापक अंतर है वहाँ हिंदी रूप के आगे कोष्ठकों में अंग्रेजी में प्रयुक्त अर्थच्छटा को दे दिया गया है । जैसे Abate में -ment = छूट (discount) । कहीं-कहीं पर्याप्त भिन्न अर्थच्छटाएँ भी हैं। जैसे :—

**Ability**

(1) कार्यक्षमता (Competency)

(2) प्रतिभा (Talent)

(3) प्रवीणता (Skill or Proficiency)

(4) सामर्थ्य (Capacity)

शब्द प्रयोग और उनकी आवृत्ति को ध्यान में रखते हुए यह भी अनुभव किया गया है कि यदा-कदा मूल शब्द का प्रयोग बिलकुल नहीं होता अथवा न के बराबर होता है । अतएव मूल शब्द न रखकर उससे निर्मित शब्द रखा गया है । जैसे:—

'Peruse' नहीं है; बल्कि 'Perusal' है जिसका प्रशासन में अत्यधिक प्रयोग होता है ।

'Strand' नहीं है; बल्कि 'Stranded' है, जिसका प्रयोग कठिन होते हुए भी अब बोलचाल में भी होने लगा है । (जब बिना सवारी/साधन के असहाय स्थिति में सड़क पर पड़े रहना हो ।)

प्रविष्टि में मूल शब्द के बाद उससे निर्मित शब्द, फिर समास और प्रयोग दिए गए हैं । इस प्रकार प्रयोगकर्ता 'इंडैक्स' से जहाँ 'इंडैक्सिंग' सीखेगा वहीं 'इंडैक्स कार्ड', 'इंडैक्स नंबर', 'इंडैक्स शीट', 'इंडैक्स स्लिप' भी सीख लेगा । प्रयत्न किया गया है कि प्रत्यय के पूर्व '-' (हाइफन) चिह्न का प्रयोग हो तो समास बनने के लिए शब्द के पूर्व या पश्चात् '~' (लहरिया) का प्रयोग ।

आशा है, विद्वज्जन और जिज्ञासु मेरे इस प्रयत्न का स्वागत करेंगे । यदि कहीं त्रुटियाँ रह गई हों तो वे तो अब अगले संस्करण में ही दूर हो सकेंगी । उसके

लिए आपके सुझाव सादर आमंत्रित हैं ।

श्री ओम प्रकाश काश्यप ने इस शब्दकोश को मुद्रण के लिए भेजने से पहले इस पर दृष्टिपात किया तथा इसकी खामियों को दूर किया । उनके प्रति मैं अपना विशेष आभार प्रकट करता हूँ ।

**—कैलाशचंद्र भाटिया**

रथयात्रा
17 जुलाई, 1996

# A

**Abandon** 1. परित्याग करना, त्याग देना, छोड़ देना, पूरी तरह से छोड़ देना; 2. संप्रदान करना, सौंप देना (to deliver up entirely to another); 3. समर्पण; 4. भावाभिभूत होना; **-ed** 1. परित्यक्त, 2. समर्पित, 3. दुश्चरित्र, 4. निर्लज्ज; **-ed assets** परित्यक्त आस्तियाँ; **-ment** 1.परित्याग, अकेलापन; 2. असंयम (complete freedom from restraint).

**Ab ante** 1. पूर्व ही, पूर्वमेव ।

**Abate** 1. उपशमन करना, उपशमन होना; 2. कमी करना, कमी होना, घट जाना; 3. समाप्त करना (विधि); 4. उतरना, घटाव (the water of the river abated); 5. दूर करना, निवारण करना; **d** 1. कम किया हुआ; 2. उपशांत; 3. समाप्त; **-ment** 1.उपशमन; 2. कमी, कम कर देना, छूट (discount); 3. समाप्ति; 4. उतार, घटाव; **-certificate** उपशमन प्रमाणपत्र; **Plea in-** उपशमन-अभिवाक्, उपशमन अभिवचन, समाप्ति प्रतिकथन ।

**Abbreviate** संक्षिप्ति करना, छोटा करना; **Abbreviation** 1. संक्षेप, संक्षिप्ति; 2. संक्षेपाक्षर, अल्पाक्षर, संकेताक्षर; 3. संकेत चिह्न; **-d** संक्षिप्त; **-address** -पता; **Abbreviator** संक्षेपक, संक्षेपकर्ता ।

**Abdicate** 1. पदत्याग करना, त्याग देना, अधित्याग करना; 2. अधिकार छोड़ देना, स्वत्व त्यागना; **Abdication** 1. पदत्याग, अधित्याग; 2. स्वत्वत्याग; **Abdicator** 1. पदत्यागी, 2. अधिकारत्यागी ।

**Abduct** 1. अपहरण करना, भगा ले जाना, अपनयन; **-ed** अपनीत, भगाई हुई, अपहृत; **-ion** 1. अपहरण, 2. अपनयन, भगाया जाना, भगा ले जाना; **-or** भगाने वाला, अपहरण-कर्ता ।

**Abet** 1. दुष्प्रेरित करना, दुष्प्रेरण करना, भड़काना; **-ed** दुष्प्रेरित, अवप्रेरित; **-ment** दुष्प्रेरण, अवप्रेरण, उकसावा **-tor** दुष्प्रेरक, अवप्रेरक; **-tal** दुष्प्रेरण ।

**Abeyance** 1. प्रास्थगन, अस्थगन, स्थगित अवस्था; 2 आस्थगन, स्थगन; **in~** आस्थगित, रोक रखा, स्थगित अवस्था में, प्रास्थगित ।

**Abide (by)** 1. -का पालन करना, -को स्वीकार करना; 2. साथ देना; 3. बना/टिका रहना; **Abiding** 1. स्थिर, स्थायी, अक्षुण्ण, टिकाऊ; 2. चिरस्थायी **-place** निवास स्थान; **~by the rules** नियमों का पालन करना ।

**Ability** 1. योग्यता, क्षमता, कार्यक्षमता

(competency); 2. प्रतिभा, (talent); 3. कौशल, निपुणता, प्रवीणता (skill, proficiency); 4. सामर्थ्य (capacity); **~test** योग्यता परीक्षण; **general ~** सामान्य प्रवीणता; **special** ~विशेष प्रवीणता।

**Ab initio** 1. आदितः, आरंभ से, शुरू से; 2. आदि नियमतः **~mundi** सृष्टि के प्रारंभ से।

**Able** 1. शक्त; 2. योग्य, समर्थ (capable); 3. निपुण (competent); 4. कार्यक्षम (having efficient power to accomplish object); 5. कुशल (skilled); **~bodied** समर्थ शरीर; स्वस्थ व्यक्ति; **~and willing** समर्थ और उद्यत।

**Abnormal** 1. अपसामान्य, अप्रसामान्य, असामान्य, अप्राकृत; 2. अस्वाभाविक (unnatural); 3. नियमबाह्य (not conforming to rule), अनियमित (irregular); **-ity** असामान्यता; **-ly** असामान्यत; **~circumstances** असामान्य परिस्थितियाँ; **~increase** असामान्य वृद्धि; **~profit** अप्रसामान्य लाभ; **~time** विषम काल।

**Abolition** 1. उन्मूलन, समाप्ति, अंत, उत्सादन; 2. तोड़ देना, समाप्त कर देना; **-ist** उन्मूलनवादी, दासताविरोधी; **~of posts** पदों की समाप्ति; **~of zamindari** जमींदारी उन्मूलन; **~of untouchability** अस्पृश्यता का अंत।

**Aboriginal** 1. आदिवासी; 2. मूल, आदिम (वि०), देशी (देशज); **~tribes** ~जातियाँ; **~welfare** ~कल्याण।

**Above** 1. ऊपर; 2. अधिक ऊपर, स्वर्ग में, से अधिक; Adj (विशेषण) ऊपरी, उपर्युक्त, ऊपरवाला, ऊपर स्थित; Prep (पूर्वसर्ग) 1. ऊँचाई पर, से ऊपर; 2. से अधिक, 3. परे, दूर; **~all** सर्वोपरि, सबसे बड़ी बात यह है कि; **~average** औसत से अधिक; **~board** संशयातीत, छल-रहित, साफ-साफ, ईमानदारी से; **~cited** उपर्युक्त, ऊपर उद्धृत; **~par** अधिमूल्य पर, औसत से ऊँचा, नफे से (at par सममूल्य पर), (below par अवमूल्य पर) **~quoted** ऊपर उद्धृत; **~reported** ऊपर प्रतिवेदित; **~said** उपर्युक्त, ऊपर कहा हुआ; **~written** ऊपर लिखा हुआ।

**Abridge** 1. संक्षेपण, कम करना, न्यून करना (lessen); 2. वंचित करना (to deprive one of one's rights); 3. संक्षेप करना, संक्षेपण; **-d** संक्षिप्त, लघु; **-report** संक्षिप्त रिपोर्ट; **-ment** 1. संक्षेप, संक्षेपण; 2. न्यूनन, घटाव, काट-छाँट; 3. संक्षिप्तीकरण।

**Abrogate** 1. निराकरण करना, निराकरण होना; **Abrogable** निराकरणीय, **-d** निराकृत; **Abrogation** निराकरण; **Abrogative** निराकारी; **Abrogator** निराकर्ता।

**Abscond** 1. फरार होना, फरारी बनना, छिपने की दृष्टि से भाग जाना; 2. पलायन, प्रपलायन; **-ed** फरार हो गया, चला गया; **-er** फरार, फरारी, भगोड़ा; **-ing debtor** फरार ऋणी, भागा हुआ ऋणी, **-ing offender** फरार अपराधी।

**Absence** 1. अनुपस्थिति, गैरहाजिरी,

2. अभाव (being wanting); 3. शून्य (lack); 4. अनुस्थितिकाल, नागा (without leave); 5. अन्यमनस्कता, दुचित्ती (of mind); **~allowance** अनुपस्थिति भत्ता; **~from duty** ड्यूटी (कर्त्तव्य) से अनुपस्थिति; **~statement** अनुपस्थिति विवरण; **in ~ of** की अनुपस्थिति में; **~of evidence** साक्ष्य का अभाव; **~of person** व्यक्ति की अनुपस्थिति ।

**Absent** 1. अनुपस्थित; 2. अन्यत्र होना; अनमना (not present, living in another place); 3. अविद्यमान (not existing); **-ee** 1. अनुपस्थित; 2. अन्यत्रवासी; **-ism** अनुपस्थित रहने की क्रिया; **~minded** 1. शून्यमनस्क, अन्यमनस्क, अनमना, दुचित्ता; 2. भुलक्कड़; **~without leave** बिना छुट्टी अनुपस्थित; **~from duty** ड्यूटी से अनुपस्थित; **~physically** वस्तुतः अनुपस्थित; **~on tour** दौरे पर अनुपस्थित ।

**Absolute** 1. आत्यंतिक, एकांतिक, अनन्य, अबाध, निर्बाध, असीम (unrestricted); 2. स्पष्ट (free from doubt); 3. पूर्ण, परम (complete and outright, perfect); 4. अंतिम (final); 5. शुद्ध, अमिश्रित **~drink** शुद्ध पेय;) 6. संदर्भविहीन, असंबद्ध; 7. परम, चरम, अत्यंत (highest); 8. निरुपाधि अनर्ह (unqualified); **absolutism** निरपेक्षतावाद; **-ness** संपूर्णता, तानाशाही (राजनीति), निरपेक्षतावाद; **-ly** पूर्ण रूप से, आत्यंतिक रूप से, सर्वथा, नितांत, पूर्णतया, बिल्कुल; **-clear** सर्वथा/नितांत स्पष्ट; **~conviction** पूर्ण विश्वास, दृढ़ विश्वास; **~interest** आत्यंतिक हित; **~discretion** पूर्णतः विवेकाधीन; **~majority** स्पष्ट बहुमत, पूर्ण बहुमत; **~monopoly** पूर्ण एकाधिकार; **~owner** पूर्ण स्वामी; **~value** निरपेक्ष मूल्य; **~warranty** स्पष्ट वारंटी; **~zero** परम शून्य; **~power** परम सत्ता; **~right** परम/पूर्ण अधिकार; **~rule** निरपेक्ष नियम; **~title** पूर्ण हक़/सत्व ।

**Absolve** 1. विमुक्त करना (दायित्व से), छुटकारा देना; 2. पाप-मुक्त करना, निर्मोचन करना; **-d** निर्मुक्त, विमुक्त; **-nt** निर्मोची, निर्मुक्त; **-r** निर्मोचक; **~from duty** कर्त्तव्य से मुक्त करना; **~ from liability** दायित्व से मुक्ति पा जाना ।

**Absorb** 1. आमेलन (विधि); 2. अवशोषण करना, सोखना; 3. तन्मय हो जाना, मग्न/निमग्न हो जाना (engrossed); 4. चूस लेना; 5. सहना (झटका); 6. आत्मसात करना (to assimilate); **~in** निमग्न; **-ed** 1. अंतर्लीन, समाविष्ट; 2. सोखा हुआ; 3. मग्न, निमग्न, तन्मय; 4. आत्मसात; **absorbed area** आमेलित क्षेत्र; **absorbed employee** आमेलित कर्मचारी; **absorbed post** आमेलित पद ।

**Absorption** 1. आमेलन (संविलयन); 2. अवशोषण, सोख लेना; 3. तन्मयता, तल्लीनता; **Absorptive** अवशोषक ।

**Abstain** 1. प्रविरत रहना, अलग रहना, सम्मिलित न होना; 2. परहेज करना; 3. मद्यत्याग करना (from liquor); **-er** परहेजगार, मद्यत्यागी;

**-ing** प्रविरत रहना; **~from drink** मदिरा न पीना ।

**Abstract** 1. सार, संक्षेप, सारांश; 2. आकार/खाका; vt. 1. सारांश तैयार करना; 2. खींचना, हटा देना (divert); 3. अलग कर देना, हटा लेना, घटाना, निकालना; 4. चुराना (epitomize); Adj. 1. अमूर्त/निराकार (not concrete); 2. गूढ़, गहन (abstruse); 3. अव्यावहारिक, सैद्धांतिक (unpractical); 4. सामान्य (general); **-ed** अलग, पृथक्, अनमना; **-ion** अमूर्तीकरण; **-or** सारकर्ता, संक्षेपकार; **~bill** संक्षिप्त बिल; **~book** सार पुस्तिका; **~contingent bill** संक्षिप्त आकस्मिक व्यय बिल; **~of tender** निविदा/टेंडर का सार; **~sheet** सार-पत्रक ।

**Absurd** 1. अर्थहीन, बेतुका, विसंगत, अनर्गल, निरर्थक, असंगत, अयुक्त; 2. हास्यास्पद (ridiculous); **-ity** 1. अर्थहीनता, बेतुकापन, विसंगति; 2. बेतुकी बात; **~argument** बेतुका/हास्यास्पद तर्क ।

**Abuse** v. 1. दुरुपयोग करना, गलत प्रयोग करना; 2. दुर्व्यवहार करना; 3. गाली देना, कोसना; n 1. दुरुपयोग; 2. दुर्व्यवहार; 3. गाली, अपशब्द; 4. कुप्रथा; **abusive** 1. गंदा, अश्लील; 2. अपमानजनक, निंदात्मक; 3. गलत, अनुचित; **abusive language** अपशब्द, गाली गलौज करना; **~of power** शक्ति का दुरुपयोग ।

**Academic** 1. शैक्षणिक, विद्या संबंधी (educational); 2. शास्त्रीय, शैक्षिक, विद्वत्तापूर्ण (scholarly); 3. अकादमी संबंधी, अकादमिक; 4. अत्यधिक सैद्धांतिक (theoretical), अव्यावहारिक (unpractical); 5. पंडिताऊ; **Academy** अकादमी; **academician** 1. -का सदस्य, 2. अव्यावहारिक; **~body** शैक्षणिक निकाय; **~council** विद्या परिषद्; **~discussion** शास्त्रीय चर्चा; **~qualification** शैक्षणिक योग्यता; **~session** शैक्षणिक सत्र; **~year** शिक्षा वर्ष, शैक्षणिक वर्ष ।

**Accede** (to) 1. मान लेना, सहमत होना, राजी होना, स्वीकार कर लेना; 2. अधिमिलन होना, शामिल होना, सम्मिलित होना; 3. पदग्रहण करना; **acceding** सम्मिलित होने वाले, अंगीकार करना; **-states** ऐसे राज्य जिनका अधिमिलन हो गया ।

**Accelerate** 1. चाल/गति में वृद्धि करना, रफ़्तार तेज करना; 2. त्वरित विकास करना; **accelerated** त्वरित; **acceleration** त्वरण, गति-वृद्धि, गति बढ़ाने का भाव; **-note** त्वरापत्र; **accelerative** गति बढ़ाने वाला, त्वरमान, त्वरायक; **accelerator** गति बढ़ानेवाला यंत्र, त्वरित्र; **~the death** मृत्यु त्वरित कर देना ।

**Accept** 1. स्वीकार करना, मानना, अंगीकार करना; 2. सकारना (हुंडी); 3. प्रतिग्रहण करना (विधि); **-ability** स्वीकार्यता; **-able** 1. स्वीकार्य, प्रतिग्राह्य; 2. उपयुक्त, संतोषजनक; **-ed** 1. स्वीकृत; 2. मान्य; 3. सकारा हुआ; **-bill** स्वीकृत बिल/विपत्र; **~the confidence** विश्वास प्रतिगृहीत करना; **~the plea** अभिवाक्

प्रतिगृहीत करना ।

**Acceptance** 1. प्रतिग्रहण; 2. स्वीकृति, स्वीकरण; 3. सकारना (हुंडी); 4. मंज़ूरी, अनुमोदन; 5. विश्वास (belief); (s) pl. 1. स्वीकृत हुंडी; 2. स्वीकारोक्तियाँ **~book** स्वीकार बही; **for honour~** आदरार्थ स्वीकरण; **general~** साधारण स्वीकृति; **~house** 1. स्वीकृति गृह; 2. सकार घर; **~of bill** विनिमय पत्र का प्रतिग्रहण; **~of office** पद-स्वीकृति; **~of promise** वचन का प्रतिग्रहण; **~of tender;** निविदा की स्वीकृति; **qualified~** सापेक्ष स्वीकृति ।

**Access** 1. पहुँच; 2. मार्ग, रास्ता (way); 3. पैठ, प्रवेश (of a state); 4. उद्वेग, आवेश (outburst); 5. बढ़ती, अभिवृद्धि (increase by addition); 6. आगमन, अभिगमन (approaching); **-ibility** 1. अभिगम्यता; 2. सुगमता; 3. प्रभाव; **-ible** 1. जो पहुँच में हो, पहुँच के भीतर; 2. सुगम, अभिगम्य; 3. प्राप्य, सुलभ (obtainable); 4. जिसे प्रभावित किया जा सके (open to); **-locality** सुगम स्थान ।

**Accession** 1. राज्यारोहण, पदारोहण; 2. परिग्रहण; 3. अधिमिलन, संयोजन, मिल जाना, प्रवेश (of a state); 4. अवाप्ति, प्राप्ति क्रमांक; 5. आगमन, अभिगमन (coming to or near); 6. अनुवृद्धि (increase); 7. स्वीकृति, सहमति (assent); **~book** अवाप्ति रजिस्टर/पंजी; **~number** अवाप्ति क्रमांक; **instrument of~** अंगीकार पत्र; **~to office** पदारोहण ।

**Accessory** 1. अनुषंगी, अतिरिक्त (extra); 2. (pl.) उपसाधन, सहायक सामग्री (subordinate); 3. आगंतुक, बाहरी; **~licence** अनुषंगी लाइसेंस; **~right** गौण अधिकार, समनुषंगिक अधिकार; **~to** का उपसाधन ।

**Accident** 1. दुर्घटना, वारदात (mishap); 2. संयोग, दैवयोग (chance); 3. अप्रत्याशित (unforeseen 4. विषमता; **-al** 1. आकस्मिक, संयोगजन्य; 2. आनुषंगिक, गौण; 3. अनावश्यक; **-ally** 1. घटनावश, संयोग से; 2. अनजाने ही, आप से आप; **~prone** दुर्घटनाभिमुखी; **~policy** बीमापत्र; **~report ~** की सूचना; **~spot** ~स्थल; **accidental omission** आकस्मिक लोप; **accidental slip** आकस्मिक चूक; **by accident** संयोगवश ।

**Acclimatization** 1. पर्यनुकूलन, परिस्थिति-अनुकूलन, जलवायु-अनुकूलन, दशानुकूलन; **Acclimatized** परिस्थिति अनुकूलित ।

**Accommodation** 1. आवास, टिकने ठहरने का स्थान (lodging); 2. निर्वाह; 3. गुंजाइश, समायोजन, अनुकूलन (adjustment); 4. सहायता (help); 5. सुविधा, स्थान-सुविधा, जगह (convenience); 6. सौजन्य, उपकारिता, सौकर्य; 7. आपूरण; **accommodate** टिकने, ठहरने की जगह; **accommodating/-ive** अनुग्रहकारी, मुरव्वती, उदारमना (obliging); **~letter** सौकर्म पत्र; **~note** सौकर्म पत्र ।

**Accompanying** 1. सह (पत्र), संलग्न, साथ का; **~letter** साथ का

पत्र, सहपत्र ।

**Accomplish** कुशलता से सम्पन्न करना; **-ed** 1. प्रवीण, दक्ष, कुशल, गुणसंपन्न (skilled); 2. सुसंस्कृत, परिष्कृत (polished); 3. संपादित, पूरा किया हुआ, निष्पन्न; **-able** साध्य, निष्पाद्य; **-ment** 1. निष्पादन; 2. उपलब्धि; 3. सफलता; 4. कौशल, प्रवीणता, दक्षता; **~fact** निष्पन्न तथ्य ।

**Accord** vt 1. समझौता करना, दूसरे की बात मान लेना; 2. प्रदान करना, देना; 3. मेल खाना, अनुरूप होना; **n.** 1. एकमत्य, मेल; 2. संधि, राजीनामा; 3. स्वेच्छा (one's own accord); 4. समझौता (law); **-able** समाधेय; **-ance** 1. मेल, संगति; 2. अनुरूपता; 3. अनुसरण; **in - with** के अनुसार, तदनुसार; **with one ~**एकमत होकर, सर्वसम्मति से ।

**Accordingly** 1. तदनुसार, तदनुकूल, यथा; 2. अतः, इसलिए, फलतः, परिणामतः, फलस्वरूप ।

**Account** 1. लेखा, खाता; 2. हिसाब, हिसाब-किताब (book-keeping); 3. विवरण, वृतांत (a statement of facts); 4. महत्त्व (importance, worth); 5. स्पष्टीकरण (explanation of one's administration or conduct in money affair); 6. गणना, गणन; 7. उत्तरदायी होना (to be responsible for); **-ability** 1. उत्तरदायित्व, जवाबदेही; 2. हिसाब-किताब की जिम्मेदारी; **-able** 1. उत्तरदायी; 2. देनदार; 3. लेखा-योग्य; **-ancy** 1. लेखाशास्त्र, लेखाविधि; 2. लेखापालन, लेखाकार्य; **-ant** लेखाकार; **~book** लेखा बही, बहीखाता; **~for** 1. कारण बताना; 2. लेखा-जोखा देना; 3. उत्तरदायी होना; **cash~** रोकड़ लेखा; **~head** लेखाशीर्ष; **-ing unit** लेखा एकक; **~keeping** लेखा पालन; **by all accounts** सभी दृष्टियों से; **call to ~**1. जवाब-तलब करना; 2. झिड़की देना; **on ~ of** के मद्दे, के कारण; **on no ~** बिल्कुल नहीं, हरगिज नहीं ।

**Accoutrements** pl. 1. साज-सज्जा, साज-सामान; 2. वस्त्र, पोशाक (सैनिक) ।

**Accredit** 1. प्रत्यायित करना (राजदूत को प्रत्यय पत्र देकर भेजना); 2. प्रमाणित करना, अधिकृत करना (certify); 3. विश्वास करना (take as true); 4. का श्रेय देना (attribute); **-ation** प्रत्यायन; **-ed** 1. प्रत्यायित; 2. प्रमाणित ।

**Accretion** 1. अभिवृद्धि, वर्धन; 2. सहविकास, सहवर्धन; 3. बढ़ा हुआ अंश; **-ary** अभिवर्धी, अनुवृद्धि ।

**Accrue** 1. प्रोद्भूत होना, बढ़ना (ब्याज); 2. (ब्याज) प्राप्त होना, उपार्जित होना; **accrual** प्रोद्भवन, उपार्जन; **-d** 1. प्रोद्भूत; 2. उपार्जित; **accruing** प्रोद्भावी; **-ment** 1. प्रोद्भूत; 2. उपार्जन, प्राप्ति ।

**Accumulate** 1. संचय करना, संचित करना, ढेर लगाना, इकट्ठा करना, एकत्र करना; 2. संगृहीत करना; **-d** संचित, एकत्र; **accumulation** 1. संचय करना, संचयन; 2. संचित सामग्री; 3. ढेर, अंबार; **accumulative** 1. संचयी; 2. बढ़ता चलने वाला; 3. पूंजीभूत; **Accumulative**

action संचयी प्रतिक्रिया; **-judgement** अनुभोग्य निर्णय; **-legacy** अतिरिक्त रिक्थ; **accumulator** 1. संचायक, संचयकर्त्ता; 2. संचयन-यंत्र।

**Accurate** 1. बिलकुल सही, ठीक, शुद्ध, परिशुद्ध (very correct); 2. यथार्थ (proper); **Accuracy** 1. यथार्थता; 2. शुद्धता; 3. शुद्धि; **-ly** यथार्थतः, यथार्थ रूप में, ठीक-ठीक; **-ness** यथार्थता, परिशुद्धता; **~estimate** परिशुद्ध प्राक्कलन ।

**Accuse** दोषारोपण करना; 2. अभियोग लगाना; **accusable** दोषारोप्य; **accusation** 1. दोषारोपण; 2. अभियोग (विधि); **accused** 1. अभियुक्त, जिस पर अभियोग लगाया गया हो; 2. प्रतिवादी; **accuser** अभियोग लगाने वाला ।

**Achieve** 1. प्राप्त करना, पाना; 2. पूरा करना, सफल होना, निष्पन्न करना; **achievable** निष्पाद्य, उपार्ज्य; **achieved** 1. प्राप्त; 2. निष्पन्न, संपादित; **-ment** 1. उपलब्धि; 2. सफलता; 3. प्राप्त की हुई वस्तु ।

**Acknowledge** 1. पावती देना, प्राप्ति स्वीकार करना; 2. कबूल करना, मान लेना; 3. धन्यवाद देना, आभार प्रकट करना (thank); 4. अभिस्वीकार करना, तसदीक करना (विधि); 5. स्वीकार करना, कबूलना ।

**Acknowledged** स्वीकृत, अभिस्वीकृत, प्राप्ति स्वीकृत; **-ment** पावती, प्राप्ति स्वीकृति; 2. अभिस्वीकृति (विधि), दावा मान लेना; 3. कृतज्ञता/आभार-प्रकाश; **- due -** रसीदी; **-form** पावती फार्म, स्वीकृति पत्र ।

**Acquaint** 1. परिचय होना, परिचय देना; 2. अवगत कराना, जानकारी देना, सूचना देना; **-ance** 1. परिचय, परिचित (व्यक्ति); 2. जानकारी; 3. मुलाकाती; **-ed** 1. परिचित (known); 2. सूचित ।

**Acquire** 1. अर्जन करना, कमाई करना; 2. हस्तगत करना, अधिग्रहण करना, अवाप्त करना; **acquired** 1. अर्जित; 2. अधिगृहीत; **-ment** 1. अर्जन; 2. अवाप्ति, अधिग्रहण; 3. योग्यता, कौशल (attainment); **acquirer** 1. अर्जक; 2. अधिग्रहण करने वाला ।

**Acquisition** 1. अर्जन; 2. अधिग्रहण, अधिप्राप्ति; 3. उपलब्धि; ~of right, title and interest अधिकार, हक़ और हित का अर्जन; **-of land** भूमि का अर्जन ।

**Acquit** 1. दोषमुक्त करना, बरी करना (विधि) (exonerate); 2. भुगतान/ ऋण चुकाना (pay off debts); 3. पेश आना, निभाना (behave); 4. मुक्त करना, छोड़ देना (free); **-(t)al** 1. दोषमुक्ति, विमुक्त करना, बरी करना; 2. छुटकारा, रिहाई; **-(t)ed** रिहा, विमुक्त, दोषमुक्त ।

**Acquittance** 1. भरपाई, रसीद (receipt); 2. निस्तारण, ऋण-शोधन (release); 3. छुटकारा (दायित्व से), ऋण से (of debt/duty); **~register** (pay register) वेतन-पंजी; **~roll** भुगतान-पंजी ।

**Act** 1. कार्य, क्रिया, कृत्य; 2. अधिनियम, विधि; 3. कृत (विधि), कर्म; 4. व्यापार; 5. मिथ्या आचरण, बनावटी

व्यवहार; 6. नाटक का अंक; **~in force** लागू अधिनियम; **~of misconduct** कदाचार; **~of faith** श्रद्धा कार्य; **~of grace** क्षमादान; **~of justice** न्याय कार्य; **~of violence** हिंसा कार्य; **-ing** (adj) कार्यकारी, n. 1. अभिनय; 2. दिखावा; 3. कृत्रिम व्यवहार; **-allowance** - भत्ता; **-as** के रूप में कार्य करने वाला; **-in good faith** सद्भाव से कार्य करते हुए; **-in self-discretion** स्वविवेक से कार्य करते हुए; **-justly** न्याय्य रूप से कार्य करते हुए ।

**Action** 1. कार्रवाई, अनुयोजन; 2. क्रिया, कार्य, कर्म; 3. संक्रिया (way of working); 4. क्रियाकलाप; 5. युद्ध, लड़ाई; 6. प्रभाव; pl. कार्रवाई; **-able** कार्रवाई योग्य; **~committee** कार्रवाई समिति; **mixed ~** मिश्रित कार्रवाई; **personal ~**वैयक्तिक कार्रवाई; **~song** अभिनय गीत; **~taken** की गई कार्रवाई ।

**Active** 1.सक्रिय, क्रियाशील, क्रियात्मक; 2. फुर्तीला, चपल-चंचल; 3. सामरिक; 4. कर्तृवाचक (व्याकरण); **activate** सक्रिय करना; **activity** 1. सक्रियता; 2. क्रियाकलाप; 3. गतिविधि, हलचल, सरगर्मी; 4. स्फूर्ति; **~army** स्थायी सेना; **~class** रण सेवा में, सेना में; **~help** सक्रिय सहायता; **~life** सक्रिय जीवन; **~lien** चालू ग्रहणाधिकार; **~list** सक्रिय सूची; **~service** 1. सक्रिय सेवा; 2. सामरिक सेवा; **~step** सक्रिय/ क्रियात्मक कदम ।

**Actuals** 1. वास्तविक (आँकड़े), यथार्थ; 2. विद्यमान, वर्तमान; **actuality** यथार्थता, वास्तविकता; **actualize** वास्तविक रूप प्रदान करना ।

**Adapt** 1. रूपांतरित करना, 2. अनुकूल ढाल लेना; **-able** 1. अनुकरणीय; 2. रूपांतरणीय; **-ation** 1. अनुकूलन, अनुकूलीकरण; 2. रूपांतर; 3. रूपांतरण; **-ed** 1. रूपांतरित; 2. अनुकूलित, उपयुक्त; **-er** 1. अपने को अनुकूल बनाने में सक्षम; 2. अनुकूलित्र; 3. उपायोजक (बिजली), अनुकूलित, अनुकूलक; **-ing** अनुकूलन करना ।

**Add** 1. जोड़ना, बढ़ाना, मिलाना; 2. जोड़ देना, बढ़ा देना (increase); 3. कुछ और कहना, आगे कहना; 4. योग; **-end** योज्य; **-ing** जोड़; **-machine** जोड़ मशीन, जोड़ यंत्र; **-parties** पक्षकारों का नाम जोड़ना; **-to the rules** नियमों में परिवर्धन करना ।

**Addition** 1. योग, जोड़ (something added); 2. परिवर्धन, बढ़ोत्तरी, बढ़त, वृद्धि (improvements and additions); 3. पता-ठिकाना (occupation and place of abode of a person besides his name); **-al** 1. अतिरिक्त (extra); 2. अपर (पदनाम); 3. समधिक (added); **additional charge** अतिरिक्त वसूली; **additional collection** अतिरिक्त वसूली; **additional grant** -अनुदान; **additional pay** -वेतन; **additive** योगात्मक, योगज; **~and alteration** परिवर्तन तथा परिवर्धन; **~and omission** परिवर्धन तथा लोप; **in~to** के अतिरिक्त, के साथ-साथ ।

**Address** 1. पता, सरनामा; 2. अभिभाषण, भाषण; 3. संबोधन, संबोधित करना; 4. मानपत्र, अभिनंदन पत्र; 5. (काम में) लगा देना; 6. समावेदन; 7. बोलने का रंग-ढंग; **-ee** पानेवाला, प्रेषिती; **-ed** के नाम; **-to** के पते पर, को संबोधित; **-ograph** पता लेखी; **~of welcome** अभिनंदन पत्र, स्वागत भाषण; **address by each house** प्रत्येक सदन द्वारा समावेदन ।

**Adduce** 1. पेश करना, सामने रखना (बात/विचार); 2. प्रस्तुत करना (तर्क, प्रमाण आदि) (to cite or quote); **-nt** अभिवर्तक; **~evidence** साक्ष्य पेश करना ।

**Adequate** 1. पर्याप्त, यथेष्ट; 2. बहुत, संतोषजनक, समुचित, यथायोग्य, यथोचित; 3. उपयुक्त; **adequacy** 1. पर्याप्तता, यथेष्टता; 2. सम् औचित्य; 3. उपयुक्तता; **-ly** पर्याप्त रूप से; **~compensation** पर्याप्त प्रतिकर; **~consideration** यथायोग्य प्रतिफल; **~protection** यथोचित सुरक्षा; **~provision** पर्याप्त उपबंध; **~reason** पर्याप्त कारण; **~step** पर्याप्त कदम ।

**Adhere** 1. दृढ़ रहना, डट जाना; 2. अनुवर्तन करना, पालन करना; 3. चिपक/सट जाना; 4. समर्थन; 5. निष्ठा; **-nce** 1. अनुवर्तन, अनुसरण; 2. चिपकाव; 3. समर्थन; 4. सन्नद्धता; 5. अनुषक्ति; **-nt** 1. चिपका हुआ, संसक्त; 2. अनुगामी; 3. हिमायती/पक्षधर; **~to** 1.दृढ़ रहना; 2. अनुवर्तन करना, पालन करना (a rule); 3. के प्रति लगाव ।

**Adhesive** 1. आसंजक (clinging); 2. चिपकने वाला (gummed); 3. चिपचिपा (sticky); **~stamp** आसंजक स्टाँप चिपकने वाला स्टांप; **~tape** चिपकना फीता ।

**Ad hoc** 1. तदर्थ; **~benefit** ~लाभ **~committee** ~ समिति (ऐसी समिति जो किसी विशिष्ट काम के लिए तत्काल बना दी जाए); **~indent** ~माँगपत्र; **~judge** ~न्यायाधीश; **~offer** ~ प्रस्थापना ।

**ad infinitum** 1. निरवधि, सदा के लिए, अनंतकाल के लिए, पर्यंत ।

**ad interim** अंतराल के लिए, अंतःकालीन; **~injunction** ~ निषेधाज्ञा/व्यादेश; **~order** अस्थायी/अल्पकालीन/अंतरिम आदेश ।

**Adjacent** 1. पार्श्वस्थ, समीपवर्ती, पास का; 2. आसन्न, संलग्न (गणित); **~country** लगा हुआ देश।

**Adjoin** लगा होना, जोड़ना, सटाना, मिलाना; **-ing** 1. सटा हुआ, लगा हुआ, संलग्न, आसन्न, पार्श्व के; 2. निकट का; **adjoining land** लगी हुई भूमि ।

**Adjourn** 1. स्थगित करना, काम रोकना; 2. चल देना (कहीं और), चले जाना; 3. टाल देना, आगे बढ़ाना (defer); **-ed** स्थगित; **-meeting** स्थगित अधिवेशन; **-ment** 1. स्थगन; 2. स्थगनकाल; **-motion** प्रस्ताव, काम रोको प्रस्ताव; **~hearing** सुनवाई स्थगित करना ।

**Adjudge** 1. ठहराना; 2. न्यायनिर्णीत करना (विधि); **-d** न्यायनिर्णीत; **-ment**

विनिर्णय ।

**Adjudicate** 1. न्यायनिर्णयन देना, फैसला सुनाना; **-d** न्याय निर्णीत; **adjudicating** न्यायनिर्णायक; **adjudication** न्यायनिर्णयन; **adjudicative** न्यायनिर्णयात्मक; **adjudicator** न्यायनिर्णायक, अधिनिर्णायक ।

**Adjust** 1. समायोजन करना, अनुकूल बनाना, अभ्यस्त बनना; 2. ठीक करना, व्यवस्थित करना; **-able** समंजनीय, समायोज्य; **-ed** समायोजित; **-er** समायोजक, सामंजक; **-ing** समायोजक; **-ment** 1. समायोजन, समंजन; 2. समाधान ।

**Adjutant** 1. एड्जुटेंट, सैनिक कार्यालयाधिकारी; 2. सहयोगी, सहायक; **~general** महासहायक ।

**Administer** 1. प्रशासन करना, प्रबंध/व्यवस्था करना (to govern); 2. देना, दिलाना (दवा) (medicine); 3. शपथ दिलाना (an oath); 4. (न्याय) देना, करना (to dispense justice); **-ed** 1. निर्देशित, दी गई; 2. प्रबंधित; 3. प्रशासित; **-price** - कीमत; **-ing** प्रशासन; **-authority** - प्राधिकारी; **~oath** शपथ दिलाना; **~poison** विष देना; **~warning** चेतावनी देना ।

**Administrate** प्रशासन करना; **administration** 1. प्रशासन; 2. प्रबंध, व्यवस्था; 3. (औषध) दान; **~of justice** न्याय प्रशासन; **administrative** प्रशासनिक, प्रशासी, प्रशासकीय; **-ability** -क्षमता; **-accounts** -लेखे; **-approval** -अनुमोदन; **-convenience** -सुविधा; **-department** - विभाग; **-function** - कार्य; **-head** - प्रधान; **-measures** - उपाय; **-ministry** - मंत्रालय; **-sanction** -मंजूरी; **-system** -पद्धति; **administrator** 1. प्रशासक; 2. प्रबंधकर्त्ता; **administratrix** प्रशासिका; **-general** महाप्रशासक ।

**Admissible** 1. ग्राह्य, स्वीकार्य, अनुज्ञेय; 2. प्रवेश्य; 3. प्रतिग्राह्य; **admissibility** ग्राह्यता, स्वीकार्यता; **~expenditure** ग्राह्य व्यय; **~in evidence** साक्ष्य में ग्राह्य; **~in proof** साबित करने के लिए ग्राह्य ।

**Admission** 1. स्वीकृति, दोष-स्वीकृति, स्वीकारोक्ति (acknowledgement); 2. प्रवेश, दाखिला, प्रवेशाधिकार; प्रवेश शुल्क (fee); 3. प्रतिग्रहण; **~committee** प्रवेश समिति; **~fee** प्रवेश शुल्क; **~form** प्रवेश पत्र; **~register** प्रवेश पंजी; **~ticket** प्रवेश टिकट **~of petition** अर्जी का ग्रहण; **~of plaint** वादपत्र का ग्रहण ।

**Admit** 1. प्रवेश करने देना, अंदर आने देना, ग्रहण करना; 2. स्वीकार करना, मान लेना; 3. प्रविष्ट करना, दाखिल करना; 4. गुंजाइश होना; **~to bail** जमानत पर छोड़ना, जमानत लेना; **~to proof** सबूत प्रक्रिया में सम्मिलित करना; -(t) **ance** 1. प्रवेश, 2. भरती, दाखिला, 3. प्रवेश की अनुमति; -(t) **ed** 1. प्रविष्ट, दाखिल; 2. स्वीकृत; **-ly** निश्चय ही, निस्संदेह, सर्वसम्मति से ।

**Admonition** 1. भर्त्सना, झिड़की, डाँट, फटकार (reprove); 2. चेतावनी (caution); 3. समझाना (exhort);

4. सूचना देना (inform); **-er** चेतावनी देने वाला, फटकारने वाला ।

**Adolescent** 1. किशोर, कुमार (नवयुवक-नवयुवती); 2. किशोरकालीन ।

**Adopt** 1. अंगीकार करना, अपनाना; 2. मान लेना, स्वीकार कर लेना; 3. गोद/दत्तक लेना; **-ability** ग्रहणीयता; **-able** ग्रहणीय, अंगीकार्य, अपनाने योग्य; **-ed** 1. गोद लिया हुआ, दत्तक; 2. अंगीकृत; **-ee** दत्तक; **-ion** 1. अंगीकरण; 2. दत्तक ग्रहण; 3. अपनाना; **-er** दत्तकग्राही; **~policy** पालिसी को अंगीकृत करना; **~procedure** प्रक्रिया का अनुसरण करना ।

**Adult** 1. प्रौढ़, वयस्क, बालिग; **-hood** व्यस्कता; **~education** ~शिक्षा; **~franchise** (वयस्क) मताधिकार; **~suffrage** मताधिकार; **~worker** ~कर्मकार ।

**Adulterate** 1. मिलावट करना, अपमिश्रण करना, खोट मिलाना; 2. दूषित करना; **adulterated** मिलावटी, अपमिश्रित; **adulteration** मिलावट, अपमिश्रण; **adulteratant** अपमिश्रक, मिलावट, खोट; **adulterator** अपमिश्रक, मिलावट करने वाला ।

**Adultery** 1. जारकर्म, व्यभिचार; **adulterer** व्यभिचारी **adulterine** जारज ।

**ad valorem** 1. यथामूल्य, मूल्यानुसार, मूल्य का; **~duty** ~शुल्क; **~tax~** कर ।

**Advance** (v) 1. अग्रिम/पेशगी देना, अधिदाय; 2. उधार देना (loan); 3. आगे बढ़ाना, सामने लाना; (n) 1. अग्रिम/पेशगी; 2. बढ़ती, बढ़ाव, अभिवृद्धि; 3. प्रगति, उन्नति (improvement); 4. अग्रता; **advanced** 1. उन्नत, विकसित; 2. उन्नेतिशील, 3. उच्च; 4. वृद्ध (old) **advancing** बढ़ते हुए, प्रगामी; **-ment** 1. उन्नति, विकास; 2. प्रगति, अभिवर्द्धन; 3. अग्रसर करना; 4. वृद्धि; **~copy** अग्रिम प्रति; **~increment** ~वृद्धि; **~money** ~धन; **~pay** ~ वेतन; **~payment~** अदायगी/भुगतान; **~sample~** प्रतिदर्श/नमूना; **in~** अग्रिम रूप से, पहले ही ।

**Advantage** 1. लाभ, फायदा, नफा, सुविधा (benefit); 2. भलाई, हित, सहूलियत; 3. श्रेष्ठता (superiority); **-ous** 1. लाभकारी, लाभदायक, फायदेमंद, लाभप्रद; 2. अनुकूल, उपयुक्त (favourable); **take~of** लाभ उठाना ।

**Adverse** 1. प्रतिकूल, उलटा, विपरीत; 2. हानिकर (harmful); 3. प्रतिमुख (in position); **-ly** प्रतिकूल रूप में, के प्रतिकूल, प्रतिकूलतः; **~entry ~** प्रविष्टि/इंदराज; **~party** प्रतिपक्षी; **~remark ~** अभ्युक्ति; **~report ~**रिपोर्ट **~to the title** हक के प्रतिकूल ।

**Adversity 1.** दुर्भाग्य, बदनसीबी; 2. आपत्ति, विपत्ति, मुसीबत; दुःख ।

**Advertise** विज्ञापन देना, विज्ञापित करना; 2. घोषित करना, सूचना देना; **advertised** विज्ञापित; **~sale ~**बिक्री; **~tender ~**टेंडर/निविदा; **advertiser** विज्ञापनदाता, विज्ञापनबाज; **advertising** विज्ञापन कार्य, विज्ञापन व्यवसाय; **-ment** विज्ञापन ।

**Advice** परामर्श, सलाह, मंत्रणा (counsel); 2. सूचना, संज्ञापन (information); 3. सीख, उपदेश; **~note** संज्ञापन-पत्र, सूचना-पत्र; **~slip** सूचना पर्ची; **~of despatch** प्रेषण की सूचना; **~of payment** भुगतान-संज्ञापन ।

**Advise** 1. सलाह देना, परामर्श देना; 2. सिफारिश करना; 3. सूचना देना; **advisable** उचित; **advised** मंत्रित; **adviser/or** सलाहकार, परामर्शदाता; **advisory** सलाहकार, परामर्श संबंधी, मंत्रणा; **~board~** मंडल; **~committee** ~समिति; **~council** ~परिषद्; **~panel** ~नामिका ।

**Advocate** 1. अधिवक्ता, एडवोकेट; 2. पक्ष-समर्थन, पैरवी करने वाला, पक्षपोषण करना (supporter); **advocacy** 1. वकालत; 2. पक्ष-समर्थन; **associate~** सहयुक्त~; **-General** महाधिवक्ता; **Govt.~** सरकारी अधिवक्ता ।

**Aerial** 1. एरियल, हवाई/आकाशी, वायुसंबंधी; 2. काल्पनिक, वायवीय; **aerophoto** हवाई फोटो; **~survey** हवाई सर्वेक्षण, आकाशी/विमान सर्वेक्षण; **aerobatics** हवाई कलाबाजियाँ; **aerodrome** हवाई अड्डा; **aeronautical** वैमानिक; **aerogram** हवाई पत्र; **aeroplane** हवाई जहाज ।

**Aesthetic** 1. सौंदर्यशास्त्र; 2. सौंदर्य संबंधी; 3. सुरुचिपूर्ण; **~quality of surroundings** आसपास की सौंदर्यपरकता **~value** सौंदर्य की दृष्टि से महत्त्व; **-ism** सौंदर्यवाद; (pl.) **-s** सौंदर्यशास्त्र; 2. सौंदर्य सिद्धांत ।

**Affairs** 1. कार्य, मामले, काम, कामकाज, कार्यकलाप; 2. अवैध प्रेम संबंध (love); 3. प्रसंग, विषय, परिस्थिति; 4. बातें, मामले; **~of family** कुटुंब की बातें; **~of state** राज्य के कार्यकलाप; **foreign** ~विदेशी मामले; **public** ~लोक कार्य ।

**Affect** 1. प्रभाव डालना, प्रभावित करना, छाप छोड़ना; 2. ढोंग करना, बनना (feign); 3. पसंद करना (like); 4. आक्रांत करना (attach); **~adversely** प्रतिकूल प्रभाव डालना; **~materially** गहरा प्रभाव डालना; **~prejudicially** प्रतिकूल प्रभाव डालना **-ed** 1. बना हुआ, 2. बनावटी; 3. प्रभावित; 4. ग्रस्त, आक्रांत; **-ing** प्रभाव डालने वाला, **-ive** भावात्मक ।

**Affection** 1. अनुराग, स्नेह, अनुरक्ति; 2. भाव, मनोभाव; 3. झुकाव, प्रवृत्ति (disposition); 4. गुण (attribute); **~or Illwill** अनुराग या वैमनस्य; **-ate** स्नेही, स्नेहमय **-ly** स्नेहपूर्वक, स्नेह से ।

**Affidavit** 1. शपथपत्र, हलफनामा, एफिडेविट; **~in answer** उत्तर में दिया गया शपथपत्र; **~of valuation** मूल्यांकन शपथ-पत्र ।

**Affiliate** 1. संबद्ध करना; 2. उद्गम/स्रोत निर्धारित करना; 3. जनक-जन्य संबंध तय करना (to assign a child to its father); 4. दत्तक लेना, गोद लेना **-d** संबद्ध, सहबद्ध **-college** -महाविद्यालय; **-university** -विश्वविद्यालय; **affiliating** संबंधक, संबद्धक; **affiliation** 1. संबंधन 2. संबद्धता 3. दत्तकग्रहण ।

**Affinity** 1. अनुरक्ति, लगाव; (Attraction) 2. विवाह-संबंध (relationship by marriage); 3. सादृश्य, समानता (similarity); 4. ऐक्य, आत्मीयता, बंधुता; **direct ~**सीधा विवाह-संबंध ।

**Affirm** 1. अभिपुष्ट करना, समर्थन करना (to confirm or ratify); 2. प्रतिज्ञान करना (विधि) सत्य घोषणा करना; 3. सही बतलाना, सकारना, निश्चयपूर्वक कहना (to assert positively); **-able** समर्थनीय; **-ation** 1. अभिपुष्टि, संपुष्टि; 2. प्रतिज्ञान (विधि), सत्य घोषणा; 3. सकारने की क्रिया; **-ative** 1. सकारात्मक; 2. पुष्टिकारी; 3. अस्तिवाची; **-atory** 1. सकारात्मक, स्वीकारात्मक; 2. अस्तिवाचक (व्याकरण); **~the decision** विनिश्चय की अभिपुष्टि करना ।

**Affix** 1. लगाना, चिपकाना; 2. जोड़ना (अवकाश); 3. करना (हस्ताक्षर, मुहर); **-ture** जोड़ा हुआ अवयव, संयोग, संयोजन ।

**Afford** 1. प्रदान करना, देना; 2. समर्थ होना, कर सकना, बस का होना; 3. औकात/समाई होना; 4. जुटा पाना; 5. सहन/बर्दाश्त करना; **~ing** प्रदान करने वाला; **~assistance** सहायता देना; **~transfer credit** अंतरण की सुविधा प्रदान करना ।

**Afore** 1. पहले, पूर्व, के सामने, के आगे; **-mentioned** पूर्वोल्लिखित; **-said** पूर्वोक्त, पहले कहा; **-thought** पूर्व-विचारित **-time** समय से पहले ।

**A fortiori** 1. सुवराम, सबसे बढ़कर (by a stronger reason); 2. स्पष्टतर ।

**After** 1. बाद में, बाद का, के बाद, उपरांन्त; 2. उत्तर; 3. के पीछे; 4. के बारे में 5. के बावजूद 6. के अनुरूप **-all** आखिर, जो भी हो, इस पर भी; **-born** उत्तर-जात; **-care home** उत्तर रक्षा गृह; **-effect** उत्तर प्रभाव, बाद का परिणाम/प्रभाव; **-glow** सूर्यास्त की लाली; **-image** अनुबिंब; **-noon** अपराह्न, दोपहर के बाद; **-ward(s)** 1. बाद में, तदनंतर 2. इसके बाद; **day~day** दिन पर दिन, **just ~**उसके बाद; **-thought** बाद की सोची हुई; **(to) look ~** की देखरेख करना ।

**Age** 1. आयु, उम्र, वय, अवस्था (lifetime); 2. युग, (period) पीढ़ी (generation); 3. जीवन की विशिष्ट अवस्था; 4. ढलती उम्र; 5. चिरकाल, दीर्घकाल; **aged** 1. उमरवाला 2. बूढ़ा, वृद्ध; **-less** 1. चिरयुवा; 2. चिरनूतन; **~entry** आयु प्रविष्टि/इंदराज; (उम्र); **~for suffrage** मतायु; **~limit** आयुसीमा; **~of retirement** सेवानिवृत्ति आयु; **~of superannuation** अधिवर्षिता आयु; **full ~** पूर्ण वय; **old ~** बुढ़ापा; **~long** अनन्त; **under ~** वय से पहले ।

**Agency** 1. एजेंसी, अभिकरण, (business); 2. शाखा; 3. आढ़त; 4. प्रतिनिधित्व; 5. द्वारा, के द्वारा; 6. माध्यम, द्वारा, साधन (means); **by the~of** के द्वारा, के माध्यम से; **business of ~** अभिकरण व्यापार; **~commission** अभिकरण कमीशन; **credit ~**प्रत्यय अभिकरण ।

**Agent** 1. एजेंट, अभिकर्त्ता, प्रतिनिधि; (business), 2. कर्त्ता; 3. कारक, कारण

(cause); **bleaching ~** विरंजक; **commission ~** कमीशन अभिकर्त्ता; **free ~**स्वतंत्र कर्त्ता; **sole ~** एकमात्र अभिकर्त्ता ।

**Aggravate** 1. अपवृद्धि करना, कुपित करना, बढ़ाना, गुरुतर बनाना; 2. चिढ़ाना, बिगाड़ देना (स्थिति को); 3. भारी कर देना; **aggravated** गुरुतर हो गई; **aggravation** 1. अपवृद्धि, कोप, 2. गुरुतर होना, 3. वृद्धि ।

**Aggregate** 1. सकल, कुल, पूर्णयोग, योग, जोड़ (Total); 2. संकलित, जमा, एकत्र करना, मिलना, 3. समूह, समुदाय; 4. समुच्चय; **aggregation** 1. समुच्चय, समूह, 2. योग, जोड़; **aggregative** 1. जोड़ा हुआ, 2. समुच्चित, सामूहिक; **~income** संपूर्ण आय; **~marks** अंकों का योग; **~pay** कुल वेतन; **~votes** कुल मत; **in the ~** कुल मिलाकर, जिसका सकल योग हो ।

**Aggrieve** 1. व्यथित करना, सताना, दुःख देना, कष्ट देना; 2. नुकसान/हानि पहुँचाना; **aggrieved** 1. व्यथित, खिन्न, दुखी, अपमानित; 2. सताया हुआ 3. शोक संतप्त, 4. असंतुष्ट; **-person** व्यथित व्यक्ति ।

**Agitate** 1. आंदोलन करना, उत्तेचित करना (excite); 2. हिलना (तरल पदार्थ) (shake); 3. क्षुब्ध/व्यग्र होना; **agitation** 1. आंदोलन, 2. क्षोभ, उत्तेजना, 3. हिलाना; **agitator** 1. आंदोलनकारी, आंदोलक; 2. विलोड़क (यांत्रिक); **~the question** प्रश्न उठाना ।

**Agmark** 1. ऐगमार्क ।

**Agrarian** 1. भूमि संबंधी, क्षेत्रिक; 2. जोती गई जमीन के स्वामित्व संबंधी, कृषि संबंधी; **~law** भूमि संबंधी विधि/कानून; **~policy ~** नीति ।

**Agree** 1. करार करना, अनुबंध करना; 2. सहमत होना, राजी होना, मान लेना; 3. मेल खाना, अनुरूप होना; 4. के अनुरूप होना; **-able** 1. सहमत, राजी, 2. रुचिकर, मनोहर, सुखद, 3. के अनुकूल; **-d** 1. सहमत, 2. सम्मत; **-ment** 1. सहमति, 2. करार, अनुबंध; 3. राजीनामा, समझौता, करारनामा; 4. मेल, अनुरूपता; 5. मतैक्य; **~form** करारनामा, अनुबंधपत्र; **agree to** करार करना; **agree upon** सहमत होना; **agreed to** तय पाई गई ।

**Agriculture** 1. कृषि, खेती, **agricultural** कृषि संबंधी; **~economics** कृषि अर्थशास्त्र; **~labour** ~मजदूर, खेतिहर मजदूर; **~marketing** ~विपणन; **~holding** जोत; **agriculturist** 1. किसान, खेतिहर, कृषक, 2. कृषि विज्ञानी; **~officer** कृषि अधिकारी ।

**Agro-** 1. कृषि संबंधी; **-nomist** सस्यविज्ञानी; भूमि-फसलें का विज्ञानी; **~stologist** घासविज्ञानी; **-climate** कृषि-जलवायु; **-implements** कृषि-उपकरण; **-industries** कृषि-उद्योग ।

**Aid** 1. सहायता, मदद, सहयोग; 2. उपयोगी/सहायक वस्तु; (pl) साधन, सामग्री (means) **-e** सहायक (व्यक्ति); **aide-de-camp** परिसहायक; **-ed** सहायताप्राप्त; **-er** सहायक, मददगार;

~and advice सहायता और सलाह देना; grant-in-aid सहायता अनुदान ।

**Air** 1. हवा, वायु, वात; 2. (pl) रंग-ढंग, रुप-रंग, नखरा; 3. आकाश; 4. वायुमंडल; 5. समीर (breeze); **-ing** 1. हवाखोरी; 2. प्रचार करना; **-y** 1. हवादार; 2. ऊँचा; 3. दिखावटी; 4. सुकुमार; 5. फुर्तीला; 6. जिंदादिल; 7. हवाई, वायवीय; **~attack** हवाई हमला; **~base** विमान स्थल; **~bus** हवाई बस; **~conditioning** वातानुकूलन; **~craft** वायुयान; **~crew** एयरक्रू, हवाईकर्मी; **~field** हवाई क्षेत्र; **~force** वायुसेना; **~freight** हवाई मालभाड़ा; **~gun** ~बन्दूक; **~hostess** विमान परिचारिका; **~lock** वायुबंध; **~mail** हवाई डाक; **~marshal** वायु सेनाध्यक्ष; **~port** विमानपत्तन, हवाई अड्डा; **~raid** हवाई हमला; **-route** वायुमार्ग, हवाई मार्ग; **~strip** हवाई पट्टी; **~tight** वायुरुद्ध, वायुरोधी; **~traffic** ~हवाई यातायात; **~wave** वायुतरंग; **in the~** 1. अनिश्चित; 2. सुनगुन होना, फैलना; 3. आरक्षित **by~** विमान से; **in mid~** अधर में; **on the~** प्रसारण करना;**~drop** 1. विमान से सामान गिराना; 2. हवाई छतरी से व्यक्तियों को उतारना; **~lift** वायुयानों द्वारा परिवहन ।

**Alarm** 1. आपद् संकेत, खतरे का संकेत, चेतावनी; 2. अलार्म, समय-सूचक ध्वनि (घड़ी) घंटी; 3. आतंकित करना, उत्तेजना, सनसनी; 4. भय, संत्रास; **-ed** 1. सतर्क; 2. भयभीत, संत्रस्त, भयार्त; **-ing** भयावह, भयप्रद, भयप्रसारक; **~news** ~संवाद; **~bell** संकट घड़ी; **~clock** अलार्म घड़ी ।

**Alcohol** 1. ऐल्कोहल, मद्यसार; 2. मादक पेय, मदिरा **~ic** (adj.) ऐल्कोहल संबंधी, मादक; (n) पियक्कड़, मद्यप, शराबी; **-ism** 1. शराबखोरी, मद्यसेवन 2. मद्यसेवन से हुआ रोग ।

**Alderman** 1. पौर-मुख्य (नगर प्रतिनिधियों द्वारा चुना हुआ); 2. मुख्यपौर ।

**Alert** 1. सजग, सतर्क, सावधान, चौकन्ना, चौकस; 2. चेतावनी, भयसंकेत, संकट-सूचना; 3. फुर्ती, तेज; 4. सतर्क करना; **-ness** सजगता, सतर्कता, चौकसी ।

**Alias** 1. उर्फ; 2. उपनाम ।

**Alien** 1. अन्यदेशीय; 2. विचित्र, अपरिचित, भिन्न; 3. पराया; 4. असंबद्ध; 5. प्रतिकूल, असंगत; **-able** अन्यसंक्राम्य, दूसरे व्यक्ति को हस्तांतरित करने योग्य; **-age** अन्यदेशीयता; **-ation** 1. अन्य-संक्रामण; 2. मनमुटाव, विरोध; 3. पागलपन; **-ed** अन्यसंक्रमित; **-ee** संक्रमणग्राही; **-or** संक्राता ।

**Align** 1. एक ही सीध में करना; 2. सीधा करना; 3. जा मिलना; **-ment** 1. संरेखण, सीध, संरेखा; 2. गठबंधन, साथ हो जाना, साथ देना; 3. सीध में होना; **non~** निर्गुट, गुट-निरपेक्षता ।

**All** 1. पूरा, सारा; 2. केवल, मात्र; 3. सब, सभी; 4. अखिल(All India अखिल भारतीय); **~found** सब सुविधाओं के साथ; **~in** 1. समग्र; 2. थका हुआ; **~inclusive** 1. सर्व-समावेशी; **~purpose** सर्व प्रयोग के लिए; **~round** सर्वतोमुखी ।

**Allegation** 1. अभिकथन, (तथाकथित) आरोप; 2. इलज़ाम, आरोप, दोषारोपण, अभियोग; **alleged** अभिकथित, तथाकथित; **-inability** -असमर्थता; **-right** -अधिकार; **~of fact** तथ्य का अभिकथन; **~of misconduct** अवचार का अभिकथन ।

**Allegiance** 1. निष्ठा (व्यक्ति/विचारधारा); 2. राजनिष्ठा (शासन/राष्ट्र) ।

**Alliance** 1. मैत्री, गठबंधन (राष्ट्रों में); 2. परिवारों में संबंध; 3. साम्य (affinity); 4. विवाह (marriage); **allied** संबद्ध, सहबद्ध; **-activities** सहबद्ध क्रिया कलाप; **-science** संबद्ध विज्ञान; **-service** सहबद्ध सेवा ।

**Allocate** 1. बाँटना, किसी के निमित्त अलग रखना; 2. विनिधान करना; **-d** बाँटा **allocation** 1. बँटवारा, विभाजन; 2. नियतन, विनिधान; 3. व्यवस्था (arrangement); **-of business** कार्य का आवंटन; **-of expenditure** व्यय का विनिधान ।

**Allot** 1. आवंटन करना, बाँटना; 2. देना, सौंपना; 3. नियत/निर्धारित करना; **-ted** विभाजित, विभक्त; **-tee** ग्राही, आबंटी; **-ment** 1. आवंटन 2. नियतन 3. भाग, 4. हिस्सा; **-letter** आवंटनपत्र; **-of fund** निधि-आवंटन; **-order** आवंटन-आदेश; **-return** आवंटनी विवरणी; **-sheet** आवंटन शीट ।

**Allow** 1. इजाजत देना, आज्ञा देना, अनुमति देना; 2. छूट (ब्याज) देना, अनुज्ञात करना (विधि); 3. मानना, स्वीकार करना; 4. का ध्यान रखना; **-able 1.** मुक्त 2. स्वीकार्य, अनुज्ञेय; **~an appeal** अपील मंजूर करना; **-ed** अनुमत, अनुमति-प्राप्त; **~time** ~समय; **~for** 1.ख्याल करना, गुंजाइश रखना; 2. गणना में लेना ।

**Allowance** 1. भत्ता; 2. गुंजाइश, छूट, ढील, रियायत, मौका (विधि); 3. अनुज्ञा, अनुमति; **make ~(pl)** अनदेखी करना; **make ~(s) for** ख्याल करना, का ध्यान रखना ।

**Alphabetic** 1. वर्णानुसार, वर्णक्रम; 2. वर्णात्मक; **-al** वर्णानुसार; **-ally** अकारादि क्रम से; **~indexing** वर्णानुसार सूची बनाना **~order** वर्णक्रम, अकारादि क्रम ।

**Altercate** झगड़ना; **altercation** 1. कहा-सुनी, झगड़ा, तू-तू मैं-मैं, वाग्युद्ध; 2. विवाद ।

**Alternate** 1. एकांतर, हर तीसरा; 2. विकल्पी, एवज, स्थानापन्न; 3. एक के पीछे एक, बारी-बारी से; **alternation** 1. एकांतरण, 2. प्रत्यावर्तन; **alternating** 1. एकांतर, प्रत्यावर्ती; **alternative** विकल्प, वैकल्पिक, अनुकल्पी (विधि); **-ly** विकल्पतः, एक के अन्तर से, अनुकल्पतः (विधि), बारी-बारी से; **alternator** अनुकल्पी ।

**Amalgam** 1. समामेलन करना, मिलाना, सम्मिलित करना; 2. सम्मिश्रण; 3. विलयन; 4. पारद-मिश्रण; **-ate** सम्मिलित करना, मिलाना; **-ated** मिलाया हुआ, सम्मिलित, समामेलित; **-ation** समामेलन, एकीकरण, सम्मिश्रण, समामेलित करना ।

**Ambassador** दे. Embassy.

**Ambiguous** 1. संदिग्धार्थी, अनिश्चित, भ्रमपूर्ण; 2. द्व्यर्थक, अनेकार्थी; अस्पष्ट; **-ly** संदिग्ध रूप से; **ambiguity** 1. संदिग्धता; 2. द्व्यर्थकता; 3. अस्पष्टता ।

**Amend** 1. संशोधित करना, संशोधन करना; 2. बदलना, ठीक करना, सुधारना; **-able** संशोधनीय; **-atory** संशोधी; **-ed** संशोधित; **-draft** - मसौदा/प्रारुप; **-ment** संशोधन, सुधार; **-Act** सशोधन अधिनियम ।

**Amenity** 1. सुख सुविधा, (बहु०) सुविधाएँ, सुखसाधन; 2. रमणीयता, मनोहरता; 3. सौजन्य ।

**Amicability** सौजन्य, मिलनसारी; **amicable** 1. सौहार्दपूर्ण, मैत्रीपूर्ण, मिलनसार (friendly); 2. सौम्य; प्यारा, प्रिय; **-settlement** सौहार्दपूर्ण समझौता; **-way** मैत्रीपूर्ण ढंग से; **amicably** शांति पूर्ण, सुखपूर्वक, मित्रभाव से, आपस में ।

**Amnesty** सर्वक्षमा (सामान्यतः राजनीतिक अपराधियों को एक साथ दी जाने वाली क्षमा)।

**Amount** 1. राशि, रकम, धनराशि (Aggregate); 2. मात्रा, योग, योगफल, कुल जमा (quantity); 3. मिश्रधन; 4. अनुसार होना (resulting); 5. (क्रि०) परिमाण में होना; ~(pl) रकमें; **-ing** कोटि में आना ।

**Analogous** 1. सदृश्य, अनुरूप, तुल्य; समान; 2. समवृत्ति; **analogy** 1.सादृश्य, अनुरूपता, तुलना; 2. समवृत्तिता 3. साम्यानुमान; **~post** सदृश्य पद; **~products** सदृश्य उत्पाद ।

**Analysis** 1. विश्लेषण; **analytical** 1. विश्लेषिक, विश्लेषण संबंधी; 2. अयोगात्मक (भाषाएँ); 3. विश्लेषणपरक; **~estimating** ~आकलन/प्राक्कलन; **critical~** समीक्षात्मक~ ।

**Ancestor** 1. पूर्वज, पितर (पितृ); **ancestral** पैतृक; **-worship** पितृ-पूजा; **ancestry** 1. वंशपरंपरा 2. पुरखे, कुल ।

**Anchor** लंगर, लंगर डालना, आश्रय/व्यक्ति जो भरोसेमंद हो; **anchorage** 1. लंगरगाह; 2. लंगर शुल्क ।

**Ancillary** 1. आनुषंगिक, गौण, उप-अनुगत (Subordinate); 2. सहायक; (pl) **ancillaries** सहायक उपकरण; **~activity** आनुषंगिक क्रियाकलाप; **~industry** ~उद्योग; **~services** ~सेवाऐं ।

**Animal** 1. प्राणी, जीव; 2. जीव-जन्तु, पशु; **-ism** पशुवाद, पशुधर्म; **-ize** पशु बना देना; **~husbandry** पशुपालन; **~spirits** जिन्दादिली; **~stock** पशु की नस्ल; **~welfare** पशु-कल्याण; **wild** ~वन्य जीव-जन्तु ।

**Animosity** 1. बैर, विद्वेष, वैर-भाव ।

**Animus** 1. विद्वेष, वैर-भाव (bitter feeling against; hatred) ।

**Annex** 1. संलग्न करना, जोड़ना, नत्थी करना, मिलाना, (attach); 2. राज्य में मिला लेना, हथियाना (Incorporate); 3. उपाबद्ध करना (विधि); **-ation** 1. साथ मिलाया जाना, संयोजन; 2. हथियाया जाना, सम्मामेलन; **-e** उपभवन, उपग्रह; 2. संलग्न पदार्थ, अनुबद्ध; **-ed** उपाबद्ध; **~papers**

संलग्न कागज; -**ure** 1. संलग्नक; 2. उपभवन; 3. परिशिष्ट; 4. अनुबंध, उपाबंध ।

**Annihilate** 1. संहार करना, सर्वनाश करना, ध्वस्त कर देना; 2. अस्तित्व मिटाना; **annihilation** विनाश, विध्वंस, सत्यानाश; **annihilator** 1. संहारक, सर्वनाशक, सत्यानाशी; 2. शून्यकारी (गणित) ।

**Anniversary** 1. वर्षगाँठ, वर्षदिन, आब्दिकी, जयंती (of birth) 2. बरसी (of death); 3. वार्षिकोत्सव; **birth~** जयंती, जन्मदिन; **death~** बरसी, पुण्यतिथि।

**Annotation** 1. टिप्पण लेखन (Noting) 2. टीका, व्याख्या; **annotator** 1. टीकाकार 2. टिप्पणकार ।

**Announce** 1. आख्यापन करना, ऐलान करना, घोषणा करना; 2. सूचना देना, विदित करना; 3. बतलाना; **-d** घोषणा करना; **-r** एनाउंसर, आख्यापक, वाचक, घोषक; **-ment** 1. आख्यापन, 2. ऐलान, घोषणा, 3. सूचना ।

**Annoy** 1. चिढ़ना, खीझना; 2. तंग/परेशान करना, क्षुब्ध करना; 3. छेड़ना; **-ance** 1. चिढ़, खीज (खीझ); 2. परेशानी/मुसीबत, क्षोभ; 3. कष्ट; **-ing** कष्टकर, कष्टप्रद ।

**Annual** (Adj.) 1. वार्षिक, सालाना; 2. वर्षजीवी; **(n)** 1. वार्षिकी, वार्षिक प्रकाशन; 2. वर्षजीवी पौधा; **-ly** प्रतिवर्ष; **annuity** वार्षिकी, वार्षिक भुगतान; **~account** ~लेखा; **~report** ~रिपोर्ट; **~review** ~समीक्षा/पुनर्विलोकन **~statement** ~ विवरण; **~accretion** ~अनुवृद्धि; **~charge** ~प्रभार; **~depreciation** ~अवक्षयण; **~dividend** ~लाभांश ।

**Annul** 1. निष्प्रभाव करना, बातिल करना, रद्द करना; 2. खत्म करना, मिटा देना; **-ment** 1. अमान्यकरण, रद्दी; 2. खात्मा ।

**Anomaly** 1. असंगति, विषमता, अनियमितता; 2. कोणांतर (astron); **anomalous** 1. असंगत, 2. अनियमित, 3. असामान्य; **-position** -स्थिति; **-map** विषमताद्योतक मानचित्र ।

**Anonymity** गुमनामी, अनामत्व; **anonymous** 1. अनाम, गुमनाम; 2. अज्ञात लेखक/कवि/साहित्यकार; **-ly** बिना नाम के, गुमनाम रूप से, अनाम से; **-complaint** गुमनाम शिकायत ।

**Answer** 1. जवाब, उत्तर; 2. हल; 3. प्रतिकार, बदला; 4. उत्तरदायी होना; 5. के अनुकूल होना; 6. खंडन करना (refute); **-ability** जवाबदेही; **-able** 1. जवाबदेह, उत्तरदायी, 2. जिसका उत्तर दिया जा सके; **-ing** के अनुरूप **~book** उत्तर पुस्तक/पुस्तिका; **~paper** उत्तर पत्र; **~back** बेतुका उत्तर देना; **~to** के अनुरूप होना ।

**Antagonist** 1. विरोधी, शत्रु, प्रतिद्वंद्वी; **-ic** शत्रुतापूर्ण विरोध, प्रतिकूल, विरुद्ध ।

**Ante** 2. पूर्ण, प्राक्; **~dated** पूर्व-दिनांकित; **-cheque** -चेक; **-natal** प्रसवपूर्व ।

**Antecedent** 1. पूर्ववृत्त, पूर्व, पूर्वइतिहास; 2. पूर्वपद (व्याकरण/तर्क), पहला, पूर्ववर्ती; 3. पूर्वांग (logic); **-s** (pl)

पूर्ववृत्त/ चरित्र; **~ negotiations** पूर्ववर्ती बातचीत ।

**Anthropology** 1. नृविज्ञान, मानव-विज्ञान, मानवशास्त्र; **anthropologist** 1. नृविज्ञानी, मानवविज्ञानी; **anthropological** नृशास्त्रीय ।

**Anti** 1. विराधी/निरोधी, ऐंटी; 2. प्रति-, -रोधी, -प्रतिरोधी, -निवारक; **-aircraft** विमानभेदी, हवामार; **-biotic** प्रतिजैविक; **-corruption** भ्रष्टाचार-विरोध; **-rabic** ऐंटीरेबिक, प्रत्यलर्क; **-clinic** -क्लिनिक ।

**Anticipate** 1. प्रत्याशा करना, तैयार रहना; 2. पूर्वानुमान करना; 3. निश्चित समय से पहले; **anticipated** प्रत्याशित; **-expenditure** -व्यय; **anticipation** 1. प्रत्याशा, 2. पूर्वानुमान, 3. पूर्वाभास, पूर्वज्ञान; **in -** पहले से ही ।

**Antiquarian 1.** पुरातनिक 2. प्राचीन वस्तुविक्रेता; **~value** पौरातनिक मूल्य (विधि); **antiquary** 1. पुरातन, पुरावेत्ता, पुराविद् ।

**Antiquity** 1. पुरातनता; 2. पुराकाल; 3. पुरावशेष, पुरावस्तु 4. पुराचार; (pl) पुरातन वस्तुएँ ।

**Apartheid** 1. रंगभेद (विशेषतः दक्षिण अफ्रीका में काले रंग वाले व्यक्तियों को गोरों से अलग रखना/बसाना); **~policy** पृथक् वासन नीति ।

**Apathy** 1. उदासीनता, तटस्थता; 2. निरुत्साह; **apathetic** 1. उदासीन, विरक्त; 2. भावशून्य, निर्जीव ।

**Apex** 1. शीर्ष, शिखर; 2. चरमोत्कर्ष, पराकाष्ठा; 3. सिरा, नोंक; **~body** शीर्ष निकाय; **~iuris** विधि सूक्ष्मता (subtlety of law) ।

**Apology** 1. क्षमायाचना, माफी, क्षमा; 2. खेद प्रकाश; 3. मंडन, समर्थन; **make apology** क्षमा माँगना ।

**Apparatus** 1. उपकरण, सामग्री; 2. तंत्र, उपस्कर; 3. प्रशासन तंत्र; **~of government** सरकारी तंत्र ।

**Apparent** 1. प्रकट, प्रत्यक्ष, स्पष्ट; 2. दृश्यमान, दिखौआ; 3. ऊपरी, आभासी (as apparent to real ); **-ly** 1. स्पष्ट रूप से; 2. ऊपर से; **~cause** दृश्यमान कारण; **~condition** प्रकट दशा; **~owner** दृश्यमान स्वामी **~tenor** प्रकट शब्द ।

**Appeal** (v) 1. अपील करना; 2. विनयपूर्वक कहना, अनुनय/अनुरोध करना, दुहाई करना; 3. आकृष्ट करना, खींचना; (n) 1. अपील, विनय; 2. अनुनय; 3. आकर्षण, खिंचाव; **-able** अपील योग्य, अपीलनीय, अपीलीय; **Appellate** अपीली, अपील सुननेवाला; **-powers** -शक्तियाँ; **-tribunal** -अधिकरण; **-ing** आकर्षक; **admit an appeal** अपील ग्रहण करना; **allow an appeal** अपील मंजूर करना ।

**Appellation** 1. अभिधान, नाम; 2. उपाधि, पदवी; **appellative** 1. श्रेणीवाचक 2. नामधारी ।

**Append** 1. परिशिष्ट के रूप में लगाना; 2. जोड़ना, साथ लगाना, **-age** संलग्नक, 2. उपांग, 3. उपबंध; **-ed** टाँकना; संलग्न, जुड़ा हुआ; **-ix** 1. परिशिष्ट, 1. उपांत्र ।

**Appliance** 1. उपयंत्र, उपकरण, साधित्र (instrument); 2. प्रयोग, उपयोग

साधन (application); **-s** (pl) साधन, साधित्र; **sorting ~** छँटाई साधित्र ।

**Applicability** लागू होना, प्रयोज्यता; **applicable** 1. लागू, प्रयोज्य; 2. उपयुक्त ।

**Applicant** आवेदक, प्रार्थी; **application** 1. आवेदन, अर्जी, प्रार्थना पत्र (request); 2. लागू (होना), प्रयोज्यता (of a rule); 3. प्रयोग, विनियोग; 4. लगन, अध्यवसाय-परायणता (to duties); 5. संगति, प्रासंगिकता (relevance); **-of force** बल प्रयोग; **-of mind** मनोनियोग; **-of order** आदेश का लागू होना ।

**Appoint** 1. नियुक्त करना; 2. निश्चित करना (date and time); 3. स्थापित करना; **-ed** 1. नियुक्त, 2. निश्चित समय (time); **~ee** नियुक्त व्यक्ति; **-ing** नियुक्ति करने वाला, नियोक्ता; **-authority** नियुक्ति प्राधिकारी; **-ment** 1. नियुक्ति, 2. नौकरी, पद; 3. मिलने के लिये समय/स्थान; 4. नियोजित सम्मिलन/ भेंट; **permanent -** स्थायी नियुक्ति ।

**Apportion** 1. प्रभाजन करना, अनुभाजित करना, विभाजित करना; **-able** विभाजनीय; **-ed** विभाजित, बाँटा हुआ; **-ment** प्रभाजन, अनुभाजन, वितरण, संविभाजन ।

**Appraiser** 1. मूल्यनिरूपक, आँकने वाला, अंकक; **appraisal** 1. मूल्य निर्धारण, 2. मूल्यांकन; **appraisement** मूल्यांकन ।

**Appreciate** 1. सराहना, कदरदानी, पराव, प्रशंसा करना; 2. वृद्धिश (मूल्य) (raise value); 3. बोध, समझ करना, समझना (understand); 4. रसग्रहण, रसास्वाद; 5. का आभार मानना; **appreciation** मूल्यांकन, रसास्वादन/आदर/समादर/कदर; **appreciative** गुणग्राही, कदरदान, प्रशंसक; **appreciator** गुणग्राहक ।

**Apprehend** 1. पकड़ना, गिरफ्तार करना, बंदी बनाना (arrest); 2. अनुभव करना, समझना (perceive); 3. आशंका करना (to anticipate, dread or fear); **-ed** आशंकित; **Apprehension** 1. गिरफ्तारी, पकड़ा जाना, गिरफ्तार; 2. बोध, समझ, 3. आशंका; **filled with -** आशंकित; **apprehensive** आशंकित, समझदार।

**Apprentice** 1. शिक्षु, काम सीखने वाला; 2. प्रशिक्षु; **~ship** शिक्षुता ।

**Approach** 1. पहुँच, पैठ, अभिगम (way); 2. उपमार्ग, उपागम; 3. दृष्टिकोण; 4. सादृश्य, सदृश्य होना (resemblance); 5. प्रस्ताव करना; **-able** 1. मिलनसार, सौम्य, 2. सुगम्य; **~channel** 1. पहुँचने का रास्ता; **~road** पहुँच-मार्ग; **cooperative~** सहयोगी भावना से संसर्ग ।

**Appropriate** 1. उचित, उपयुक्त, यथार्थ, ठीक, समुचित; 2. विनियोजित करना; 3. उड़ाना, चुरा लेना; 4. निजी (peculiar to); **appropriated** विनियोजित; **appropriation** 1. विनियोजन, विनियोग; 2. चोरी; **-account** -लेखा; **-act** -अधिनियम; **-ly** औचित्य से; **-ness** उपयुक्तता, यथार्थता, औचित्य; **~action** उचित कार्रवाई; **~head** ~श[illegible] [illegible]ch-nology उपयुक्त प्रौद्योगि[illegible]

**Approval** अनुमोदन, पसंदगी; **approve** 1. अनुमोदन करना, मंज़ूर करना; 2. मानना, स्वीकार करना, पसंद करना; 3. सिद्ध करना (give evidence); **approved** 1. अनुमोदित, स्वीकृत, 2. मान्य, सम्भव (tried); **-order** -आदेश; **-contractor** -ठेकदार; **approver** 1. साक्षी, इकबाली गवाह, 2. अनुमोदक; **approving** अनुमोदित करने वाला/साक्षी।

**Appurtenance** 1. उपाबंध, उपांग; 2. साज़ समान, सहायक वस्तु; (pl.) 3. अनुलग्न वस्तु; **~thereto** उससे संलग्न ।

**Aptitude** 1. रुझान, अभिक्षमता, झुकाव, अभिरुचि, रुझान; 2. नैसर्गिक कौशल/क्षमता ।

**Arbitrary** 1. मनमाना, स्वेच्छ, यथेच्छ; 2. निरंकुश (शासक); 3. इच्छाधीन, विवेकाधीन; **~power** मनमानी करने की शक्ति ।

**Arbitrate** 1. विवाचन करना, मध्यस्थता करना; (विधि); **arbitrable** विवाचन योग्य; **arbitration** 1. विवाचन; माध्यस्थम् 2. मध्यस्थता; **-tribunal** माध्यस्थम् अधिकरण; **arbitrator** मध्यस्थ, पंच, विवाचक; **-ship** विवाचकता ।

**Archaeological** पुरातात्त्विक; **archaeologist** पुरातत्त्वविद्; **Archaeology** 1. पुरातत्त्व, पुरावशेष; 2. पुरातत्त्वविज्ञान ।

**Architect** 1. वास्तुविद्, वास्तुकार; 2. सृष्टिकर्ता; **-ural** वास्तुशिल्पीय, स्थापत्य; **-ure** 1. वास्तुकला, स्थापत्यकला, 2. भवन-निर्माण विद्या; 3; वास्तुशैली; 4. संरचना, शिल्प (design) ।

**Archives** (pl.) 1. अभिलेखागार; 2. पुरालेख, अभिलेख ।

**Area** 1. क्षेत्र, भूभाग, इलाका (region); 2. क्षेत्रफल, विस्तार (measure); 3. प्रवेश; 4. क्षेत्र; -l क्षेत्रीय; **~development** क्षेत्रीय विकास; **~way** ~रास्ता; **gross~** सकल क्षेत्रफल; **rural ~** ग्रामीण भूभाग/क्षेत्र ।

**Argument** 1. तर्क, बहस, दलील; 2. तर्क-वितर्क, वाद-विवाद; 3. सार-संक्षेप, खुलासा; **-able** तर्क-योग्य, संदेहास्पद; **-ation** 1. तर्क-वितर्क, 2. शास्त्रार्थ; **-ative** 1. विवादस्पद, विवादात्मक; 2. तर्कसंगत, युक्तियुक्त; **-matters** तार्किक बातें ।

**Arise** 1. उद्भूत होना, पैदा होना; 2. उठाना, जागना; 3. उठ खड़े होना; 4. ऊपर चढ़ना, उठना; **arising** उद्भूत, उत्पन्न; **~on a guarantee** प्रतिभूति से उद्भूत; **~out of** से उत्पन्न ।

**Arm** 1. शस्त्र; **-s** (pl) 2. आयुध, हथियार; 3. अंग (of the service); **-ament** युद्ध-सामग्री, शस्त्र-सज्जा; **-ature** शस्त्रास्त्र, कवच; **-ed** सशस्त्र, हथियारबंद; **-constabulary** -पुलिस; **-forces** - सेनाएँ; **-less** निशस्त्र; **at arms** युद्ध के लिए तैयार; **take up ~** 1. झगड़े में पड़ना, 2. मैदान में जाना; **in arms** हथियारों से लैस; **laid down** ~शस्त्र डाल देना

**Army** 1. सेना, फौज, थलसेना; 2. दल, झुंड ।

**Arrange** 1. व्यवस्था/प्रबंध करना, संजोना (put in order); 2. विन्यास, रचना; 3. क्रम, क्रमविन्यास (classify); 4. समझौता करना (settle); 5. निश्चित करना (decide); 6. तैनात करना; **-d** क्रमांकित; **-ment** 1. व्यवस्था, प्रबंध; 2. युगत; 3. इन्तजाम, आयोजन; 4. क्रमविन्यास; 5. ठहराव (विधि); **safety -** सुरक्षा व्यवस्था; **-of files** मिसिल-विन्यास।

**Arrear(s)** 1. बकाया, अवशिष्ट, बाकी; **-age** 1. बकाया; 2. पिछड़ापन; **~statement** बकाया विवरण; **in** ~जो समय पर ऋण न दे पाया हो।

**Arrival** 1. आगमन; 2. पहुँच; 3. आगंतुक, आगंतुक/नवजात शिशु; **-s** (pl) आमद, आवक।

**Arrogance** 1. दंभ, अक्खड़पन, उद्दण्डता, हेकड़ी; 2. अशिष्ट व्यवहार; **arrogant** दंभी, अक्खड़, अविनीत।

**Arrogate** झूठा दावा करना; **arrogation** झूठा दावा, अनधिकार चेष्टा।

**Arsenal** 1. आयुधागार, शस्त्रागार, आयुधशाला।

**Arson** 1. आगजनी, अग्निदाह; 2. आग लगाना, गृहदाह करना।

**Art** 1. कला; 2.कारीगरी, शिल्प; 3. कलाकृति; 4. कुशलता, कौशल, निपुणता; **efact or -ifact** शिल्पतथ्य, मानवीय, कलाकृति; **-ful** 1. चालाक,. निपुण, चतुर; **-ificer** परिशिल्पी; **-isan** कारीगर; 2. शिल्पी; **-ist** कलाकार **-istic** 1. कलात्मक, 2. कलापारखी; **-less** 1. भोलाभाला; 2. भद्दा; 3. स्वाभाविक; 4. बेढंगा,कच्चा; **~and crafts** कला और शिल्प; **~executive** कला प्रबंधक।

**Article** 1. अनुच्छेद, धारा; 2. वस्तु, चीज, पदार्थ, सामान; 3. लेख, निबंध, रचना; 4. उपपद; 5.• धर्मसिद्धांत, सूत्र; **-s** (pl) नियम, नियमावली (of association); **-of association** 1. संस्था के अंतर्नियम; 2. संगम अनुच्छेद (विधि); leading ~ अग्रलेख; **informative ~** ज्ञानप्रद/सूचनात्मक लेख; **~of value** मूल्यवान वस्तु; **(s) of charges** आरोप की मदें।

**Ascend** 1. आरोहण करना, चढ़ना; 2. ऊपर उठना; **-able** आरोहणीय; **-ance** चढ़ाव, आरोह; **-ants** 1. पूर्णपुरुष; 2. प्रबल, प्रभावी; 3. ऊपर को बढ़ता हुआ, आरोही; उदीयमान; 4. पूर्वज; **-ing** आरोही, चढ़ता हुआ।

**Ascertain** 1. अभिनिश्चित करना, पता लगाना; 2. जानना (ascertain the wishes of ); **-ed** अभिनिश्चित; **-ing** अभिनिश्चयन; **-ment** अभिनिश्चयीकरण; **-of price** कीमत अभिनिश्चित करना।

**Aspect** 1. पहलू, पक्ष, स्वरूप (question); 2. दृष्टि, दृष्टिकोण; 3. रुख, मुँह, अभिमुख; 4. आकृति (appearance); 5. अवस्थिति।

**Aspersion** 1. लांछन; 2. निंदा, बदनामी; 3. अभिसिंचन, छिड़काव।

**Assail** 1. हमला/आक्रमण करना, प्रहार करना; 2. आक्षेप करना, बौछार करना (प्रश्नों की); 3. का सामना करना; **-able** आक्रमणीय; **-ant** 1. आक्रमणकारी, प्रहारकारी, हमलावर; 2. आक्षेप करने वाला।

**Assassination** 1. हत्या, हनन, वध,

गुप्तघात; **character** ~चरित्र-हनन ।

**Assay** 1. परख करना, परीक्षा लेना (विशेषतः धातुमिश्रण); **er** पारखी, परीक्षक; . **~master** अधिपारखी ।

**Assemble** 1. जुटाना, एकत्र होना, इकट्ठा होना; 2.जोड़ना, संयोजन करना; 3. सम्मिलित करना, एकत्र करना; **-d** समवेत; **-together** एक साथ समवेत; **assemblage** 1. जमघट, जमाव; 2. सज्जा, संयोजन; **-r** 1. संयोजनकर्ता, 2. संयोजक; **unlawful assembly** विधिविरुद्ध जमाव; **assembling** 1. समंजन, 2. समवेत करना, समवेत होना; **~the court** न्यायालय को समवेत करना ।

**Assent** 1. अनुमति, स्वीकृति, मंजूरी (sanction); 2. सहमति; 3. अनुमति देना, अनुमत होना; **-ation** सहमति; **-ient** सहमति देने वाला; **~to Bills** विधेयकों पर अनुमति; **by common ~** सबकी स्वीकृति से; **with one ~** सर्वसम्मति से ।

**Assert** 1. दृढ़ता से कहना, जोर देकर कहना; 2.जतलाना, दावा करना, स्थापित करना; 3. प्राख्यान करना (विधि); **-able** समर्थनीय; **-ion** दावा, दृढ़कथन, निश्चित कथन, प्राख्यान; **-ive** 1. दबंग, हठी, हठधर्मी; 2. जोरदार, 3. निश्चयात्मक; **-or** समर्थक, हिमायती; **~oneself** दृढ़ता दिखाना, अपनी मनवाना ।

**Assess** 1. निर्धारण करना (कर); 2. आँकना, कूतना; 3. कर लगाने के लिये मूल्य निर्धारण करना; **-able** निर्धारणीय; **-ed** निर्धारित; **-value** -मूल्य; **-ee** निर्धारिती; **-ment** 1. निर्धारण, 2. कर-निर्धारण, 3. विचार, मत, राय; **-year -** वर्ष; **-or** 1. कर-निर्धारक; 2. असेसर, परामर्शदाता ।

**Assets** (pl.) 1. परिसंपत्ति, आस्तियां (माल-मत्ता); 2. संपत्ति, महत्त्वपूर्ण गुण, विशेषता; **circulating ~** प्रचल आस्ति; **current ~** चालू आस्ति; **~and liabilities** आस्तियां और देनदारियां, देना-पावना ।

**Assign** 1. नियत करना, निर्धारित करना; 2. समनुदेशित करना, सौंपना, हवाले करना; 3. निर्दिष्ट करना, बाँट देना (allot); 4. अर्पित/अभ्यर्पित (law); **-able** समनुदेशनीय; **assignability** समनुदेशनीयता; **-ed** 1. नियत; **-ee** 1. समनुदेशिती, पाने वाला, अधिन्यासी, प्रतिनिधि; **-ment** 1. समनुदेशन; 2. सुपुर्द काम; 3. संपत्ति (दानपत्र); 4. निर्धारण, अभ्यर्पण, हस्तांतरण; 5. कार्यभार; **~or** समनुदेशक, अभ्यर्पक; **~good cause** अच्छा हेतुक दिखलाना; **~interest** हित का समनुदेशन करना ।

**Assimilate** 1. आत्मासात करना, समाविष्ट कर लेना; 1.पचा लेना, अपनाना; 2. सदृश बनाना/बनना, एकरूपता करना; **assimilable** समावेशनीय; **assimilation** 1. मिलाना, आत्मसात्करण; 2. समीकरण (भाषा विज्ञान); 3. परिपाचन (food), एकरूप करना, एकरूपता; **assimilatory** परिपाचन, स्वांगीकारक ।

**Assist** 1. सहायता, मदद् करना; **-ance** 1. सहायता, मदद, 2. सहयोग, सहारा; **-ant** सहायक, मददगार, सहयोगी;

**-d** सहायताप्राप्त ।

**Associate** 1. सह-गौण, सहकारी, साथी; 2. सम्मिलित करना, मिलना-जुलना, सहयुक्त करना; 3. सम्बद्ध, संयुक्त, सहयुक्त; **-d** सहयोजित, संयुक्त, सहचारी; **association** 1. संघ; 2. संगम (विधि); 3. संबंध, साहचर्य, 4. सांझेदारी; 5. सम्मिलन, संगति; **associative** सहचारी, साहचर्य; **~member** सह-सदस्य; **-ship** उपसदस्यता; **Associated with** से सहयुक्त, से सबंद्ध ।

**Assume** 1. ग्रहण करना (receive); 2. कल्पना करना, मानना, सोचना (suppose); 3. धारण करना, अपनाना (put on); 4. मान कर चलना; 5. भार लेना, उत्तरदायित्व लेना (undertake); 6. अभिनय करना (feign); **assumable** मानने योग्य; **-d** 1. कृत्रिम, 2. कल्पित, माना हुआ; 1. **assumption** 1. ग्रहण, 2. कल्पना, धारणा; **-of charge** कार्यभार-ग्रहण, पदभार-ग्रहण; **to assume charge** कार्यभार ग्रहण करना ।

**Assure** 1. आश्वस्त करना; 2. सुनिश्चित करना; 3. बीमा करना; 4. संदेह दूर करना; 5. विश्वास दिलाना; **assurance** 1. आश्वासन, वचन, प्रत्याभूति; 2. बीमा (जीवन); 3. हस्तांतरण-पत्र, हस्तांतरण; 4. आत्मविश्वास, निश्चय; **assured** 1. आश्वस्त, 2. बीमाकृत; **-edly** 1. निश्चय ही, 2. दृढ़तापूर्वक ।

**Atmosphere** 1. वायुमंडल; 2. वातावरण, पर्यावरण (fig); 3. परिमंडल; **atmospheric** वायुमंडलीय; **~pressure ~** दाब ।

**Atomic** 1. परमाणु (ऊर्जा); 2. सूक्ष्म, अति लघु; **-ity** परमाणवीयता; **~energy** परमाणु ऊर्जा; **~power** परमाणु शक्ति ।

**Attach** 1. साथ लगाना, संलग्न करना; 2. कुर्क, कुर्क करना, जब्त; 3. दंड लगाना (penalty) 4. मिल जाना, का सदस्य बनना; 5. जोड़ना, संलग्न करना; 6. देना, प्रदान करना; **-able** कुर्क करने योग्य; **-ed** 1. संलग्न, 2. आसक्त, 3. कुर्क किया हुआ; **-office** संलग्न कार्यालय; **-ment** 1. संलग्नक; 2. कुर्की; 3. लगाव, घनिष्ठता, आसक्ति, अनुराग; 4. उपकरण; **-order** कुर्की आदेश ।

**Attain** 1. प्राप्त करना; 2. पहुँचना (standard); **-able** प्राप्य, साध्य, लभ्य; **-ment** 1. प्राप्ति, लब्धि; 2. (pl) योग्यताएँ, 3. उपलब्धि, सिद्धि; **~majority** प्राप्तवय होना ।

**Attempt** (v) 1. प्रयत्न करना, प्रयास करना; 2. हमला करने की कोशिश करना; 3. हाथ में लेना; **(n)** 1. प्रयत्न, प्रयास, चेष्टा; 2. कोशिश; **-able** प्रयत्न योग्य; **-ed** प्रयत्न किया गया; **-ing** प्रयत्न करना ।

**Attend** 1. उपस्थित होना, हाजिर होना; 2. ध्यान देना, पागल करना; 3. देखरेख करना, देखभाल करना; 4. साथ देना, साथ-साथ चलना; 5. हाथ में लेना, में लग जाना; **-ance** 1. उपस्थिति, हाजिरी 2. परिचर्या; **~register** रजिस्टर; **-ant** 1. उपस्थित; 2. सेवारत; 3. अनुवर्ती; **~in person** 1. स्वंय हाजिर होना;

~**to** की परिचर्या करना ।

**Attention** 1. ध्यान, अवधान, ध्यान रखना; 2. सावधानी, सावधानता; 3. देख-रेख; 4. आदर सत्कार; **attentive** 1. सावधान, सतर्क, 2. भद्र, शिष्ट; **-ly** सावधानी से ।

**Attest** 1. अनुप्रमाणित करना, तसदीक करना; 2. स्पष्ट कर देना; 3. शपथ दिलाना; 4. गवाही देना; ~**er** साक्ष्यंकक; 2. **-ed** अनुप्रमाणित, तसदीक किया हुआ, सत्यापित; **attestation** अनुप्रमाणन, तसदीक, सत्यापन ।

**Attitude** 1. अभिवृत्ति, रुख; 2. मुद्रा, चेष्टा, ढंग; 3. व्यवहार, रवैया; 4. विचार, भाव; 5. स्थिति ।

**Auction** 1. नीलाम, नीलामी; 2. नीलाम करना; **-eer** नीलामकर्ता; **-eering** नीलामी; ~**agreement** ~ करारनामा; ~**sale** नीलामी बिक्री ।

**Audible** 1. श्रव्य, श्रवणीय; 2. सुनाई देने वाला; **audibility** श्रव्यता, श्रवणीयता ।

**Audience** 1. श्रोता, श्रोतागण; 2. दर्शक, दर्शकगण; 3. दर्शन, भेंट, मुलाकात; 4. श्रवण (act of hearing); 5. सुनवाई (विधि); **audio** -श्रव्य; **audio-visual** दृश्य-श्रव्य; ~**chamber** दर्शन कक्ष; ~**research** श्रोता अनुसंधान ।

**Audit** 1. लेखापरीक्षा, संपरीक्षा; 2. संपरीक्षा/लेखापरीक्षा करना; **-ed** परीक्षित; **-accounts** -लेखा; **-ing** संपरीक्षा; **-or** लेखापरीक्षक; ~**objections** ~ आपत्तियाँ; ~**paragraph** ~ पैरा; ~**report** ~रिपोर्ट ।

**Augment** 1. आवर्धन, बढ़ना, बढ़ाना; 2. वृद्धि करना; **-ation** वृद्धि, आवर्धन, संवर्धन; **-ative** संवर्धी, आवर्धी; 2. आगामी; **-ed** आवर्धित ।

**Austerity** 1. मितोपभोग, सादगी, आडंबरहीनता; 2. दृढ़ता, संयम, (अति) संयम; 3. तप, तपस्या ।

**Authentic** 1. प्रामाणिक, वास्तविक, अधिप्रामाणिक; 2. प्राधिकृत (authoritative); 3. सत्य (true); 4. विश्वसनीय (trustworthy); **-ate** प्रमाणित करना, अधिप्रमाणित करना; **-ation** प्रमाणीकरण, अधिप्रमाणन; **-ity** अधिःप्रमाणिकता, वास्तविकता; ~**translation** प्रामाणिक अनुवाद ।

**Authority** 1. प्राधिकारी, विशेषज्ञ (expert); 2. प्राधिकार; 3. प्राधिकरण (body having authority); 4. सत्ताधारी, सत्ता, प्रभुत्व (power); 5. शब्दप्रमाण; 6. प्रामाणिकता (weight of testimony); 7. आधार प्रमाण (proof), **authoritative** प्राधिकृत, प्राधिकारिक; **-ly** प्राधिकृत रूप से; **authorize** प्राधिकार देना; ~**d** प्राधिकृत; **-capital** - पूँजी; **-dealer** - व्यापारी; ~**letter** प्राधिकार पत्र; **appointing** ~नियुक्ति प्राधिकारी; **on good** ~ विश्वस्त सूत्र से ।

**Autograph** 1. स्वाक्षर, अपना हस्ताक्षर; 2. हस्तलेख, निजी पांडुलिपि; 3. अपने हाथ से लिखना ।

**Automatic** 1. स्वचालित, अपने आप होने वाला; 2. स्वतःप्रवृत्त; **-ally** स्वतः, अपने आप; ~**device** स्वचालित युक्ति; ~**numerator** ~नंबर मशीन **automation** स्वचलन ।

**Automobile** 1. मोटरगाड़ी, कार, मोटर; ~**ancillaries** मोटरगाड़ी के अनुषंगी

सामान ।

**Autonomy** 1. स्वायत्तता, स्वायत्त शासन; 2. स्वशासन; **autonomous** स्वायत्त; **-body** - निकाय; **-college** स्वायत्त महाविद्यालय ।

**Auxiliary** (adj.) 1. सहायक; 2. अतिरिक्त (additional); 3. पूरक; 4. गौण, उप-; (n) 1. सहायक; 2. सहायक सेना (pl); 3. सहायक कर्मी; **~corps** सहायक कोर; **~force** सहायक बल; **~worker** सहायक कर्मी ।

**Available** 1. प्राप्य, उपलब्ध, सुलभ, उपलभ्य; **~assets** उपलब्ध आस्तियां; **~surplus** उपलभ्य अधिशेष; **availability** प्राप्यता, सुलभता ।

**Aver** 1. प्रकथन करना, साग्रह कहना; 2. सत्य सिद्ध करना (to assert, to affirm); **-ment** प्रकथन, दृढ़ोक्ति; **~performance** पालन करने का प्रकथन करना ।

**Average** 1. औसत; 2. सामान्य स्तर का, साधारण; 3. औसत होना; 4. औसत निकालना; **~age** औसत आयु; **~leave** ~ छुट्टी; **~loss** ~हानि; **~net weight** औसतन कुल भार; **~pay** औसत वेतन ।

**Aversion** 1. विरुचि, वितृष्णा, अनिच्छा (dislike); 2. विमुखता, उदासीनता (turning aside); 3. नफरत, घृणा (settled dislike); 4. द्वेष (antipathy) 5. विरक्ति ।

**Avert** 1. बचा लेना, रोकना (to prevent); 2. घुमा लेना (आँखें), (ध्यान) फेर लेना; (to turn aside), टालना; 3. निवारण करना; **-ed** निवारित ।

**Aviation** 1. विमानन, विमान-चालन; 2. वैमानिकी ।

**Avocation** 1. उपव्यवसाय, रोजगार (subordinate vocation) 2. मुख्य पेशे से भिन्न काम ।

**Avoid** 1. वर्जन करना, बचना, परिहार करना (to evade); 2. पीछा छुड़ाना, टालना; 3. शून्य करना (विधि); 4. शंका दूर करना, शंका निवारण करना (to expel doubt); **-able** परिहार्य, टालने योग्य; **-ance** परिहार, बचाव, आनाकानी; **~of doubt** शंका का परिवर्जन; **~of tax** कर-परिहार ।

**Avouch** 1. निश्चयपूर्वक कहना (to assert positively); 2. स्वीकार करना (to acknowledge); 3. आश्वासन देना, जिम्मेदारी लेना; **-ment** 1. आश्वासन; 2. गारंटी; 3. स्वीकार; 4. अभिकथन; **-age** -आयु ।

**Awakening** 1. जागना, जागरण, जागृति; 2. उद्‌बोधन, जानकारी, ज्ञान; 3. सचेत ।

**Award** 1. पंचाट, अधिनिर्णय, अधिनिर्णीत करना; 2. पुरस्कार, इनाम; 3. प्रदान करना; **-able** अधिनिर्णेय; **-ing** अधिनिर्णय (देने वाला); **-authority** - प्राधिकारी; **-costs** खर्चा दिलवाना; **make ~** पंचाट करना, अधिनिर्णय करना; **~statement** अधिनिर्णय का विवरण ।

**Aware** 1. बोध होना, जागरुक रहना; 2. अवगत होना, जानने वाला; **-ness** भान, बोध, जागरुकता, जानकारी, चेतना, चेतनता, ज्ञान; **be ~ of** 1. का ज्ञान होना, की जानकारी होना ।

**Awkward** 1. भद्दा, बेढंगा; 2. अनुपयुक्त, अटपटा; 3. मुश्किल; 4. अकुशल, अनाड़ी; 5. कष्टकर, (uncomfortable); 6. अनुपयुक्त (in -opportune); **~person** मुश्किल आदमी; **~time** अटपटा वक्त ।

**Axiom** 1. स्वंयसिद्धि, स्वतःसिद्ध; 2. सूक्ति, सूत्र; 3. अभिगृहीत (postulate); **-atic** स्वंयसिद्ध ।

**Ayes** (pl.) 1. हाँ पक्ष, समर्थन-मत, हाँ वाले ।

# B

**Back** 1. पूर्व, पिछला; 2. पीठ, पृष्ठ; 3. पृष्ठ भाग, पिछवाड़ा, पीछा; 4. बल, ताकत; **~formation** पश्च रचना; **~reference** पिछला संदर्भ, पिछला हवाला; **~and forth** आगे-पीछे, इधर-उधर; **~out** मुकरना, से फिर जाना; **~down** दावा छोड़ना ।

**Back date** पूर्व दिनांक; **-d** पूर्व दिनांकित; **-cheque** -चेक ।

**Background** 1. पृष्ठभूमि; 2. भूमिका, पूर्व पीठिका; 3. अप्रसिद्धि ।

**Backward** 1. पिछड़ा, फिसड्डी; 2. अनिच्छुक (reluctant); 3. उलटा (reversed) 4. संकोची; **-ness** पिछड़ापन; **-s** (Adv.) 1. उलटे, 2. पीछे की ओर; **~classes** पिछड़े वर्ग; **~tribes** पिछड़ी जनजातियाँ/आदिमजातियाँ ।

**Bad** 1. बुरा, दुः, खराब; 2. घटिया; 3. अयोग्य, नालायक; 4. दुष्ट; 5. अकुशल; 6. अशुभ/बुरा; 7. दूषित; 8. खोटा 9. अमान्य; 10. हानिकर; 11. डूबा; 12. अस्वस्थ; •13. प्रचंड, उग्र; **-ness** खराबी; **~behaviour** बुरा व्यवहार; **~blood** बैर; **~character** 1. दुश्चरित्र. 2. दुःशील; **~company** कुसंग; **~conduct** दुराचरण; **~debt** डूबी रकम, अशोध्य ऋण; **~faith** असद्भाव, दुर्भाव; **~tempered** चिड़चिड़ा ।

**Badge** 1. बैज, बिल्ला; 2. लक्षण, चिह्न ।

**Bail** 1. ज़मानत, प्रतिभूति; 2. ज़ामिन (bailsman); 3. गुल्ली; 4. चक्करदार; 5. .जमानत पर छोड़ना; 6. उपनिहित करना (to deliver goods in trust); **-able** .काबिले .जमानत, .जमानत योग्य; **~bond** जमानतनामा; **-ee** धरोहर लेने वाला; **-ment** .जमानत का प्रबंध; **-or** धरोहर देने वाला ।

**Balance** 1. शेष, बाकी, अतिशेष; 2. संतुलन, सामंजस्य; 3. तुला, तराजू; 4. प्रतिभार; **-d** संतुलित; **~budget** बजट; **balancing** संतुलन, बाकी निकालना; **-r** संतुलक; **~sheet** तुलनपत्र; **~of power** शक्ति संतुलन; **~in hand** रोकड़ बाकी ।

**Ballistic** 1. प्राक्षेपिकी, प्रक्षेप; **-s** प्राक्षेपिकी, अस्त्रविज्ञान; **~expert** प्राक्षेपिकी विशेषज्ञ; **~missile** प्रक्षेपास्त्र ।

**Ballot** 1. मतपत्र, मतपरची; 2. मतदान; **~box** मतपेटी; **~paper** मतपत्र; **Secret ~** गुप्त मतदान ।

**Ban** 1. प्रतिबंध, रोक, पाबंदी, मनाही; 2. प्रतिबंध लगाना; 3. अवैध घोषित करना; **banned** वारित, प्रतिषिद्ध ।

**Band** 1. पट्टी, फीता; 2. बैंड; 3. दल, टोली, मंडली, समूह; 4. धारी; **-age** पट्टी; **-ed** पट्टित ।

**Banish** 1. देशनिकाला देना, निर्वासित

करना; 2. निकाल देना **-ment** निर्वासन, देश निकाला।

**Bank** 1. बैंक 2. तट, किनारा; 3. साहूकारी करना; 4. टीला, ढेर; चढ़ाई; 5. रेती; **-able** बैंक-ग्राह्य; **-er** बैंकर; **-ing** बैंकिंग; **~account** बैंक खाता; **~cash** बैंक रोकड़; **~charges** ~प्रभार; **~credit** 1. बैंक साख; 2. बैंक उधार; **~draft** ~ड्राफ्ट; **~guarantee** ~गारंटी/प्रत्याभूति; **~hours** ~कार्य समय **~note** बैंक नोट; **~operations** बैंक कार्य; **~reserve** ~रिजर्व/आरक्षित; **~security** बैंक प्रतिभूति/.जमानत; **~transactions** 1. बैंक कार्य-व्यवहार, 2. बैंक लेन-देन।

**Bankrupt** 1. दिवालिया; **-cy** दिवाला, दिवालियापन।

**Banner** 1. बैनर, प्रदर्श पट्ट; 2. झंडा, ध्वजा।

**Banquet** 1. भोज, महाभोज, प्रीतिभोज; 2. दावत देना।

**Bar** 1. रोध, रुकावट, वर्जन/रोधन, बाधन (barrier); 2. अर्गला; 3. सिल्ली, ईंट (gold bar); 4. सलाख, छड़; 5. अदालत, न्यायालय; 6. वकालत का पेशा, वकील समुदाय; 7. कठघरा (विधि); 8. मधुशाला, शराब घर; **barred** बाधित; **bar a suit** वाद का वर्जन करना; **at the bar** न्यायालय में।

**Bar Council** विधिज्ञ परिषद, बार काउंसिल।

**Bare** 1. कोरा, साफ़; 2. अनावृत; 3. शून्य, खाली; 4. सादा; 5. निरा, मात्र, केवल; **-ly** 1. कठिनाई से 2. साफ-साफ, 3. मात्र, केवल; **~denial** कोरा प्रत्याख्यान; साफ इन्कार; **-faced** निर्लज्ज; **-foot** नंगे पाँव; **-headed** खुले सिर।

**Bargain** 1. सौदा करना, मोल-तोल करना; 2. सौदा, समझौता; 3. समझौता करना; **-ing** सौदाकारी।

**Barrack** बैरक।

**Barrage** बराज, बाँध, रोक, आड़।

**Barren** 1. बंजर, अनुर्वर, ऊसर; 2. बाँझ, बंध्या; 3. निष्फल, व्यर्थ; **-ness** बाँझपन, निष्फलता; **~land** बंजर भूमि।

**Barrier** 1. रोध, अवरोध, रोक; 2. नाका, शुल्कद्वार; 3. घेरा; 4. बाधा; **~clerk** नाकामुंशी।

**Base** 1. आधार, नींव, बुनियाद; 2. आधार होना; 3. तल पेंदा; 4. मूल; 5. आधार (ज्यामि०); 6. अड्डा(सेना); **-d** आधारित; **-less** निराधार, निर्मूल; **-ment** तहखाना; **~born** 1. दोगला, 2. हीनजाति; **~coin** 1. खोटा सिक्का; **~year** आधार वर्ष।

**Basic** 1. मूल, बुनियादी, आधारीय, आधारी, आधारभूत; 2. मौलिक, मूलभूत; **~education** बुनियादी शिक्षा; **~fact** मूल तथ्य; **~industry** मूल उद्योग; **~pay** मूल वेतन; **~period** मूल अवधि; **~principle** मूल सिद्धांत; **~tradesman** बुनियादी दस्तकार/कारीगर; **~training** बुनियादी प्रशिक्षण; **~wages** आधारिक मजदूरी।

**Batch** 1. घान (amount); 2. बैच, टोली, जत्था, दल (group)।

**Biology** 1. जीवविज्ञान, जैविकी, जीवी, जैव; 2. जीव-समूह; **biologist** जीव विज्ञानी; **biological** जीवी, जैव;

-products जैव उत्पाद ।

**Bipartite** द्विदलीय, द्विपक्षीय, उभयपक्षी, द्विखंडी; **~agreement** द्विपक्षीय समझौता ।

**Birth** जन्म; **~certificate** जन्म प्रमाण-पत्र; **~control** संतति निरोध; **~date** जन्मतिथि; **live~** जीवित जन्म **~mark** जन्म चिह्न; **~place** जन्म-स्थान; **~rate** जन्म-दर **~register** जन्मपंजी; **~right** जन्मसिद्ध अधिकार; **still~** मृत जन्म ।

**Biweekly** 1. पाक्षिक; 2. अर्धसाप्ताहिक ।

**Black** 1. काला, चोर, कृष्ण; 2. गंदा (dirty); 3. दुष्ट (evil); 4. निराशामय (hopeless); **~hole** कालकोठरी; **~leg** हड़ताल भेदी; **~list** काली सूची; **~listing** काली सूची में नाम लिखना **~mail** भयादोहन; **~market** काला/चोर बाजार; **~out** मिटाना, ढकना; **~sheep** कुल-कलंक ।

**Blank** 1. कोरा, सादा; 2. निरंक; 3. खाली, रिक्त, शून्य; 4. अतुकांत (कविता); 5. भाव-शून्य (look) 6. पूरा-पूरा, सरासर; **-s** (pl) खाली स्थान; **-ly** साफ-साफ; **~cheque** कोरा/निरंक चेक; **~endorsement** कोरा पृष्ठांकन ।

**Blanket order** व्यापक आदेश ।

**Blast** 1. धमाका; 2. झोंका, झकोरा; 3. सीटी; 4. अभिशाप, विनाश; 5. प्रकोप (रोग); **-ing** विस्फोटन; **~operation** ~संक्रिया **~powder** विस्फोटक बारूद; **~furnace** भट्टी ।

**Bleach** 1. विरंजक; 2. विरंजित करना; **-ing** विरंजन, विरंजक; **~powder** ~चूर्ण ।

**Blind** 1. अंध; 2. अंधा, नेत्रहीन; 3. बेसमझ; 4. अंधाधुंध; 5. अप्रत्यक्ष; 6. बंद (गली); **~born** जन्मांध; **~fold** 1. आँखों पर पट्टी बाँधना 2. भटकाना; **~school** अंध विद्यालय; **~spot** अंध बिन्दु ।

**Block** 1. खंड, ब्लाक, कुंदा, शिलाखंड; 2. ढाँचा; 3. बाधा; 4. भवनसमूह; 5. गुट्ट (राजनीति); 6. प्रखंड (प्रशासन); 7. ठप्पा, ब्लाक (मुद्रण); 8. भावशून्य (व्यक्ति); **-ade** नाकाबंदी, घेरा, अवरोध करना; **-ed** निरुद्ध, अवरुद्ध; **~account** ~लेखा/खाता; **~capital** ~पूँजी; **-ing** अवरोधन; **~head** मूर्ख; **~letter** मोटे अक्षर, साफ/सुस्पष्ट अक्षर; **~paragraph** चौकोर पैरा ।

**Blood** 1. रक्त, खून, रुधिर; 2. हत्या; 3. स्वभाव; 4. वंश कुल, रिश्ता; **-y** रक्त का, खूनी, लाल, रक्तरंजित, रक्तपिपासु; **~bank** रक्त कोष; **~bath** हत्याकांड; **~pressure** ~चाप/दाब; **~relations** ~संबंधी/नातेदार, रक्त नातेदारी; **~shed** रक्तपात; **~stained** रक्तरंजित; **~thirsty** रक्तपिपासु, खूंखार ।

**Blot** 1. धब्बा, दाग; 2. दोष; 3. कलंक, लांछन; **~out** 1. मिटाना, छिपा देना; **-ing paper** सोखता, स्याही सोख (blotter) ।

**Blue** 1. ब्लू, नीला; 2. आसमानी; 3. उदास, विषण्ण; **bluish** हल्का नीला, नीलाभ; **~bird** नीलामी; **~book** अधिकृत रिपोर्ट; **~print** ब्लू प्रिंट, अंतिम रूपरेखा ।

**Bluff** 1. झाँसा, झाँसा पट्टी, धुप्पल; 2. कगार; 3. धौंस, धौंसना; वि० रूखा, स्पष्टवादी ।

**Board** 1. बोर्ड, मंडल; 2. खान-पान, भोजन (boarding); 3. किनारा (side);

4. तख्ता, फलक, पट्टा (plank); **-er** आवासी, अंतेवासी; **-ing** भोजन व्यवस्था; **~of directors** निर्देशक बोर्ड/मंडल; **~of revenue** राजस्व बोर्ड/मंडल; **~of studies** पाठ्य समिति; **selection ~**चयन बोर्ड।

**Boat** नाव, नौका, किश्ती; **-ing** नौकाविहार; **~bridge** नाव का पुल; **~building** नौका-निर्माण; **~man** केवट, नाविक; **~race** नौका दौड़।

**Body** 1. निकाय, समिति, संस्था; 2. शरीर, अंबा, तन, काया; 3. धड़; 4. मुख्यभाग; 5. समूह, गिरोह, (gang of thieves) 6. ढाँचा, व्यक्ति; **bodily** शारीरिक; **~pain** ~पीड़ा; **~weakness** ~दुर्बलता; **corporate ~** निगम निकाय; **~guard** अंगरक्षक; **in a ~** सब मिलकर, निकाय के रूप में।

**Boiler** 1. बॉयलर, वाष्पित्र; 2. देग; **~assistant** ~सहायक; **~bed** बॉयलर का स्थल; **~house** बॉयलर घर।

**Bold** 1. मोटा; 2. निर्भीक, निडर; 3. धृष्ट, ढीढ; **-ly** निधड़क, बिना भय के, बेखटके; **-ness** निर्भीकता, दुःसाहस; **~faced** निर्लज्ज; **~letter** मोटा अक्षर।

**Bomb** 1. बम, गोला; 2. बम गिराना/बरसाना; **-ard** बम फटना; **-ment** गोलाबारी, बमवर्षा; **-er** बमवर्षक; **-ing** गोलाबारी; **body ~**मानव बम; **~proof** अभेद्य।

**Bona fide** 1. वास्तविक, वास्तव में, यथार्थ; 2. सद्भावपूर्वक, सच्चा; 3. निष्कपट, प्रामाणिक; 4. (pl) नेकनीयती, सद्भाव, सदाशयता; **~baggage** वास्तविक यात्री सामान; **~employment** यथार्थ नियोजन; **~error** सद्भाविक गलती; **~resident** वास्तविक निवासी।

**Bond** 1. बांड, बंधपत्र, इकरारनामा; 2. बेड़ी; 3. बंधन; 4. ऋणपत्र, रुक्का; **-age** दासता, गुलामी; **-ed** बंधित, बद्ध; **~labour** बंधुआ मजदूर; **-ing** बंधक; **~sman** 1. प्रतिभू, 2. दास (bondsman)।

**Bonus** 1. बोनस, अधिलाभ; 2. इनाम; **~loading** ~भरण; **~shares** ~अंश (शेयर)।

**Book** 1. पुस्तक, किताब; 2. बही, खाता; 3. बुक करना; **-ed** निर्धारित; **-ing** बुक करना; **~clerk** टिकट बाबू; **~office** टिकट घर; **-ish** 1. किताबी, 2. पंडिताऊ; **~binding** जिल्दसाजी; **~adjustment** बही समायोजन; **~balance** बही शेष, खाता शेष।

**Broker** दलाल, आढ़तिया, मध्यग; **-age** दलाली, आढ़त।

**Brought forward (b/f)** अग्रानीत, अग्रनीत।

**Budget** 1. बजट, आय-व्ययक; 2. थैली, पोटली, गठरी; **-ary** बजट; **~control** ~नियंत्रण; **~estimate** बजट अनुमान/प्राक्कलन; **~grant** बजट अनुदान; **~provision** बजट प्रावधान।

**Buffer** 1. बफ़र; 2. प्रतिरोधक; **~state** मध्यवर्ती राज्य; **~stock** बफ़र स्टॉक।

**Building** 1. भवन, इमारत; वि० 2. इमारती; **~fund** भवन निधि; **~operation** निर्माण संक्रिया।

**Bulk** 1. थोक, अंबार, ढेर; 2. अधिकांश, सामूहिक; 3. परिमाण; **-y** भारी भरकम, बृहदाकार; **~head** दीवाल; **~indent** थोक माँग-पत्र; **~inspection** सामूहिक

निरीक्षण; **~purchase** थोक खरीद; **~supply** थोक प्रदाय ।

**Bulletin** 1. बुलेटिन, विज्ञप्ति; 2. पत्रिका ।

**Bumper** 1. बंपर; 2. जोरदार, भरपूर, टक्कर रोक; **~crop** भरपूर पैदावार, जोरदार फसल ।

**Bungling** 1. गोलमाल; 2. गोलमाल करना ।

**Burden** 1. भार, बोझ; 2. स्थायी भार डालना; **-some** बोझिल, भारी; **~of taxation** कर-भार ।

**Bureau** 1. ब्यूरो, कार्यालय, केन्द्र; 2. विभाग; 3. मेज, अलमारी; **-cracy** नौकरशाही, अधिकारी-वर्ग; **-crat** नौकरशाह, अधिकारी; **employment~** रोजगार कार्यालय; **intelligence~** आसूचना केन्द्र/ब्यूरो; **labour ~**कामगार/मजदूर/श्रमिक ब्यूरो; **~of personnel** कार्मिक केन्द्र/ब्यूरो ।

**Bursar** बर्सर, कोषाध्यक्ष ।

**Burst** 1. फटना, तोड़ना, फूटना; 2. कूट-कूट कर भर देना; 3. फूलना, फुलाना; 4. अचानक दिखाई पड़ना **~in** 1. घुस पड़ना; 2. टोकना; **~into** अचानक जलने लगना; **burst into tears** जोर से रो पड़ना; **cloud ~**बादल फटना; **~open** अचानक खुल जाना; **~out** फट पड़ना, बरस पड़ना; **~up** 1. फूट पड़ना, विस्फोट हो जाना, 2. तबाह हो जाना; **~upon** 1. धमक पड़ना, 2. विस्फोट, 3. लहर, 4. दौरा, 5. बाढ़ ।

**Business** 1. व्यवसाय, कारोबार, धंधा; 2. कामकाज, कार्य; 3. कर्त्तव्य; 4. पेशा; 5. मामला (affair, matter); 6. कार्यक्रम (agenda); **~agent** व्यवसाय/कारोबार एजेंट; **~connections** व्यवसाय-संबध; **~hours** कार्य समय; **~income** व्यावसायिक आय; **~man** व्यवसायी; **~management** व्यवसाय प्रबंध, कारोबार प्रबंधक; **~methods** व्यवसाय पद्धति; **~plan** व्यापार योजना; **~practice** कारोबारी चलन/प्रणाली; **~premises** कारोबार स्थान/परिसर; **~year** व्यवसाय वर्ष; **-like** 1. कार्यकुशल; 2. व्यावहारिक; 3. सुव्यवस्थित ।

**Busy** 1. व्यस्त, काम में लगा हुआ, कार्यरत (at work); 2. अधिक कामकाज; 3. व्यस्त; (engaged); **~body** दस्तंदाज; **~season** 1. व्यस्त अवधि, 2. कारोबार का समय, 3. अधिक कामकाज का समय ।

**Buy** 1. क्रय करना, खरीदना; **-er** क्रेता, खरीदार, खरीदार; **-ing** क्रय; **potential buyer** संभावी क्रेता/खरीदार; **buyer's monopoly** क्रेता/खरीदार का एकाधिकार ।

**By** 1. के द्वारा, से, से होकर (via); 2. के अनुसार (according to); 3. उप/गौण; 4. पास, समीप (near); 5. में, तक, के हिसाब से; **~count** गणना के अनुसार; **~election** उपचुनाव, उपनिर्वाचन; **~force** बलपूर्वक, बलात्; **~gone** विगत, **~hand** दस्ती; **~pass** उपमार्ग; **~post** डाक से/द्वारा; **~product** उपोत्पाद, गौण उत्पाद; **~volume** आयतन के अनुसार; **~way** उपमार्ग; **~and by** बाद में, थोड़ी देर में; **~and large** सब मिलकर ।

**Bye election** उपनिर्वाचन ।

**Bye laws** 1. उपविधि, 2. उपनियम ।

# C

**Cabin** 1. केबिन, कोठरी; 2. कुटी; **~man** केबिन वाला; **~master** केबिन मास्टर ।

**Cabinet** 1. मंत्रिमंडल, केबिनेट; 2. अलमारी; 3. पेटिका (case); 4. कोठरी (room); **~minister** मंत्रिमंडल सदस्य; **~rank** मंत्री-पद; **~Secretariat** ~सचिवालय; **~secretary** ~सचिव ।

**Cable** 1. समुद्र में तार; 2. केबल; **~foreman** केबल फोरमैन; **~gram** समुद्री तार, केबलतार ।

**Cadet** 1. कैडिट; 2. सैन्य छात्र; **~corps** कैडिटकोर, छात्र सेना ।

**Cadre** 1. काडर, संवर्ग; 2. संगठन, ढाँचा (framewark); **~authority** काडर प्राधिकारी; **emergency ~** आपात काडर; **~register** काडर रजिस्टर; **regular~** नियमित काडर; **~strength** संवर्ग सदस्य-संख्या ।

**Calamity** विपत्ति, संकट, आपत् ।

**Calculate** 1. परिकलन करना; 2. गणना करना; 3. प्रकल्पना करना (plan or contrive to achieve purpose); **calculated** 1. प्रकल्पित, 2. परिकलित, 3. सुविचारित; 4. उपयुक्त; **calculating** 1. परिकलन, 2. स्वार्थी; **~machine** ~यंत्र (परिकलित्र); **calculation** परिकलन, संगणना; **calculator** 1. गणक, 2. परिकलित्र ।

**Calendar** 1. कलैंडर, सूची; 2. कालदर्श; **~month** ~मास; **~year** ~वर्ष, पंचाँग वर्ष; **succeeding ~** अगला कलैंडर वर्ष; **~of returns** विवरणी डायरी ।

**Call** 1. कॉल, बुलावा, पुकारना (summon); 2. माँग; 3. माँगना (to demand); 4. कहना (to address); 5. आवश्यकता (need); 6. भेंट, मुलाकात; **-s** (pl) 1. माँगें; **heavy ~** भारी माँगें; **-ed** माँगी गई; **~ing** आजीविका, व्यवसाय; **~book** काल बुक, निलंबित मामलों की बही; **~money** माँग राशि, अविलंब राशि; **~notice** माँग सूचना; **~paid** संदाय; **~for** माँगना, मँगाना; **~in** वापिस लेना; **~in arrear** बकाया माँग; **~in question** आपत्ति करना; **~off** स्थगित करना, रद्द करना; **~on capital** पूँजी की माँग; **~out** आहूत करना; **~up** आहूत करना, बुलाना; **~upon** से अपेक्षा करना ।

**Camera** 1. कैमरा; **~attendant** कैमरा परिचर; **~man** ~मैन; **in camera** गुप्त स्थान पर (वार्ता); **meeting in ~** गुप्त बैठक, बंद बैठक ।

**Camp** शिविर, कैंप; **-er** शिविरक; **~bed** सफरी पलंग; **~fire** 1. अलाव, 2. शिविर समारोह; **~follower** ~अनुचर/अनुचारी; **~officer** ~अधिकारी ।

**Campaign** 1. अभियान, मुहिम; 2. विशेष प्रचार; 3. आंदोलन (movement) **~of-**

**ficer** विशेष प्रचार अधिकारी।

**Campus** 1. मैदान, अहाता; 2. परिवेश, परिसर, निवेश।

**Cancel** 1. रद्द करना, उठा देना; 2. काटना, मिटाना (cross out); 3. व्यर्थ कर देना (neutralize); **-lation** रद्द, रद्दकरण, रद्द किया जाना; **-of allotment** आबंटन रद्द करना; **-of indent** इंडेंट/माँग पत्र रद्द करना; **-led** रद्द, निरस्त; **-draft** -ड्राफ्ट; **~the charge** आरोप को रद्द करना।

**Candidate** 1. प्रार्थी, उम्मीदवार, अभ्यर्थी; 2. प्रत्याशी; **candidature** अभ्यर्थिता, उम्मीदवारी; **rejected ~**नहीं चुना गया प्रत्याशी।

**Cantonment** कैंट, छावनी, कटक; **~authority** ~प्राधिकारी; **~board** ~बोर्ड; **~executive officer** ~कार्यपालक अधिकारी।

**Canvass** 1. वोट/मत माँगना, संयाचना (विधि); 2. माँगना (solicit); 3. परखना, जाँचना; 4. बहस, वाद-विवाद; **-ing** मतार्चन., मत-याचना, पक्ष-प्रचार, वोट माँगना।

**Capable** 1. समर्थ, क्षम; 2. योग्य; 3. प्रतिभाशाली (gifted); **capability** 1. सामर्थ्य; 2. योग्यता; 3. क्षमता; **~by law** विधि अनुसार समर्थ।

**Capacity** 1. हैसियत; 2. क्षमता, योग्यता; 3. सामर्थ्य, बिसात; 4. धारिता, समाई; **aggregate~** संकलित क्षमता; **mental ~** मानसिक सामर्थ्य; **official** ~पदीय हैसियत; **in the ~of** की हैसियत से, के रूप में।

**Capital** 1. पूँजी, मूलधन; 2. स्तंभशीर्ष; 3. राजधानी; 4. मृत्यु से दंडनीय; 5. दीर्घाक्षर, (मोटा अक्षर); **-ised** पूँजीकृत; **-ism** पूँजीवाद, पूँजीदारी; **-ist** पूँजीपति, पूँजीदार; **-ize** पूँजी में परिणत; **~account** पूँजीगत लेखा; **~investment** पूँजी निवेश; **~levy** पूँजी कर; **~loss** पूँजी हानि; **~nature** पूँजीगत प्रकार; **nominal ~** प्राधिकृत पूँजी; **~offence** मृत्यु से दंडनीय अपराध; **~outlay** पूँजी परिव्यय; **paid up ~** समादत्त पूँजी; **~profit** पूँजीगत लाभ; **~punishment** मृत्युदंड; **reserve ~** आरक्षित पूँजी।

**Capitation** प्रतिव्यक्ति; **~fee** ~फीस/शुल्क; **~tax** ~कर।

**Capture** 1. पकड़ना, बंदी बनाना; 2. जीत लेना, लूटना, हथियाना; 3. बंदीकरण; 4. लूट; **capturing** पकड़ने वाला; **~force** बल।

**Card** 1. कार्ड, पत्र; 2. कंघा; **-s** (pl) ताश, पत्ते; **~board** गत्ता; **~index** कार्ड सूची, सूचक कार्ड; **dead ~** बेकार कार्ड; **name ~**नाम कार्ड; **ticket** ~टिकट कार्ड; **trade ~** व्यापार कार्ड।

**Care** 1. सावधानी; 2. परवाह (करना); 3. देखभाल, रखवाली; 4. चिंता (करना); 5. ज़िम्मेवारी; (charge); 6. इच्छा, चाह (wish); **-free** निश्चिंत, बेफ़िक्र; **-ful** 1. सावधान, सतर्क, 2. सुचिंतित, 3. श्रमसाध्य; **-fulness** सावधानी; **-fully** ध्यानपूर्वक; **-less** लापरवाह।

**Career** 1. वृत्ति, जीविका, जीवन, व्यवसाय; 2. प्रगति; 3 जीतक, आचरित; **-ist** स्वार्थजीवी; **~management** वृत्ति प्रबंध; **~planning** कैरियर विषयक योजना।

**Caretaker** 1. केयरटेकर, कामचलाऊ

प्रभारी; ~**government** कामचलाऊ सरकार ।

**Cargo** 1. जहाजी माल, कार्गो, स्थोरा; ~**boat** माल-जहाज ।

**Carpenter** बढ़ई, काष्ठकार; **carpentry** बढ़ईगिरी; ~**cum-smith** बढ़ई व लुहार ।

**Carriage** 1. गाड़ी, वाहन; 2. सवारी डिब्बा; 3. ढुलाई; 4. परिवहन, वहन; 5. पारण; 6. प्रबंध; 7. कार्यान्वयन; 8. ढाँचा; ~**account** वहन लेखा; ~**charges** गाड़ी प्रभार; ~**cleaner** गाड़ी क्लीनर; ~**inward** आवक वहन व्यय; ~**outward** जावक वहन व्यय ।

**Carried** ले जाना; ~**down (c/d)** अधोनीत, तलशेष; ~**forward (c/f)** अग्रेनीत शेष ।

**Carrier** 1. वाहन; 2. वाहक; 3. कैरियर (साइकिल); 4. पत्रवाहक; ~**attendant** वाहक परिचर; **common ~** सामान्य वाहक ।

**Carry** 1. ले जाना; 2. ढोना; 3. थामना, सँभालना; 4. पहुँचाना; 5. जीत लेना; 6. पहनना; 7. पास रखना; ~**away** ले जाना; ~**forward** आगे ले जाना; ~**on** जारी रखना; ~**out** 1. पालन करना; 2. कार्यान्वित करना; ~**over** अग्रनयन, अग्रनीत करना; ~**through** 1. निष्पादित करना, 2. निकाल ले जाना ।

**Cart** गाड़ी, ठेला; -**age** गाड़ी भाड़ा, ढुलाई; ~**load** गाड़ीभर; ~**man** गाड़ी हाँकने वाला; ~**track** लीक ।

**Case** 1. मामला, विषय, प्रकरण; 2. स्थिति; 3. बहस; 4. वाद-प्रतिवेदन; 5. नजीर, उदाहरण, घटना; 6. रोगी; 7. प्रश्न, समस्या; ~**book** निर्णय पुस्तक; ~**ending** विभक्ति; ~**law** निर्णय-विधि; **in case** 1. यदि, 2. की स्थिति में; 3. ऐसा न हो कि; **in any case** जो भी हो; **in no case** कदापि नहीं ।

**Cash** 1. रोकड़, नकद, नकदी; 2. भुनाना; -**ier** रोकड़िया, खजांची; ~**account** रोकड़-लेखा; ~**balance** रोकड़ शेष/बाकी; ~**book** रोकड़ बही; ~**certificate** नकदी पत्र; ~**chest** तिजोरी; ~**counter** रोकड़ काउंटर/पटल; ~**crop** नकदी फसल; ~**in hand** हाथ में रोकड़; ~**memo** कैश मेमो; ~**outlay** नकदी परिव्यय; ~**payment** नकद भुगतान; ~**register** 1. रोकड़ बही, 2. कैश रजिस्टर; ~**remittance** नकद प्रेषण; ~**reserve** नकद आरक्षिति; ~**sale** नकद विक्रय; ~**value** नकद मूल्य ।

**Cast** 1. छोड़ना, संत्यक्त करना; 2. कास्ट; 3. पात्र योजना; -**er** ढलाईकार; ~**away** संत्यक्त करना ।

**Caste** जाति, वर्ण, वर्ग; -**ism** जातीयता; ~**distinction** जातिभेद; ~**system** जातिव्यवस्था ।

**Casting** 1. देना, फेंकना; 2. निक्षेपण 3. कै; ~**vote** निर्णायक मत ।

**Casual** 1. आकस्मिक (as a result o chance); 2. अनियत, अनियमित; 3. लापरवाह; 4. नैमित्तिक, आकस्मिक (occasional); ~**and non-recurring nature** आकस्मिक और अनावर्ती प्रकृति; ~**labour** अनियत मजदूर, नैमित्तिक मजदूर; ~**leave** आकस्मिक छुट्टी/अवकाश; ~**service** नैमित्तिक सेवा; ~**vacancy** आकस्मिक रिक्ति ।

**Casualties** हताहत, घायल ।

**Casualty** 1. दुर्घटना; 2. आहत, घायल; 3. हत, मृत, अपघटन (विधि) (an unfortunate occurrence); (pl) ~हताहत, घायल; ~officer आपात अधिकारी; ~report हताहत रिपोर्ट; ~vacancy आकस्मिक रिक्ति ।

**Catalogue** 1. कैटेलॉग, सूची, सूचीपत्र, प्रसूची; 2. तालिका; **-r** सूचीकार ।

**Catch** 1. पकड़ना, पकड़; 2. शिकार; 3. अड़ानी; 4. कुत्ता (बंदूक); 5. प्रहार; 6. समझना; 7. को लग जाना; **-ing** 1. मुग्धकारी, आकर्षक; 2. संक्रामक; 3. **-crop** अन्तर्वर्ती फसल; **-word** सूचक शब्द; **~up** 1. उठाना, 2. छीनना, 3. का दोष पकड़ना, 4. तंग करना; **~up with** 1. जा लेना, 2. बकाया काम पूरा करना ।

**Category** 1. वर्ग, श्रेणी, दर्जा, कोटि; 2. वैचारिक रूप, प्रवर्ग; **categorical** सुनिश्चित, सुस्पष्ट; **staff of ~** प्रवर्ग के कर्मचारी ।

**Catering** भोजन प्रबंध; 2. खानपान विभाग; **~supervisor** खानपान पर्यवेक्षक ।

**Cattle** पशु, मवेशी, ढोर; **~census** पशुगणना; **~feed** पशुदाना, पशु खाद्य; **~pound** काँजी हाउस, काइन हाउस, पशु बंदी गृह, पशु निरोधशाला; **~shed** पशुशाला; **~trespass** पशु अतिचार ।

**Caucus** चौगुटा; बैठक ।

**Cause** 1. कारण, हेतु, निमित्त; 2. वाद, मुकदमा; (law suit); 3. उद्देश्य (motive); 4. आन्दोलन (movement); 5. पक्ष (case of one party); **-r** उत्पादक, कारण; **apparent ~** दृश्यमान कारण; **-less** 1. अकारण, अहेतुक, 2. निर्मूल, 3. निरुद्देश्य; **~list** वाद सूची; **~and effect** कार्य-कारण; **~of Hindi** हिंदी का हित ।

**Caution** 1. खबरदार, सावधान, चेतावनी; 2. सावधानी, सतर्कता; **-ary** संचेतक; **~list** सतर्कता सूची; **~money** अवधान द्रव्य, जमानती रुपया ।

**Cease** 1. विराम; 2. बंद होना, उठ जाना; **~fire** अस्त्र-विराम, युद्ध-विराम; **less** लगातार, अविरत; **cease to be** न रहना; **cease to operate** प्रवृत्त न होना ।

**Ceiling** 1. छत (भीतरी); 2. अधिकतम सीमा; **~fan** छत-पंखा; **~price** उच्चतम सीमा ।

**Celebration** 1. समारोह; 2. उत्सव; 3. अनुष्ठान, यज्ञ ।

**Cell** 1. प्रकोष्ठ, कक्ष, कोठरी; 2. कोशिका; 3. सेल; 4. खाना (compartment); 5. कोटर; 6. गुट्ट (group); **-ular** कोशिकीय, कोशिकामय ।

**Censor** 1. सेंसर, नियत्रंक; **-ious** छिद्रान्वेषी; **~officer** ~अधिकारी; **~ship** सेंसर-कार्य ।

**Censure** 1. निंदा, परिनिंदा; **censurable** निन्दनीय; **~motion** निंदा प्रस्ताव; **vote of ~** परिनिंदा प्रस्ताव ।

**Census** जनगणना, मर्दुमशुमारी; **~officer** ~अधिकारी; **~population** जन-गणना ।

**Central** 1. केंद्रीय; 2. प्रमुख (principal); **-ize** केंद्रीभूत; **-ized** केंद्रित, केंद्रीकृत; **-ization** केंद्रीयकरण; **~service** ~सेवा; **~excise** ~उत्पाद शुल्क; **~registry** ~रजिस्ट्री; **~revenue** ~राजस्व; **~room** ~कक्ष ।

**Centre** 1. केंद्र, मध्य, मध्यबिंदु; **pri-**

mary health ~ प्राथमिक स्वास्थ्य केंद्र ।

**Century** 1. शताब्दी, शती, सदी; 2. शतक, शती (a hundred) ।

**Ceramist** मृत्तिका शिल्पी ।

**Cereal** धान्य, अनाज, अन्न; **-ist** धान्यविद् ।

**Ceremony** 1. समारोह; 2. गृहकर्म, शिष्टाचार; 3. धर्मक्रिया, धर्मानुष्ठान; **ceremonial** 1. समारोह, 2. आनुष्ठानिक, औपचारिक, 3. धर्मानुष्ठान; **~parade** ~परेड; **religious ~** धार्मिक कर्म; **marriage ~** विवाह-कर्म ।

**Certificate** 1. प्रमाणपत्र; 2. प्रमाणक; **Certification** प्रमाणन, प्रमाणीकरण; **~centre** प्रमाणीकरण केंद्र; **fitness~** 1. आरोग्य प्रमाणपत्र, 2. दुरुस्ती प्रमाणपत्र; **~posting** डाक प्रमाणपत्र ।

**Certify** 1. प्रमाणित करना; 2. प्रमाण देना; 3. घोषित करना, विश्वास दिलाना; **Certified** प्रमाणित; **-copy** -प्रति ।

**Cess** उपकर (सेस) ।

**Cessation** 1. समाप्ति, अंत, अवसान (ceasing); 2. विराम (pause); **~of approval** अनुमोदन की समाप्ति; **~ of force** बल प्रयोग का बंद होना; **~ of membership** सदस्यता की समाप्ति; **~ of work** कार्य विरोध ।

**Chain** 1. जंजीर, कड़ी, जरीब (measuring); 2. शृंखला, लड़ी, माला, सिलसिला; 3. हँसली; 4. पर्वतमाला; **-s** (pl) बेड़ी (bonds); 2. कैद, दासता (captivity); **~man** जरीबी ।

**Chair** 1. चेयर, पद; 2. कुर्सी; 3. सभापति, अध्यक्ष; 4. पीठ, आचार्य-पद; **~man** 1. अध्यक्ष, 2. सभापति ।

**Challan** चालान; **-dar** चालानदार ।

**Challenge** 1. चुनौती, ललकार; 2. आपत्ति, आक्षेप; **-d** आक्षेप किया गया ।

**Chamber** 1. चेंबर, कक्ष; 2. मंडल; 3. सदन (legislature); 4. प्रकोष्ठ (cavity); **~ of commerce** वाणिज्य मंडल ।

**Chance** 1. संयोग, दैवयोग; 2. अवसर, मौका; 3. संभावना; **~witness** संयोगी साक्षी ।

**Change** 1. बदलना, परिवर्तन, हेरफेर, तब्दीली; 2. विनिमय; 3. भुनाना, तुड़ाना (money); **-d** परिवर्तित; **-able** परिवर्तनीय, परिवर्तनशील; **-less** अपरिवर्तनशील; **~of title** नाम परिवर्तन; **~slip** ~पर्ची ।

**Channel** 1. माध्यम, सरणि (means); 2. नहर, जलमार्ग (canal); 3. नदी तल; 4. नल, नाली; 5. धारा (thought); **-ling** प्रणालन; **~of communication** संसूचना की प्रणाली ।

**Chaos** अव्यवस्था, दुर्व्यवस्था; **chaotic** अस्तव्यस्त ।

**Chapter** 1. अध्याय; 2. सभा (धर्म) ।

**Character** 1. चरित्र, आचरण, चाल-चलन, शील; 2. स्वभाव, स्वरूप, रूप; 3. प्रकार; 4. लक्षण, गुण; 5. नाम, हैसियत (position); 6. नेकनामी, 7. महामानव, महापुरुष; 8. अक्षर, अंक, लिपि, लिखावट; **-istic** अभिलक्षण, विशिष्टता; **~building** चरित्र निर्माण; **~certificate** ~प्रमाणपत्र; **official** ~शासकीय हैसियत; **~roll** ~पंजी; **~training** ~प्रशिक्षण ।

**Charge** 1. आरोप, दोषारोप, अभियोग; 2. चार्ज; 3. प्रभार, खर्च, भाड़ा, परिव्यय;

4. कार्यभार, पदभार, प्रभार; 5. धावा, चढ़ाई, हमला; 6. आदेश, क्षेत्र; 7. उत्तरदायित्व; **-able** 1. प्रभार्य, 2. अभियोज्य; **-d** प्रभारित, 2. आरोपित; **~d' affairs** कार्यदूत; **~hand** चार्ज हैंड, कार्यवीक्षक; **~holder** भारधारक; **~man** चार्जमैन **~report** कार्यभार रिपोर्ट; **~sheet** आरोप पत्र।

**Charity** 1. खैरात, दान, भिक्षादान; 2. प्रेम; 3. सद्भाव; 4. उदारता, दयालुता; 5. परोपकार; 6.दानशीलता; **Charitable** पूर्त, खैराती; **~endowment** पूर्त/खैराती अक्षय निधि; **~trust** पूर्त न्यास; **~show** सहायतार्थ प्रदर्शन।

**Chart** 1. चार्ट, लेखा, सारणी; 2. मानचित्र, नक्शा।

**Charter** 1. भाड़े पर लेना; 2. शासन-पत्र, सनद, अधिकार-पत्र; 3. घोषणा पत्र 4. विशेष अधिकार; **-ed** सनदी/चार्टरित; **~accountant** सनदी/चार्टरित लेखाकार; **~aircraft** चार्टरित वायुयान; **~bus** चार्टरित बस; **~party** चार्टर पार्टी।

**Cheat** 1. छल करना; 2. धोखा देना, बेईमानी करना; 3. भुलावा देना, बहकाना; **-ing** छल; **-by personation** प्रतिरूपण द्वारा छल।

**Check** 1. पड़ताल, जाँच; 2. रोक, अवरोध, रुकावट; 3. मिलान करना; 4. नियंत्रण; 5. निशान; 6. चारखाना (कपड़ा); **-ed** अवरुद्ध, नियंत्रित; **-er** जाँचकर्ता; **-ing** पड़ताल, जाँच; **~dam** रोकबाँध; **~post** जाँच चौकी; **~register** जाँच-पड़ताल रजिस्टर; **check up** परीक्षण करना।

**Chemical** 1. रासायनिक, रसायन; 2. रसद्रव्य; **~element** रासायनिक तत्त्व; **~examination** रासायनिक परीक्षण।

**Chemist** रसायनज्ञ, रसायनी; **-ry** रसायन, रसायन विज्ञान।

**Cheque** चैक, चेक, हुंडी; **account payee ~** पाने वाले के खाते में देय~; **~bearer** ~वाहक; **crossed ~** क्रॉस~; **endorsed~** पृष्ठांकित~; **postdated~** उत्तरदिनांकित~।

**Chest** 1. तिजोरी, पेटी; 2. छाती, सीना, वक्ष।

**Chief** मुख्य, प्रमुख, प्रधान, सर्वोच्च; **-ly** मुख्यतया; **-tain** मुखिया, नायक, सरदार; **~agent** मुख्य अभिकर्ता; **~auditor** मुख्य लेखापरीक्षक; **~Minister** मुख्यमंत्री।

**Child** 1. बाल, बालक, शिशु; 2. पुत्र-पुत्री; 3. संतान; **-ish** बचकाना; **-less** निःसंतान; **-ren** (pl) बाल; **-hospital** बाल चिकित्सालय; **-hood** बचपन, बाल्यावस्था; **~labour** बालश्रम; **~welfare** बालकल्याण, शिशु कल्याण; **-like** बालोचित।

**Chorus** 1. कोरस, वृंदगान, समवेत गान; 2. गायकवृंद/दल; 3. टेक।

**Chronic** जीर्ण, चिरकालिक, पुराना।

**Chronology** 1. कालक्रम, कालानुक्रम; 2. कालक्रमविज्ञान; **Chronological** कालक्रमानुसार; **~index** कालानुक्रमणिका; **~order** वही।

**Cipher** दे. **Cypher**।

**Circle** 1. सर्किल, हलका, अंचल, क्षेत्र, मंडल; 2. वृत्त, घेरा, दायरा; 3. वलय, मंडल; 4. चक्कर, परिक्रमा; 5. मंडली, समाज, समुदाय; 6. चक्र, कालचक्र; **~commander** ~कमांडर, **~inspector**

~निरीक्षक।

**Circuit** 1. सर्किट; 2. परिधि; 3. क्षेत्र, मंडल; 4. परिपथ (बिजली); 5. दौरा; **-ous** चक्करदार; **~house** विश्राम भवन, सर्किट हाउस; **short ~** लघु परिपथन (बिजली)।

**Circular** 1. गश्ती चिट्‌ठी, परिपत्र; 2. वृत्ताकार, गोल; 3. वृत्तीय; **~letter** परिपत्र; **~note** प्रत्यय धनपत्र।

**Circulate** 1. घुमाना, परिचालित करना; 2. फैलाना प्रचलित होना, प्रचार पाना; 3. परिसंचरित होना; **-d** परिचालित; **Circulating** परिचल; **~library** ~पुस्तकालय; **Circulation** परिचालन; **Circulatory** परिसंचारी।

**Circumstance** 1. परिस्थिति; 2. घटना, बात; 3. समारोह, आडंबर; **-s**(pl) 1. परिस्थितियाँ, हालात, स्थिति, 2. विभव (a situation as regards wealth, property or assured income); **Circumstantial** 1. पारिस्थितिक, 2. आकस्मिक, 3. गौण, 4. ब्योरेवार; **~evidence** ~साक्ष्य।

**Citation** 1. उद्धरण, उल्लेख, प्रोद्धरण; 2. प्रशस्ति, प्रशंसात्मक उल्लेख; 3. हवाला; 4. आह्वान, तलबी; 5. उपस्थिति-पत्र।

**Citizen** नागरिक; **-ship** नागरिकता।

**City** नगर, शहर; **~allowance** नगर भत्ता; **~father** नगर पिता; **~council** नगर-परिषद्; **~planning** नगर-योजना, नगर-सन्निवेश।

**Civic** नागरिक, पौर; **-s** (pl) नागरिक शास्त्र; **~centre** नागरिक केंद्र; **~interest** नागरिक हित।

**Civil** 1. सिविल; 2. नागरिक, नागर; 3. असैनिक (non-military); 4. शिष्ट, सभ्य; 5. दीवानी; 6. वैधानिक, कानूनी; **-ization** सभ्यता; **-ize** सभ्य बनाना; **-ized** सभ्य; **~area** असैनिक क्षेत्र; **~defence** नागरिक सुरक्षा; **~engineering** सिविल इंजीनियरी; **~list** सिविल सूची, अधिकारी सूची; **~marriage** सिविल विवाह; **~procedure code** सिविल प्रक्रिया संहिता **~rights** नागरिक अधिकार; **~service** सिविल सेवा; **~suit** सिविल वाद; **~supplies** नागरिक पूर्ति।

**Claim** 1. दावा करना, दावा; 2. अधिकार; 3. अध्यर्थ (thing claimed); **~s** (pl); दावे; **-able** दावा योग्य; **-ant** दावेदार, वादी; **~for refund** धन वापसी का दावा, प्रतिदाय के लिये दावा; **~in common** सम्मिलित रूप से दावा करना; **unfounded** ~निराधार दावा।

**Clarify** 1. स्पष्ट करना; 2. निर्मल करना; **clarification** स्पष्टीकरण, विशुद्धीकरण।

**Class** 1. वर्ग, दरजा, क्लास, कक्षा; 2. श्रेणी; 3. प्रकार (kind); 4. विशिष्टता; (quality); **-ify** वर्गीकृत करना; **-ification** वर्गीकरण; **~of stores** सामान का वर्गीकरण; **-ified** वर्गीकृत; **~advertisement** ~विज्ञापन; **~consciousness** वर्ग चेतना; **~fellow** सहपाठी; **~room** कक्षा; **~struggle** वर्ग संघर्ष; **~system** वर्ग व्यवस्था।

**Clause** 1. खंड, धारा; दफा; 2. खंडवाक्य, उपवाक्य; 3. शर्त (condition)।

**Clean** 1. साफ़ करना, स्वच्छ करना; 2. सफाई-पसंद; 3. सुघड़; 4. दक्ष; 5. साफ (legible); 6. निर्बाध; **-er** क्लीनर,

मार्जक; -liness स्वच्छता; -ly सफाई पसंद; cleanse शुद्ध/साफ करना, परिमार्जन करना।

**Clear** 1. साफ/स्पष्ट करना; 2. स्वच्छ, निर्मल (pure); 3. पारदर्शक (transparent); 4. सुनिश्चित (positive); 5. निर्बाध (open); 6. निर्दोष; 7. मुक्त, रहित (free); 8. शुद्ध (net); **-ly** साफ-साफ; **~cut** सुस्पष्ट; **~day** पूरा दिन; **~headed** सुबुद्ध, सुबोध; **~vacancy** स्पष्ट रिक्ति।

**Clearance** 1. समाशोधन; 2. निकासी; निर्बाधन, अनुमति; 4. अनापत्ति; **~certificate** अनापत्ति प्रमाणपत्र; **~memo** शोधन ज्ञापन; **~(of) goods** माल छुड़ाना; **~(of) cheques** चैकों का समाशोधन।

**Clerical** 1. लिपिकीय; 2. लेखन संबंधी; **~error** लिखाई की भूल, लेखन-त्रुटि/अशुद्धि; **~staff** लिपिक वर्ग।

**Clinic** 1. क्लिनिक, निदानालय; 2. चिकित्सालय; **-al** रोग-विषयक।

**Cloak** 1. क्लोक, अमानती; 2. लबादा; 3. बहाना (pretext); **~room** अमानती घर, क्लोक रूम।

**Close** 1. बंद करना, समाप्ति; 2. समाप्ति, समापन, अंत; 3. मिलाना/मिलना; 4. पास आना; 5. भिड़ना (grapple); 6. सहमत हो जाना; **-d** 1. बंद, अवरुद्ध, 2. बद्ध; **closing** बाकी; **~balance** बाकी रोकड़, अंत शेष; **closure** समापन, समाप्ति; **-ly** निकट से; **~of the year** वर्ष की समाप्ति; **~down** बंद करना; **~in** घेरना; **~with** स्वीकार करना; **~confinement** बंद परिरोध; **~connections** निकट संबंधी; **~(of) evidence** साक्ष्य की समाप्ति; **~(of) year** वर्ष की समाप्ति; **~up** निकट शॉट।

**Clue** संकेत, सूत्र, सुराग, इशारा।

**Co-** सह-; **-accused** सह-अभियुक्त; **-mortgagor** सहबंधककर्ता।

**Coach** 1. कोच, डिब्बा; 2. गाड़ी; 3. प्रशिक्षक, शिक्षक; **-ing** कोचिंग **~inspector** ~निरीक्षक; **~traffic** ~यातायात; **-man** गाड़ीवान।

**Coalition** 1. बहुदलीय; 2. सहमिलन, सम्मिलन; **~government** बहुदलीय सरकार; **~ministry** संयुक्त मंत्रिमंडल।

**Coast** तट, समुद्रतट; **-al** तटीय, तटवर्ती; **-ing** तटानुगमन; **~guard** तटरक्षक; **~line** तट-रेखा।

**Code** 1. संहिता; 2. कोड, कूट, संकेत; **codify** संहिताबद्ध करना; **codification** संहिताकरण; **~language** कूट-भाषा; **~number** संकेत संख्या, कोड संख्या; **~of conduct** आचार संहिता; **~telegram** कोड-तार; **~word** कूटशब्द, संकेतिकी।

**Coerce** 1. जोर जबरदस्ती करना; प्रपीड़ित करना; 2. बल प्रयोग करना; 3. दबाव डालना; **coercion** 1. जोर जबरदस्ती, प्रपीड़न, 2. बल प्रयोग।

**Cognize** 1. बोध हो जाना; 2. ज्ञात करना; **cognizable** 1. संज्ञेय, 2. प्रज्ञेय; **-case** संज्ञेय मामला; **-offence** संज्ञेय अपराध; **cognizance** 1. संज्ञान, 2. ध्यान, अवेक्षा; 3. विचाराधिकार, 4. सुनवाई; **~of court** न्यायालय का संज्ञान; **~ of offence** अपराध का संज्ञान।

**Coherence** सुसंगति, संबद्धता, सामंजस्य; **coherent** संगत, सुसंगत।

**Coin** सिक्का, मुद्रा; **-age** 1. सिक्का ढलाई, 2. प्रचलित सिक्के, 3. शब्द निर्माण; **counterfeit ~**1. कूटकृत सिक्का, 2. खोटा सिक्का; **~exchange** सिक्का विनिमय; **~expert** सिक्का विशेषज्ञ ।

**Coincidence** 1. संयोग, संयात; 2. मेल, समानता, संयोग; **coincidental** आकस्मिक ।

**Cold** 1. ठंडा, शीत; 2. जुकाम; **-blooded** निर्दयतापूर्वक; **~hearted** हृदयहीन, बेदर्द; **~storage** शीतागार; **~war** शीतयुद्ध; **~wave** शीत लहर ।

**Collaboration** सहयोग; **collaborator** 1. सहयोगी, 2. शत्रु सहयोगी, देशद्रोही; **in collaboration with** के सहयोग से ।

**Colleague** सहयोगी, सहकर्मी ।

**Collect** 1. इकट्ठा/संग्रह करना; 2. एकत्र/जमा करना; 3. वसूल करना, उगाहना; 4. निष्कर्ष निकालना; 5. सुव्यवस्थित करना; **-ing** वसूली; **-ion** संग्रहण; **~charges** ~प्रभार, वसूली प्रभार; **~tray** संग्रह ट्रे; **-ive** सामूहिक, 2. समूहवाचक, समूहवाद; **~ly** सामूहिक रूप से; **-or** 1. कलेक्टर, 2. संग्राहक ।

**College** 1. महाविद्यालय, कालेज; 2. मंडल, गण; **collegiate** महाविद्यालीय ।

**Colliery** कोयला खान; **~manager** कोलियरी मैनेजर/प्रबंधक ।

**Collusion** 1. दुरभिसंधि, मिलीभगत; 2. साँठ-गाँठ; **collusive** दुरभिसंधिपूर्ण ।

**Colony** 1. उपनिवेश; 2. बस्ती, कालोनी; 3. मंडल; **colonization** उपनिवेशन ।

**Colour** 1. रंग, वर्ण; 2. रंगद्रव्य (matter); 3. बहाना (excuse); 4. रंग (complexion); 5. प्रकार (kind); **-s** (pl) झंडा; **-able** आभासी; **-bar** रंगभेद; **-ed** रंगीन; **~ful** रंगीन; सजीव; **~ing** रंजन; **~blind** वर्णांध; **~blindness** वर्णांधता ।

**Column** 1. कालम, स्तंभ, खाना; 2. दस्ता, सैन्यदल; **-ist** स्तंभलेखक; **-wise** स्तंभानुसार ।

**Combine** 1. एकत्र, इकट्ठा करना; **combination** समुच्चय, संयोजन; **combined** संयुक्त, सम्मिलित; **-office** कार्यालय; **-carriage** संयुक्त वहन; **-benefits** प्रसुविधाओं का समुच्चय; **-profits** सम्मिलित लाभ; **-total** कुल योग ।

**Comity** 1. सौहार्द, शिष्टता; 2. सौजन्य; **~of nations** अंतरराष्ट्रीय सौजन्य ।

**Command** 1. कमान (मिलीटरी); 2. समादेश, आज्ञा; 3. प्रभुता, प्रभुत्व, काबू; 4. अधिकार, आधिपत्य; **-ant** आदेशक; **~area** प्रभावित क्षेत्र; **high~** आला कमान; **being in ~**समादेशन करते हुए ।

**Commemoration** 1. स्मृति, स्मरणोत्सव, स्मारक; 2. कीर्तिगान; **~volume** अभिनंदन ग्रंथ ।

**Commencement** 1. प्रारंभ, 2. श्रीगणेश; **~of act** अधिनियम का प्रारंभ; **~of service** सेवारंभ ।

**Commend** 1. सराहना/प्रशंसा करना; 2. सिफारिश करना; **-able** प्रशंसनीय, सराहनीय **-ation** प्रशंसा, सिफारिश; **-atory** प्रशंसात्मक, सिफारिशी ।

**Commensurate** 1. अनुरूप, आनुपातिक; 2. समपरिमाण ।

**Comment** 1. टीका, टिप्पणी; 2. आलोचना, समीक्षा; 3. चर्चा,

टीका-टिप्पणी; **-ary** 1. टीका, व्याख्या, 2. टीकाटिप्पणी; **-ator** टीकाकार, भाष्यकार ।

**Commerce** 1. वाणिज्य, व्यापार; 2. संसर्ग, संपर्क; **commercial** वाणिज्यपरक, वाणिज्यिक; **-wing** वाणिज्यस्कंध; **-world** वाणिज्य संसार; **chamber of ~**व्यापार-मंडल ।

**Commission** 1. आयोग, कमीशन; 2. कमीशन, आढ़त, बट्टा; 3. (अपराध) करना; 4. अधिकार, कार्याधिकार; 5. (अर्पित) कार्य; 6. नियुक्ति; 7. शासन-पत्र; **-er** 1.आयुक्त, 2. प्रतिनिधि अधिकारी; **-ary** प्रमंडल; **-ed** कमीशन प्राप्त; **~agent** आढ़तिया, कमीशन एजेंट; **~vendor** 1. आढ़ती विक्रेता; 2. कमीशन खोमचेवाला; **emergency ~**आपाती आयोग; **~of an act** कार्य का किया जाना; **~of murder** हत्या करना; **Bring into commission** प्रवर्तन करना ।

**Commit** 1. करना; 2. सुपुर्द करना; 3. वचनबद्ध होना; **-ment** 1. प्रतिबद्धता (विधि); **-tal** 2. सुपुर्दगी, 3. अभिबंधन; **-ted** वचनबद्ध, से प्रतिबद्ध; **~de-fault** व्यतिक्रम करना; **~for trial** विचारण के लिए सुपुर्द करना ।

**Committee** समिति, कमेटी; **action ~** संघर्ष समिति; **advisory ~** सलाहकार समिति; **~of inquiry** जाँच समिति; **~of management** प्रबंध समिति ।

**Commodity** 1. वस्तु, पण्य, माल; 2. उपयोगी वस्तु; **~board** वाणिज्य बोर्ड; **~exchange** वस्तु एक्सचेंज ।

**Common** 1. सामान्य, आम; 2. साधारण, मामूली; 3. सामूहिक; 4. सार्वजनिक, आम; 5. उभयनिष्ठ; 6. सर्वनिष्ठ; सर्वसामान्य; 7. समान; **-able** सामूहिक; **-alty** जन-साधारण; **-er** साधारण नागरिक; **~roster** सामान्य रोस्टर; **-wealth** राष्ट्रमंडल; **in common** सामान्यतः, साझे की; **common to all** सबके लिए सामान्य ।

**Communal** 1. सांप्रदायिक; 2. सामुदायिक, पंचायती; **-ism** सांप्रदायिकता; **-ist** संप्रदायवादी **~harmony** सांप्रदायिक सद्भाव ।

**Communicate** 1. संप्रेषण करना; 2. संदेश पहुँचाना, बताना, संचारित करना; 3. बातचीत करना; 4. संपर्क करना; **communicable** 1. कथनीय, सूचनीय, 2. संक्रामक; **communication** 1. संचार; 2. संसूचना, संदेश; 3. पत्रव्यवहार, संसर्ग, संपर्क; 4. संप्रेषण; 5. संबंध, आवागमन, यातायात ।

**Communique** विज्ञप्ति, सरकारी सूचना ।

**Community** 1. समुदाय, समाज, समूह; 2. सम्प्रदाय; 3. हिस्सेदारी, साझा; 4. समानता; **~development** सामुदायिक विकास; **~hall** समाज सदन ।

**Commute** 1. परिवर्तन करना, बदल देना; 2. विनिमय करना; 3. कम कर देना; 4. का स्थान लेना; **Commuted** परिवर्तित, संराशित; **-leave** -छुट्टी; **Commutation** परिवर्तन; 2. संराशीकरण; 3. लघुकरण; **Commutator** दिक्परिवर्तक ।

**Compare** 1. तुलना करना, मिलान करना; 2. बराबर समझना/होना; **comparable** तुल्य, तुलनीय; **comparative** 1. तुलनात्मक, 2. सापेक्षिक (relative); **-statement** -विवरण; **-r** मिलानकर्त्ता,

तुलनाकर्त्ता; **comparison** 1. तुलना; 2. मिलान; 3. साम्य, सादृश्य (similarity) ।

**Compartment** 1. उपखंड, कक्ष, खाना; 2. रेल-डिब्बा ।

**Compassion** 1. अनुकंपा, करुणा, सहानुभूति; 2. दयाभाव; **-ate** अनुकंपा, दयालु, सहृदय; **-allowance** -भत्ता; **-ground** -आधार; **-fund** अनुकंपा निधि ।

**Compatible** 1. संगत, अनुकूल, अनुरूप; **compatibility** संगति, संगतता ।

**Compel** 1. विवश करना, बाध्य करना; 2. लाचार करना; **-lable** विवशनीय; **-ling** अप्रतिरोध्य, अकाट्य; **~attendance** हाजिर होने के लिए विवश करना; **~to perform** करने के लिए विवश करना ।

**Compendium** सारसंग्रह, सारांश, संक्षेप ।

**Compensation** 1. प्रतिपूर्ति, प्रतिकर, मुआवजा; 2. क्षतिपूर्ति; 3. पूर्ति, संपूर्ति, प्रतिकरण; **-compensatory** प्रतिकरात्मक, प्रतिपूरक; **-leave** -छुट्टी; **-allowance** -भत्ता; **~for wrong** दोष का प्रतिकर; **~in money** धन के रूप में प्रतिकर; **~money** प्रतिकर धन ।

**Competence** 1. सक्षमता, क्षमता, सामर्थ्य (law); 2. योग्यता; 3. संपन्नता (sufficiency); **competency** सक्षमता; **competent** 1. सक्षम, समर्थ, 2. समुचित, 3. उचित, वैध, 4. सुयोग्य; **-authority** सक्षम प्राधिकारी; **-court** सक्षम न्यायालय ।

**Competitive** प्रतियोगी; **~examination** प्रतियोगिता परीक्षा; **~rate** प्रतियोगी दर ।

**Compile** 1. संकलन करना; 2. एकत्र करना; **compilation** संकलन; **-d** संकलित; **-r** संकलनकर्त्ता; **compiling** संकलन; **-officer** संकलन अधिकारी ।

**Complaint** 1. शिकायत; 2. फरियाद; 3. परिवाद (विधि); 4. उलाहना, उपालंभ; 5. शिकायत, बीमारी, कष्ट; **~book** शिकायत पुस्तक; **~officer** शिकायत अधिकारी **~report** शिकायत रिपोर्ट ।

**Complement** 1. पूरक, संपूरक; 2. कोटिपूरक; 3. विधेय, पूरक; 4. पूर्ण संख्या (करना); **-al** पूरक, अनुपूरक; **-ary** पूरक; **-part** पूरक भाग; **-work** पूरक काम ।

**Complete** 1. पूरा करना, समाप्त करना, पूर्ण करना; 2. पूर्ण, पूरा; **-d** संपूरित, पूर्ण, समाप्त, पूरा; **-ly** संपूर्ण रूप से; **-ness** संपूर्णता; **completion** 1. समापन, 2. समाप्ति, पूर्ति; **-certificate** समापन प्रमाणपत्र; **-report** समापन रिपोर्ट; **~justice** पूर्ण न्याय; **~or partial** पूर्णतः या अंशतः; **~satisfaction** पूर्ण तुष्टि; **~strike** पूर्ण हड़ताल ।

**Compliance** 1. पालन, अनुपालन, स्वीकृति; 2. अनुरूप होना; **compliant** आज्ञाकारी, अनुवर्ती; **in compliance with** के अनुसार; **compliance with judgemcent** निर्णय का अनुपालन ।

**Complicate** 1. जटिल, पेचीदा, उलझनदार; 2. उलझाना, जटिल बनाना; **-d** जटिल, उलझा हुआ, पेचीदा, उलझनदार **-nature** जटिल प्रकृति ।

**Compliment** 1. प्रशंसा, अभिनंदन; 2. प्रशंसा करना, बधाई देना; **-s**(pl) समादर, सम्मान, शुभकामनाएँ; **-ary** 1. मानार्थ, 2. प्रशंसात्मक; **-copy** मानार्थ

प्रति, उपहार प्रति; **as a~** सम्मानस्वरूप ।

**Comply** 1. अनुपालन/पालन करना; 2. पूरा करना; **-ing** अनुपालन; **~with** अनुपालन करना, पालन करना।

**Composite** 1. सामासिक, संयुक्त, सामूहिक (विधि); 2. मिश्र, मिश्रित, सम्मिश्र, विविध; **~culture** मिलीजुली संस्कृति; **~number** संयुक्त संख्या; **~mill** संयुक्त मिल; **~property** सम्मिश्र संपत्ति।

**Composition** 1. रचना, निर्माण, संरचना; 2. मिश्रण, सम्मिश्रण; 3. गठन, संघटन; 4. प्रशमन, शमन; 5. कृति, रचना (work); 6. सर्जन; 7. निपटारा, समझौता; **~deed** समझौता विलेख; **~fees** संविरचना फीस; **~for duty** शुल्क के प्रशमन; **~of the house** सभा का गठन।

**Comprehension** 1. बोध, समझ; 2. समावेश (inclusion); 3. व्यापकता; 4. व्याप्ति; **comprehensive** व्यापक, विस्तृत, कुशाग्र बुद्धि; **~programme** व्यापक कार्यक्रम।

**Compromise** 1. समझौता करना; 2. समझौता, मध्य मार्ग; **~(of) suit** वाद में समझौता; **~petition** समझौते की अर्जी।

**Compulsory** 1. अनिवार्य, आवश्यक; 2. बाध्यकर (compulsive); **~acquisition** अनिवार्य अर्जन; **~borrowing** अनिवार्य ऋण; **~labour** अनिवार्य श्रम; **~retirement** अनिवार्य सेवानिवृत्ति।

**Computer** कंप्यूटर, परिकलत्र, संगणक ।

**Concentrate** 1. एकाग्र करना; 2. एकत्र करना, सारकृत धारा; 3. गाढ़ा करना (condense); 4. सांद्र (chem.); **concentration** 1. एकाग्रता; 2. केंद्रीकरण, संकेंद्रण; 3. सांद्रण; 4. गाढ़ापन; **continued** -निरंतर एकाग्रता; **-of wealth** धन का संकेंद्रण ।

**Concept** 1. धारणा, संकल्पना; 2. संप्रत्यय; **-ion** 1. अवधारण, संकल्पन; 2. भावना, धारणा; 3. गर्भधारण; 4. उद्भव; **-ual** प्रत्ययात्मक, वैचारिक; **~of income** आय की संकल्पना।

**Concern** 1. प्रतिष्ठान, (institution), समुत्थान (विधि); 2. सरोकार, वास्ता; 3. चिंता, उद्विग्नता (anxiety); 4. मामला (affair); 5. संबंध (relation); **-ed** 1. संबद्ध, 2. चिंतित, 3. सरोकार/वास्ता रखने वाला; **-ing** के विषय में; **industrial ~**औद्योगिक समुत्थान/प्रतिष्ठान ।

**Concession** 1. रियायती, छूट, सुविधा; 2. अनुदान, अनुमोदन (action); **-al** रियायती; **~rate** ~दर; **concessive** 1. रियायती, 2. अनुमोदनात्मक।

**Conciliation** 1. सुलह; 2. समाधान, समझौता, मेलमिलाप; **board of ~** सुलह बोर्ड; **~officer** सुलह अधिकारी; **~proceeding** सुलह कार्यवाही।

**Conclusion** 1. अंत, निष्कर्ष; 2. समाप्ति, उपसंहार; 3. निश्चय (decision); 4. संपादन, निषादन; 5. परिणाम; **conclusive** निश्चयात्मक, निर्णायक; **-evidence** निश्चायक साक्ष्य; **-proof** -सबूत; **-ly** निर्णायक रूप से, अंतिम रुप से; **-determined** निश्चयात्मक रुप से अवधारित।

**Concur** 1. सहमत होना; 2. सहयोग देना; 3. एक साथ होना, मिलना; 4. संगामी होना; **-rence** 1. सहमति (agreement); 2. सहयोग, योगदान

(cooperation); 3. सम्मिलन; **~in a judgement** निर्णय के बारे में सहमत होना ।

**Concurrent** समवर्ती; **-ly** साथ-साथ; **~audit** ~लेखापरीक्षा; **~list** ~सूची; **~subjects** ~विषय ।

**Condemn** 1. अनुपयोगी घोषित करना; 2. दंडनीय घोषित करना; 3. निंदा करना; 4. दोषी/अपराधी ठहराना; 5. जब्त कर लेना; **-able** दंडनीय; **-ation** दंडाज्ञा; **-atory** निंदात्मक; **-ed** सिद्धदोषी, अनुपयोगी; **-stock** अनुपयोगी स्टॉक ।

**Condition** 1. शर्त, प्रतिबंध; 2. दशा, स्थिति, अवस्था; 3. परिस्थिति (circumstance); **~and limitation** शर्त और मर्यादा; **-al** सशर्त; **-ly** सप्रतिबंध, सशर्त; **-s** (pl) 1. वातावरण, 2. शर्तें; **~s of contract** ठेके/संविदा की शर्तें; **-of service** सेवा/नौकरी की शर्तें; **-governing** शासित करने वाली शर्तें; **-in life** सांसारिक स्थिति; **on condition that** बशर्ते कि ।

**Condolence** संवेदना, शोक; **~meeting** शोक-सभा ।

**Condone** 1. माफ करना, क्षमा करना, उपमर्षण करना; 2. अनदेखी करना; **condonation** माफी, क्षमा, क्षमादान; **~the delay** विलंब के लिए माफी देना ।

**Conduct** 1. आचरण, आचरण करना; 2. संचालित करना; संचालन करना; 3. पथप्रदर्शन; 4. चालन (विज्ञान); **-ed** की जाने वाली; **-or** 1. मार्गदर्शक, 2. नेता, नायक; 3. निर्देशक; 4. कंडक्टर; **~oneself** आचरण करना; **~examination** परीक्षाओं का संचालन करना; **~of business** कार्य संचालन; **~rules** आचरण नियम/नियमावली ।

**Confer** 1. प्रदान करना, प्रदत्त करना; 2. विचार-विमर्श करना; 3. वार्तालाप/संभाषण करना; **-ment** प्रदान; **-red** प्रदत्त; **~degree** उपाधि प्रदान करना; **~jurisdiction** अधिकारिता प्रदान करना ।

**Conference** 1. सम्मेलन; 2. परामर्श; **~hall** ~भवन, कांफ्रेंस हॉल; **~regulation** सम्मेलन विनियम ।

**Confession** 1. संस्वीकृति, इक़बाल; 2. अपराध स्वीकरण; 3. स्वीकारोक्ति (पाप); **retracted ~** मुकरी हुई संस्वीकृति ।

**Confidence** 1. विश्वास, भरोसा; 2. आत्मविश्वास; 3. गुप्त, गोपनीय बात; **active ~** सक्रिय विश्वास; **~reposed** रखा गया विश्वास ।

**Confidential** 1. गोपनीय, गुप्त; 2. अंतरंग; 3. विश्वस्त (reliable); **~capacity** गोपनीयता की हैसियत; **~character roll** गोपनीय चरित्र पुस्तिका; **~report** गोपनीय रिपोर्ट ।

**Confinement** 1. परिरोध, कारावास, कैद; 2. प्रसूति, प्रसवावस्था; **solitary ~**एकांत कारावास; **~to the camp** कैंप में परिरोध; **wrongful ~**सदोष परिरोध ।

**Confirm** 1. पुष्टि करना, पक्का करना; 2. अनुमोदन करना; 3. स्थायी करना; 4. प्रोत्साहित करना; 5. प्रमाणित करना;

6. दृढ़ीकरण करना; **-ed** 1. पक्का, सुदृढ़; 2. चिरकालिक; **-ation** 1. पुष्टि, पुष्टीकरण; 2. संपुष्टि, अनुमोदन; 3. स्थायीकरण; 4. समर्थन; 5. प्रमाणीकरण; **court of** -पुष्टीकरण का न्यायालय; **-in the grade** श्रेणी में पुष्टि; **-on the post** पद पर पुष्टि।

**Confirmatory** 1. पुष्टि, पुष्टिकारक, पुष्टिकारी; 2. संपोषक; **-order** ~आदेश; **-test** ~परीक्षण।

**Confiscate** 1. अधिहरण करना, जब्त करना; **confiscation** जब्ती, समपहरण, अधिहरण; **~of conveyances** प्रवहणों का अधिहरण; **confiscator** (समपहर्त्ता, समपहारी) अधिहरणकर्त्ता।

**Conflict** 1. संघर्ष, विरोध; 2. युद्ध; 3. (प्रति) द्वंद्व; **-ing** परस्पर विरोधी; **~of laws** विधि संघर्ष।

**Conform** 1. के अनुकूल कर देना; 2. के अनुरूप होना; 3. के अनुसार चलना; **-able** 1. सदृश, 2. अनुरूप, 3. अनुवर्ती; **-ation** समनुरूपण; **-ity** 1. अनुरूपता, 2. अनुपालन; **in conformity with** के अनुसार।

**Connect** 1. संबद्ध करना, जोड़ना, संयोजित करना; 2. मिलाना, मिला देना; **-ed** संबद्ध, संयुक्त, संगत, संयोजित; **-ing** संयोजन, योजक; **-ion** 1. संयोजन, संबंधन; 2. संयोग (union); 3. संबंध; 4. संगति (coherence); 5. पूर्वापर संबंध (context); 6. परिचित; 7. मेल (ट्रेन); **in connection with** संसर्ग में।

**Connivance** 1. मौन सहमति, मौनानुकूलता; 2. देखी-अनदेखी, गुप्त सहयोग; **wilful ~** जानबूझकर मौनानुमति देना।

**Conscience** 1. अंतःकरण, विवेक, अंतश्चेतना; **good ~** शुद्ध अंतःकरण।

**Consecutive** 1. क्रमिक, लगातार, निरंतर (uninterrupted); 2. क्रमागत (in order); 3. तर्कसंगत (logical); **-ly** लगातार, निरंतर, क्रमानुसार, क्रमशः क्रम में; **~meeting** क्रमवर्ती अधिवेशन, लगातार बैठकें; **~series** क्रमवार श्रेणियाँ।

**Consensus** 1. मतैक्य, सर्वसम्मति; 2. सामंजस्य।

**Consent** 1. सम्मति, सहमति; 2. राजी होना, सहमति देना; **consentaneous** संगत, अनुकूल; **consentience** समभाव, संचेतना; **~basis** सहमति आधार; **~in writing** लिखित सहमति/सम्मति।

**Consequence** 1. परिणाम, फल, नतीजा; 2. निष्कर्ष; **-s** (pl) परिणाम; **~of failure** असफलता के परिणाम; **in consequence of** के परिणामस्वरूप।

**Consequent** 1. अनुवर्ती; 2. परिणामी, संगत, तर्कसंगत; 3. फल; **-ial** 1. अनुवर्ती, परिणामिक, 2. संगत, 3. गर्वीला, आडंबरप्रिय; **-losses** परिणामिक हानियाँ; **consequently** फलस्वरूप, फलतः, परिणामस्वरूप; **~upon** के परिणामस्वरूप।

**Conservancy** 1. मल-सफाई; 2. सफाई-व्यवस्था; **~charges** सफाई प्रभार; **~supervisor** ~पर्यवेक्षक; **~service**

~सेवा; **~tax** ~कर।

**Conservation** संरक्षण, रक्षण; **conservatism** रूढ़िवाद; **conservative** 1. रूढ़िवादी, दकियानूसी; 2. संतुलित; 3. संरक्षी; **~assistant** संरक्षण सहायक; **~officer** संरक्षण अधिकारी।

**Consider** 1. विचार करना; 2. का ध्यान रखना, का लिहाज करना; 3. मानना, समझना; **-able** 1. बहुत, यथेष्ट; 2. विचारणीय, 3. प्रचुर, पर्याप्त; **-ate** दूसरे का ध्यान रखने वाला, विचारशील; **-ation** 1. विचार, ध्यान; 2. प्रतिफल; **-ing** ध्यान में रखकर।

**Consign** 1. सौंपना, (entrust); 2. भेजना; 3. के हवाले करना (hand over); **-ation** 1. भुगतान, 2. प्रेषण; **-ee** परेषिती; **-ment** 1. परेषण, 2. परेषित; **~not** ~नोट; **~or** परेषक, माल भेजने वाला।

**Consist** 1. बनने वाला; 2. युक्त; **-ing** बनने वाला; **~of** मिलकर बनने वाला; **consist of** के रूप में होना, से गठित होना, से मिलकर बनना।

**Consistent** 1. संगत, अविरोधी; 2. सुसंगत, समनुरूप; **-view** स्थिर/अविचल विचार; **be consistent with** के संगत होना।

**Consolidate** 1. संचय करना; 2. समेकित करना (merge); 3. दृढ़ करना (make solid); **-d** संचित, समेकित; **~fund** समेकित निधि; **consolidation** 1. समेकन, 2. चकबंदी (of holdings); 3. सुदृढ़ीकरण, दृढ़ीकरण; **-of shares** अंशों का समेकन करना।

**Conspectus** 1. दिग्दर्शन; 2. संक्षिप्त विवरण; 3. सिंहावलोकन।

**Conspicuous** 1. सहज दृश्य, सुस्पष्ट; 2. ध्यानाकर्षी, विशिष्ट, उत्कृष्ट (eminent)।

**Conspiracy** षड्यंत्र, दुरभिसंधि; **conspirator** षड्यंत्रकारी।

**Constituency** निर्वाचन-क्षेत्र, चुनाव-क्षेत्र।

**Constituent** 1. संघटक; 2. निर्वाचक (voting) 3. संविधानी; **~assembly** संविधान सभा; **~college** घटक महाविद्यालय; **~of a group** समुदाय का घटक; **~part** संघटक भाग।

**Constitute** 1. गठन करना, संस्थापित करना; 2. नियुक्त करना, नियत करना; **constitution** 1. संघटन, गठन, 2. संविधान; 3. बनावट; 4. शरीर रचना; 5. स्वभाव; **~a quorum** कोरम पूरा करना, कोरम (गणपूर्ति) होना।

**Construct** 1. निर्माण करना; 2. रचना करना; **-ion** 1. निर्माण, रचना, 2. बनावट, 3. वाक्य विन्यास, 4. व्याख्या; **-division** निर्माण मंडल/प्रभाग; **-ive** 1. रचनात्मक, 2. आन्वयिक; **-possession** आन्वयिक कब्जा; **-trust** आन्वयिक न्यास।

**Construe** 1. अर्थ लगाना; 2. अन्वय करना; 3. अनुमान करना (infer)।

**Consult** परामर्श देना, परामर्श लेना; **-ant** परामर्शदाता; **-ation** परामर्श, मशविरा; **-ative** सलाहकार; **-ing** परामर्श; **-room** परामर्श कक्ष; **in consultation with** के परामर्श से, से

परामर्श कर के।

**Consume** 1. उपभोग करना, खपना, खपाना; 2. व्यय/ खर्च करना, उड़ा देना; 3. नष्ट/समाप्त करना; 4. घुलना; **-d** 1. उपभुक्त 2. व्ययित; **-r** उपभोक्ता; **-s' goods** ~वस्तुएँ; **consumption** उपभोग, खपत।

**Contact** 1. संस्पर्श, स्पर्श; 2. संपर्क; 3. संयोग; **-or** मेलक, स्पर्श करने वाला; **liaison or** ~संबंध या संपर्क।

**Contagious** 1. सांसर्गिक, छुतहा, छूत का, संक्रामक; 2. स्पर्शजन्य; **~disease** सांसर्गिक रोग।

**Contain** 1. समाविष्ट करना, अंतर्विष्ट करना; 2. के बराबर होना; 3. रोकना, नियंत्रित करना (control); **-er** 1. डिब्बा, 2. पात्र, आधान; **-ing** युक्त; **-particulars** विशिष्टियों से युक्त; **contained in** में अंतर्विष्ट।

**Contaminate** 1. संदूषित करना; **~d** दूषित, संदूषित; **contamination** संदूषण, संपर्क, प्रभाव; **contaminative** संदूषक।

**Contemplate** 1. अपेक्षा करना, ध्यान करना; 2. अवलोकन करना; 3. विचारना (consider); 4. इरादा होना, विचार करना; **contemplated** अवेक्षित; **contemplation** अवलोकन, चिंतन, मनन; **contemplative** 1. मननशील, ध्यानशील; 2. ध्यानपरायण; **in contemplation of** को ध्यान में रखकर।

**Contempt** अवमान, तिरस्कार; **-ible** घृषित, तिरस्करणीय; **-uous** सावमान, तिरस्कारपूर्ण; **contempt of court** न्यायालय अवमान।

**Contention** 1. विवाद, कलह, कहासुनी; 2. दावा (claim); 3. प्रतिविरोध (विधि); 4. प्रतियोगिता (contest); **contentious** प्रतिविरोधात्मक; **bone of contention** कलह का बीज।

**Contents** 1. विषयसूची, विषयवस्तु; 2. अंतर्वस्तु, अंश; **~of documents** दस्तावेजों की विषयवस्तु; **table of~** विषयसूची; **~of a letter** पत्र की विषयवस्तु।

**Contest** 1. विवाद, कलह, प्रतिवाद; 2. प्रतियोगिता; 3. लड़ना (निर्वाचन); 4. विरोध करना; **-able** विवादास्पद; **-ant** प्रतियोगी, विवादी; **-ed** सविरोध; **~election** निर्वाचन लड़ना; **-ing** निर्वाचन लड़ने वाला; **~an award** किसी अधिनिर्णय में प्रतिवाद करना।

**Context** 1. संदर्भ, प्रसंग; 2. संबंध; **-ual** प्रासंगिक, प्रसंगाधीन **-ure** 1. बुनाई; 2. वस्त्र, कपड़ा; 3. बनावट, बुनावट (structure)।

**Contingency** 1. आकस्मिकता; 2. अनिश्चय; 3. संयोग, प्रासंगिकी; 4. संभावना (posible event); **contingencies** आकस्मिकता व्यय, फुटकर खर्च; **~allowance** ~भत्ता; **~fund** ~निधि; **special** ~विशेष आकस्मिक व्यय।

**Contingent** 1. आकस्मिक, प्रासंगिक, आपातिक; 2. टुकड़ी, दल; 3. समाश्रित (विधि); 4. अनिश्चित, संभाव्य; 5. सापेक्ष (conditional); **~ly** समाश्रित रूप से; **~bill** आकस्मिक व्यय बिल; **~charges**

~प्रभार, फुटकर खर्च; **~mood** संभावनार्थ; **~nature** आकस्मिक प्रकार ।

**Continuation** 1. अनुवर्ती; 2. शेष; 3. पुनर्ग्रहण; 4. जारी रहना, जारी रखना; **~sheet** ~कागज ।

**Contraband** 1. विनिषिद्ध, वर्जित; 2. निषिद्ध माल; **-ist** तस्कर व्यापारी; **~traffic** विनिषिद्ध दुर्व्यापार ।

**Contract** 1. ठेका, संविदा, अनुबंध; 2. अनुबंध-पत्र, संविदापत्र; 3. सिकुड़ना, संकुचित होना; 4. संक्षिप्त कर देना; **-or** ठेकेदार/संविदाकार; **-ual** ठेका संबंधी; **~document** ठेका प्रलेख, ठेका/संविदा संबंधी प्रलेख; **~period** ठेके की अवधि; **~a marriage** विवाह करना; **~account** संविदा लेखा ।

**Contradict** 1. प्रतिवाद करना; 2. खंडन करना; 3. प्रतिकूल/विरोधी होना; **-able** खंडनीय; **-ion** प्रतिवाद, खंडन; **-ory** विरोधात्मक, विरोधी; **-statement** -कथन; **-in terms** शाब्दिक विरोध ।

**Contrary** 1. प्रतिकूल, विपरीत; 2. विरुद्ध, विरोधी; 3. हठीला; **~intention** प्रतिकूल आशय; **~to law** विधि के प्रतिकूल; **on the ~** उलटे ।

**Contravention** उल्लंघन, खंडन, विरोध।

**Contribute** 1. अंशदान देना, चंदा देना, अभिदाय करना; 2. योगदान देना; **contribution** 1. अंशदान, चंदा, 2. योगदान; **contributive** अंशदायी; **contributory** अंशदायी; **~fund** ~निधि; **~to maintenance** भरण-पोषण के लिए अभिदाय करना; **~to** में सहायक होना ।

**Contrivance** 1. साधित्र (gadget); 2. आविष्कार, युक्ति, योजना; 3. कल्पना; **~or device** उपाय या युक्ति ।

**Control** 1. नियंत्रण, संचालन, निग्रह; 2. नियंत्रण करना/रखना; **-led** नियंत्रित; **-price** -कीमत; **-ling** नियंत्रण; **-officer** -अधिकारी; **~chart** ~चार्ट; **~clerk** ~लिपिक; **~of goods** माल पर नियंत्रण ।

**Controversy** 1. विवाद, वादविवाद, संविवाद; **controversial** विवादास्पद; **~as to right** अधिकार के बारे में संविवाद; **beyond ~**निर्विवाद; **matter in ~** विवादग्रस्त बात/विषय ।

**Convene** 1. संयोजन करना, बुलाना; 2. आयोजन करना **-r** संयोजक; **~a meeting** अधिवेशन बुलाना ।

**Convenience** सुविधा, सुभीता; , **convenient** सुविधाजनक, आरामदेह, सुखकर; **-head** सुविधापूर्ण शीर्ष; **-place** सुविधानुसार स्थान ।

**Convention** 1. परिपाटी, रूढ़ि, प्रथा, रिवाज; 2. समागम, सभा; 3. अभिसमय, समझौता; **–al** 1. रूढ़, रुढिगत, 2. अभिसामयिक; 3. औपचारिक, कृत्रिम; **-alism** रूढ़िवाद; **~application** कंवेंशन आवेदन ।

**Conversion** 1. परिवर्तन, रूपांतरण; 2. धर्म-परिवर्तन; **~cost** संपरिवर्तन लागत; **~table** ~सारणी।

**Convert** 1. परिवर्तित करना, बदलना; 2. संपरिवर्तन (विधि); **~into money** धन में संपरिवर्तन; **-ed** परिवर्तित;-

-leave -छुट्टी; -property संपरिवर्तित संपत्ति; -ible विनिमेय, संपरिवर्तनीय।

**Convey** 1. सूचित करना; 2. पहुँचाना; 3. हस्तांतरण करना (विधि); 4. व्यक्त करना, संप्रेषित करना; **-er** वाहक; **-belt** वाहक पट्टा; **~in trust** न्यास के रूप में हस्तांतरित करना; **~property** संपत्ति हस्तांतरित करना।

**Conveyance** 1. वाहन, परिवहन; 2. सवारी; 3. हस्तांतरण (पत्र); **~allowance** ~भत्ता; **~hire** सवारी किराया।

**Conveyancer** 1. हस्तांतरक, अभिहस्तांतरक; 2. हस्तांतर लेखक।

**Convict** 1. सिद्धदोष ठहराना; 2. सिद्धदोष; 3. दोषी ठहराना; 4. अपराध स्वीकार करना; **-ion** 1. विश्वास, संप्रत्यय (belief); 2. दोषसिद्धि, अभिशंसा; **life ~** आजीवन सिद्धदोष; **~night guard** बंदी रात्रि रक्षक।

**Convocation** 1. दीक्षांत समारोह; 2. सभा; **~address** दीक्षांत भाषण।

**Convoy** 1. वहन, संरक्षण; 2. (सार्थ) साथ देना; 3. रक्षाबल के साथ जाना; **-ing** कनवाय करना; **~note** वहन-पत्र।

**Co-operation** 1. सहयोग; 2. सहकारिता; **cooperative** 1. सहकारी, सहयोगशील; **~society** सहकारी समिति; **Department of ~** सहकारिता विभाग।

**Coopt** 1. सहयोजित करना; **-ed** सहयोजित; **~member** ~सदस्य; **-ation** सहयोजन; **-ative** सहयोजक।

**Coordination** 1. समन्वय, तालमेल; 2. समन्वयन; 3. समानाश्रय; **coordinated** समन्वित; **coordinative** समन्वयी, समन्वयकारी।

**Co-owner** 1. सहस्वामी; **-ship** सह-स्वामित्व; **~of property** संपत्ति का सहस्वामी।

**Co-partner** 1. सहभागीदार; 2. साझेदार; **-ship** साझेदारी, सहभागिता; **-deed** सहभागीदार विलेख।

**Copy** 1. प्रतिलिपि, नकल, प्रतिकृति; 2. प्रति; 3. पांडुलिपि, हस्तलेख; 4. विषयवस्तु; **-ing** नकल/प्रतिलिपि; **~appliance** ~उपयंत्र; **~book** कापी; **~right** कापीराइट, प्रकाशनाधिकार, स्वत्वाधिकार; **true ~**शुद्ध प्रति, सही प्रति, सही प्रतिलिपि; **corrected ~** शुद्ध प्रति, सही प्रति।

**Cordial** 1. सौहार्दपूर्ण, हार्दिक; 2. मैत्रीपूर्ण, पौष्टिक; **-ity** सौहार्द, मैत्री।

**Corollary** 1. उपसाध्य, उपसिद्धांत, उपप्रमेय (easy inference); 2. उपपरिणाम, उपनिगमन, परिणाम (consequence or result)।

**Corporate** 1. निगमित; 2. सामूहिक, सम्मिलित; **corporation** निगम; **~tax** ~कर; **~authority** ~प्राधिकारी; **~body** ~निकाय; **~life** संगठित/सामूहिक जीवन; **~name** निगम नाम।

**Corps** 1. कोर (सेना); 2. निकाय, दल समूह; **~commander** कोर कमांडर; **~of volunteers** स्वंयसेवक कोर; **diplomatic ~**राजनयिक दूतवर्ग।

**Correction** 1. भूल सुधार, सुधार, दोष-सुधार; 2. डाँट-डपट, दंड; **-al** दोष

सुधार; -**service** -सेवा; ~**of errors** भूल सुधार; ~**slip** संशोधन पर्ची।

**Correspond** 1. पत्र-व्यवहार करना, पत्राचार करना; 2. समरूप होना, मेल खाना, समान होना; 3. तदनुरूप होना, संगत खाना, तत्सम होना; 4. बातचीत करना; -**ence** 1. पत्राचार, पत्रव्यवहार, 2. संगतता, अनुरूपता; -**ent** 1. संवाददाता; 2. संपर्की; -**ing** 1. तदनुरूप, सदृश; 2. पत्रव्यवहारी; 3. संगत; ~**with the plaint** वादपत्र के अनुरुप करना।

**Corrigendum** शुद्धि-पत्र।

**Corroborate** संपुष्टि करना; परिपुष्टि करना; **corroboration** संपुष्टि, पुष्टीकरण; **corroborative** परिपोषी, समर्थक; ~**evidence** संपोषक साक्ष्य।

**Corrupt** 1. भ्रष्ट, दुश्चरित्र, दुष्ट; 2. भ्रष्ट करना, भ्रष्टाचारी (venal); 3. विकृत, दूषित (spoiled); 4. अशुद्ध; -**ible** भ्रष्टाचारी, विकारशील; -**ion** 1. भ्रष्टाचार, दुराचरण, 2. विकार, विकृति; ~**inducement** भ्रष्ट उत्प्रेरण; ~**practice** भ्रष्ट आचरण ।

**Cost** 1. लागत, खर्च, व्यय; 2. कीमत, मूल्य (price); 3. वादव्यय (law); -**ly** महँगा; ~**accounts** लागत-लेखा; ~**allocation** लागत-विभाजन; ~**of living** निर्वाह व्यय; ~**price** क्रय/लागत मूल्य; **prime** ~मूल लागत; **process** ~प्रक्रिया लागत।

**Cottage** 1. कुटीर, कुटिया; 2. झोंपड़ा झोंपड़ी, मकान; 3. छोटा बँगला; ~**industry** कुटीर उद्योग।

**Council** 1. परिषद्, समिति; 2. सभा; -**lor** सभासद्, पार्षद; **executive** ~ कार्य परिषद्; ~**of ministers** मंत्रि-परिषद्, मंत्री परिषद्; ~**of states** राज्यसभा ।

**Counsel** 1. कांउसल, परामर्श, मंत्रणा; 2. परामर्श करना; 3. परामर्शदाता; ~**lor** परामर्शदाता, सलाहकार।

**Count** 1. गिनना, गणना करना; 2. जोड़ना, शामिल करना; 3. समझना, समझा जाना; 4. महत्त्व रखना; -**able** गणनीय; -**er** 1. गणित्र; 2. प्रति, जवाबी; 3. काउंटर, पटल; -**action** जवाबी कार्रवाई; -**affidavit** प्रति-शपथपत्र; -**charge** प्रत्यारोप; -**claim** प्रतिदावा; -**feit** खोटा; -**coin** ~सिक्का; -**ing** कूटकरण; -**foil** प्रतिपर्ण; -**part** प्रतिस्थानी; -**sign.** प्रतिहस्ताक्षर करना; ~**less** असंख्य ।

**Country** 1. देश, मातृभूमि; 2. प्रदेश, इलाका; 3. देहात; ~**man** 1. देहाती, हमवतन, भाई; ~**origin** उद्गम देश; ~**residence** ग्राम्य निवास; -**side** देहात ।

**Coupon** कूपन।

**Courier** वार्ताहर, संदेशहर।

**Course** 1. मार्ग, दिशा, पथ; 2. क्रम, माला (series); 3. विधि, प्रक्रिया (procedure); 4. पाठ्यक्रम (of studies); 5. रद्दा (layer); 6. दौर; 7. अवधि; 8. रास्ता; (pl) ~**of study** पाठ्यक्रम; **common** ~सामान्य अनुक्रम; ~**of action** कार्रवाई; **in due** ~ यथासमय, यथाक्रम; **of** ~निस्संदेह, अवश्य, सहज ही, स्वाभावतः।

**Courtesy** 1. सौजन्य, शिष्टाचार, भद्रता;

2. शालीनता ।

**Covenant** 1. प्रसंविदा, प्रतिज्ञापत्र; **-ed** प्रसंविदाबद्ध; **-or** प्रसंविदाकार; **-for renewal** नवीकरण के लिए प्रसंविदा ।

**Cover** 1. आवरण, लिफ़ाफ़ा, आच्छादन; 2. ढक्कन; 3. आवरण पृष्ठ (book); 4. आड़, ओट (shelter); 5. झाड़-झंखाड़; 6. परदा, बहाना; 7. राशि (सुरक्षा); **-age** 1. विस्तार, क्षेत्र; 2. व्याप्ति; 3. राशि; **-ed** आवृत्त, ढका हुआ; **-ing** आवरण, आवरक; **-letter** सहपत्र, व्याख्या-पत्र; **-note** कवर नोट; **sealed ~**मोहरबंद लिफ़ाफ़ा; **~up** ढँक लेना, छिपा लेना, गुप्त रखना; **break ~**आड़ से निकालना; **take ~** आड़ में जाना; **under ~** की आड़ में, की ओट में ।

**Craftsman** 1. शिल्पी, शिल्पकार, कारीगर; **-ship** शिल्पकारिता ।

**Crash** 1. द्रुत; 2. टक्कर; 3. समाप्ति, तबाही, सत्यानाश; 4. धमाका, धड़ाका; **-landing** ध्वंस-अवतारण; **~programme** द्रुत कार्यक्रम ।

**Credentials** प्रत्ययपत्र; **~committee** ~समिति ।

**Credibility** विश्वसनीयता; **credible** विश्वसनीय; **-information** -सूचना; **-witness** -साक्षी ।

**Credit** 1. उधार, ऋण; 2. प्रत्यय, साख, नाम, ख्याति; 3. जमा, क्रेडिट; 4. श्रेय; 5. गौरव; 6. मान्यता, भरोसा, विश्वास; 7. जमा करना; 8. प्रत्यय; **-able** प्रशंसनीय, सराहनीय, श्रेयस्कर; **-ed** आकलित; **-or** लेनदार, ऋणदाता; **~and thrift** बचत और उधार; **~note** जमापत्र; **~time** जमा समय; **~society** उधार समिति ।

**Crew** कर्मीदल, दल, जत्था ।

**Crime** अपराध; **criminal** 1. आपराधिक; 2. अपराधी; 3. दांडिक; **-breach** न्यासभंग; **-offence** दंडनीय अपराध; **-procedure** दंड प्रक्रिया; **-court** फौजदारी अदालत; **-justice** दंडन्याय ।

**Crisis** 1. संकट, संकट स्थिति; 2. चरमबिंदु ।

**Criterion** 1. मानदंड, कसौटी, निकष; 2. मानक ।

**Cross** 1. क्रास, काट देना; 2. संकर (hybrid); 2. पदक; 3. अधिकार दंड; 4. विपत्ति, कष्ट; **-ed** क्रास/रेखित; **~breed** संकर नस्ल; **~cheque** रेखित चैक; **~claim** प्रतिदावा; **~examination** प्रतिपरीक्षा; **~reference** परस्पर संदर्भ ।

**Crude** 1. कच्चा, 2. अपरिष्कृत, अनगढ़; 3. असभ्य, अशिष्ट; 4. अशोधित; **~rubber** कच्चा रबड़ ।

**Culprit** 1. अपराधी, दोषी, अभियुक्त; 2. मुलजिम ।

**Cultivate** 1. खेती करना, जोतना; 2. का परिष्कार करना; 3. का पोषण करना; 4. (आगे) बढ़ाना; 5. से परिचय बढ़ाना; **cultivation** 1. खेती, जुताई, कृषि, 2. परिष्कार, 3. संवर्धन, 4. संस्कृति **cultivator** 1. खेती करने वाला, 2. खेतिहर, 3. यंत्र ।

**Culture** 1. संस्कृति; 2. खेती; 3. पालन; 4. संवर्धन; 5. जीवाणु समूह; **culturable** खेती योग्य; **cultural** सांस्कृतिक; **-agreement** -करार; **-d** सुसंस्कृत।

**Cumulative** 1. संचयी; 2. संचित; 3. समुच्चय बोधक; 4. आकलित; **~dividend** संचयी लाभांश; **~effect** संचयी प्रभाव; **~loss** संचयी हानि; **~preference** संचित अधिमानी; **~punishment** आकलित दंड।

**Currency** 1. करेंसी, मुद्रा; 2. प्रचलन, प्रचार; 3. लोकप्रियता (vogue); **~chest** करेंसी तिजोरी; **~note** करेंसी नोट।

**Current** 1. चालू, प्रचलित; 2. सामयिक, वर्तमान; 3. खुला, सक्रिय; **-ly** आजकल, सामान्यतः, साधारणतः; **~account** चालू-खाता; **~session** ~सत्र, ~अधिवेशन; **~use** चालू उपयोग; **~topics** सामयिक विषय।

**Curtail** 1. कम करना; 2. काटना, घटाना; 3. संक्षिप्त करना; **-ment** काटछाँट, संक्षेपण।

**Custody** 1. अभिरक्षा, परिरक्षा; 2. हिरासत, हवालात; **custodian** अभिरक्षक; **~of court** न्यायालय की अभिरक्षा; **~of property** संपत्ति की अभिरक्षा।

**Custom** 1. रिवाज, प्रथा, रूढ़ि, दस्तूर; 2. सीमाशुल्क, सीमाकर; (pl) सीमाशुल्क-विभाग; **-ary** रूढ़िगत, प्रथागत, प्रचलित; **-er** ग्राहक; **~duty** सीमाशुल्क; **~examination** सीमाशुल्क जाँच; **~house** सीमाशुल्क कार्यालय; **~of service** सेवा रूढ़ि।

**Cut** 1. कर्तन; 2. कटौती; 3. ब्योंतना; 4. मारना; 5. दुःख देना, चोट पहुँचाना; 6. घटाना; 7. अलग कर देना; 8. पार करना; **-ting** काटने वाला, चीरना, काटना; **~motion** कटौती प्रस्ताव; **~throat** हत्यारा; **~off** 1. काट, 2. विच्छेद, 3. नाली, विगलक; **~out** रोक; **~up** टुकड़े -टुकड़े कर देना।

**Cypher (cipher)** 1. बीजलेख, बीजांक, संकेताक्षर 2. शून्य, सिफ़र (zero); 3. अंक; 4. कुंजी; 5. निकम्मी चीज, नगण्य व्यक्ति; **~telegram** बीजलेख तार; **~procedure** बीजांक प्रक्रिया।

# D

**Daily** 1. दैनिक; **~allowance** दैनिक भत्ता; **~diary** दैनिक डायरी, दैनंदिनी; **~note** ~नोट/टिप्पणी; **~register** ~रजिस्टर; **~routine** ~कार्य, रोज का काम, दिनचर्या; **~scroll** ~सूची; **~sheet** ~शीट; **~slip** ~पर्ची; **~wage** दैनिक मजदूरी, दिहाड़ी।

**Dais** मंच ।

**Dak** डाक; **~book** डाक पुस्तिका; **~bunglow** डाक बँगला; **~runner** (डाक) हरकारा ।

**Damage** 1. हानि, नुकसान, क्षति, टूट-फूट; (pl) 1. नुकसानी (विधि), क्षति-मूल्य; 2. हरजाना, क्षतिपूर्ति; **damagable** बिगड़ने वाला, भंगुर; **-d** क्षतिग्रस्त, टूटा हुआ, टूटाफूटा; **~or deterioration** नुकसान या क्षय ।

**Dare** 1. साहस दिखाना/करना; 2. सामना (oppose); 3. चुनौती (challenge); **daring** साहसिक, निर्भीक(ता); **~devil** निडर, दुःसाहसी ।

**Data** 1. आधार सामग्री; 2. आँकडे, डाटा; 3. दत्त (as result); **~processing** आँकड़े प्रक्रमण ।

**Date** 1. दिनांक, तारीख, तिथि; 2. काल; 3. तारीख डालना; **-d** तारीख, दिनांकित, पुराना; **dating** काल-निर्धारण, तारीख डालना; **arrival ~** आगमन तिथि; **departure ~**प्रस्थान तिथि; **~line** दिनांक रेखा; **~mark** दिनांक चिह्न; **~stamp** तारीख मोहर; **~from** का होना; **out of ~**पुराना, अप्रचलित; **to ~** अब तक का; **up to ~** अद्यतन, आधुनिक ।

**Day** 1. दिन, दिवस, समय, मौका; 2. दिन का प्रकाश; (pl) दिन **~of grace** रियायती दिन; **~book** रोज़नामचा; **~break** दैनिकी, सूर्योदय; **~light** 1. प्रसिद्धि, 2. भोर, 3. दिन का प्रकाश; **~scholar** अनिवासी छात्र; **~shift** दिन की पारी; **working ~** कार्य दिवस; **every day** प्रतिदिन; **day by day** प्रतिदिन; **day in and day out** प्रतिदिन; **day after state** तिथ्यनंतर; **day after sight** दर्शानांतर; **day following** अगला दिन, बाद का दिन ।

**Dead** 1. बेकार, बंद (not operating); 2. निष्क्रिय, निर्जीव, मृतक, मुरदा, (lifeless); 3. कुल; 4. रिक्त (empty); 5. निष्प्रवाह (not flowing); **-en** कम कर देना, अचेत कर देना; **-ening effect** शामक प्रभाव; **-ly** 1. घातक, 2. मृतवत्, 3. भयंकर; **~account** निष्क्रिय लेखा, बंद खाता; **~card** बेकार कार्ड; **~end** बंद गली; **~line** अंतिम तिथि; **~lock** गतिरोध; **~sea** मृत सागर; **~stock** वस्तु स्टॉक (बेकार), अनुपयोज्य स्टॉक; **~weight** 1. कुल भार, 2. महाभार, 3. भार; **~letter office** पुनः प्रेषण केंद्र;

~loss पूर्ण हानि, कुल हानि ।

**Deal** 1. सौदा, व्यवहार करना; 2. बँटाई, बाँट; 3. मात्रा, व्यवहार; (pl) व्यवहार, लेन-देन, संपर्क, संबंध; **fair** ~निष्कपट व्यवहार; **-er** बाँटने वाला, व्यवहारी; **-ing** 1. व्यवहार, बर्ताव, 2. (बहु०) लेनदेन, व्यापार; **-assistant** संबंधित सहायक; **double -** दुरंगा/कपटपूर्ण व्यवहार; **-hand** संबंधित कर्मचारी; **a great deal** बहुत कुछ; **~in** व्यवहार/व्यौहार करना; **~with** 1. व्यवहार करना; 2. बरतना, कार्रवाई करना; 3. चर्चा करना; 4. निपटाना ।

**Dearness** 1. मँहगाई, महँगापन; 2. प्रियता; **~allowance** ~भत्ता ।

**Death** मृत्यु, मौत, मरण, देहांत, निधन; **accidental** ~आकस्मिक मृत्यु; **~anniversary** पुण्य तिथि; **~bed** मृत्यु शैया; **~cum-retirement gratuity** मृत्यु-सह-निवृत्ति उपदान; **~rate** मृत्युदर; **danger of** ~मृत्यु संकट; **sentence of death** मृत्यु दंडादेश ।

**Debar** 1. रोकना, बाधा डालना, मना करना; 2. विवर्जित करना (विधि); 3. निकाल देना; **-ment** रोक, वारण, विवर्जन; **~from** से वंचित ।

**Debenture** डिबेंचर, ऋण पत्र; **~bond** बंधपत्र; **~call book** माँग बही; **~holder** डिबेंचरधारी, डिबेंचर धारक; **~interest** ~ब्याज; **issue of** ~डिबेंचर का निर्गमन ।

**Debit** 1. नामे, डेबिट; 2. नामे डालना, नामे लिखना, खर्चे में लिखना; 3. विकलन (विधि); **-able** विकलनीय, नामे डालने योग्य; **-ed** विकलित; **~account** नामे खाता; **~advice** नामे संज्ञापन; **~balance** नामे शेष, नामे का अतिशेष; **~side** विकलन पक्ष; **~time** नामे समय ।

**Debt** 1. ऋण, उधार; 2. आभार; **-or** ऋणी, देनदार, कर्जदार; **~antecedent** ~पूर्वगत/पूर्ववर्ती ऋण; **~charge** ऋण भार **~of honour** मान-ऋण; **~secured** प्रतिभूत ऋण; **answer the** ~ऋण का चुकाना ।

**Decency** 1. शिष्टता, शालीनता, मर्यादा, शिष्टाचार; 2. औचित्य; (बहु०) (pl) 1. भद्र व्यवहार, शिष्टाचार; 2. जीवन की जरूरतें; **decent** शिष्ट ।

**Decentral** विकेंद्री; **-ize** विकेंद्रीकरण करना; **-ization** विकेंद्रीकरण; **-ized** विकेंद्रीकृत; **-item** -मद ।

**Decimal** 1. दशमलव; 2. दशमिक (विशेषण); **~system** ~पद्धति ।

**Decision** 1. विनिश्चय (विधि); 2. निर्णय, फैसला; 3. संकल्प; 4. दृढ़ता; **decisive** 1. निर्णायक, 2. दृढ़, कृतसंकल्प; 3. निश्चयात्मक; **leading** ~अग्रविनिश्चय; **pending** ~लंबित विनिश्चय ।

**Deck** 1. डेक; 2. छत (roof); 3. अलंकृत करना; **~cargo** डेक माल; **~hands** नाविक; **~serang** डेक सेरांग; **weather** ~खुला डेक **~out** अच्छे-अच्छे कपड़े पहनाना ।

**Declaration** घोषणा, कथन; **dying** ~मृत्युकालिक कथन; **~form** घोषणा प्रारूप; **~of any trust** किसी न्यास की घोषणा।

**Declare** 1. घोषणा करना; 2. बता देना; 3. प्रकट करना; 4. विवरण देना; **declarant** घोषणाकर्त्ता; **declaratory** घोषणात्मक; **-d** घोषित; **~r** घोषक; **~on**

oath शपथपूर्वक घोषणा करना; ~the confidence विश्वास घोषित करना ।

**Decode** 1. कूटवचन, बीजलेख; 2. कूट खोलना, बीज का अर्थ लिख देना ।

**Decontrol** 1. विनियंत्रण; 2. नियंत्रण हटाना ।

**Decoration** 1. अलंकरण; 2. सजावट; 3. अलंकार; 4. पदक, सम्मान; **decorative** सजावटी ।

**Decorum** 1. शिष्टता, शिष्टाचार (politeness); 2. शालीनता (propriety); 3. औचित्य ।

**Decrease** 1. घटती कमी, ह्रास; 2. कम हो जाना, घटाना; (to diminish); 3. ह्रास होना; **decreasing** क्षीयमाण, घटता हुआ ।

**Decree** 1. डिगरी, डिक्री; 2. निर्णय करना; **absolute ~**आत्यंतिक डिक्री; **~holder** डिक्रीदार, डिक्री का धारक; **~writer** ~लेखक; **~nisi** अपेक्षात्मक डिक्री, प्रारंभिक डिक्री; **~of nullity** अकृतता की डिक्री ।

**Decypher** बीजलेखवाचन ।

**Dedication** समर्पण; 2. उद्घाटन (opening); **dedicatory** समर्पणात्मक ।

**Deduct** 1. कटौती करना; 2. काटना; **-ed** काटी गई; **-ible** कटौती योग्य ।

**Deduction** 1. कटौती, घटाव, छूट (amount); 2. निगमन (logic); **deductive** निगमनात्मक; **~at lower rate** निम्नतर दर पर कटौती; **~at source** स्रोत पर कटौती ।

**Deed** 1. विलेख (विधि), दस्तावेज; 2. कर्म, काम, कार्य, कृत्य; **~mortgage** बंधक विलेख; **~of gift** दानपत्र; **~of partnership** भागिता पत्र; **~of settlement** व्यवस्थापन विलेख; **~of trust** न्यास विलेख ।

**Deemed** 1. सम; 2. समझा गया, माना गया; **~income** समझी गयी आय; **~pension** समझी गई पेंशन; **~requisite** अपेक्षित समझा गया है; **~university** समविश्वविद्यालय ।

**Deface** 1. विरूपित करना, बिगाड़ना; 2. मोहर लगाना; **-d** विरूपित; **-ment** 1. विरुपण, मोहर लगाना; 2. विकृति, विकार ।

**de facto** 1. वस्तुतः, वास्तव में, असल में; 2. वास्तविक; **~guardian** वास्तविक संरक्षक ।

**Defalcation** गबन; **defalcator** गबनकार; **~and losses** गबन और हानियाँ ।

**Defamation** 1. मानहानि; 2. निंदा (slander); **defamatory** निंदात्मक मानहानिकारक; **-libel** मानहानिकारक अपमान लेख ।

**Default** 1. चूक, व्यतिक्रम; 2. बकाया, अभाव (want, absence); 3. अनुपस्थित रहना. अनुपस्थिति; 4. दोष (defect); **-er** 1. चूक करने वाला, व्यतिक्रमी; 2. बकायाकार, बाकीदार; 3. गबनकार (embezzler); **~of payment** संदाय में व्यतिक्रम; **in ~ of** के अभाव में ।

**Defect** 1. त्रुटि, बुराई, अभाव; 2. दोष, अवगुण, खराबी; **-ion** 1. अभाव, 2. अपसरण, त्याग; **-ive** त्रुटिपूर्ण, सदोष, खराब; **latent ~**अप्रकट/अप्रत्यक्ष खराबी; **~of title** हक की त्रुटि **patent ~**प्रकट/प्रत्यक्ष त्रुटि ।

**Defence** 1. रक्षा, बचाव; 2. प्रतिवाद (विधि); 3. सफ़ाई (argument);

4. मोर्चाबंदी; ~**less** रक्षाहीन, अरक्षित; ~**account** रक्षा लेखा; ~**equipment** रक्षा उपस्कर; ~**course** रक्षा पाठ्यक्रम; ~**mechanism** रक्षात्मक प्रतिक्रिया; ~**production** रक्षा-उत्पादन; ~**specification** रक्षा विशिष्टि; ~**to suit** वाद में प्रतिरक्षा; ~**witness** प्रतिरक्षा साक्षी ।

**Defend** 1. समर्थन करना, सफाई देना; 2. प्रतिवाद करना; 3. रक्षा/बचाव करना; **-ant** प्रतिवादी; **-ed** रक्षित; **-er** समर्थक, प्रतिरक्षक ।

**Defer** आस्थगित करना, टालना; **-red** आस्थगित; ~**annuity** ~वार्षिकी; ~**expenditure** ~व्यय; ~**payment** ~भुगतान/अदायगी; **-ence** 1. अनुवर्तन, 2. सम्मान, श्रद्धा; **-ment** स्थगन, विलंबन ।

**Defiance** अवज्ञा, तिरस्कार; 2. उद्धत अवज्ञा ।

**Deficiency** कमी, अभाव, अपूर्णता, ऊनता; ~**account** कमी लेखा; , **balance of** ~ऊनता का अतिशेष; **mental** ~ मनोविकलता; ~**of capital** पूँजी में कमी; ~**of service** सेवा में कमी ।

**Deficit** 1. घाटा, कमी; 2. अभाव (shortage); ~**budget** घाटे का बजट ।

**Define** 1. निश्चित करना, परिनिश्चित करना; 2. परिभाषा देना; 3. सीमांकन करना; **-d** परिभाषित; ~**the scope** प्रविषय परिनिश्चित करना ।

**Defunct** 1. निष्क्रिय, बंद, समाप्त; 2. अप्रचलित, पुराना; ~**company** ~कंपनी ।

**Defy** 1. अवज्ञा करना; 2. चुनौती देना, विरोध करना ।

**Degrade** 1. पद घटाना, ग्रेड घटाना; 2. भ्रष्ट करना; 3. बदनाम करना; 4. मूल्य घटाना; **degradation** पद घटाना, ग्रेड घटाना; **-d** पदच्युत, निम्नीकृत; **degrading** अपमानजनक ।

**Degree** 1. डिग्री, उपाधि, उपाधिपत्र; 2. मात्रा; 3. अंश, अंशांक (unit); 4. कोटि; 5. सोपान (stage); 6. अवस्था (rank); 7. अंश (of angle); 8. घाटा; ~**college** स्नातक महाविद्यालय; ~**of control** नियंत्रण की मात्रा; ~**of care** सावधानी की मात्रा ।

**de jure** 1. विधितः, कानूनन; 2. वैध, कानूनी; ~**guardian** विधितः संरक्षक ।

**Delay** विलंब/अवरोध/बाधा; 2. देर करना; **-ed** विलंबित; **-tender** -टेंडर/निविदा; **-ing** विलंबनकारी; **-report** विलंब रिपोर्ट; ~**in disposal** निपटान में विलंब ।

**delcredere** 1. प्रत्यायक; ~**agent** ~अभिकर्ता/एजेंट; ~**commission** ~कमीशन ।

**Delegate** 1. प्रतिनिधि; 2. सौंपना, दे देना; 3. प्रत्यायोजित करना (विधि); ~**d** प्रत्यायोजित; ~**responsibility** ~उत्तरदायित्व; **delegation** 1. प्रतिनिधि मंडल, शिष्टमंडल, 2. प्रत्यायोजन, 3. प्रतिनिधित्व; **-of powers** शक्तियों का प्रत्यायोजन ।

**Delete** 1. हटाना, निकालना; 2. मिटाना, काटना; **deletion** लोप, हटा दिया जाना ।

**Deliberate** 1, जानबूझकर/सोचसमझकर किया हुआ; 2. विवेचित, सुविचारित; 3. सावधान; **-ly** जानबूझकर, सोचसमझकर ।

**Deliberation** 1. विचार-विमर्श; 2. सावधानी; 3. धैर्य (calmness) ।

**Delimitation** 1. परिसीमन, सीमानिर्धारण·

2. सीमांकन; **~commission** परिसीमन आयोग; **~order** ~आदेश ।

**Delinquency** 1. उपचार, चूक; 2. कर्तव्यच्युति (neglect); **delinquent** अपचारी; **juvenile** ~किशोर अपचारिता ।

**Deliver** 1. देना, सौंपना, बाँटना; 2. जन्म देना, जनना, प्रसव करना; **-able** 7. परिदेय; **-ance** 1. मुक्ति; 2. मोचन; 3. निर्णय; **-er** मोचक, उद्धारक; **-y** 1. वितरण, सुपुर्दगी; 2. परिदान (विधि); 3. प्रसव; 4. शैली, ढंग (manner) भाषण शैली; **~over** परिदत्त करना, **~up** के हवाले कर देना, समर्पित करना, परिदान करना ।

**Delivery** 1. परिदान; 2. वितरण; 3. वाक्-प्रस्तुति; 4. प्रसव; **~book** परिदान/वितरण पुस्तक; **~clerk** परिदान क्लर्क; **~end** निकासी सिरा; **~of goods** माल का परिदान; **~of return** विवरणी देना; **~order** परिदान आदेश ।

**Demand** 1. अभियाचना, माँग, दावा; 2. दावा करना; 3. की अपेक्षा रखना; (pl) माँग; **-able** अभियाचनीय; **-ant** अभियाचक; **-s** माँग; **~notice** ~नोटिस; **~bill** माँग बिल; **-draft** दर्शनी हुंडी, ड्राफ्ट, माँगदेय ड्राफ्ट; **~for grants** अनुदानों की माँग; **in great ~**बहुत माँग; **~note** माँग नोट; **payable on ~**माँग पर देय; **~register** माँग रजिस्टर ।

**Demarcation** सीमाकन, सीमा अभ्यंकन; **line of ~**सीमा रेखा ।

**demi official (D.O)** अर्धशासकीय, अर्धसरकारी; **~letter** ~पत्र ।

**Democrat** लोकतंत्रवादी, लोकतंत्री; **-ic** लोकतांत्रिक; **-way of life** जीवन की लोकतांत्रिक पद्धति ।

**Demonstration** 1. प्रदर्शन (display); 2. निदर्शन, निरूपण (showing); 3.प्रमाण (proving); **demonstrative**1. प्रदर्शनात्मक, 2. निर्देशनात्मक, निरूपणात्मक (illustrative), 3. निश्चायक (conclusive), 4. भाव-प्रदर्शक, 5. संकेत-वाचक (व्याकरण); **~farm** निदर्शन फार्म; **~officer** निदर्शन अधिकारी ।

**Demoralization** 1. मनोबल ह्रास, उत्साहभंग; 2. नैतिक पतन; 3. अस्तव्यस्तता ।

**Demote** पदावनत करना, पद घटाना; **demotion** पदावनति ।

**Demurrage** 1. विलंब शुल्क, डेमरेज; 2. विलंब्रन; **~charges** डेमरेज प्रभार; **~inspector** डेमरेज निरीक्षक ।

**Denial** 1. प्रत्याख्यान (विधि), खंडन, प्रतिवाद; 2. इनकार, नकार, अस्वीकृति (refusal); 3. परित्याग; 4. आत्मदमन, आत्मत्याग; 5. वंचन; आत्मदमन, **~of execution** निष्पादन का प्रत्याख्यान; **~of legality** वैधता का प्रत्याख्यान ।

**Denomination** 1. अभिधान, नाम, संज्ञा; 2. अंकित मूल्य (value); 3. पंथ (धार्मिक); 4. वर्ग कोटि (class); **-al** अंकित; **-value** अंकित मूल्य ।

**de novo** नए सिरे से ।

**Deny** 1. प्रत्याख्यान करना (विधि); 2. नकारना, खंडन करना (contradict); 3. त्याग देना (repudiate); 4. से वंचित करना ।

**Depart** 1. प्रस्थान करना, रवाना होना, 2. विचलित होना, हटना; 3. दिवंगत होना, मरना; **-ed** दिवंगत, मृत, अतीतगत; **-soul** -आत्मा ।

**Department** 1. विभाग; 2. क्षेत्र; **-al** विभागीय; **-charges** -प्रभार; **-enquiry** -जाँच; **-inspection** -निरीक्षण; **-order** -आदेश; **-permission** -अनुमति; **-promotion** -पदोन्नति, तरक्की ।

**Departure** 1. प्रस्थान, रवानगी; 2. विचलन (deviation); 3. अनुष्ठान (venture) ।

**Dependent (dependant)** 1. आश्रित; 2. निर्भर, आधारित; **~female** ~नारी; **~parents** ~माता-पिता ।

**Deploy** 1. तैनात करना; 2. फैलाना, अभिनियोजित करना (विधि); **-ment** फैलाव ।

**Deponent** 1. अभिसाक्षी; 2. बयान देने वाला ।

**Deportation** 1. देशनिकाला, निर्वासन; 2. विवासन (विधि) ।

**Depose** 1. अभिसाक्ष्य देना, गवाही देना; 2. अपदस्थ/पदच्युत करना; **~to** अभिसाक्ष्य देना ।

**Deposit** 1. निक्षेप; 2. धरोहर, अमानत, थाती; 3. जमा, जमा राशि (sum deposited) 4. भंडार; **-or** जमाकर्ता, जमा करने वाला; **depository** निक्षेपागार; **~account** जमा खाता; **~book** जमा पुस्तक; **cash** ~रोकड़ जमा; **current** ~चालू खाता; **fixed** ~आवधिक जमा; **time** ~सावधिक जमा ।

**Depot** 1. डिपो, गोदाम; 2. भंडार; **~clerk** डिपो क्लर्क; **~transfer** ~बदली ।

**Depreciation** 1. मूल्यह्रास, अवक्षय; 2. अवमूल्यन, गिरावट; **~allowance** अवक्षयण मोक; **~charge** ~प्रभार; **external** ~बाह्य अवक्षयण; **internal** ~ आंतरिक अवक्षयण ।

**Depress** 1. दबाना, झुकाना; 2. उदास करना (sadden); 3. घटना, कम करना; **-ant** शमक; **-ed** 1. दलित, शोषित; **-class-** वर्ग; 2. दबाया हुआ, पददलित; 3. उदास, दुःखी; 4. घटाया हुआ; **~ing** निराशाजनक ।

**Deprive** 1. वंचित करना; 2. उपदस्थ करना; **~of his life** उसके प्राण से वंचित करना; **~of property** संपत्ति से वंचित करना ।

**Deputation** 1. प्रतिनियुक्ति 2. शिष्टमंडल; **-ist** प्रतिनियुक्त किया हुआ; **~allowance** प्रतिनियुक्ति भत्ता; **transfer on ~** प्रतिनियुक्ति पर अंतरण ।

**Depute** 1. सौंपना; 2. प्रतिनियुक्त करना; **-d** 1. प्रदत्त, 2. प्रतिनियुक्त ।

**Deputy** 1. उप-; 2. प्रति-; 3. प्रतिनिधि; **~commissioner** उपायुक्त; **~director** उपनिदेशक ।

**Dereliction** 1. अवहेलना, लापरवाही; 2. परित्याग, त्याग ।

**de-requisition** अधिग्रहण मोचन ।

**Derogate** 1. अनादर करना, अपप्रतिष्ठा करना; 2. अल्पीकरण करना, घटाना; **derogation** 1. अनादर; 2. अल्पीकरण, कमी; 3. अपप्रतिष्ठा (of dignity); **derogatory** अनादरसूचक, अपमानसूचक ।

**Descendant** 1. वंशज; **descending** अवरोही; **lineal** ~पारंपरिकवंशज ।

**Description** 1. वर्णन, विवरण; 2. प्रकार, किस्म (kind); 3. अंकन, निर्माण; 4. हुलिया (personal); **descriptive** वर्णनात्मक, विवरणात्मक; **~roll** वर्णन तालिका; **~of goods** माल का वर्णन/विवरण; **sale by ~** वर्णन के अनुसार विक्रय ।

**Deserving** 1. सुपात्र, योग्य, अधिकारी; 2. योग्य पात्र होना ।

**Design** 1. डिजाइन, अभिकल्प; 2. अभिकल्पन, रूपांकन; 3. खाका, रूपरेखा, ढाँचा; 4. उद्देश्य; 5. षड्यंत्र (sinister scheme); 6. नमूना (pattern); **-er** अभिकल्पक, रूपांकक, रूपाकार; **-ing** 1. अभिकल्पन, रूपांकन, 2. (वि०) अभिकल्पी, धूर्त, कपटी; **~assistant** डिजाइन सहायक; **concealing** ~परिकल्पना को छिपाना ।

**Designate** 1. नामोद्दिष्ट करना; 2. अभिहित करना; 3. नाम रखना; 4. नियुक्त/मनोनीत करना; 5. पदनाम देना; 6. पूर्वानिर्दिष्ट करना; **-d** नामनिर्दिष्ट; **-trade** अभिहित व्यवसाय ।

**Designation** 1. पद, पदनाम, ओहदा; 2. अभिधान, नाम; 3. मनोनयन ।

**Despatch (dispatch)** 1. प्रेषण, रवानगी; 2. प्रेषित करना, रवाना करना/भेजना; 3 शीघ्रता, तत्परता, त्वरा; **-ed** प्रेषित; **-er** प्रेषक, भेजने वाला; **~book** प्रेषण पुस्तक; **~instruction** प्रेषण अनुदेश; **~memo** ~ज्ञापन; **~note** ~पत्र; **~register** ~रजिस्टर; **~rider** सवार हरकारा ।

**Destination** 1. गंतव्य; 2. लक्ष्य, उद्देश्य; **~of any grant** अनुदान का लक्ष्य; **~of export** निर्यात का गंतव्य स्थान; **~station** गंतव्य स्टेशन ।

**Destitute** 1. निराश्रित, अकिंचन, 2. दीन-हीन; **~s** (pl) निराश्रित; **~home** ~गृह; **~circumstances** हीन-परिस्थितियाँ, दीन अवस्था; **~of meaning** अर्थहीन; **~of** से रहित, हीन ।

**Detail** 1. ब्योरा, ब्योरा देना; 2. विस्तृत वर्णन/विवरण; **-s (pl)** ब्योरे; **-ed** ब्योरेवार; **-account** ब्योरेवार लेखा; **-inspection** -निरीक्षण; **-statement** विस्तृत विवरण; **~book** ब्योरा लेखा पुस्तक; **in ~** ब्योरेवार, सविस्तार ।

**Detect** 1. पता लगाना, पकड़ना, पता चलाना; 2. ढूँढ़ निकालना; **~ion** 1. खोज, 2. पता लगाना, पता चलना; **-ive** 1. गुप्तचर, जासूस, 2. (वि०) जासूसी; **-or** अभिज्ञापक, संसूचक ।

**Detention** 1. निरोध, नजरबंदी; 2. कारावास; **detenu** नजरबंद, निरुद्ध व्यक्ति; **~barracks** सैनिक कारागार; **~cell** निरोध कोठरी; **~order** निरोध आदेश; **preventive ~** निवारक निरोध ।

**Determinate** 1. निर्धारण करना; 2. संकल्प करना; 3. स्थिर/सुस्थिर; **determination** 1. निर्धारण; 2. अवधारण (विधि); 3. संकल्प, निश्चय; 4. दृढ़ता (firmness); 5. पर्यवसान, अवसान (विधि) (ending, termination) ।

**Detriment** 1. अहित, नुकसान, हानि, उपाय; **-al** अहितकर, हानिकारक, अपायकर; **~to security** सुरक्षा के लिए अहितकर ।

**Devaluation** अवमूल्यन ।

**Devastation** विध्वंस, विनाश, सर्वनाश, तबाही; **devastator** विध्वंसक, विनाशक ।

**Develop** 1. विकास करना, बढ़ना; 2. चित्र उभारना; 3. विकसित करना; **-able** विकास्य **-ed** विकसित; **-er** विकासक, प्रस्फुटक; **~symptoms** लक्षण विकसित होना; **underdeveloped** अल्पविकसित ।

**Development** 1. विकास, उन्नति, परिवर्धन; 2. परिणाम (result); 3. व्यक्तिकरण (geography); 4. उद्घटना

(happening); **-al** विकासात्मक; **~allowance** विकास मोक; **~charges** विकास प्रभार; **~expenses** विकास खर्च; **~inspector** विकास निरीक्षक; **~officer** विकास अधिकारी; **~proposal** विकास प्रस्ताव ।

**Deviate** 1. विचलित होना/करना; 2. पथभ्रष्ट होना; **deviation** 1. विचलन, अंतर,, व्यतिक्रम; 2. पथांतर (divergence); **-line** पथांतर लाइन **-of route** मार्ग का बदलना ।

**Device** 1. युक्ति, उपाय; 2. साधन; 3. चाल (trick); 4. जुगत (contrivance); 5. रचना, आकृति (design); 6. आदर्श वाक्य ।

**Devote** 1. अर्पित करना, 2. समर्पित करना; 3. निरत रहना (विधि); **-d** समर्पित, ईमानदार; **devotee** भक्त, उपासक, **devotion** 1. निष्ठा, 2. उपासना, 3. भक्ति, धर्मानुराग, 4. अनुरक्ति (affection), 5. समर्पण; **-al** भक्तिमय, धार्मिक ।

**Diagnose** निदान करना; **diagnosis** (रोग का) निदान करना; **diagnostic** नैदानिक ।

**Diagram** आरेख; **~matic** आरेखी ।

**Dialogue** 1. संवाद, कथोपकथन; 2. संभाषण ।

**Diamond** 1. हीरक, हीरा; 2. समचतुर्भुज (shape); **~jubilee** ~जयंती ।

**Diary** डायरी, दैनिकी; **diarise** डायरी करना; **diarist** डायरी लेखक; **~register** डायरी रजिस्टर ।

**Dictate** 1. श्रुतलेख लिखाना/बोलना; 2. जोर देकर कहना; **dictation** श्रुतलेख।

**Dies non** 1. छूट दिवस, अकार्य दिन (a day on which general business may not lawfully be transacted) ।

**Diet** 1. आहार, भोजन; 2. पथ्य, पथ्य देना; 3. अधिवेशन; **-ary** पथ्य/आहार संबंधी; **-etic** आहार संबंधी; **-ician** आहारविद् **~allowance** ~भत्ता; **~distributor** ~वितरक ।

**Difference** 1. भेद, अंतर; 2. मतभेद (a diversity of opinion) 3. विवाद (dispute) **matter in ~** मतभेद का विषय; **~of opinion** मतभेद; **~of procedure** प्रक्रिया में अंतर ।

**Digest** 1. सार संग्रह; 2. पचाना, हजम करना; 3. क्रमबद्ध संक्षेप तैयार करना; 4. आत्मसात करना; **-s** (pl) निबंध; **-er** संक्षेपक; **-ible** सुपाच्य; **-ion** पाचन, पाचन-शक्ति; **-ive** पाचक; **~of important cases** महत्त्वपूर्ण मामलों का सार संग्रह ।

**Dignify** 1. गरिमामय करना; 2. सम्मानित करना; **dignified** गरिमापूर्ण, प्रतिष्ठित, ओजस्वी, भव्य, शानदार ।

**Dignitary** 1. गण्यमान्य, प्रतिष्ठित (व्यक्ति); 2. उच्चाधिकारी, उच्चपदस्थ; **higher ~**उच्चतर पदस्थ ।

**Dignity** 1. गौरव, मर्यादा, गरिमा, प्रतिष्ठा; 2. उच्चपद (position); 3. वैभव, बड़प्पन (stateliness); **~of individual** व्यक्ति की गरिमा ।

**Digression** 1. विषयांतरण, व्यतिक्रम; 2. विपथन; **digressive** अप्रासंगिक ।

**Dilatory** 1. विलंबकारी; 2. दीर्घसूत्री (slow) ।

**Dilemma** 1. दुविधा (द्विविधा), उभयसंकट; 2. धर्मसंकट ।

**Diligent** 1. अध्यवसायी, परिश्रमी, उद्यमी; 2. तत्पर; **-ly** तत्परतापूर्वक ।

**Dimension** 1. विस्तार, लम्बाई-चौड़ाई,

-al विमीय; -less अविम; three-dimensional त्रिविमीय ।

**Diminish** 1. कम करना, घटाना; 2. घटना; **-ed** कम हुआ; **-ing** ह्रासमान, कम करना; **~the area** क्षेत्र घटाना; **~value** मूल्य कम करना ।

**Dinner** 1. रात्रि भोजन, डिनर, दावत; 2. प्रीतिभोज; **~party** रात्रि भोज, डिनर पार्टी ।

**Diploma** 1. डिप्लोमा, उपाधिपत्र; 2. सनद; **~apprentice** डिप्लोमा शिक्षु ।

**Diplomacy** 1. डिप्लोमेसी, राजनय, कूटनीति; 2. व्यवहार-कौशल; **diplomat** राजनयिक, राजनयज्ञ, कूटनीतिज्ञ; **diplomatic** राजनयिक, कूटनीतिक; **-bag** राजनयिक डाक थैला; **-corps** -कोर; **-mission** -मिशन; **-officer** -अधिकारी; **-passport** -पासपोर्ट ।

**Direct** 1. सीधा; 2. निदेश देना; 3. स्पष्ट, प्रत्यक्ष (frank, clear); 4. तात्कालिक (immediate); 5. साक्षात; 6. वंशागत (lineal); 7. प्रधान, मूल, अधिकारी; 8. सर्वथा ठीक (complete); **-ed** निर्देशित, निर्दिष्ट; **-ive** निदेशात्मक, निदेश; **-ly** सीधा, प्रत्यक्ष रीति से, तुरन्त; **-ory** निर्देशिका; **~action** सीधी/प्रत्यक्ष कार्रवाई; **~election** सीधा/प्रत्यक्ष निर्वाचन; **~lines** सीधी परंपरा; **~nomination** प्रत्यक्ष नामन; **~report** सीधी/प्रत्यक्ष रिपोर्ट; **~speech** साक्षात्कथन; **~tax** प्रत्यक्ष कर; **~wages** ~मजदूरी ।

**Direction** 1. दिशा, अभिदिशा; 2. निदेशन, निर्देशन; 3. नियंत्रण (control); 4. निदेश (order); 5. पता, ठिकाना; **-al** दिशापरक; **~and control** निदेशन और नियंत्रण ।

**Director** 1. अध्यक्ष, निदेशक; 2. निर्देशक; **-ate** निदेशालय; **-ship** ~निदेशक पद; **~general** महानिदेशक; **managing** ~प्रबंध निदेशक ।

**Disability** 1. निर्योग्यता; 2. निःशक्तता (विधि); 3. अपंगता, अशक्तता; 4. असमर्थता; **~of trustce** न्यासी की निर्योग्यता ।

**Disable** 1. अक्षम, अपंग (cripple); 2. अशक्त कर देना; 3. अयोग्य ठहराना; **disability** अपंगता; **-ment** निःशक्तता; **partial -** आंशिक-; **permanent -** स्थायी-; **temporary -** अस्थायी- ।

**Disadvantage** 1. हानि, असुविधा, घाटा; 2. प्रतिकूल परिणाम; 3. कमी; 4. अहित, अलाभ; **-ous** 1. असुविधाजनक, हानिकर, प्रतिकूल; 2. अलाभकारी, अहितकर ।

**Disagree** 1. असहमत होना; 2. मेल नहीं खाना; **-able** अप्रिय, अरूचिकर; **-ment** 1. असंगति, भिन्नता; 2. मतभेद; 3. विवाद, झगड़ा; 4. असहमति ।

**Disallow** 1. अस्वीकार करना, नामंजूर करना; 2. अननुज्ञात करना; (to refuse to allow); **-ance** अस्वीकृति; **-ed** अस्वीकृत; **~claim** दावे को नामंजूर करना; **~deduction** कटौती को अननुज्ञात करना ।

**Disapprobation** 1. अननुमोदन, नापसंदी; 2. निंदा, घृणा ।

**Disapprove** 1. अननुमोदन/निरनुमोदन करना; 2. निंदा करना; **disapproval** अननुमोदन निरनुमोदन ।

**Disaster** विनाश, विपदा, महाविपदा; **disastrous** अनर्थकारी ।

**Disband** 1. तोड़ देना, भंग करना; 2. विघटित करना/हो जाना; **-ment** विघटन,

सैन्यभंग, भंग ।

**Disburse** 1. चुकाना, व्यय करना; 2. वितरण करना, संवितरण करना; **disbursing** संवितरक; **-ment** बाँटना, संवितरण, भुगतान; **-r** संवितरक ।

**Discard** 1. अलग करना, हटा देना, त्यक्त करना; 2. फेंक देना, निकाल देना; 3. छाँट ।

**Discharge** 1. निर्वहन, पालन (perform, fulfilment, execution); 2. उन्मोचन; 3. सेवा/कार्य-मुक्ति (remove, dismiss); 4. छुट्टी; 5. दागना (fire); 6. चलाना, छोड़ना (shoot); 7. उतारना, खाली करना; 8. बहाना, बहना (emit); 9. प्रभावोन्मुक्त करना (to annul); **-ed** उन्मुक्त; **~register** उतराई रजिष्टर; **~slip** छुट्टी की पर्ची ।

**Discipline** 1. अनुशासन, विनय; 2. विशेष विद्या/ज्ञान शाखा; 3. शिक्षण; 4. आत्मनिग्रह, आत्मसंयम (self-control); 5. दंड-विधान; **disciplinary** अनुशासनिक; **-action** -कार्रवाई; **-committee** - समिति; **-d** अनुशासित ।

**Disclaim** 1. दावा छोड़ना, स्वत्व त्यागना; 2. अस्वीकार करना; 3. परित्याग करना; 4. अनु-अंगीकरण (विधि) (to disavow all part or share); **-ed** दावात्यक्त; **-er** 1. परित्याग, 2. इनकार, 3. दावा-त्याग ।

**Disclose** 1. प्रकट करना; 2. उघाड़ना, अनावृत्त करना; **disclosure** प्रकटन, प्रकटीकरण; **true -** सत्य प्रकटन; **bound to ~**प्रकट करने को आबद्ध; **~facts** तथ्य प्रकट करना ।

**Discontent** 1. असंतोष; 2. असंतुष्ट (विशेषण) ।

**Discontinue** 1. बंद करना/हो जाना, रोकना; 2. विच्छिन्न करना; **discontinuance** 1. समापन, 2. समाप्ति, 3. विच्छेद (law); **-d** बंद किया गया; **discontinuity** 1. अंतराल, अंतर, 2. असंगति, 3. सांतरता, (in space), 4. असातत्य (in time); **discontinuous** असतत ।

**Discord** 1. विस्वरता; 2. कलह, मतभेद, मनमुटाव (strife); 3. विसंगति (disagreement); 4. हल्ला, कोलाहल; **-ant** विसंगत, असंगत, बेमेल ।

**Discount** 1. बट्टा, छूट; 2. मिती काटा; **-ed** मितिकाटा; **~allowed** अनुज्ञात बट्टा; **~columm** बट्टा स्तंभ; **at a ~** बट्टे पर ।

**Discover** 1. पता लगाना (to find out); 2. का अनुभव करना; 3. का आविष्कार करना; 4. प्रकट करना (to make known); **-ed** अन्वेषित; **-er** शोधकर्ता; **-y** 1. खोज; 2. आविष्कार; 3. प्राप्ति; 4. प्रकटन ।

**Discredit** 1. अविश्वसनीय मानना; 2. साख गिराना, प्रतिष्ठा घटाना; **-able** लज्जाजनक ।

**Discrepancy** विसंगति, फर्क; **discrepant** विसंगत ।

**Discretion** 1. विवेक, स्वनिर्णय; 2. समझदारी, सावधानी; **-ary** विवेकाधिकार; **~grant** विवेकानुदान; **~power** स्वेच्छानिर्णयाधिकार, विवेकाधिकार; **in his ~** स्वविवेकानुसार; **~of the court** न्यायालय का विवेक ।

**Discriminate** 1. विभेद करना, अलग करना; 2. भेद पहचानना; 3. पक्षपात करना; **discriminating** 1. विभेदकारी; 2. भेदमूलक; 3. विवेचक; **discrimination**

2. भेदमूलक; 3. विवेचक; **discrimination** 1. विभेदन; 2. पृथक्करण; 3. पक्षपात, विभेद; **discriminatory** विभेदकारी; **~against** के विरुद्ध विभेद करना ।

**Discussion** 1. विचारविमर्श, चर्चा; 2. बहस, वादविवाद ।

**Disfigure** 1. विरूपित करना, बिगाड़ना; 2. विद्रूप करना; **-ment** विरूपण, विद्रूपिता; **facial ~** चेहरे की विद्रूपिता ।

**Disharmony** 1. असामंजस्य, असंगति; 2. बेसुरापन ।

**Dishonest** 1. बेईमान, कपटी; **-ly** बेईमानी से; **-y** कपट, बेईमानी; **~abstraction** बेईमानी से निकालना; **~removal** बेईमानी से हटा ले जाना ।

**Dishonour** 1. अस्वीकार करना, नकारना; 2. अपमानित/अनादर करना; 3. बदनाम/कलंकित करना; **-able** कुत्सित, लज्जाजनक; **-ed** अपमानित, अनादृत कर देना; **-cheque** अनादृत चेक; **~by nonpayment** असंदाय द्वारा अनादर; **notice of ~**अनादरण सूचना; **~of cheque** चैक का अनादर ।

**Disintegration** 1. विघटन, विच्छेदन; 2. वियोजन ।

**Dislocation** 1. विस्थापन; 2. अस्तव्यस्त हो जाना, स्खलन; 3. विसंधान (विधि) ।

**Disloyal** निष्ठाहीन, विश्वासघाती; **-ty** अनिष्ठा, विश्वासघात, अभक्ति ।

**Dismiss** 1. पदच्युत करना, बरखास्त करना; 2. खारिज करना, रद्द करना (to reject); 3. विदा करना; 4. समाप्त करना; 5. टाल देना; **-al** 1. पदच्युति, बरखास्तगी, 2. खारिज किया जाना, 3. पदच्युत करना; **~the appeal** अपील को खारिज करना; **~with costs** खर्चे सहित खारिज करना ।

**Disobedience** अवज्ञा, आज्ञाभंग; **civil ~**सविनय अवज्ञा; **~to order** आदेश की अवज्ञा ।

**Disobey** 1. आज्ञा न मानना,अवज्ञा करना; 2. आज्ञा भंग करना; **~summons** समन की अवज्ञा करना ।

**Disorder** 1. अव्यवस्था, गड़बड़ी, विच्छृंखल; 2. शांति भंग, हुल्लड़, उपद्रव (disturbance); 3. क्रमभंग, व्यतिक्रम; 1. विकार, रोग; **-ed** अस्तव्यस्त, विकृत; **-ly** 1. अस्तव्यस्त, 2. उपद्रवी, उत्पाती; **-behaviour** विच्छृंखल व्यवहार; **-conduct** विच्छृंखल आचरण; **-persons** उपद्रवी व्यक्ति ।

**Disorganise** 1. अव्यवस्थित करना; 2. संघठन भंग करना ।

**Disparity** 1. असमानता, असंगति; 2. विभिन्नता ।

**Dispense** 1. (with) अलग करना, छोड़ देना, अभिमुक्ति देना; 2. छुटकारा देना; 3. प्रबंध करना; 4. दवा तैयार करना; **-r** 1. वितरक, प्रबंधक; 2. दवा देने वाला; **~the proof** साबित किए जाने से अभिमुक्ति दे देना ।

**Disperse** 1. तितर-बितर करना, विसर्जित करना; 2. बिखरना, बिखेरना, छितराना; 3. फैलाना; 4. दूर/भंग करना; **dispersal** विसर्जन; **-d** 1. बिखरा; 2. प्रकीर्ण, **dispersing** विक्षेपी; **dispersion** 1. छितराव, 2. फैलाव, 3. विसर्जन, 4. विखंडन ।

**Displace** 1. विस्थापित करना; 2. निकाल देना, पदच्युत कर देना; **-d** विस्थापित; **-ment** 1. विस्थापन, 2. स्थानांतरण, 3. सरकाव; 4. अपसरण ।

**Display** 1. सजावट, संप्रदर्शन; 2. प्रदर्शित करना (to exhibit); 3. दिखावा, आडंबर (ostentation); **~advertisement** प्रदर्शन-विज्ञापन; **~cowardice** कायरता प्रदर्शित करना ।

**Displease** 1. अप्रसन्न करना; 2. असंतोष उत्पन्न करना; **displeasing** अप्रिय, अरुचिकर; **displeasure** अप्रसाद, अप्रसन्नता ।

**Dispose** 1. निपटाना, प्रबंध करना; 2. तैयार करना; 3. सुव्यवस्थित करना; 3. व्ययन करना (विधि) (to transfer into new hands as by settling); 1. निपटान, निवर्तन; 2. व्ययन; **~business** काम निपटाना; **disposing** व्ययन करना; **~of** समाप्त करना, निपटाना ।

**Disposition** 1. प्रवृत्ति, स्वभाव (inclination); 2. अधिकार, नियंत्रण (control); 3. प्रबंध (management); 4. व्यवस्था, स्थिति, व्ययन; 5. व्यूह, तैनाती (army); **~for value** मूल्यार्थ व्ययन; **general~**साधारण स्वभाव/प्रवृत्ति; **prior ~**पूर्विक व्ययन ।

**Dispossess** बेकब्ज़ा करना, बेदखल करना; **-ion** बेदखली, बेकब्ज़ा होना ।

**Dispute** 1. विवाद, कलह, झगड़ा; 2. खंडन/प्रतिवाद करना; 3. विरोध करना; **-d** विवादास्पद; **-amount** -रकम; **-proof** -सबूत; **disputing** विवादमय; **beyond ~**निर्विवाद; **matter in ~**विवादग्रस्त बात ।

**Disqualify** 1. अनर्ह करना, अनर्ह होना; 2. अयोग्य ठहराना; **disqualification** अयोग्यता, अनर्हता; **disqualified** अयोग्य, अनर्ह ।

**Disregard** 1 अवहेलना, उपेक्षा; 2. लापरवाही (inattention); 3. हिसाब में नहीं लेना ।

**Disrespect** अनादर, निरादर; **-ful** निरादरपूर्ण, अशिष्ट, रूखा ।

**Dissent** 1. विमति, असहमति; 2. विसम्मति (विधि); 3. विरोध करना; **-er** (राजधर्म) विरोधी; **-ing** विसम्मत, विमत; **note of ~** विसम्मति टिप्पण ।

**Disservice** 1. अपकार; 2. हानि, क्षति ।

**Dissociate** 1. वियोजित करना; 2. असंबद्ध होना; अलग होना/करना; **dissociation** 1. संबंध-विच्छेद, 2. विच्छेदन ।

**Dissolution** 1. भंग, विघटन; 2. द्रवण, द्रवीकरण; 3. समापन, विलयन, समाप्ति; 4. विसर्जन (of meeting); **-of council** परिषद् का विघटन ।

**Dissolve** 1. विघटित करना, भंग करना; 2. घुलना/घोलना (melt); 3. समाप्त करना; 4. विसर्जित करना; 5. रद्द करना; **-d** 1. समाप्त; 2. विसर्जित; **dissolving** विघटित करने वाला ।

**Distinct** 1. भिन्न, अलग; 2. सुस्पष्ट, सुव्यक्त (clear); 3. निश्चित, सुनिश्चित (definite); **-ion** 1. विभेद, भेदभाव; 2. विशेष योग्यता; 3. भिन्नता; 4. प्रतिष्ठा; 5. पदक, उपाधि; **-ive** 1. विशिष्ट, पृथक्, भिन्न; **-ly** स्पष्ट रूप से, स्पष्टतया; **~claim** सुभिन्न दावा, **~consideration** ~प्रतिफल ।

**Distinguish** 1 भेद करना; 2. विशिष्टता पाना; **-able** विशेषणीय; **-ed** विशिष्ट, लब्धप्रतिष्ठ, विख्यात; **-historian** प्रख्यात इतिहासकार; **-ing** सुभेदक; **-mark** -चिह्न ।

**Distortion** 1 विकृति (विधि); 2. तोड़-मरोड़; 3. मिथ्या वर्णन ।

**Distress** 1. विपत्ति, दुःख, व्यथा, कष्ट; 2. जब्ती, कुर्की, करस्थम् (विधि); 3. दुःख देना; **-ed** व्यथित; **-ful** दुःखद, व्यथित; **-ing** दुःखद; **bodily ~**शारीरिक कष्ट; **~or arrest** करस्थम् या गिरफ्तारी; **~warrant** कुर्की का अधिपत्र ।

**Distribute** 1. वितरण करना, बाँटना; 2. वर्गीकरण करना; **distributable** वितरणीय, वितरणयोग्य; **distribution** 1. वितरण, बंटन; 2. फैलाव, विस्तार, 3. वर्गीकरण, 4. व्याप्ति, 5. विभाजन; **distributive** 1. वितरक, 2. वितरणात्मक; **distributor** वितरक ।

**District** 1. जिला, जनपद; 2. प्रदेश (region); **~collector** जिला कलेक्टर; **~court** जिला न्यायालय; **~magistrate** जिलाधिकारी ।

**Disturbance** 1. उपद्रव, उत्पात; 2. गड़बड़ी, गड़बड़; 3. बाधा, विघ्न; **disturbed** 1. अशांत, विक्षुब्ध; 2. असामान्य (मौसम); **-of public peace** लोकशांति में विघ्न; **stir up ~** उपद्रव पैदा करना ।

**Ditto** 1 यथोपरि, जैसे ऊपर, यथोक्त; 2. तथैव ।

**Diversification** विविधीकरण, विविधता ।

**Diversion** 1. विषयांतर, ध्यानभंग, 2. पथांतर, पथांतरण, विमथन (deviation); 3. भुलावा, धोखा; 4. विशाखन; 5. मनोरंजन, मनबहलाव (amusement); **~canal** मोड़ नहर; **~of funds** निधियों का अपयोजन; **~of way** पथांतर ।

**Dividend** 1 लाभांश, भागदेय; 2. भाज्य; **~book** लाभांश बही; **deferred ~**आस्थगित लाभांश; **~earning** लाभांश अर्जन; **final ~**अंतिम लाभांश ।

**Division** 1. प्रभाग, भाग, वर्ग (section); 2. डिवीजन; 3. विभाजन; 4. श्रेणी (examination); 5. बँटवारा, वितरण; 6. मतभेद, फूट; 7. वर्गीकरण; 8. सीमा (boundary); **-al** विभागीय, मंडलीय, प्रभागीय; **~bell** विभाजन घंटी; **~bench** खंड (न्याय) पीठ; **~commander** डिवीजन कमांडर; **~court** खंड न्यायालय; **~of time** समय का बँटवारा ।

**Document** 1. दस्तावेज, काग़जात; 2. प्रलेख, लिखित प्रमाण; **-ary** वृत्त; **-film** वृत्तचित्र; **-ation** प्रलेखन, प्रलेखीकरण, दस्तावेजी; **-officer** प्रलेखीकरण अधिकारी; **~of title** हक़ का दस्तावेज ।

**Domicile** अधिवास, निवास स्थान; **~d** अधिवासी, अधिवसित; **~bill~** बिल; **~of** अधिवास; **~of origin** मूल अधिवास ।

**Dominant** 1. प्रभावी, प्रबल, प्रधान; 2. प्रमुख, अधिष्ठायी; **~owner** अधिष्ठायी स्वामी; **~undertaking** प्रधान उपक्रम ।

**Donation** 1. दान, चंदा; 2. संदान; (विधि); **donative** दातव्य; **~morits causa** आसन्नमरण दान ।

**Donor** 1. दाता; 2. संदाता (विधि); **~of the power** मुख्तारनामे का दाता ।

**Doubtful** 1. संदिग्ध, संदेहास्पद; 2. अनिश्चित, संदेही (doubting); 3 संदिग्ध, अविश्वसनीय (suspected); **~debts** शंकास्पद ऋण; **~rights** ~अधिकार ।

**Down** 1. नीचे, अधो; 2. दुर्भाग्य; 3. गिरा देना, उतार देना; 4. अधोमुखी (विशेषण); **-cast** उदास, अधोमुख;

-fall अध:पतन, सत्यानाश; -ward अधोमुखी; -trend -प्रवृत्ति, गिरावट; -payment तत्काल अदायगी; -pour मूसलाधार वर्षा; -wards नीचे की ओर, से लेकर; ~with मुर्दाबाद।

**Draft** 1. दस्ता, टुकड़ी (सैनिक); 2. ड्राफ्ट (बैंक); 3. प्रारूप, मसौदा; 4. जलमग्न भाग; **-ing** प्रारूप लेखन; **~amendment** प्रारूप संशोधन; **clean~** अप्रलेखी प्रारूप; **-sman** नक्शानवीस, प्रारुपकार; **~reply** उत्तर का प्रारूप; **~scheme** प्रारूप-स्कीम ।

**Drama** 1. ड्रामा, नाटक; **-tic** नाटकीय, आकस्मिक; **-tist** नाटककार; **-tize** नाटक का रूप देना; **~artist** नाट्य कलाकार; **~voice** नाट्य स्वर ।

**Drastic** 1. कठोर, प्रचंड, उग्र; 2. प्रबल, सशक्त; **~measure** 1. ~कार्रवाई; 2. ~उपाय ।

**Draw** 1. आहरण (वेतन); 2. निकालना (लाटरी); 3. चैक काटना/लिखना; **-ee** अदाकर्ता; **-er** चैककर्ता; **-ing** 1. आहरण, 2. रेखाचित्र, ड्राइंग; **-back** 1. पीछे हटना, 2. असुविधा, त्रुटि, कमी; **~bar** अर्गला; **~bill** बिल बनाना ।

**Drought** 1. अनावृष्टि, सूखा; 2. शुष्कता (dryness); **-y** सूखा, शुष्क; **~area** सूखाग्रस्त क्षेत्र; **~relief fund** सूखा सहायता निधि ।

**Dual** 1. दोहरा, द्विविध; 2. द्वैत (of two); 3. दुगुना (double in amount); **-ism** 1. द्वैत, द्वित्व; 2. द्वैतवाद; **-ist** द्वैतवादी; **~charge** दोहरा प्रभार; **~purpose** दुकाजी ।

**Due** 1. देय, दातव्य; 2. नियत, सम्यक् (proper, appropriate); 3. प्राप्य, पावना; (pl) देयराशि, ड्यूज, शुल्क; **~account of** का उचित लेखा; **~administration** सम्यक् प्रशासन; **~date** नियत तिथि/तारीख; **~diligence** सम्यक् तत्परता; **~to** के कारण, के फलस्वरुप, के परिणामस्वरूप; **~at** आने वाला; **in ~course** यथासमय ।

**Duly** 1. विधिवत्, यथाविधि, यथावत्; 2. बाकायदा, सम्यक् रूप से; 3. यथासमय; 4. यथोचित; **~account for** सम्यक् रूप से हिसाब देना; **~act** सम्यक् रूप से कार्य करना; **~authorised** सम्यक् रूप से प्राधिकृत; **~conferred** सम्यक् रूप से प्रदत्त ।

**Dummy** 1. डमी; 2. नकली, दिखावटी; 3. मौन, मूक; 4. कठपुतली; 5. मूर्ख; 6. नमूने की प्रति (मुद्रण) ।

**Duplicate** 1. दूसरी प्रति, अनुलिपि (copy); 2. दुहरा (twofold); 3. अतिरिक्त (extra); 4. समगुण, दूसरा; **-d** द्विगुणीकृत; **duplicating** अनुलिपिकरण; **~machine** अनुलिपित्र; **duplicator** डुप्लीकेटर, अनुलिपित्र; **duplication** 1. द्विगुणन, 2. द्विरावृत्ति, 3. अनुलिपि; **~bill** अनुलिपि बिल; **~copy** दूसरी कापी, अनुलिपि; **in ~**दो प्रतियों में ।

**Duration** अवधि, मियाद, कालावधि; **~of injunction** व्यादेश की अवधि; **~ of office** कार्यकाल; **~of session** सत्र की अवधि ।

**Duty** 1. ड्यूटी, कर्त्तव्यभार, कार्य, काम; 2. शुल्क, कर; 3. श्रद्धा, सम्मान; (homage); 4. कर्त्तव्यकाल (period of duty); **~allowance** ड्यूटी भत्ता; **~chart** ड्यूटी चार्ट; **~leave** कार्यार्थ छुट्टी;

**~room** कार्यकक्ष, ड्यूटी रूम; **~roster** ~रोस्टर; **~schedule** कर्त्तव्य सूची; **specific** ~विनिर्दिष्ट शुल्क ।

**Dying** मृत्युकालिक, मरणासन्न; **~bed** मृत्यु-शैय्या; **~declaration** ~कथन ।

**Dynamic** 1. गत्यात्मक, गतिशील; 2. गतिज, चल; 3. परिवर्तनात्मक (changing); **~s** (pl) गतिविज्ञान; **-ism** गतिवाद, ऊर्जावाद ।

# E

**Early** 1. जल्दी, शीघ्र; 2. प्रारंभिक, प्रारंभ का; 3. प्राचीन/पूर्व; 4. यथासमय; 5. निकट; 6. सवेरे, प्रातःकालीन; **earlier** अधिक जल्दी, शीघ्रतर; **earliest** जल्दी से जल्दी, शीघ्रतम; **-possible** यथाशीघ्र।

**Earmark** 1. निर्दिष्ट करना, निर्धारित करना, नियत करना, निश्चित करना; 2. छाप, निशान; 3. कान (पशु) पर निशान लगाना; **-ed** निर्दिष्ट, निर्धारित, नियत (विशेष प्रयोजन के लिए) ।

**Earn** 1. अर्जन करना, कमाना, उपार्जन करना; 2. प्राप्त करना; 3. के योग्य होना; **-ed** अर्जित, उपार्जित; **-leave** -अवकाश/छुट्टी; **-est** 1. कमाया गया; 2. बयाना, 3. गंभीर, उत्साही; **-money** बयाना; **-ing** कमाई; **-capacity** उपार्जन सामर्थ्य; **earnings** उपार्जन ।

**Ecology** पारिस्थितिकी, परिस्थिति विज्ञान; **ecologist** पारिस्थितिकीविज्ञ, परिस्थिति विज्ञानी ।

**Economic** 1. आर्थिक, अर्थशास्त्रीय; 2. अर्थकर, लाभकर; 3. मितव्ययी, किफायती; **--s** अर्थशास्त्र; **-al** 1. सस्ता, किफायती (thrifty); 2. आर्थिक; 3. सस्ता; 4. लाभकारी; **economist** अर्थशास्त्री; **~exploitation** आर्थिक शोषण; **~resources** ~संसाधन ।

**Economy** 1. अर्थव्यवस्था, अर्थनीति; 2. मितव्ययिता, किफायत (thrift, frugality); 3. व्यवस्था; **~campaign** मितव्ययिता अभियान; **~of effort** प्रयत्न लाघव; **~slip** किफायत पर्ची ।

**Edit** 1. संस्करण निकालना; 2. संपादन करना; 3. बदल देना; **-ing** संपादन; **-ion** संस्करण ।

**Editor** संपादक; **~ial** 1. संपादकीय; 2. अग्रलेख; **-ship** संपादकत्व; **chief ~**प्रधान संपादक; **sub ~** उपसंपादक ।

**Education** शिक्षा; 2. विकास; **-al** शैक्षिक, शिक्षा संबंधी; **~career** ~जीवन; **~qualification** ~अर्हता, ~योग्यता; **-ist** शिक्षाशास्त्री ।

**Effect** 1. प्रभाव, असर; 2. परिणाम, फल (result); 3. कार्य; 4. सामान, चल संपत्ति; 5. अर्थ, आभास, संकेत; **-s** (pl) मालमत्ता, चीजवस्तु, चल संपत्ति; **-ive** 1. प्रभावी, 2. कार्यकारी, कार्यसाधक; 3. वास्तविक, 4. समर्थ, प्रभावशाली (impressive); **~measures** प्रभावी उपाय; **~output** वास्तविक उत्पाद; **-ual** 1. मान्य, 2. अचूक, प्रभावोत्पादक; **give ~ to** 1. कार्यान्वित करना, 2. लागू करना; 3. प्रभावी करना; **in ~**असल में, वस्तुतः; **take~**1. कार्यरुप में बदलना, 2. लागू होना; **carrying into ~**कार्यान्वित करना; **cause and ~**कार्य-कारण; **with ~from such date** उस तारीख से;

**with immediate ~** जो तुरंत प्रभावी होगा ।

**Efficiency** 1. दक्षता, कार्यकुशलता; 2. कौशल, सामर्थ्य; **~bar** दक्षता रोध; **~cum performance audit** दक्षता सह-संपादन लेखापरीक्षा ।

**Efficient** 1. दक्ष, कार्यकुशल, कार्यक्षम; 2. सफल, फलोत्पादक; **~conduct** दक्ष संचालन; **efficiency of business** कारबार का दक्ष संचालन ।

**Eject** 1. बेदखल करना (evict); 2. निकाल फेंकना; **-ed** निष्कासित; **-ion** निष्कासन; **-ment** 1. बेदखली (law), 2. निष्कासन; **-or** बेदखल करने वाला ।

**Elaborate** 1. विस्तार से कहना, विस्तृत; 2. जटिल; 3. अध्यवसायी (painstaking); 4. सुपरिष्कृत; **elaboration** 1. विस्तार, विस्तारण, 2. उत्पादन ।

**Elapse** 1. बीतना, बीत जाना, व्यतीत होना, व्यपगत होना (विधि); 2. गुजरना; **-d** गुजरा हुआ, बीता हुआ ।

**Elect** 1. निर्वाचन करना, चुनना; 2. निर्वाचित करना; 3. मनोनीत; **-ed** निर्वाचित, चुना हुआ; **-representative** -प्रतिनिधि; **-ive** 1. निर्वाचित, 2. वैकल्पिक (optional), 3. चयनात्मक; **-or** निर्वाचक; **electoral college** -मंडल; **electoral roll** -नामावली; **electorate** निर्वाचक-मंडल ।

**Election** चुनाव, निर्वाचन; **~agent** ~अभिकर्ता; **~commission** निर्वाचन आयोग; **~meeting** ~सभा; **~papers** ~के कागजपत्र; **~petition** ~अर्जी; **~tribunal** ~अधिकरण ।

**Electric** विद्युत, बिजली; **-al** विद्युत/वैद्युत्; **-engineering** -इंजीनियरी; **electrification** विद्युतीकरण; **electrified** विद्युत्मय; **electrify** बिजली लगाना ।

**Electronic** इलेक्ट्रॉनिक; **-s** इलीक्ट्रॉनिकी; **~control** इलैक्ट्रॉनिक नियंत्रण ।

**Elementary** 1. प्रारंभिक, प्राथमिक; 2. तत्त्वीय; **~education** ~शिक्षा; **~science** ~विज्ञान; **~eligibility** पात्रता ।

**Eligible** 1. पात्र, उपयुक्त, योग्य; 2. वरणीय; **~for appointment** नियुक्त होने का पात्र; **~for reelection** पुनर्निर्वाचन का पात्र ।

**Eliminate** 1. निकाल देना, हटाना, दूर कर देना; 2. विलुप्त करना; **elimination** 1. निष्कासन, 2. विलोपन ।

**Eloquence** वाक्-पटुता, वाग्मिता; **eloquent** 1. वाकपटु, वाग्मी; 2. वाग्मितापूर्ण (speech); 3. भावपूर्ण (expressive) ।

**Embarrass** 1. उलझन में डालना, उलझाना; 2. परेशान करना; 3. अड़चन/बाधा डालना (impede); **-ed** उलझाया हुआ; **-ment** 1. उलझन, 2. अर्थसंकट (वित्तीय); 3. घबड़ाहट, परेशानी ।

**Embassy** राजदूतावास; 2. राजदूत का कार्य; **ambassador** राजदूत ।

**Embezzle** 1. गबन करना; **-r** गबनकार; **-ment** गबन ।

**Emblem** 1. संप्रतीक (विधि); 2. प्रतीक-चिह्न; **-atic** प्रतीकात्मक ।

**Emergency** 1. आपात; 2. आपातकाल; 3. आपाती (विशेषण); **emergent** 1. आपातिक, 2. उद्गामी; **~cadre** आपात संवर्ग/काडर; **~exit** सकटद्वार; **~powers** संकटकालीन अधिकार; **~provisions** आपात उपबंध ।

**Emigrate** उत्प्रवास करना; **emigration** उत्प्रवास, प्रवास; **~agent** ~अभिकर्ता;

**emigrant** उत्प्रवासी ।

**Emoluments** 1. परिलब्धियाँ, परिलाभ, उपलब्धि; 2. पारिश्रमिक ।

**Employ** 1. नियुक्त करना, नियोजित करना; 2. प्रयोग में लाना, काम में लाना; **-able** नियोजनीय; **-ed** नियुक्त, नियोजित; **-ee** कर्मचारी; **-er** नियोक्ता; **-ment** नौकरी, रोजगार, सेवायोजन, नियोजन; व्यवसाय; **-oriented** रोजगार-उन्मुख; **-exchange** रोजगार दफ्तर; **bonafide** -यथार्थ नियोजन ।

**Empower** 1. शक्ति देना, अधिकार देना; 2. समर्थ करना; 3. सशक्त करना; **-ed** अधिकारप्राप्त ।

**Enact** अधिनियम बनाना, अधिनियमित करना; **-ed** अधिनियमित; **-ment** 1. अधिनियमन (action), 2. अधिनियम, 3. अभिनय, प्रदर्शन ।

**En bloc** 1. एक साथ; 2. सामूहिक रुप से ।

**Encash** भुनाना, नगद पाना; **~able** भुनाने योग्य; **-ment** भुनाना, तुड़ाना ।

**En clair** 1. शब्दबद्ध; 2. स्पष्ट शब्दों में; **~telegram** शब्दबद्ध तार ।

**Enclave** विदेशी अंतःक्षेत्र ।

**Enclose** 1. बंद करना, घेरना; 2. संलग्न करना, अनुलग्न करना; 3. में लगाना; 4. परिवेष्टित करना (विधि); **-d** 1. बंद, परिबद्ध, 2. संलग्न; **enclosure** 1. अनुलग्नक, संलग्नक, 2. बाड़ा, अहाता ।

**Encroach** 1. अधिक्रमण करना; 2. अनधिकार हस्तक्षेप करना; **-ment** 1. अधिक्रमण, 2. अनधिकार प्रवेश ।

**Encumbrance** 1. भार; 2. विल्लंगम (विधि); 3. ऋणभार; **-r** भारधारी, विल्लंगमदार ।

**End** 1. अंत, अवसान; 2. सिरा, सीमा, छोर; 3. ध्येय, साध्य (aim); 4. प्रयोजन (purpose); 5. परिणाम, फल (result); **-ing** 1. समाप्ति; 2. प्रत्यय, विभक्ति (व्या०); **~product** अंतिम उत्पाद; **in the ~** अंततः; **make ends meet** निर्वाह करना ।

**Endorse** 1. पृष्ठांकन करना, बेचान करना, पृष्ठांकित करना; 2. सही करना; 3. समर्थन करना; **-d** पृष्ठांकित; **-cheque** -चैक; **-e** पृष्ठांकिती; **-ment** 1. पृष्ठांकन, बेचान, सही, 2. समर्थन; **-r** 1. पृष्ठांकक, 2. समर्थक ।

**Endorsement** पृष्ठांकन; **blank ~**कोरा~; **facultative~** एच्छिक;~ **general~** साधारण~; **~in full** पूर्ण~; **qualified~** सशर्त~; **special ~**विशेष~ ।

**Endowment** 1. विन्यास (विधि); 2. धर्मादा, धर्मस्व, अक्षयनिधि, धर्मदाय, स्थायी निधि; 3. प्रतिभा (talent); **~assurance** सावधि बीमा ।

**Enforce** 1. प्रवर्तन करना, प्रवर्तन कराना; 2. पर बल देना (urge); 3. बाध्य करना (compel); **-able** प्रवर्तनीय; **-ment** प्रवर्तन, दबाव; **~attendance** हाजिर कराना; **~direction** निदेश का प्रवर्तन कराना; **~discipline** अनुशासन का पालन कराना ।

**Engage** 1. लगाना, नियुक्त करना; 2. वचनबद्ध करना, वचनबद्ध होना; 3. रखना, काम में लगाना (put in); 4. उलझाना (entangle); 5. वाग्दान; **-d** 1. व्यस्त, 2. वाग्दत्त/वाग्दत्ता; **-ment** 1. आबंध 2. वचनबंध (विधि); 3. प्रतिज्ञा, वादा, 4. विनियोजन **-book**

आबंध पुस्तिका; **-diary** कार्य डायरी; **proposed** -प्रस्तावित वचनबंध ।

**Engineer** 1. इंजीनियर, अभियांत्रिक; 2. निर्माण करना/उपाय निकालना; **-ing** इंजीनियरी, अभियांत्रिकी; **-personnel** इंजीनियरी कार्मिक; **chief** ~मुख्य~; **divisional~** प्रभागीय~; **~in chief** मुख्य~ ।

**Enhance** 1. वृद्धि करना, बढ़ाना; **-d** वर्धित; **-cost** वर्धित लागत; **-ment** वृद्धि, बढ़ोतरी, बढ़ाया जाना ।

**Enjoin** 1. आदेश देना; 2. व्यादेश देना (विधि); 3. लागू करना ।

**Enlist** 1. भरती करना, भरती होना; 2. नाम लिखना, नाम लिखाना; 3. सूची में बढ़ाना; **-ment** भरती ।

**En masse** सामूहिक रुप से ।

**En passant** प्रसंगवश ।

**Enquiry** 1. पूछताछ; 2. जाँच **~assistant** पूछताछ सहायक ।

**Enrol(l)** 1. भरती करना, भरती होना; 2. (नाम) दर्ज करना/कराना; 3. अभ्यावेशन करना (विधि); **-ed** 1. अभ्यावेशित किए गए, 2. भरती किया गया; **-person** भरती किया गया व्यक्ति; **-ment** 1. भरती; 2. नामांकन; 3. अभ्यावेशन; **-number** -संख्या ।

**En route** मार्ग में, रास्ते में ।

**Ensue** 1. परिणाम निकालना; 2. पीछे घटित होना **ensuing** 1. अनुवर्ती, 2. आगामी; **-session** आगामी सत्र ।

**Ensure** 1. आश्वस्त करना; 2. सुनिश्चित करना; **-d** सुनिश्चित; **~public safety** लोक सुरक्षा सुनिश्चित करना ।

**Enter** 1. दर्ज/प्रविष्ट करना; 2. कार्यभार सँभालना/ग्रहण करना (to admit); 3. सम्मिलित हो जाना (to join or engage in); 4. आरंभ करना (to begin); 5. में प्रवेश करना (to go into); **-ed** प्रविष्ट, निविष्ट; **-ing** प्रवेश करना; **~into engagement** वचनबंध करना; **~into contract** संविदा करना; **~into service** सेवा में प्रवेश करना ।

**Enterprise** 1. उद्यम, कार्य (work); 2. उत्साह, साहस (courage); **enterprising** 1. उद्यमशील, 2. उत्साही, साहसी; **public** ~लोक उद्यम ।

**Entertain** 1. मनोरंजन करना; 2. सत्कार करना, स्वागत करना; 3. ग्रहण करना, ले लेना (accept); 4. मन में रखना; **-er** गायक, गायिका; **-ing** मनोरंजक; **-ment** 1. मनोरंजन, 2. तमाशा, 3. आतिथ्य, सत्कार, 4. विचारण; **-allowance** सत्कार भत्ता; **-tax** -कर; **~and hear** ग्रहण करना और सुनना; **~appeal** अपील ग्रहण करना; **~suit** वाद ग्रहण करना ।

**Entitle** 1. हक़दार होना, हकदार बनाना, अधिकार देना; 2. शीर्षक रखना; **-d** हकदार; **-ment** हकदारी, पात्रता ।

**Entrance** 1. प्रवेश; 2. प्रवेशद्वार, प्रवेश-मार्ग; **entrant** 1. प्रवेशी; 2. नया सदस्य; 3. प्रतियोगी; **-ment** सम्मोहन; **~examination** प्रवेश परीक्षा; **~fee** प्रवेश फीस ।

**Entrepreneur** उद्यमी, उद्यमकर्त्ता ।

**Entrust** 1. न्यस्त करना; 2. सौंपना; **-ed** न्यस्त किया गया; **-ment** सौंपा जाना ।

**Entry** 1. प्रविष्टि, इंदराज, टीप; 2. प्रवेश; 3. प्रवेशद्वार; 4. प्रतियोगी; **~system** प्रविष्टि प्रणाली; **adjust-**

ing~ समायोजक प्रविष्टि; **adverse** ~प्रतिकूल प्रविष्टि; **closing** ~संवरण प्रविष्टि; **contra** ~प्रति प्रविष्टि; **credit** ~जमा प्रविष्टि; **original** ~मूल प्रविष्टि; **transfer~** अंतरण प्रविष्टि ।

**Enumerate** 1. गिनना; 2. नाम लेकर बताना; **enumeration** 1. गणना, गिनना, 2. परिगणना; **enumerative** गणनात्मक; **enumerator** परिगणक ।

**Environment** 1. पर्यावरण, वातावरण; 2. परिसर, अड़ोस-पड़ोस ।

**Envisage** परिकल्पना करना; **-d** परिकल्पित ।

**Envoy** दूत, उपराजदूत; **extraordinary** ~असाधारण~।

**Ephemeral** 1. अल्पकालिक, एकदिवसीय; 2. क्षणिक, क्षणभंगुर; **~file** ~मिसिल; **~roll** ~पंजी ।

**Epidemic** महामारी; **~disease** महामारी ।

**Epitome** 1. निष्कर्ष, सार, सारांश; 2. सार-संग्रह, निचोड़; **epitomize** सार प्रस्तुत करना, संक्षिप्त करना ।

**Equal** 1. समान, बराबर, तुल्य; 2. समान बनाना; **-ity** समानता, समता, साम्य; **-ization** समकरण; **-ly** इतना ही, वैसा ही; **~jurisdiction** समान अधिकारिता; **~shares** समान अंश; **~to** के योग्य ।

**Equilibrium** 1. संतुलन, साम्य, समत्व; 2. साम्यावस्था ।

**Equipment** 1. उपस्कर, उपकरण; 2. साज सामान 3. उपस्करण (action); **~officer** उपस्कर अधिकारी ।

**Equity** 1. साम्या (law); 2. औचित्य; 3. समदृष्टि; **equitable** साम्ययुक्त; **~capital** साधारण पूँजी; **~share capital** साधारण अंश पूँजी; **to do ~** साम्या बरतना ।

**Equivalent** 1. पर्याय; 2. समकक्ष, समतुल्य; 3. तुल्यांक, उतना ही; 4. समपरिमाण, समविस्तार; **~class** समतुल्य कक्षा; **~for the use** उपयोग के समतुल्य ।

**Equivocal** 1. द्वयर्थक,अनेकार्थक; 2. संदिग्ध; 3. अविश्वसनीय (of persons); 4. संदेहजनक (suspicious) ।

**Eradicate** 1. उन्मूलन करना, उखाड़ना; 2. मिटाना, नष्ट करना; **eradication** उन्मूलन, विध्वंस, नाश; **eradicative** उन्मूलक ।

**Errata** शुद्धिपत्र; **erratum** अशुद्धि ।

**Error** 1. त्रुटि, भूल, गलती; 2. विभ्रम ~s (pl) भूल; **~and omissions** भूल-चूक (लेनी-देनी); **clerical** ~लेखन गलती; **~of omission** लोप ।

**Escort** 1. अनुरक्षक (एस्कोर्ट); 2. मार्गरक्षण; 3. रक्षार्थ साथ जाना; **-ing** मार्गरक्षी ।

**Essential** 1. अनिवार्य, अत्यावश्यक; 2. मौलिक, सारभूत, मर्मभूत; 3. प्रधान, मुख्य; **-ity** तत्त्व; **-ly** तत्त्वतः, आवश्यक रूप में; **~commodity** आवश्यक वस्तु; **~qualification** ~योग्यता/अर्हता; **~service** ~सेवा; **~term** ~निबधंन ।

**Establish** 1. स्थापना करना; 2. प्रमाणित/सिद्ध करना; 3. सुव्यवस्थित करना, तैयार करना; 4. रचना करना; **-ed** संस्थापित; **-ment** 1. स्थापना; 2. प्रतिष्ठान; 3. व्यवस्था; 4. नौकर-चाकर; **-audit** स्थापना लेखापरीक्षा; **-bill** स्थापना बिल; **-section** -अनुभाग ।

**Estate** 1. संपदा, जायदाद; 2. भूसंपत्ति;

absolute ~आत्यंतिक संपदा; conditional ~ सप्रतिबंध संपदा; ~duty भूशुल्क/संपदा शुल्क; limited ~सीमित संपदा; ~manager संपदा प्रबंधक; ~officer संपदा अधिकारी ।

**Estimate** 1. आकलन, प्राक्कलन, अनुमान; 2. आकलन करना, प्राक्कलन करना; आँकना, कूतना; 3. विचार बना लेना; 4. महत्त्व/सम्मान देना; **-s** (pl) अनुमान; **-d** अनुमानित, अनुमित; **-cost** -लागत; **-expenditure** व्यय-अनुमान; **estimation** प्राक्कलन; **estimator** आकलक, प्राक्कलक; **~committee** प्राक्कलन समिति ।

**Ethics** 1. नीतिशास्त्र, आचारणशास्त्र; 2. आधार नीति; **journalistic** ~पत्रकारिक आचार ।

**Etiquette** शिष्टाचार ।

**Evacuate** 1. निष्क्रमण करना; 2. खाली/रिक्त करना; 3. ले जाना, छोड़ देना; **evacuee** निष्क्रांत; **evacuation** 1. निष्क्रमण, परित्याग; 2. शून्यीकरण; 3. मलत्याग; 4. निकास ।

**Evade** 1. टालना, टालमटोल करना; 2. अपवंचन करना (विधि); 3. से बच निकलना, जी चुराना; 4. पकड़ में नहीं आना; **evading** बचना; **~justice** न्याय से बचना; **~apprehension** पकड़े जाने से बचना; **~the payment** संदाय का अपवचंन करना ।

**Evaluate** 1. मूल्यांकन करना; 2. मान निकालना; **evaluation** मूल्यांकन; **-committee** -समिति; **-officer** -अधिकारी ।

**Eviction** 1. बेदखली; 2. निष्कासन; **~inspector** बेदखली निरीक्षक ।

**Evidence** 1. साक्ष्य, गवाही; 2. प्रमाण, सबूत; 3. संकेत (indication); 4. सुस्पष्टता; **conclusive ~** निश्चायक सबूत; **documentary** ~दस्तावेजी साक्ष्य; **oral** ~मौखिक साक्ष्य; **state's ~** मुखबिर ।

**Evolve** 1. विकसित करना; 2. (शब्द) निर्माण करना; 3. उत्सर्जन करना ।

**Exact** 1. यथार्थ; 2. बिल्कुल ठीक; 3. निश्चित; 4. सही, सटीक, सच्चा; 5. सख्त, कड़ा; **-ing** 1. कठोर, 2. श्रमसाध्य; **-ly** तथ्यतः; **-ness** यथार्थतः ।

**Examine** 1. परीक्षा लेना; 2. परखना, जाँचना; **examination** परीक्षा, परीक्षण; **-d** परीक्षित; **-r** परीक्षक ।

**Example** 1. उदाहरण, नमूना, दृष्टांत; 2. बानगी; 3. आदर्श; **to set an ~** आदर्श उपस्थित करना ।

**Ex-cadre** 1. संवर्गबाह्य/काडरबाह्य; 2. काडर से बाहर (पद); **~post** ~पद ।

**Excavation** 1. उत्खनन; 2. खुदाई; **excavator** 1. उत्खनक, 2. खनित्र ।

**Excellence** 1. उत्कृष्टता; 2. श्रेष्ठता; **excellent** अत्युत्तम, श्रेष्ठ ।

**Exception** 1. अपवाद; 2. आपत्ति, आक्षेप (an objection); 3. वर्जन; **-able** चिंत्य; **~al** 1. विशिष्ट, 2. अपवादात्मक, असाधारण; **-ally** अपवादस्वरूप ।

**Excess** 1. अति, अधिकता; 2. ज्यादती, बहुलता; 3. अतिक्रमण, उल्लंघन; 4. अधिशेष; (surplus); **-ive** अतिश्य, अत्यधिक, बेहद; **~amount** अतिरिक्त रकम; **~duty** अधिक शुल्क; **~grant** अधिक अनुदान; **~profit** अधिक लाभ/मुनाफा ।

**Exchange** 1. विनिमय; 2. केंद्र; **-able**

विनिमेय; **~value** विनिमय मूल्य; **~account** विनिमय लेखा; **~bank** विनिमय बैंक; **~control** विनिमय नियंत्रण; **~rate** ~दर; **~value** ~मूल्य ।

**Exchequer** राजकोष ।

**Excise** 1. उत्पाद शुल्क, आबकारी; 2. काट निकालना; **~department** आबकारी विभाग; **~duty** उत्पाद शुल्क ।

**Exclude** 1. वर्जित करना, निकालना; 2. उपवर्जन (विधि); **-d** वर्जित, बहिष्कृत; **exclusion** अपवर्जन; **-of cattle** पशुओं का रोका जाना ।

**Exclusive** 1. अनन्य; 2. एकमात्र (sole); 3. निवारक (excluding); 4. विशिष्ट; 5. एकांतिक; **exclusivism** एकांतिकता; **-ly** अनन्य रुप से, केवल, अनन्यतः; **-ness** अनन्यता; **~benefit** अनन्य फायदा; **~jurisdiction** अनन्य अधिकारिता; **~powers** अनन्य शक्तियाँ; **~rights** अनन्य अधिकार; **~of** को छोड़कर ।

**Excuse** 1. माफ करना, क्षमा करना; 2. बहाना (pretext); 3. क्षमा माफी (pardon); 4. क्षमा हेतु; **-d** माफी दी जाती है ।

**Execute** 1. निष्पादन करना; 2. कार्यान्वित करना (give effect to); 3. फाँसी पर चढ़ाना; 4. बनाना; 5. अभिनय करना; **-d** निष्पादित; **execution** 1. निष्पादन, 2. कार्यान्वयन, 3. प्राणदंड, 4. प्रस्तुतीकरण, अभिनय; **-of contract** संविदा/ठेका-निष्पादन; **executor** निष्पादक ।

**Executive** 1. कार्यपालिका; 2. कार्यपालक; 3. कार्यकारिणी; 4. कार्यकारी; **~action** कार्यपालिका कार्रवाई; **~authority** कार्यपालक प्राधिकारी; **~committee** कार्यकारिणी समिति; **~council** कार्यपरिषद्; **~power** कार्यकारी शक्ति; **~staff** कार्यपालक स्टाफ/कर्मचारी वर्ग **~trustee** कार्यपालक न्यासी ।

**Exemplary** 1. अनुकरणीय; 2. उदाहरणात्मक (illustrative); 3. निवारक; **~manner** अनुकरणीय रीति ।

**Exempt** 1. छूट-प्राप्त, छूट देना; 2. विमुक्त; **-ed** छूट-प्राप्त; **-ible** छूट योग्य; **-ion** 1. छूट, मॉफी; 2. विमोचन; **~payments** (from) अदायगी से छूट, (रकम) देने से छूट ।

**Exercise** 1. प्रयोग करना; 2. अभ्यास करना; 3. व्यायाम करना; 4. पालन करना; (fulfil); 5. काम में लाना; **-s** (pl) (spiritual~) 1. पूजापाठ, 2. आध्यात्मिक साधना; **exercising** प्रयोग करना; **~absolute discretion** आत्यंतिक विशेषाधिकार का प्रयोग करना; **~powers** (of) शक्ति प्रयोग ।

**Ex-facie** 1. प्रत्यक्षतः; 2. स्पष्टतः; 3. सहज रूप से ।

**Ex-gratia** अनुग्रह; **~grant** अनुग्रह अनुदान; **~payment** अनुग्रहपूर्वक अदायगी ।

**Exhaust** 1. निःशेष करना; 2. थका देना (tire out); 3. खाली कर देना (empty); 4. व्यय कर देना (spend); **-ed** थका माँदा, निःशक्त, चकनाचूर; **-ing** निःशेष करना; **-ion** 1. समांपन, रेचन; 2. थकान, थकावट; 3. समाप्ति; **~ive** 1. सर्वांगपूर्ण, 2. उर्वरताहारी, 3. थकाऊ, थकाने वाला ।

**Exhibit** 1. प्रदर्शित करना; 2. प्रदर्श; 3. प्रदर्शन (display); **-ion** 1. प्रदर्शनी, 2. प्रदर्शन, 3. छात्रसहायतावृत्ति; **-or**

प्रदर्शक; **-ory** प्रदर्शनात्मक ।

**Exigency** 1. तात्कालिक आवश्यकता; 2. आपात, संकट (emergency); (pl) आवश्यक सामग्री, अपेक्षाएँ ।

**Ex-India** भारत से बाहर; **~leave** ~छुट्टी ।

**Exit** 1. निर्गम, निकास; 2. निकास/निर्गम द्वार; 3. मृत्यु ।

**Ex nihilo** 1. अभाव से; 2. न कुछ लेकर ।

**Exodus** 1. प्रस्थान; 2. निष्क्रमण ।

**Ex officio** 1. पदेन; **~chairman** पदेन अध्यक्ष/सभापति ।

**Exonerate** 1. आरोप-मुक्त करना, निर्दोष ठहराना; 2. भारमुक्त करना; **exoneration** 1. मुक्ति, छुटकारा, 2. दोषमुक्ति ।

**Expansion** 1. विस्तार, प्रसार, प्रसारण, फैलाव; 2. विस्तारण, प्रसारण (action); **~ism** विस्तारवाद; **expansive** 1. प्रसरणीय, 2. प्रसारविस्तार, 3. विस्तृत, व्यापक; **~folder** विस्तारी फोल्डर; **~officer** प्रसार अधिकारी ।

**Ex parte** 1. एकपक्षीय; 2. एकतरफा; **~order** एकपक्षीय आदेश ।

**Expatriation** 1. देश निकाला; 2. देश-त्याग; 3. राष्ट्रीयता त्याग ।

**Expediency** 1. समीचीनता, औचित्य; 2. कार्यसाधकता; **Expedient** समीचीन ।

**Expedite** 1. शीघ्र निपटान/निबटाना; 2. शीघ्र कार्रवाई करना; 3. शीघ्र सम्पादित ।

**Expedition** 1. खोजयात्रा; 2. अभियान **-ary** अभियान संबंधी; **~forces** अभियान सैन्यदल ।

**Expel** 1. निकाल देना, निष्कासित करना; 2. खदेड़ देना; 3. बहिष्कृत करना; **~led** निष्कासित; **~lent** निष्कासक ।

**Expenditure** व्यय, खर्च; **capital ~**पूँजीगत व्यय; **charged ~**भारित व्यय; **day to day ~**दिन प्रति दिन का~ ।

**Experience** 1. अनुभव; 2. अनुभूति (emotional); **-d** 1. अनुभवी, 2. कार्यकुशल ।

**Experiment** 1. प्रयोग, परीक्षण; 2. प्रयोग करना; **-al** 1. प्रायोगिक, प्रयोगात्मक, 2. अनुभवजन्य (based on experience) 3. प्रयोगगत; **-alism** प्रयोगवाद ।

**Expert** 1. विशेषज्ञ, प्रवर; 2. प्रवीण, निपुण; **-ise** 1. सुविज्ञता, प्रवीणता; 2. विशेषज्ञता; **~character** विशेषज्ञीय स्वरूप; **handwriting ~**हस्तलेख विशेषज्ञ ।

**Expiry** 1. समाप्ति, अंत; 2. अवसान; **~of potency** शक्ति का अवसान ।

**Explanation** 1. व्याख्या; 2. स्पष्टीकरण; 3. सफाई (justification); **explanatory** 1. व्याख्यापरक, 2. स्पष्टीकारक; **~note** स्पष्टीकारक टिप्पण; **~statement** व्याख्यात्मक विवरण ।

**Explicit** 1. स्पष्ट; 2. सुव्यक्त; 3. सुनिश्चित; 4. स्पष्टवादी; **-ly** स्पष्टतया **-ness** सुस्पष्टता ।

**Exploit** 1. शोषण करना; 2. संदोहन/समुपयोग करना, समुपयोजन करना; 3. कारनामा; **-ation** उपयोग, स्वार्थ-साधन; **-ed** शोषित; **-er** शोषक ।

**Explore** 1. खोज करना, छानबीन करना; 2. पता लगाना; **exploration** खोज; **exploratory** अन्वेषणात्मक **-r** अन्वेषक ।

**Explosion** 1. विस्फोट, धमाका; 2. प्रस्फोटन ।

**Exponent** 1. प्रतिपादक; 2. प्रतिनिधि; **-ial** घातीय ।

**Export** 1. निर्यात; 2. बाहर भेज देना; **-able** निर्यात के योग्य; **~ation** निर्यात; **-er** निर्यातक; **~application** ~आवेदन; **~agency** ~ऐजेंसी; **~duty** ~शुल्क; **~goods** ~माल; **~manifest** ~सूची ।

**Ex post facto** कार्योत्तर; **~sanction** ~मज़ूरी ।

**Exposure** 1. अभिदर्शन; 2. अभिदर्शन करना; **~of infants** शिशुओं को अरक्षित छोड़ना ।

**Express** 1. एक्सप्रेस; 2. तुरंत, तेज (fast); 3. अभिव्यक्त करना, प्रकट करना; 4. अभिव्यक्त; 5. सोचा समझा, सुविवेचित (on purpose); **-ed** अभिव्यक्त; **-ible** कथनीय; **-ion** 1. अभिव्यक्ति, 2. वाक्यांश, पद, मुहावरा; 3. रुख; **-ive** अभिव्यंजक; **~delivery** एक्सप्रेस/तुरंत वितरण; **~leave** अभिव्यक्त इजाजत; **~terms** अभिव्यक्त/स्पष्ट निबधंन ।

**Expulsion** 1. निकाल देना, निष्कासन; 2. बहिष्करण, बाहर निकल आना ।

**Expunge** 1. निकालना; 2. मिटा देना, काट देना; **~a proof** सबूत को निकालना ।

**Extend** 1. बढ़ाना, विस्तार करना; 2. तानना, फैलाना; **-ed** 1. फैला हुआ, 2. बढ़ाया हुआ, 3. विस्तारित; **-time** बढ़ाया हुआ समय ।

**Extension** 1. विस्तार, प्रसार; 2. व्याप्ति; 3. प्रसारण, विस्तारण (action); **extant** विस्तार, सीमा; **~of delivery date** परिदान की तारीख बढ़ाना; **~of leave** छुट्टी बढ़ाना; **~of service** सेवावधि बढ़ाना ।

**Extensive** व्यापक, विस्तीर्ण, विस्तृत; **~damage** व्यापक नुकसान; **-ly** बड़े पैमाने पर ।

**External** 1. बाह्य; 2. वैदेशिक, विदेश; 3. भौतिक, मूर्त, दृश्य; **externality** बाहरीपन; **externalize** मूर्त रूप देना; **externally** बाहर से; **~aggression** बाह्य आक्रमण **~evidence** बहिःसाक्ष्य; **~publicity** विदेशों में प्रचार ।

**Extortion** 1. उद्दापन; 2. खसोट; **-ately** उद्दापन के तौर पर ।

**Extra** 1. अतिरिक्त; 2. इतर; **~curricular** पाठ्येतर; **~duty** अतिरिक्त ड्यूटी; **~grant** अतिरिक्त अनुदान; **~guard** ~पहरा, गारद ।

**Extract** 1. उद्धरण; 2. सार, तत्त्व, निचोड़; 3. अर्क; 4. प्राप्त करना; (derive); **-able** निष्कर्षणीय; **-ion** 1. वंश, 2. निष्कर्ष, निचोड़, सार, 3. निष्कर्षण; **~money** धन ऐंठना; **~of indent** माँगपत्र/इंडेंट का उद्धरण ।

**Extraordinary** 1. असाधारण, विलक्षण, असामान्य; 2. अपूर्व (remarkable); 3. अतिरिक्त (supernumerary); **~expense** असाधारण व्यय; **~gazette** ~राजपत्र/गज़ट; **~leave** ~छुट्टी/अवकाश; **~pension** ~पेंशन ।

**Extravagant** 1. फिजूलखर्च; 2. अपरिमित, अत्यधिक, बेहद, मनमाना (excessive); 3. बेतुका (illogical); 4. असंयत, निरंकुश; **~habits** अपरिमित/अपव्ययी आदतें ।

**Extreme** 1. अत्यधिक, परम (excessive); 2. दूरतम, छोर का, सिरे का; 3. अंतिम, आखिरी; 4. उग्र, तीव्र; **extremism** अतिवाद; **extremist** अतिवादी, उग्रवादी, चरमपंथी; **-ly** अत्यधिक, नितांत; **-difficult** अत्यंत

कठिन; -old age अतिवार्धक्य ।

**Extrinsic** बाह्य; ~**evidence** बाह्य साक्ष्य; ~**words** बाहरी शब्द ।

**Extrovert** बहिर्मुखी ।

**Eye** 1. नेत्र, आँख, चक्षु; 2. दृष्टि, नजर (look); 3. ध्यान (attention); 4. केंद्र (of storm); -**let** छिद्र; ~**opener** आँखें खोलने वाली बात; ~**sight** दृष्टि; ~**sore** आँख का कांटा; ~**wash** बहानेबाजी; ~**witness** प्रत्यक्ष साक्षी, चश्मदीद गवाह ।

# F

**Fabricate** 1. गढ़ना; 2. निर्माण करना; 3. जालसाजी करना/ जाली बनाना (forge); **-d** गढ़ा हुआ; **fabrication** 1. रचना, निर्माण (construction); 2. गढ़ाई, जालसाजी (forgery); **fabricator** 1. निर्माता, 2. जालसाज़; **~charges (of)** आरोप गढ़ना ।

**Face** 1. मुँह, चेहरा; 2. अंकित; 3. फलक (surface); 4. पार्श्व (side); 5. प्रतिष्ठा (prestige); **~amount** अंकित राशि; **~value** अंकित मूल्य; **~to ~**आमने सामने; **in the~of** के सामने, के होते हुए भी **~of the policy** पालिसी का मुख्य भाग; **on the~of it** प्रत्यक्षत:, देखते ही ।

**Facilitate** 1. सरल बनाना; 2. सुकर बनाना; **facilitating** सुकर बनाना; **facilitation** सरलीकरण ।

**Facility** 1. सुविधा; 2. आसानी, सुकरता; 3. दक्षता, निपुणता; **credit ~** उधार सुविधा ।

**Facsimile** 1. अनुलिपि, प्रतिकृति; 2. प्रतिरूप ।

**Fact** 1. तथ्य, सच्चाई, असलियत; 2. वास्तविकता; **~finding** तथ्यान्वेषण; **~s and figures** तथ्य और अंक; **in ~**वस्तुत: **~in issue** विवाद्यक तथ्य; **question of ~**तथ्य का प्रश्न; **relevant ~**सुसंगत तथ्य ।

**Faction** दल, गुट; **-al** 1. गुटबंदी, गुटवाद, दलसंबंधी, 2. भेदकारी, फूट डालने वाला; **-ism** गुटबंदी ।

**Factor** 1. घटक, कारक, उपकरण, कारण; 2. गुणनखंड (गणित); 3. अभिकर्ता; **factors affecting** प्रभाव डालने वाली बातें ।

**Factory** 1. कारखाना, फ़ैक्टरी; **~Inspector** कारखाना निरीक्षक; **~Manager** कारखाना प्रबंधक; **~overhead expenses** कारखाने के उपरिव्यय ।

**Faculty** 1. संकाय; 2. क्षमता, योग्यता (ability); 3. शक्ति, कार्यशक्ति (capacity); 4. अधिकार (authority); **~of art** कला संकाय; **engineering ~**इंजीनियरी संकाय; **law ~**विधि संकाय; **science ~**विज्ञान संकाय ।

**Fail** 1. असफल होना, चूकना, अनुत्तीर्ण होना; 2. दिवालिया हो जाना (be bankrupt); 3. कम होना, की कमी होना; 4. समाप्त हो जाना; **-ing** कमजोरी, असफलता; **-(prep)** 1. के अभाव में, के न होने पर; **-ure** 1. असफलता, 2. अभाव, कमी; 3. क्षय; 4. खराबी; 5. चूक; 6. दिवाला; **-of crops** फसल नष्ट हो जाना; **-of duty** कर्तव्यपालन में असफलता ।

**Fair** 1. स्वच्छ; 2. उचित, निष्कपट, न्यायसंगत (just); 3. निष्पक्ष (impartial); 4. पर्याप्त; 5. साधारण; 6. संतोषजनक, अच्छा (satisfying); **-ly** उचित रूप से, काफी अच्छी तरह से, पूर्ण रूप से; **-ness** 1. औचित्य, न्यायसंगति, 2. चारूता, सौंदर्य, 3. गोरापन; **~copy** स्वच्छ प्रति; **~dealing** उचित व्यवहार, निष्कपट व्यवहार; **~knowledge** पर्याप्त ज्ञान, अच्छा ज्ञान, साधारण ज्ञान; **~minded** निष्पक्ष; **~price** उचित मूल्य/भाव; **~treatment** उचित व्यवहार/बर्ताव; **~way** सुपथ; **~weather** खुश्क, मौसमी ।

**Faith** 1. विश्वास, प्रतीति; 2. धर्म; 3. निष्ठा, आस्था (loyalty); **-ful** 1. विश्वासपात्र, 2. निष्ठावान, 3. यथार्थ; **faithfully** ईमानदारी से, श्रद्धापूर्वक निष्ठापूर्वक; **breach of ~** प्रतिज्ञा भंग; **in bad ~**बदनीयती से, असद्भाव से; **in good ~**नेकनीयती से, नेकनीयत ।

**Fake** 1. नकली, जाली; 2. मनगढ़ंत; **-r** जालसाज़, धोखेबाज़ ।

**False** 1. मिथ्या, झूठ, असत्य, ग़लत, खोटा; 2. झूठा, मिथ्यावादी (lying); 3. भ्रामक; 4. कपटी; 5. खोटा, नकली (counterfeit); 6. कृत्रिम, दिखावटी (not real)); **-hood** 1. कपट, 2. झूठ, असत्य; 3. भ्रांति, भ्रम; 4. असत्यता; **-ly** झूठमूठ, धोखे से, मिथ्या रूप से; **~account** मिथ्या वृतांत; **~charge** मिथ्या आरोप; **~light** भ्रामक प्रकाश ।

**Family** 1. परिवार, कुटुंब; 2. जाति; 3. वर्ग, कुल, परिवार; **~affairs** कौटुंबिक बातें; **~allowance** परिवार भत्ता; **joint ~**संयुक्त परिवार; **~member** ~सदस्य, कुटुंबी; **~pension** ~पेंशन; **~planning** ~नियोजन; **~walfare** ~कल्याण ।

**Famine** 1. अकाल, दुर्भिक्ष; 2. कमी (scarcity); **~relief** अकाल राहत; **~stricken** अकाल पीड़ित ।

**Fare** 1. किराया, भाड़ा; 2. खाना, भोजन; **~and freight** किराया और भाड़ा ।

**Farewell** 1. बिदाई; **~address** बिदाई भाषण ।

**Farm** 1. खेती करना, 2. फ़ार्म; **-er** कृषक, खेतिहर; **-ing** कृषि, खेती, कृषिधन; **~collection** ठेके पर संग्रह कराना ।

**Fault** 1. दोष, चूक, भूल, गलती; 2. कसूर (blame); 3. अपराध (misdeed); 4. दोष (बिजली); **-ed** भ्रंशित; **-ing** भ्रंशन; **-less** दोषरहित दोषमुक्त; **-y** 1. दोषपूर्ण, सदोष, 2. ग़लत, अनुचित, 3. बुरा, 4. लापरवाह; **~finding** दोष निकालना, छिद्रान्वेषण ।

**Favour** 1. अनुग्रह, कृपा; 2. पक्षपात (partiality); 3. अनुमोदन, समर्थन (approval); 4. अनुमति (permission); 5. सहायता (help); **-able** अनुकूल, स्वीकारात्मक; **-ite** प्रिय, कृपापात्र; **-itism** पक्षपात, तरफ़दारी; **in~of,** के पक्ष में ।

**Feasible** 1. व्यवहार्य, साध्य; 2. संभाव्य, संभव (probable); 2. उचित, उपयुक्त (suitable); **feasibility** साध्यता, औचित्य ।

**Federation** 1. परिसंघ, केंद्र; 2. संघ ।

**Fee** 1. शुल्क, फ़ीस; 2. पारिश्रमिक (wage); 3. इनाम (tip); **-s** (pl) फ़ीस; **court~** न्यायालय फ़ीस; **tuition** ~शिक्षा फ़ीस ।

**Feel** 1. स्पर्श करना, छूना; 2. संवेदन, भावना; 3. अनुभव करना (experience); 4. मानना, समझना; 5. प्रतीत होना; **-er** टटोल, टोह; **-ing** 1. भावना, भाव, 2. संवेदना, 3. उत्तेजना, 4. (बहु०)

संवेदनशीलता, 5. मत-विचार ।

**Felicitate** 1. बधाई देना; **felicitation** बधाई ।

**Fellow** 1. अध्येता; 2. रत्न सदस्य; 3. शिक्षावृत्ति भोगी; 4. व्यक्ति, आदमी; 5. जोड़ा (mate); **-ship** 1. अध्येतावृत्ति, शिक्षावृत्ति, 2. भाईचारा, 3. साथ, संग, सहभागिता, 4. मंडली, **research~** अध्येता; **~traveller** 1. सहयात्री, हमराही 2. हिमायती ।

**Felo de se** आत्मघाती ।

**Female** स्त्री, नारी, महिला; **~attendant** परिचारिका; **~dependant** आश्रित नारी; **~ward** नारी/महिला वार्ड ।

**Fertile** 1. उर्वर, उपजाऊ; 2. जननक्षम; 3. उर्वरक ।

**Festival** 1. त्यौहार, पर्व; 2. उत्सव, समारोह; **~advance** ~अग्रिम/पेशगी ।

**Fictitious** 1. काल्पनिक, फर्जी, कल्पित; (imaginary) 2. मनगढ़ंत, झूठा, बनावटी (false, not genuine); **~loss** काल्पनिक हानि; **~name** कल्पित नाम; **~stamp** बनावटी स्टाम्प ।

**Fidelity** 1. निष्ठा, वफ़ादारी, विश्वस्तता; 2. सच्चाई (truth); 3. तदरुपता; **~bond** विश्वस्तता बंधपत्र; **~guarantee** ~गारंटी ।

**Field** 1. क्षेत्र 2. खेत, कृषिभूमि; 3. मैदान, क्रीड़ाभूमि; 4. रणभूमि, युद्धभूमि; 5. कार्यक्षेत्र; **-ing** क्षेत्ररक्षण; **~agency** क्षेत्र अभिकरण/एजेंसी; **~allowance** जंगी भत्ता; **~book** क्षेत्र पंजी; **~notes** स्थलीय टिप्पणी ।

**Figure** 1. अंक; 2. आकृति, रूप, आकार (shape); 3. चित्र, रेखाचित्र (illustration); 4. आरेख (diagram); 5. मूर्ति, प्रतिमा (representation); **-s** (pl) 1. आँकड़े, 2. अंक; **-d** चित्रित, **~head** 1. नाममात्र का शासक/अध्यक्ष, 2. पुतली ।

**File** 1. फ़ाइल, मिसिल, संचिका, नत्थी; 2. फ़ाइल करना; 3. दाखिल करना; 4. पंक्ति, कतार; 5. रेती (instrument); **-d** पंजीकृत, दाखिल, दायर किया; **filing** फ़ाइलिंग, फ़ाइल करना, मिसिलबंदी; **~system** फ़ाइल पद्धति; **~board** ~बोर्ड; **~cabinet** ~कैबिनेट; **~cover** ~आवरण; **~flap** ~पट्टी/फ्लैप; **~movement** ~संचलन ।

**Film** 1. फिल्म, चलचित्र; 2. परत, पटल; 3. फ़िल्म (photography); 4. तंतु; **-ing** चलचित्रण; **~censor officer** फिल्म सेंसर अधिकारी ।

**Filth** 1. गंदगी, मैल; 2. बुराई, खराबी (corruption); 3. गाली, बुरे/गंदे शब्द; **-y** मैला, गंदा/गंदी; **~language** ~भाषा ।

**Final** 1. अंतिम; 2. निर्णायक, समापक; 3. सुनिश्चित; **~ise/ize** अंतिम रूप देना; **-ity** 1. अंतिमता, 2. निर्णयात्मकता, 3. अंतिम अवस्था; **-ly** अंततः, अंत में, आखिरकार; **~order** अंतिम निर्णय; **~report** अंतिम रिपोर्ट; **~total** अंतिम योग ।

**Finance** 1. वित्त; 2. रुपया लगाना; 3. वित्तसाधन; **-d** वित्तपोषित; **financier** वित्तपोषक; **financing** वित्तप्रबंध; **~minister** वित्तमंत्री; **~officer** वित्त अधिकारी ।

**Financial** वित्तीय, वित्तसंबंधी; **~certificate** वित्तीय प्रमाणपत्र; **~concurrence** ~सहमति; **~legislation** ~विधान; **~obligation** ~दायित्व; **~powers**

~शक्तियाँ/अधिकार; **~sanction** ~मंजूरी/संस्वीकृति; **~statement** ~विवरण; **~system** ~पद्धति; **~year** ~वर्ष, वित्त-वर्ष ।

**Finding** 1. पाना, प्राप्त करना, प्राप्ति; 2. पता लगाना, जाँच परिणाम; 3. जान लेना; 4. समझना; **-s** (pl) निष्कर्ष (conclusion); विधि; **arrived at** ~ निष्कर्ष पर पहुँच गया; **~made** किया गया निष्कर्ष; **~of the jury** जूरी का निष्कर्ष ।

**Fine** 1. दंड, जुर्माना; 2. ललित, सुहावना, मनोहर चारु; 3. विशुद्ध, विमल; 4. महीन, बारीक; 5. कोमल, मृदु; 6. सूक्ष्म (subtle); **-ness** उत्कर्ष, बारीकी, विशुद्धता; **-ry** सज-धज, तड़क-भडक; **~arts** ललित कलाएँ; **collective** ~सामूहिक जुर्माना; **recovery of** ~जुर्माने की वसूली ।

**Finger** 1. अंगुलि, उँगली; 2. अंगुल (measure); **-ed** प्राँगुलित; **~print** अंगुलि-छाप; **~tip** अंगुलि-त्राण ।

**Finish** 1. समाप्त होना; 2. समाप्ति; 3 परिपूर्णता; 4. परिष्कार; 5. परिसज्जा (finished condition); **-ed** तैयार; **-goods** -माल; **-ing** 1. समापन, 2. परिष्करण; 3. परिसज्जा ।

**Fire** 1. आग, अग्नि; 2. फायर, गोलाबारी; 3. जोश, उमंग; 4. ज्वाला; **firing** गोलीकांड, गोली चलाना; **~alarm** अग्नि चेतावनी; **~arms** अग्नि शस्त्र; **~box** आगपेटी; **~brigade** आग बुझाने वाला; **~extinguisher** अग्निशामक, दमकल; **~insurance** अग्नि बीमा; **~man** फायरमैन; **~proof** अग्निसह; **~risk** आग का खतरा; **~service** अग्निशमन सेवा; **~works** आतिशबाजी ।

**Firm** 1. फर्म, व्यवसाय, प्रतिष्ठान; 2. दृढ़, सुदृढ़, पक्का; 3. ध्रुव, स्थिर, स्थायी; 4. मजबूत, ठोस; **-ness** दृढ़ता, स्थिरता ।

**First** 1. प्रथम, पहला; 2. मुख्य, प्रधान, प्रमुख; 3. (क्रि०वि०) पहले, पहले-पहल, पहलीबार; **~ly** 1. प्रथमतः, पहले; 2. एक तो; **~aid** ~उपचार/प्रथमोपचार; **~class** उत्कृष्ट; **~division** ~श्रेणी; **~grade** 1. ~श्रेणी, 2. ~कोटि; **~hand** प्रत्यक्ष, आँखों देखा; **~information** ~सूचना; **~instance** प्रथमबार, प्रथमतः; **~offender** प्रथम अपराधी; **~rate** सर्वोत्तम, श्रेष्ठ ।

**Fiscal** 1. राजकोषीय, वित्तीय, राजवित्तीय; 2. कर संबंधी; **~policy** ~नीति; **~services** ~सेवाएँ ।

**Fit** 1. योग्य, उपयुक्त, उचित, ठीक (suitable/proper); 2 दौरा; 3. आवेश; 4. लहर, तरंग; 5. तैयार, तत्पर; 6. स्वथ्य, दुरुस्त; **-ful** मनमौजी; **-ting** उपयुक्त; **-s** (बहु०) साज-सामान; **-ness** 1. उपयुक्तता, योग्यता; 2. आरोग्य, स्वस्थता; **-certificate** 1. स्वस्थता प्रमाणपत्र; 2. योग्यता प्रमाणपत्र; **~and safe** उपयुक्त और निरापद; **~for discharge** उन्मोचन के योग्य; **~person** ठीक व्यक्ति, योग्य व्यक्ति ।

**Fix** 1. नियत करना, निर्धारित करना; 2. निश्चित करना; 3. स्थिर करना (make permanent); 4. ठीक करना, तैयार करना; 5. लगाना; **-ation** नियतन, निर्धारण; **-ed** 1. स्थिर, बद्ध; 2. निश्चित, नियत (settled); 3. जडा हुआ, जमा हुआ; 4. सावधि, मीआदी

(of deposit) **-deposit** आवधिक जमा/निक्षेप; **-grant** नियत अनुदान; **-pay** -वेतन; **-point** -स्थल; **-price** -कीमत; **-ture** 1. नियत तिथि/दौड़, 2. उपस्कर (बहु०), 3. जुड़ी हुई वस्तु ।

**Fixtures** 1. जुड़नार, उपस्कर; 2. फिक्सचर ।

**Flag** 1. पताका; 2. झंडा लगाना; **~hoisting** ध्वजारोहण; **~man** झंडी वाला; **~staff** ध्वजदंड ।

**Flap** 1. पट्टी, फ्लैप, पल्ला; 2. फड़फड़ाहट; 3. उत्क्षेप (ध्वनि विज्ञान); **-ped** उत्क्षिप्त; **-per** मक्खीमार ।

**Flat** 1. फ्लैट; 2. सपाट; 3. अनुप्रस्थ; 4. उतरा हुआ, स्वादहीन; 5. स्पष्ट, साफ; **-ness** समतलता, फीकापन; **~denial** कोरा जवाब; **~filing** अनुप्रस्थ फ़ाइल; **~rate** सपाट दर, एक समान दर; **~roof** चपटी छत ।

**Flexible** 1. लचीला, नम्य, लचकदार, नमनीय; 2. नमनशील, नम्र; 3. आज्ञाकारी; **flexibility** लचीलापन, नम्यता ।

**Flight** 1. फ्लाइट, उड़ान; 2. पलायन, भागना; 3. सोपानपंक्ति; 4. समूह, झुंड (of birds); 5. द्रुतगति (swift motion); **-y** मनमौजी; **~commander** फ्लाइट कमांडर; **~instructor** उड़ान शिक्षक ।

**Flimsy** 1. सारहीन, थोथा, तुच्छ; 2. नश्वर, कच्चा; 3. महीन, पतला, बारीक; **~grounds** सारहीन आधार ।

**Float** 1. प्रवर्तन करना, चालू करना (start); 2. तैराना, उतराना; 3. बहना, बह जाना; 4. उड़ाना; **-ing** 1. प्लवमान; 2. चलायमान; 3. अस्थायी; 4. चल (पूँजी); -सेतु; **-capital** -पूँजी; **-debt** -ऋण; **~bridge** -नावपुल, तैरता पुल; **-mortgage** प्लवमान बंधक; **-policy** प्लवमान पालिसी; **-security** प्लवमान प्रतिभूति ।

**Floor** 1. सदन; 2. मंच; 3. फ़र्श; 4. तल, मंजिल; **-age** फ़र्श का क्षेत्रफल; **-ing** फ़र्श का सामान; **~area** फ़र्शी क्षेत्रफल; **~leader** सदन का दल-नेता; **~price** न्यूनतम मूल्य ।

**Fluctuate** 1. उच्चावचन/घट-बढ़/उतार चढ़ाव होना; 2. अस्थिरता होना; **fluctuating** 1. घटता-बढ़ता, 2. अस्थिर; **-charges** -घटते बढ़ते प्रभार; **fluctuation** 1. घटबढ़, उतार-चढ़ाव, 2. अस्थिरता, 3. उच्चावचन; **-in price** कीमत का उतार-चढ़ाव ।

**Fly** 1. उड़ना, उड़ाना; 2. उड़ान; 3. भाग जाना; **-er** उड़ाका; **-ing** उड़न, द्रुतगामी; **-squad** उड़नदस्ता, द्रुतगामी दल; **~catcher** मक्खीमार; **~leaf** कोरा पन्ना, फ्लाई लीफ; **~sheet** पुस्तिका, इश्तहार ।

**Fog** 1. कोहरा, कुहासा; 2. घबरा देना; 3. धुँधला हो जाना; **~gy** 1. कोहरेदार, धुँधला, 2. परेशान; **~man** कुहासिया; **~hut** कुहासिए की गुमटी; **~signal** कुहरा-संकेत ।

**Fold** 1. बाड़ा; 2. परत; 3. लिपटाना; **-ed** वलित; **-er** पुस्तिका; **-ing** टूटदार मड़वाँ ।

**Folio** 1. फ़ोलियो; 2. पन्ना ।

**Follow** 1. अनुसरण करना; 2. पीछा करना (pursue); 3. पालन करना; 4. समझना (understand); 5. ग्रहण करना (engage in), अनुकरण करना (imitate); **-ing** 1. निम्नलिखित, नीचे लिखा/दिया; 2. अनुगामी; **~up** अनुवर्ती;

-action ~कार्यवाई; -negotiation -बातचीत ।

**Foment** 1. उत्तेजित करना(excite); 2. प्रोत्साहन देना (stimulate); 3. सेंकना; **-ation** 1. सिंकाई, 2. प्रोत्साहन, बढ़ावा ।

**Food** 1. आहार, खाद्य, अन्न; **-controller** खाद्य नियंत्रक; **-grain** खाद्यान्न; **-staff** खाद्य पदार्थ ।

**Foot** 1. पैर, पाँव, चरण; 2. फुट (नाप); 3. चरण, पाद (छंद); 4. आधार, मूल; 5. पाया; 6. पैताना; **-ing** 1. पैरों का जमाव, 2. संबंध, 3. स्थान, 4. आधार; **~board** पायदान; **~hill** पादगिरि; **~hold** पाँव रखने की जगह; **~note** पाद टिप्पणी; **~path** पटरी; **~print** पदचिह्न; **~rest** पायदान; **~step** 1. पगध्वनि; 2. पदचिह्न, चरणचिह्न; 3. पग, कदम; **~way** पैदल मार्ग ।

**Forbid** 1. निषेध करना, मना करना; 2. रोकना; 3. वर्जित करना (exclude); **-den** निषिद्ध, वर्जित; **-ding** 1. घृषित; 2. अमंगल; 3. भयंकर; 4. अप्रीतिकर ।

**Force** 1. जबरदस्त, शक्ति, ताकत; 2. बल; 3. बल प्रयोग; 4. आवेग; **~s** (pl) सेना; **-d** 1. बलात्, 2. कृत्रिम; **-labour** श्रम/बेगार; **-leave** -छुट्टी; **-ful** 1. सशक्त, जोरदार; 2. प्रचंड, प्रबल; **in** ~प्रवृत्त; **remain in~** प्रवृत्त रहना ।

**Forecast** 1. पूर्वानुमान; 2. पूर्वानुमान करना; 3. पूर्व सूचना देना; 4. पूर्व-विधान करना; **-er** पूर्वकथनकर्त्ता, भविष्यवाणीकर्त्ता ।

**Foregoing** 1. पूर्वगत, पूर्ववर्ती, पूर्वगामी; 2. पूर्वोल्लिखित; **~debt** ~ऋण; **~power** ~शक्ति; **~provision** ~उपबंध ।

**Foreign** 1. विदेशी; 2. बाह्य, बाहरी; 3. पराया, दूसरा; 4. विजातीय; 5. अप्रासंगिक, असंगत; **~collaboration** विदेशी सहयोग; **~exchange** विदेशी मुद्रा; **~policy** 1. विदेश नीति; 2. अन्यत्र सेवा; **~service** 1. विदेश सेवा; **~track~** व्यापार; **~wealth** विदेशी धन ।

**Forenoon** पूर्वाह्न, दोपहर से पहले ।

**Foresight** 1. दूरदर्शिता, दूरदृष्टि; 2. पूर्वदृष्टि ।

**Forest** 1. वन, अरण्य, जंगल; 2. वन लगाना; **-er** वनपाल, वनरक्षक; **-ry** वानिकी; **~department** वनविभाग; **~protection** वनरक्षण; **~ranger** वनपाल, वनराजिक; **~surveyer** वन सर्वेक्षक ।

**Foreword** प्राक्कथन, प्रस्तावना ।

**Forfeit** 1. खो देना; 2. जब्त करना; 3. समपहरण करना (विधि); 4. समपहृत होना; **-ed** समपहृत; **-share** -शेयर; **-ure** जब्ती, समपहरण; **-of seniority** ज्येष्ठता का समपहरण; **-of service** सेवाकाल का समपहरण ।

**Forge** 1. कूटरचित, जाली; 2. धीरे-धीरे बढ़ते जाना (advance); 3. भट्टी तपाकर गढ़ना; **-d** जाली, कूटरचित; **-r** 1. जालसाज; 2. गपोड़िया; 3. लोहार; **-ry** 1. जालसाजी 2. कूटरचना; **~man** लोहार ।

**Form** 1. फार्म, प्रपत्र, प्रारूप; 2. रूप, आकार, आकृति; 3. प्रकार (kind); 4. ढंग (way); 5. दशा, तैयारी; 6. ढाँचा; 7. आडंबर, दिखावा; 8. सूत्र; 9. फरमा (छपाई); **admission** ~प्रवेश पत्र **application** ~प्रार्थना/आवेदन पत्र; **~ a**

quorum गणपूर्ति होना ।

**Formal** 1. औपचारिक, विधिवत् 2. ऊपरी, दिखाऊ; 3. तात्त्विक; 4. आकारगत; 5. सुस्पष्ट (explicit); **-ism** रुढ़िवाद; **-ity** 1. औपचारिकता; 2. शिष्टाचार; 3. लोकाचार; **-ly** औपचारिक रूप से; **~call** औपचारिक भेंट; **~motion** विधिवत् प्रस्ताव; **~sanction** औपचारिक मंजूरी/संस्वीकृति; **~trial** औपचारिक विचारण ।

**Format** 1. आरूप, फोर्मेट, रूपविधान; 2. ग्रंथाकार ।

**Formation** 1. निर्माण, रचना; 2. बनावट, गठन; 3. प्रशिक्षण (training); 4. विरचना (सेना); **formative** रचनात्मक; **-period** विकास-काल ।

**Former** 1. पहला, पूर्व; 2. पूर्ववर्ती, पूर्वकथित; 3. भूतपूर्व; **-ly** पहले; **~court** पूर्वकथित न्यायालय ।

**Formula** 1. सूत्र; 2. नुस्खा (prescription); 3. नियम (rule) ।

**Formulate** 1. बनाना; 2. रूप देना, प्रतिपादित करना; **-d** सूत्रबद्ध; **formulation** प्रतिपादन, सूत्र, विनिर्मिति; **formatism** रूढ़िवाद ।

**Forthcoming** 1. आगामी, अगवा; 2. आसन्न, निकट; 3. सुलभ, उपलब्ध (available) ।

**Forthwith** 1. तत्काल, तुरंत; 2. अविलंब, इसी समय, तत्क्षण ।

**Fortnight** पक्ष, पखवाड़ा; **-ly** पाक्षिक; **-report** पाक्षिक रिपोर्ट ।

**Forum** 1. फोरम, मंच; 2. न्यायालय (court); 3. जनसभा ।

**Forward** 1. अग्रवर्ती; 2. अग्रेषित करना; 3. आगे; 4. उद्यत, तत्पर; 5. बेअदब, ढीठ; **-ed** अग्रप्रेषित; **-ing** अग्रेषण; **-letter** -पत्र; **-note** -टिप्पणी; **-ness** उन्नति, तत्परता; **~area** अग्रक्षेत्र; **~troop** अग्रिम दल ।

**Foundation** 1. नींव, आधार; 2. प्रतिष्ठान, संस्था; 3. संस्थापन; 4. निधि, न्यास; **religious ~** धार्मिक प्रतिष्ठान; **~stone** आधार-शिला ।

**Founder** 1. संस्थापक, प्रवर्तक, संप्रवर्तक; 2. ढलैया (of metal); **~member** संस्थापक सदस्य ।

**Fraction** 1. खंड, अंश, टुकड़ा; 2. भिन्न (गणित); 3. भंजन, अस्थिभंग; 4. प्रभाज (रसायन शास्त्र); **-al** 1. भिन्नीय, 2. आंशिक, अपूर्ण, 3. नगण्य, गौण; **-ary** भिन्नात्मक; **~of a year** वर्ष का भाग; **~of leave** छुट्टी का भाग ।

**Framework** ढाँचा ।

**Franchise** 1. मताधिकार; 2. विशेषाधिकार; 3. नागरिकता (citizenship) ।

**Fraud** 1. कपट, छल; 2. धोखेबाजी; 3. धोखेबाज; **-ulence** धोखेबाजी, धूर्तता; **fraudulent** 1. कपटपूर्ण, 2. कपटी, छल, वंचक; **-ly** कपट से, कपटपूर्वक ।

**Free** 1. निःशुल्क, मुफ्त; 2. मुफ्त, अलग्न, निर्बाध, उन्मुक्त, अबाध; 3. स्वतंत्र; 4. मुफ्त में, बिना खर्चे के, खर्चे के बिना; 5. उदार (liberal); 6. खाली, सावकाश (not busy); **-dom** 1. स्वतंत्रता, 2. मुक्ति, छुटकारा, 3. रहित रूप में, 4. स्वाभाविकता, उन्मुक्तता; 5. निर्भीकता; 6. स्पष्टवादिता; 7. नागरिकता; **-fighter** -सेनानी; **-ly** स्वेच्छा से; **~delivery** निःशुल्क वितरण; **~hold** पूर्ण स्वामित्व; **~on board** (F.O.B) पोतपर्यंत निःशुल्क; **~on rail** (F.O.R) रेलपर्यंत निःशुल्क;

~passage 1. मुफ्त यात्रा, 2. अबाध मार्ग; ~list करमुक्त मालसूची; -lance स्वतन्त्र, स्वछ्न्द (कलाकार/साहित्यकार); ~trade मुक्त व्यापार; ~zone मुक्त इलाका ।

**Freight** 1. भाड़ा (माल); 2. भार (load); 3. माल (जहाजी); **-age** भाड़ा, माल; **~car** माल डिब्बा; **~train** माल-भाड़ा; **~paid** भाड़ा दिया/दत्त; **~to pay** भाड़ा देना है/भाड़ा देय ।

**Frequency** 1. आवृत्ति, बारंबारता; 2. प्रायिकता; **frequent** बारंबार; **-absence** -अनुपस्थिति; **-ing** बार-बार आना-जाना ।

**Fresh** 1. नया; 2. ताजा; 3. चुस्त, फुर्तीला; 4. मीठा; 5. निर्मल, शुद्ध, स्वच्छ (air); 6. चमकीला, चटकीला (vivid); 7. कच्चा, अनुभवहीन; **-ness** 1. नवीनता, 2. चुस्ती, ताजगी; **~man** नौसिखिया; **~receipt** (F.R) नई आवती; **~security** नई प्रतिभूति; **~suit** नया वाद ।

**From** 1. प्रेषक; 2. से; **~time to time** समय-समय पर ।

**Fuel** 1. ईंधन; 2. कोयला डालना; **~distributor** ~वितरक; **~inspector** ~निरीक्षक; **~keeper** ~रक्षक ।

**Full** 1. पूर्ण, पूरा, भरा, परिपूर्ण, भरपूर; 2. ठीक-ठीक; 3. अत्यधिक; **~bench** पूर्ण न्यायपीठ; **~cost** कुल लागत; **~fledged** पूर्ण विकसित; **~marks** पूर्णांक; **~moon** पूर्णिमा; **~powers** पूर्णाधिकार; **~stop** पूर्णविराम; **~term** पूरी अवधि; **~value** पूरा मूल्य ।

**Function** 1. कार्य, कृत्य, व्यापार; 2. समारोह, उत्सव; 3. कर्तव्य, कार्यभार; 4. व्यवसाय (occupation); **-al** 1. कार्य संबंधी, कार्यात्मक, 2. क्रियाशील; **-ary** कार्यकर्त्ता, अधिकारी; **~effectively** प्रभावी रूप से काम करना ।

**Fund** 1. निधि, भंडार; 2. निधि में रखना, संचित करना; **-ed** निधिबद्ध; **-ing** निधिकरण; **provident** ~भविष्य निधि; **reserve** ~आरक्षित निधि ।

**Fundamental** 1. मौलिक, आधारिक, आधारभूत; 2. मूल, मूलभूत; **-ism** रूढ़िवाद; **-ly** मूलतः; **~duties** मूल कर्त्तव्य; **~rights** मूल अधिकार; **~research** मौलिक अनुसंधान; **~rules** मूल नियम ।

**Furnish** 1. देना, जुटाना, पहुँचाना; 2. सज्जित करना, सजाना; **-ed** सुसज्जित; **-residence** सुसज्जित आवास; **-ing** 1. साज-सामान, 2. दे देने पर ।

**Further** 1. आगे का (going beyond); 2. अगला, अगली; 3. और, अधिक, अतिरिक्त (additional, more); 4. उत्तरभावी (at a greater distance in time); 5. अग्रसर करना; (to promote or advance); **-ance** सहायता; **~action** अगली कार्रवाई, आगे की कार्रवाई; **~claim** अतिरिक्त दावा; **-more** इसके अतिरिक्त; **-most** दूरतम; **~proceedings** आगे की कार्यवाहियाँ ।

**Fuss** 1. बतंगड़, उपद्रव; 2. बात का बतंगड़ बनाना; **-y** 1. भड़कीला, 2. बतंगड़िया ।

**Future** 1. आगामी, भावी; 2. भविष्यत्कालिक; **~date** भविष्यवर्ती तारीख; **~event** भावी घटना; **~market** वायदा बाजार; **~time** भावी समय; **~work** ~ काम; **in ~** भविष्य में, आगे चलकर ।

# G

**Gallant** 1. बहादुर, वीर, शूर; 2. प्रतापी, (stately); 3. भड़कीला (showy); 4. शृंगारिक; **-ry** 1. शौर्य, वीरता, पराक्रम; 2. शिष्टाचार; 3. नारीभक्ति; **~award** शौर्य पुरस्कार ।

**Gallery** 1. दीर्घा, गैलरी, वीथि (वीथी); 2. दर्शक-वृंद; **art~** कलावीथि, कला भवन ।

**Game** 1. खेल, क्रीड़ा; 2. शिकार; 3. चाल, छल; -s(pl) 1. खेल; 2. चाल, छल; **~keeper** आखेट-रक्षक; **~some** विनोदी ।

**Garden** 1. उद्यान, बाग; 2. बगीचा, वाटिका; **-er** माली, बागवान; **-ing** बागवानी; **~house** उद्यानगृह; **~party** उद्यान-भोज, उद्यान गोष्ठी ।

**Gate** 1. गेट, दरवाजा, फाटक, द्वार; 2. घाटी; 3. दर्शकों की संख्या; **~crasher** अनामंत्रित अतिथि; **~keeper** द्वारपाल, दरबान, गेटकीपर; **~pass** गेट-पास, प्रवेश-पत्र; **~post** फाटक का खंभा; **~way** प्रवेशद्वार ।

**Gather** 1. इकट्ठा; 2. इकट्ठा करना, एकत्र करना; 3. तोड़ना; 4. चुनना; 5. काटना; 6. समझना; 7. निष्कर्ष निकालना; 8. समेट लेना; **-ing** 1. जमाव, जनसमूह, भीड़; 2. संचयन, संग्रहण; 3. सभा ।

**Gazette** राजपत्र, गजट; **~notification** ~अधिसूचना; **-d** राजपत्रित; **-holiday** राजपत्रित अवकाश/छुट्टी; **-officer** -अधिकारी; **-post** -पद; **-er** राजपत्र, गजेटियर ।

**General** 1. साधारण; 2. सामान्य; 3. आम, सार्वजनिक; 4. प्रधान; 5. जनरल; 6. महा-; **-ity** अधिकांश, व्यापकता; **-ization** 1. साधारणीकरण, 2. सामान्यानुमान; **-ly** साधारणतः; **~administration** सामान्य प्रशासन; **~application** ~प्रयोग; **~budget** ~बजट; **~circular** ~परिपत्र; **~conditions** ~शर्तें; **~council** महापरिषद्; **~diary** ~दैनिकी; **~election** आम चुनाव/निर्वाचन; **~fund** सामान्यनिधि; **~inspection** ~निरीक्षण; **~meeting** ~सभा/बैठक; **~practice** -प्रथा/पद्धति, लोकाचार; **~principles** ~सिद्धांत; **~procedure** ~कार्यविधि/प्रक्रिया; **~proposal** ~प्रस्ताव; **~provident fund** ~भविष्य निधि; **~release** आम निर्मोचन; **~reserve** ~आरक्षित; **~rule** ~नियम; **~section** ~अनुभाग; **~ward** ~वार्ड; **in** ~सामान्यतः; **~good** सर्वहित, सार्वजनिक हित।

**Generation** 1. पीढ़ी, पुश्त; 2. जनन, प्रजनन; 3. उत्पादन; 4. उत्पत्ति; **~of electricity** विद्युत का उत्पादन; **~of persons** व्यक्तियों की पीढ़ी ।

**Genius** 1. प्रतिभा; 2. प्रतिभाशाली; 3. प्रकृति, प्रवृत्ति (inclination, character); 4. संरक्षक आत्मा; **~ of language** भाषा की प्रकृति ।

**Genuine** 1. प्रामाणिक; 2. यथार्थ, वास्तविक, सच्चा, असली; 3. विशुद्ध, अकृत्रिम, निष्कपट; **-ness** मौलिकता, असलीयत, विशुद्धता; **~coin** असली सिक्का; **~evidence** असली साक्ष्य; **~signature** वास्तविक/असली हस्ताक्षर; **~statement** यथार्थ कथन; **~text** प्रामाणिक पाठ; **~trademark** असली व्यापार चिह्न ।

**Gift** 1. उपहार, भेंट, दान; 2. देन; 3. प्रतिभा, योग्यता; **-ed** प्रतिभाशाली; **~deed** दानपत्र; **residuary ~**अवशिष्ट दान ।

**Gist** 1. सार, सारांश; 2. आधार (विधि) ।

**Give** 1. देना, सौंपना, प्रदान करना; 2. पहुँचाना; 3. मान लेना; 4. पेश/प्रस्तुत करना; **-n** 1. प्रदत्त; 2. व्यसनी; 3. निश्चित; 4. दत्त; **~and take** आदान-प्रदान; **~effect to** कार्यान्वित करना; **~in** दब जाना, हार मानना; **~rise to** से पैदा होना; **~to ourselves** आत्मार्पित करना; **~up** छोड़ देना, निराश हो जाना ।

**Glaring** 1. सुस्पष्ट; 2. चमकीला (shining); 3. भड़कीला (showy); **~disparity** घोर असमानता; **~mistake** भद्दी भूल ।

**Globe** 1. विश्व, पृथ्वी; 2. गोल, गोला; 3. नक्षत्रमंडल; 4. नेत्रगोलक; **global** 1. सार्वभौम, विश्वव्यापी, 2. व्यापक; 3. गोल, गोलाकार; **-tender** विश्व टेंडर/निविदा ।

**Glossary** शब्दावली, शब्द संग्रह ।

**Goal** 1. लक्ष्य, ध्येय, इष्ट; 2. उद्देश्य; **~keeper** गोली, गोलची, गोलकीपर ।

**Godown** 1. गोदाम; 2. भांडार, कोठा; **~keeper** गोदाम रक्षक; **~manager** गोदाम प्रबंधक ।

**Gold** 1. स्वर्ण, सोना; 2. धनसंपत्ति; 3. स्वर्णमुद्रा (coin); **-en** स्वर्णिम, स्वर्ण; **-age** -युग, सतयुग; **-jubilee** ~जयंती; **-bonds** स्वर्ण बांध/बंधपत्र; **~plate** स्वर्णपात्र; **~reserve** स्वर्ण आरक्षण; **~smith** सुनार ।

**Good** 1. अच्छा, सद्; 2. भला, सच्चरित्र; 3. उचित, समुचित; 4. लाभकर, लाभदायक; 5. प्रिय, सुखकर; 6. खरा; 7. शुद्ध; **-ness** भलाई, उपकार, अच्छाई; **~account** अच्छा लेखा; **~behaviour** सद्व्यवहार; **~bye** विदाई; **~character** सच्चरित्र; **~conduct** सदाचरण; **~faith** सद्भाव **(in good faith** सद्भावपूर्वक, सद्भाव से) **~looking** प्रियदर्शी; **~offices** मध्यस्थता; **~order** अच्छी स्थिति; **~reason** पर्याप्त कारण; **~will** 1. सुनाम; 2. सद्भावना; 3. मित्रभाव; **~wishes** शुभकामनाएँ; **held~** मान्य ।

**Govern** 1. शासन करना; 2. नियंत्रण रखना; 3. संचालन करना (direct); 4. प्रभावित करना (influence); 5. निर्धारित करना (determine); **-ance** अभिशासन, शासन; **-ed** शासित, नियंत्रित, नियमित; **-ing** शासी; **-body** -निकाय ।

**Government** 1. शासन, सरकार; 2. नियंत्रण; **-al** शासकीय, सरकारी; **~affairs** राजकाज, सरकारी मामले; **~agency** सरकारी एजेंसी; **~business**

सरकारी काम; **~state** राज सम्पदा; **~house** 1. राजभवन (राज्य); 2. राष्ट्रपति भवन (केंद्र); **~ of india** भारत सरकार; **~concern** ~प्रतिष्ठान; **~provident fund** सरकारी भविष्य निधि; **~regulations** सरकारी विनियम; **~securities** ~प्रतिभूतियाँ; **~servant** ~कर्मचारी; **~treasury** ~खजाना।

**Grace** 1. अनुग्रह, कृपा; 2. रियायत; 3. श्री, लावण्य, मनोहरता; 4. माफी-अवधि, मोहलत (respite); 5. शालीनता; (decency); **-ful** मनोहर, चारु, ललित; **-less** 1. दुष्ट, 2. अशिष्ट, 3. भद्दा; **~days** अनुग्रह दिवस; **~period** रियायत-अवधि, मोहलत ।

**Gradation** 1. श्रेणीकरण; 2. पदक्रम, अनुक्रम; 3. सोपान (stage); 4. क्रमिक परिवर्तन; **~list** पदक्रम सूची ।

**Grade** 1. श्रेणी, पदक्रम, कोटि; 2. ग्रेड; 3. सोपान; (step); 4. वर्ग (group); **-d** 1. श्रेणीकृत; 2. क्रमिक; 3. वर्गीकृत; **grading** 1. श्रेणीकरण, **~of pay** पदक्रम/ग्रेड वेतन; **inferior** ~अवर श्रेणी; **senior** ~ज्येष्ठ श्रेणी; **up** ~उन्नत करना ।

**Gradual** क्रमिक, अनुक्रमिक; **-ly** क्रमशः, धीरे-धीरे ।

**Graduate** 1. स्नातक; 2. उपाधि प्राप्त; 3. क्रमबद्ध करना; 4. बदल जाना (क्रमशः) **-d** क्रमबद्ध, क्रमिक; **graduation** उपाधि ग्रहण, 2. स्नातक उत्तीर्ण ।

**Graft** 1. घूस, रिश्वत; 2. अनुचित लाभ, भ्रष्टाचार; 3. उपरोपण, कलम; 4. पैबंद, पैबंद लगाना; **-ed** कलमी; **-ing** रोपण ।

**Grand** 1. सर्व, कुल; 2. प्रधान, उच्च; 3. भव्य, विशाल; 4. महान; 5. महत्त्वपूर्ण; 6. गर्वित, अभिमानी; 7. भड़कीला (showry); 8. प्रसिद्ध, प्रतिष्ठित (illustrious); **~child** पौत्र-पौत्री, दौहित्र-दौहित्री; **~father** दादा, बाबा, पितामह; **~mother** दादी, मातामह; **~total** सर्वयोग ।

**Grant** 1. अनुदान; 2. स्वीकार करना; 3. प्रदान करना; **-ed** स्वीकृत; **-ee** अनुदानग्राही, अनुदान पाने वाला; **-er** अनुदाता; **~in aid** सहायता अनुदान; **interim** ~अंतरिम अनुदान; **non-recurring** ~ अनावर्ती अनुदान ।

**Graph** 1. ग्राफ, लेखाचित्र; 2. आलेख; **-ic** 1. आलेखी, ग्राफीय; 2. सुस्पष्ट, सजीव; 3. लिखित; 4. रेखित; **-ics** लेखा चित्रकला; **~paper** वर्गांकित कागज ।

**Gratification** 1. परितोषण (विधि), तुष्टिकरण; 2. संतोष, तोष; 3. अनुतोष (gift); 4. पारितोषिक, इनाम (reward); **illegal ~** अवैध परितोषण; **pecuniary~** धनसंबंधी परितोषण ।

**Gratis** 1. निःशुल्क, मुफ्त; 2. मुफ्त में।

**Gratuitous** 1. आनुग्रहिक (विधि); 2. मुफ्त, निःशुल्क (free); 3. निर्मूल, निराधार; **-ly** बिना प्रतिफल के, निःशुल्क; **~bailment** आनुग्रहिक उपनिधान; **~passenger** निःशुल्क यात्री ।

**Gratuity** 1. उपदान, परिदान; 2. आनुतोषिक; **~fund** उपदान विधि ।

**Grave** 1. गंभीर, संगीन; 2. निष्प्रभ, सादा (dull); 3. गंभीर, मंद (low); **~emergency** गंभीर आपात; **~injury** गंभीर क्षति; **~reason** गंभीर कारण ।

**Greeting** 1. बधाई; 2. नमस्कार, प्रणाम, अभिनन्दन; **~s** (pl) शुभकामना, बधाई, अभिवादन; **~message** बधाई संदेश ।

**Grievance** शिकायत ।

**Grievous** 1. गंभीर, गहरा; 2. घोर (atrocious); 3. दु:खद; **~disease** घोर रोग, गंभीर रोग; **~hurt** घोर उपहति; **~infirmity** घोर अंग शैथिल्य ।

**Gross** 1. सकल, कुल, समग्र; 2. घोर, भारी; 3. मोटा, स्थूलकाय; 4. ठोस, स्थूल, अपरिष्कृत; (unrefined); 5. घना (dense); 6. मंद, कुंठित (dull); 7. ग्राम्य; **-ly** बिल्कुल, अत्यधिक; **~abuse** घोर दुरुपयोग; **~amount** कुल राशि/रकम; **~assets** कुल परिसम्पत्ति/आस्तियाँ; **~error** घोर त्रुटि, भारी गलती; **~income** कुल आमदनी, सकल आय; **~misconduct** घोर कदाचार; **~mistake** भारी भूल; **~neglect** घोर उपेक्षा; **~negligence** घोर प्रमाद/भारी लापरवाही; **~profit** कुल नफा, कुल लाभ; **~revenue** कुल राजस्व; **~total** सकल योग; **~value** कुल/सकल मूल्य; **~weight** कुल भार।

**Ground** 1. भूमि, धरती; 2. तल; 3. क्षेत्र; 4. आधार, मूल; **~s** (pl) कारण, आधार; **~of appeal** अपील के आधार; **~of arrest** गिरफ्तारी के कारण; **-less** निराधार; **-lessly** बिना आधार; **back~** पृष्ठभूमि; **~floor** निचली मंजिल; **~rent** जमीन/भूमि का किराया-भाड़ा **~signal** भूमि सिगनल; **~water** भूगर्भ जल ।

**Guarantee** 1. गारंटी, जमानत, गारंटी देना; 2. प्रतिभू, प्रत्याभू, प्रत्याभूति देना; 3. आश्वासन; 4. लक्षण; **-d** प्रत्याभूत, प्रतिभूत, गारंटीकृत, गारंटीशुदा; **Guarantor** गारंटीकर्त्ता ।

**Guard** 1. गार्ड, रक्षक; 2. चौकसी; 3. रक्षण, रक्षा; 4. रोक, कवच; **-ed** 1. सुरक्षित; 2. पहरा बैठाया गया; 3. सावधान; 4. नियंत्रित; **~book** ~बुक; **~file** ~फाइल; **~of honour** सम्मान गारद, सैनिक सलामी ।

**Guardian** संरक्षक, अभिभावक; **~ship** अभिभावकता; **~ad litem** वादार्थ संरक्षक; **de facto ~** वस्तुत: संरक्षक; **joint ~** संयुक्त संरक्षक ।

**Guide** 1. गाइड, संदर्शिका; 2. मार्गदर्शन करना, मार्गदर्शक; 3. निर्देशक; **guidance** 1. मार्ग दर्शन, 2. निर्देशन; **guiding** निर्देशक; **~price** ~मूल्य, निर्देशक कीमत; **~lines** मार्गदर्शी सिद्धांत ।

**Guilt** 1. अपराध, दोष, दोषिता; 2. पाप (sin); **-less** निरपराध, निर्दोष **~y** दोषी, दूषित; **~intention** -दूषित आशय; **plead~** अपराध स्वीकार करना; **~of fraud** कपट का दोषी; **-of offence** अपराध का दोषी ।

# H

**Habit** 1. स्वभाव, आदत; 2. अभ्यास; **-s** (pl) आदत, आदतें; **incipient** ~सहज स्वभाव; **~of action** क्रियामूलक आदतें ।

**Habitual** 1. आदी, अभ्यस्त; 2. आभ्यासिक; 3. स्थायी; 4. प्रायिक, नित्य (usual); **-ly** अभ्यासतः **~defaulter** 1. आभ्यासिक व्यतिक्रमी, 2.~बकायादार; **~offender** ~अपराधी; **~receiver**~प्रापक ।

**Half** 1. आधा, अर्ध; 2. अपूर्ण, आंशिक; **~baked** अधकचरा; **~blood** सौतेला, अर्धरक्त; **~hearted** निरुत्साह, बेमन; **~holiday** आधी छुट्टी; **~mast** आधा झुका हुआ; **~pay** आधा वेतन; **~timer** अर्धकालिक; **~yearly** अर्धवार्षिक, छमाही; **~way** 1. बीचों-बीच, 2. अपूर्ण (partial); **~and** ~आधा-आधा ।

**Hall** 1. भवन, हॉल, बड़ा कमरा; 2. सभाभवन; **~mark** प्रमाण-चिह्न, छाप ।

**Halt** 1. विराम, ठहराव; 2. पड़ाव; 3. हिचकना (waver); 4. डेरा डालना; **-ing** विराम; **-allowance** -भत्ता **-station** -स्टेशन; **-ingly** रुक-रुक कर ।

**Hand** 1 कर्मचारी, मजदूर (labourer), जन; 2. हस्तलेख, लिखावट (writing); 3. हाथ (हस्त), हथ-, दस्त; 4. हस्ताक्षर; (signature); 5. सहायता, मदद (help); 6. बालिश्त; **-ful** 1. मुट्ठीभर, 2. अंजलिभर; **~bill** परचा, हैंडबिल; **~book** पुस्तिका, हस्तक; **~cuff** हथकड़ी; **~grenade** हथगोला; **~loom** हथकरघा; **~note** रुक्का; **~over** सौंपना, देना; **at** ~पास में; **~in** ~हाथ में हाथ मिलाये, साथ-साथ; **~to~ fight** हाथापाई, मुठभेड़; **~out** वितरण करना; **out of** ~बेकाबू; **under my** ~मेरे हस्ताक्षर में ।

**Handicap** 1. बाधा, अड़चन; 2. सप्रतिबंध-प्रतियोगिता; (p) **-ed** 1. विकलांग, 2. बाधाग्रस्त, असुविधाग्रस्त; **-dependant** असुविधाग्रस्त आश्रित ।

**Handle** 1. दस्ता, मूठ, हत्था; 2. संभालना, पकड़ना; 3. मौका, अवसर; 4. संचालन करना (direct); 5. हाथ में लेना (deal with); 6. व्यवहार करना (treat); 7. हाथ से उपयोग करना, हथालना (to manage in using with the hands); **handling** 1. कार्रवाई करना, 2. उठाई-धराई; **-charges** उठाने-रखने/चढ़ाई-उतराई का खर्च; **-facilities** -सुविधाएँ ।

**Handy** 1. छोटा-सा; 2. सुविधाजनक, आराम का (convenient); 3. दक्ष, सिद्धहस्त; 4. सुलभ, पास (accessible); 5. सुचालन योग्य (easy to handle); **~man** दर्जी की सूई ।

**Harass** 1. उत्पीड़न करना, परेशान करना; 2. तंग करना, सताना; **-ment** 1. उत्पीड़न, 2. परेशानी, तकलीफ ।

**Hard** 1. कड़ा; 2. कठोर; 3. ठोस, पक्का,

(solid); 4. कठिन, दुरूह, दुष्कर; 5. सख्त, प्रचंड, तीक्ष्ण (violent); 6. कंजूस (miser); **-ly** मुश्किल से; **-ness** कठोरता; **~test** ~परीक्षण; **-set** -तंगहाल; **-ship** दुर्भाग्य, दुःख-तकलीफ; **~and fast** कड़े, पक्के; **~rules** ~नियम; **~cash** नकदी; **~currency** दुर्लभ मुद्रा; **~labour** कड़ी मेहनत, कठोर श्रम; **~working** परिश्रमी, मेहनती; **~water** भारी पानी; **~of hearing** ऊँचा सुनने वाला; **~up** तंगहाल ।

**Haulage** 1. ढुलाई, कर्षण; 2. ढुलाई खर्च (expense); 3. वहन; **~charges** कर्षण प्रभार **~road** कर्षण मार्ग ।

**Hazard** 1. जोखिम, खतरा; 2. दैव, भाग्य; 3. बाधा (obstacle); **-ous** 1. जोखिम वाला, खतरनाक, संकटमय, 2. भाग्य के अधीन, दैवी; **-goods** परिसंकटमय माल ।

**Head** 1. प्रधान, अध्यक्ष; 2. शीर्ष, मद, सिर; 3. बुद्धि, मस्तिष्क; 4. योग्यता (aptitude); 5. चित, चेहरा (coin); 6. सिरा; 7. अग्रभाग, सामना; 8. निकास, उद्गम; **-ing** 1. शीर्षक, 2. सिरा; **-y** जल्दबाज, उतावला; **~ache** सिर दर्द; **~line** शीर्षक; **~note** शीर्ष टिप्पणी, हैड नोट; **~of account** लेखा-शीर्ष; **~office** प्रधान कार्यालय; **~of revenue** राजस्व शीर्ष; **~quarters** मुख्यालय **~long** 1. सिर के बल, 2. बड़ी तेजी से, 3. अंधाधुंध; **~on** सामने का; **~way** 1. प्रगति, 2. गति, 3. शीर्षांतर, 4. दूरी या अंतर ।

**Hear** 1. सुनना, ध्यान देना; 2. स्वीकार करना; **~er** श्रोता; **-ing** 1. सुनवाई, श्रवण, 2. श्रवण-शक्ति, 3. पेशी (law); 4. श्रवण सीमा; **-aid** श्रवण-सहाय; **~say** सुनी-सुनाई, जनश्रुति, अफ़वाह ।

**Heavy** 1. भारी, वज़नी; 2. बड़ा, विशाल (large); 3. तीव्र, विकट (violent); 4. गंभीर, गहरा (grave); 5. कठिन (difficult); 6. उदास, खिन्न (depressed); 7. नीरस, भारी (dull); **-calls** भारी माँग; **-engineering** भारी इंजीनियरी; **-equipment** भारी उपस्कर; **-hearted** खिन्न, उदास; **-industry** भारी उद्योग; **~package** भारी पैकेज; **-vehicle** भारी वाहन ।

**Heir** 1. उत्तराधिकारी, वारिस; **-dom** उत्तराधिकार; **-less** लावारिस, उत्तराधिकारविहीन; **-ship** उत्तराधिकार; **~apparent** 1. प्रत्यक्ष वारिस, 2. युवराज; **~presumptive** संभावित उत्तराधिकारी; **right ~**सही वारिस ।

**Help** 1. मदद, सहायता; 2. नौकर; 3. सहायता करना, मदद करना/देना; 4. बढ़ावा देना; 5. आराम देना; **-er** मददगार, सहायक, सहारा; **-ing** मददगार; **-ful** 1. उपयोगी, 2. सहायक, 3. अनुकूल; **-less** 1. असहाय, 2. कमजोर, दुर्बल, 3. अनाड़ी, अयोग्य; **-mate** साथी, सहायक ।

**Here** 1. यहाँ; 2. इस; **-about** आसपास; **-after** भविष्य में; **-at** इसपर; **-by** इसके द्वारा, एतद्द्वारा; **-inbefore** इसमें, इससे पूर्व/पहले **-under** इसके नीचे, आगे चलकर; **-upon** इसपर, इसके तुरंत बाद, इसके ठीक आगे; **-with** इसके साथ ।

**Hereditary** 1. पैतृक, आनुवंशिक; 2. मौरुसी, पुश्तैनी; **~allowance** आनुवंशिक भत्ता; **~office** ~पद; **~right** वंशागत अधिकार, मौरूसी हक़।

**Heritage** 1. दाय, विरासत; 2. परंपरा, कुलपरंपरा (tradition); **dominant** ~अधिष्ठायी संपत्ति/स्थल ।

**Hierarchy** 1. अधिक्रम, उत्क्रम, सोपान, अनुक्रम, पदानुक्रम (ordered entity); 2. धर्मसत्ता; 3. धर्माधिकारी वर्ग ।

**High** 1. ऊँचा, उच्च, हाई, उत्तुंग; 2. अति, अधिक; 3. मुख्य, प्रधान (chief); 4. उच्च, श्रेष्ठ, महा-, उत्तम (exalted); 5. घोर, भारी (grave); 6. कट्टर, पक्का (extreme); 7. अतिप्राचीन; **-er** उच्चतर; **~education** उच्च शिक्षा; **~authority** उच्चतर प्राधिकारी; **-est** उच्चतम, सबसे ऊँचा; **~bid** सबसे ऊँची बोली; **~ly** अति, अत्यंत, **~skilled** अतिकुशल; **~income group** उच्च आय वर्ग; **~level** उच्चस्तरीय; **~power** उच्चाधिकार; **~priorty** उच्च प्राथमिकता; **~school** हाई स्कूल, उच्च विद्यालय; **~yielding** अधिक उपज; **~and low** सर्वत्र; **on** ~ऊँचाई पर ।

**Highhandedness** 1. मनमानी, ज्यादती, उद्धतता; 2. निरंकुशता ।

**Highlights** 1. मुख्य बातें, मुख्य विशेषताएँ; 2. प्रमुख आकर्षण; 3. विशिष्टताएँ ।

**Highway** 1 राजमार्ग, राजपथ; **-division** ~प्रभाग; **~man** बटमार; , **public** ~लोक राजमार्ग ।

**Hill** 1. पहाड़ी; 2. पर्वत; **-ock** छोटी पहाड़ी, टीला; **-y** पहाड़ी, पर्वतीय; **~allowance** पहाड़ी भत्ता; **~station** पर्वतीय स्थान/पहाड़ी स्थान ।

**Hindi** हिंदी; **~teaching** हिंदी शिक्षण; **~version** हिंदी अनुवाद/रूपांतर ।

**Hint** 1. संकेत, इशारा, इंगित; 2. संकेत करना ।

**Hire** 1. भाड़ा, भाड़े पर लेना; **-d** किराये का; **-ling** भाड़े का टट्टू; **-r** भाड़ेदार, किरायेदार; **~charges** भाड़ा; **~purchase** 1. भाड़ाक्रय, 2. अवक्रय (विधि) ।

**History** इतिहास, पूर्ववृत्त; **~card** वृतांत कार्ड; **~sheet** इतिवृत्त ।

**Hoarding** 1. जमाखोरी; 2. विज्ञापन पट्ट; 3. तख्तों का घेरा, टट्टी ।

**Hodge-podge** खिचड़ी (ध्वनि) ।

**Hold** 1. रोकना; 2. रखना; 3. नियंत्रित करना, वश में रखना (restrain); 4. का अधिकारी/स्वामी होना; 5. मनाना, आयोजन करना; 6. पर दृढ़ रहना; 7. बना रहना; **~back** रोकना; **~down** नियंत्रित रखना; **~good** मान्य होना, लागू होना; **~in** रोक रखना; **~out** प्रकट करना; **~over** 1. रोक लेना, उठा रखना, स्थगित करना 2. अतिधारण करना; **~up** 1. संभालना; 2. रोकना; 3. लूटना, बटमारी; **~with** से सहमत होना, का पक्ष लेना ।

**Hold (office)** 1. (पद) ग्रहण करना; 2. कसकर पकड़ना; 3. (पद) संभालना ।

**Holding** 1. जोत; 2. धृति; **-s** (pl) सम्पत्ति; **~company** नियंत्रक कम्पनी; **~ground** तल-पकड़ ।

**Holiday** छुट्टी, अवकाश; **~camp** अवकाश-शिविर; **~home** अवकाश-गृह; **~maker** सैलानी; **~resort** अवकाश सदन।

**Holograph** स्वलेख, स्वलेखन; **~ic** स्वलिखित ।

**Homage** श्रद्धांजलि, सम्मान, समादर; **pay ~ to** को श्रद्धांजलि अर्पित करना ।

**Home** 1. गृह, घर; 2. स्वराष्ट्र, मातृभूमि, परिवार; **after care~** उत्तर-रक्षागृह; **~country** अपना देश; **~district** गृह जिला; **~industry** गृह उद्योग; **~science** गृह विज्ञान; **~town** गृह नगर; **~worker** गृह कर्मकार; **at~** 1. घर पर; 2. सुखी, चैन से; 3. में दक्ष; 4. दावत; **bring ~ to** समझाना ।

**Honest** 1. ईमानदार, सच्चा; 2. निष्कपट; 3. खरा, असली (genuine); 4. भद्र (respectable); **-ly** ईमानदारी से; **-y** ईमानदारी, सच्चाई ।

**Honorarium** मानदेय ।

**Honorary** 1. अवैतनिक; 2. सम्मानिक; 3. मानद्; **~associate** सम्मानिक सहयोगी; **~capacity** अवैतनिक रूप में; **~degree** सम्मानिक उपाधि; **~fellow** सम्मानिक अध्येता ।

**Honorific** 1. सम्मान; 2. सम्मानसूचक, आदरसूचक; **~prefix** सम्मान शब्द ।

**Honour** 1. सम्मान, आदर; 2. प्रतिष्ठा, गौरव; 3. सम्मान करना; 4. सकारना; **-s** (pl) 1. प्रतिष्ठा, सम्मान, सम्मानक; 2. आनर्स (शिक्षा); **-able** 1. माननीय, आदरणीय, 2. सम्मानपूर्ण, प्रतिष्ठापूर्ण, गौरवपूर्वक, 3. ईमानदार, साधु; 4. अभिजात, प्रतिष्ठित (noble); **debt of ~** मान ऋण; **in~of** के आदर में; **sense of ~** आत्मसम्मान की भावना; **title of ~**मानोपाधि ।

**Horizontal** 1. अनुप्रस्थ, पड़ा; 2. क्षैतिज (of horizon); 3. समतल, सपाट (level); **~filing system** अनुप्रस्थ फ़ाइल पद्धति; **~plane** क्षैतिज समतल ।

**Hospitality** 1. आतिथ्य, सत्कार; 2. मेहमानदारी ।

**Host** 1. आतिथेय; 2. परपोषी (of parasite); 3. सेना, फौज (army); 4. दल, जमघट ।

**Hostile** 1. विरोधी, प्रतिकूल; 2. शत्रुतापूर्ण, पक्षद्रोही; 3. शत्रु का, शत्रु-; **hostility** बैर, शत्रुता, संघर्ष; (pl) युद्ध, युद्धस्थिति, शत्रुकार्य; **~tribes** विरोधी जनजातियाँ; **~witness** पक्षद्रोही साक्षी ।

**Hour** घंटा, समय; **~s** (pl) 1. घंटे, समय; **-ly** घंटेवार, प्रतिघंटा, निरंतर; **business ~** कार्यसमय; **~of employment** काम के घंटे; **~glass** रेतघड़ी; **~hand** घंटे की सूई; **~rate** घंटा दर; **~of work** काम के घंटे ।

**House** 1. गृह, घर, मकान; 2. परिवार; 3. वंश, कुल; 4. सदन; **housing** 1. आवास, 2. घर का प्रबंध, 3. शरण, आश्रय; **~building** गृह निर्माण; **~hold** परिवार, गृहस्थी; **~rent** गृह/मकान किराया; **~allowance** मकान किराया भत्ता **~tax** गृह कर; **~of the People** लोकसभा; **~to~** घर-घर, दर-दर ।

**Human** 1. मानव; **-ism** मानववाद; **-ist** मानववादी; **-itarian** मानवहित, मानवीय, मानवतावादी; **-ground** मानवीय आधार; **~conduct** मानव आचरण; **~respect** लोकलज्जा; **~rights** मानव अधिकार; **~sacrifice** नरमेध ।

**Humane** 1. मानवोचित; 2. सहृदय, दयालु; 3. सांस्कृतिक; **~conditions** मानवोचित दशाएँ; **~treatment** दयालुतापूर्ण बरताव ।

**Humiliate** 1. अपमान/अनादर करना; 2. मानमर्दन करना; **humiliating** अपमानजनक; **humiliation** मानमर्दन अपमान; **humility** विनम्रता, दीनता

**Hutment** 1. अस्थायी मकान; 2. बैरक ।

**Hygiene** 1. स्वास्थ्य विज्ञान; 2. स्वास्थ्यकर; **hygienic** आरोग्य संबंधी; **-conditions** 1. स्वास्थ्यकर परिस्थिति; 2. आरोग्य संबंधी दशा; **~officer** स्वच्छता अधिकारी ।

# I

**Ibidem (ibid)** 1. वही; 2. वहीं, तत्रैव ।

**Identical** 1. एक-सा, एक-जैसा; 2. समान, समरूप, तद्रूप; 3. सर्वसम; **~case** एक सा मामला; **~representation** समान अभ्यावेदन; **~scale** समान वेतनमान ।

**Identification** 1. पहचान, शिनाख्त; 2. एकीकरण, तादात्मय; **~card** पहचान-पत्र; **~certificate** पहचान प्रमाणपत्र; **~mark** पहचान/शिनाख्त चिह्न, शिनाख्त के निशान; **~number** पहचान संख्या ।

**Identify** 1. पहचान; 2. पहचानना; 3. तादात्म्य स्थापित करना।

**Idle** 1. निष्क्रिय; 2. अप्रयुक्त; 3. निराधार (baseless); 4. बेरोजगार, खाली; 5. आलसी, सुस्त; **-ness** सुस्ती, आलस्य; **idly** आलस्य से, निष्प्रयोजन; **~capacity** निष्क्रिय/अप्रयुक्त क्षमता ।

**Ignorance** अनभिज्ञता, अज्ञान; **culpable ~**सदोष अज्ञान; **~of law** विधि/कानून की अनभिज्ञता ।

**Ignore** 1. उपेक्षा करना, नजरअंदाज करना; 2. अवहेलना करना; 3. पर ध्यान नहीं देना; **-d** उपेक्षित।

**Illegal** 1. अवैध, गैरकानूनी; **-ity** अवैधता; **~gratification** ~परितोषण; **~practice** ~आचरण, अवैधाचार ।

**Illegible** अपाठ्य, अस्पष्ट ।

**Illegitimate** 1. अवैध; 2. अधर्मज, जारज, हरामी; 3. तर्कविरुद्ध, गलत; **~action** अवैध कार्रवाई ।

**Illicit** 1. निषिद्ध; 2. अवैध, ग़ैरकानूनी; 3. अनधिकृत; 4. अनुचित (improper) ।

**Illiteracy** निरक्षरता; **illiterate** निरक्षर, अनपढ़ ।

**Ill-mannered** अशिष्ट, बेअदब ।

**Illogical** 1. तर्कहीन, तर्कविरुद्ध; 2. असंगत ।

**Ill-treatment** 1. दुर्व्यवहार; 2. दुर्व्यवहार करना ।

**Illustrate** 1. उदाहरण देना; 2. स्पष्ट करना; **illustrated** 1. सचित्र, 2. सोदाहरण; **illustration** निदर्शन, उदाहरण, निदर्शना, नजीर, दृष्टांत; **illustrative** निदर्शी ।

**Ill-will** वैमनस्य ।

**Image** 1. प्रतिमा; 2. छवि; 3. प्रतिबिंब, छाया; 4. प्रतिरुप, प्रतिकृति (counterpart); 5. कल्पना, धारणा (conception); 6. प्रतीक (emblem); **imagism** बिंबवाद; **~ry** 1. मूर्ति-समूह, 2. बिंबविधान, 3. मूर्तिकला ।

**Imbalance** असंतुलन ।

**Immaterial** 1. तत्त्वहीन; 2. सारहीन, असार, नगण्य; 3. अभौतिक; **-ism** अभौतिकवाद ।

**Immature** 1. बचकाना, अपरिपक्व,

कच्चा; 2. अप्रौढ़; 3. अपूर्ण; **immaturity** अपरिपक्वता ।

**Immediate** 1. तत्काल, अविलंब; 2. अव्यवहित, आसन्न, प्रत्यक्ष (direct); 3. निकटतम, सन्निकट (close); **~ly** ठीक पहले, तत्काल, तुरंत, अविलम्ब; **-preceding** ठीक पूर्ववर्ती; **~action** अविलंब/तत्काल कार्रवाई; **~employer** आसन्न नियोक्ता; **~officer** आसन्न अधिकारी; **~slip** तत्काल पर्ची ।

**Immigrant** 1. आप्रवासी; **immigration** आप्रवासन ।

**Imminent** आसन्न, सन्निकट ।

**Immoral** 1. अनैतिक; 2. लम्पट; 3. अश्लील (obscene); **-ity** दुराचार, अनैतिकता; **~act** ~कार्य ।

**Immovable** 1. स्थावर, अचल; 2. भावशून्य; **-s** (pl) 1. अचल सम्पत्ति; **~property** ~सम्पत्ति ।

**Immune** 1. उन्मुक्त; 2. प्रतिरक्षित, निरापद; 3. असंक्राम्य; **~body** प्रतिरक्षक शरीर ।

**Impact** 1. प्रभाव; 2. समाघात (विधि), संघात; 3. बैठाना, जमाना ।

**Impartial** निष्पक्ष, समदर्शी; **-ity** निष्पक्षता, समदर्शित; **~judgement** निष्पक्ष निर्णय/फैसला ।

**Impeachment** महाभियोग, दोषारोपण ।

**Impediment** 1. अड़चन, बाधा, रुकावट; 2. सामान; **-al** बाधक; **~in speech** हकलाहट ।

**Impending** 1. आसन्न, सन्निकट; 2. समुपस्थित ।

**Imperative** 1. लाजिमी, अनिवार्य, अत्यावश्यक (urgent); 2. आदेशसूचक; 3. आज्ञार्थक ।

**Impersonation** 1. प्रतिरूपण, पररूपधारण; 2. मूर्तरूप; 3. अभिनय ।

**Implement** 1. औजार, उपकरण, साधन; 2. परिपालन करना, कार्यान्वित करना; 3. अभिपूर्ति करना, निबाहना (fulfil); **-ation** परिपालन, कार्यान्वयन ।

**Implicate** 1. फाँसना, फँसाना; 2. उलझाना (entangle)।

**Implication** 1. विवक्षा, मंशा; 2. उलझन; 3. तात्पर्य, निहितार्थ, आशय ।

**Implicit** 1. निहित, अस्पष्ट, अप्रत्यक्ष; 2. निर्विवाद ।

**Implied** विवक्षित, ध्वनित ।

**Import** 1. आयात; 2. अभिप्राय; 3. आयात करना; **-s** (pl) 1. आयात; **-ed** आयातित; **~stores** ~ माल; **~and exports** आयात व निर्यात; **~duties** आयात-शुल्क; **~licence** ~लाइसेंस; **~recommendation certificaate** ~सिफारिश-प्रमाणपत्र ।

**Impose** 1. अधिरोपित करना; 2. लागू करना; **imposing** 1. प्रभावशाली, 2. शानदार; **imposition** 1. अधिरोपण, 2. घुसपैठ, 3. भार, 4. अर्थदंड (fine), 5. कर (tax); 6. धोखा (fraud) ।

**Impossible** 1. असंभव, असाध्य, दु:साध्य; 2. कठिन ।

**Impost** 1. महसूल, कर; 2. सिरा (पिलर का) ।

**Impound** 1. परिबद्ध करना, अवरुद्ध करना; 2. जब्त करना, कुर्क करना; 3. काइनहाउस में रखना ।

**Impracticable** 1. अव्यावहारिक, दुष्कर; 2. दुर्गम, अगम; 3. टेढ़ा ।

**Impress** 1. छाप डालना; 2. प्रभाव

डालना; 3. छाप; 4. मन में बैठाना; **-ion** 1. छाप; 2. मन पर प्रभाव; 3. प्रभाव, असर; 4. विचार, राय 5. आवृत्ति; **-ive** प्रभावोत्पादक, प्रभावशाली ।

**Imprest** 1. अग्रदाय, पेशगी; **~account** ~लेखा; **~amount** ~राशि; **~holder** ~धारी।

**Imprisonment** 1. कारावास, कैद; 2. बंदीकरण ।

**Improper** 1. अनुचित, अशोभनीय; 2. अनुपयुक्त (unsuitable); 3. गलत, अशुद्ध ।

**Improve** 1. सुधार करना, सुधारना; 2. समुन्नत करना; **improvable** सुधारने योग्य; **-d** सुधरा, संशोधित; **-ment** 1. सुधार, संशोधन; 2.समुन्नति, 3. अभिवृद्धि(विधि) ।

**Improvise** 1. काम चलाना; 2. तात्कालिक व्यवस्था करना; **-d** तात्कालिक, कामचलाऊ; **improvisation** 1. कामचलाऊ व्यवस्था, तात्कालिक व्यवस्था ।

**Impute** 1. आरोप लगाना; 2. थोपना, के गले मढ़ना; 3. श्रेय देना (credit); **imputation** आरोपण ।

**In abeyance** प्रास्थगित ।

**Inability** अयोग्यता, असमर्थता ।

**Inaccessible** 1. पहुँच से परे; 2. अगम्य ।

**Inadequate** अपर्याप्त ।

**Inadmissible** 1. अस्वीकार्य, अग्राह्य; 2. अमान्य ।

**In advance** 1. पहले से, अग्रिम रूप से; 2. अग्रिम ।

**Inadvertence** 1. अनवधानता, असावधानी, भूल; 2. प्रमाद; **inadvertent** 1. अनजाना, 2. असावधान; **-ly** अनजाने, असावधानी से ।

**Inapplicable** 1. अप्रयोज्य; 2. अनुपयुक्त ।

**In camera** बंद कमरे में ।

**In cash** नकद ।

**Incentive** 1. प्रोत्साहन, प्रेरणादायक; 2. प्रेरणा, प्रेरणास्रोत; **-scheme** ~योजना ।

**Incidental** 1. प्रासंगिक, आनुषंगिक; 2. आकस्मिक (casual); **-ly** संयोग से, प्रसंगवश, अकस्मात्; **~charges** ~प्रभार; **~expenditure** ~व्यय; **~order** ~आदेश ।

**Incite** 1. भड़काना, उकसाना, उत्तेजित करना; 2. उद्दीप्त करना (विधि) (stimulate); **-ment** उकसाव, उद्दीपन, उत्तेजना ।

**Inclination** 1. प्रवृत्ति, रुझान, झुकाव; 2. अभिरुचि; 3. ढाल ।

**Inclusion** 1. समावेश, अंतर्वेशन; 2. सम्मिलन (विधि), अंतर्भाव; 3. अंतःस्थ पिंड (body) ।

**Inclusive (of)** सहित, को मिलाकर, को सम्मिलित करके ।

**Incognito** 1. अज्ञात; 2. गुप्त रूप से ।

**Incoherent** असंबद्ध, असंगत ।

**Income** आय, आमदनी; **~tax** आयकर; **~clearance certificate** ~समाशोधन-पत्र (विधि) ।

**Incoming** आवक, प्रवेशी ।

**Incompatible** 1. बेमेल, परस्पर विरोधी; 2. असंगत ।

**Incompetent** 1. अक्षम (incapable); 2. अयोग्य (unfit); 3. अनधिकारी **incompetency** अक्षमता ।

**Incomplete** अधूरा, अपूर्ण ।

**Inconclusive** 1. अनिर्णीत, अनिश्चायक ।

**Incongruous** 1. असंगत, बेतुका, बेमेल; 2. अनुपयुक्त ।

**Inconsistent** 1. असंगत; **inconsistency** असंगति ।

**Inconvenience** 1. असुविधा; **inconvenient** असुविधाजनक ।

**Incorporate** 1. सम्मिलित करना, समाविष्ट करना; **incorporated** 1. समाविष्ट, सम्मिलित; 2. निगमित; **incorporating** संयोगी; **incorporation** समावेशन, समामेलन ।

**Incredible** 1. अविश्वसनीय; **incredulity** अविश्वास, संदेह।

**Increment** 1. वेतनवृद्धि, वेतन-तरक्की; **~certificate** वेतन वृद्धि/तरक्की पत्र ।

**Incriminate** 1. अपराध में फँसाना; 2. अभियोग लगाना ।

**Incumbent** 1. पदस्थ, पदधारी; 2. आश्रयी, उपाश्रयी; **~on** के लिए आवश्यक ।

**Indecision** 1. अनिश्चय, दुविधा; 2. हिचकिचाहट; **indecisive** 1. अनिश्चित; 2. अनिर्णायक; 3. ढुलमुल; संदेही ।

**Indemnify** 1. क्षतिपूरण करना; 2. सुरक्षित रखना, रक्षा करना; **indemnification** क्षतिपूरण, क्षतिपूर्ति ।

**Indemnity** 1. क्षतपूर्ति, हरजाना; 2. छुटकारा (exemption); 3. सुरक्षा (protection); **~bond** बंध पत्र ।

**Indent** 1. माँग पत्र, इँडेंट; 2. टेढ़ी-मेढ़ी रेखा; 3. दोहरा प्रलेख तैयार करना; **-ed** 1. माँगा गया, 2. दुरारंभ; **-or** माँगकर्त्ता; **~item** माँगपत्र मद; **~transfer** माँग हस्तांतरण ।

**Indenture** 1. दस्तावेज, विलेख, अनुबंधपत्र, करारनामा; 2. तालिका (list); **-d** करारबद्ध ।

**Independence** 1. स्वतंत्रता; 2. स्वातंत्र्य; **~day~** दिवस; **independent** 1. स्वतंत्र, स्वाधीन, 2. स्वावलंबी; 3. निर्दलीय; **-note** -टिप्पणी ।

**In detail** विस्तार से, ब्योरेवार ।

**Index** 1. अनुक्रमणिका; 2. सूचक, निर्देशिका; 3. तालिका, सूची; 4. अभिसूचक; **-ing** सूची बनाना; **~card** ~कार्ड; **~number** सूचकांक; **~sheet** सूचक पत्र; **~slip** सूचक पर्ची ।

**Indicate** 1. सूचना देना; 2. संकेत देना, दिखाना; **-d** निर्दिष्ट, सूचित; **indication** 1. संकेत; 2. सूचना; 3. चिह्न, लक्षण; **indicator** संकेतक ।

**Indict** 1. अभ्यारोपित करना, इलज़ाम लगाना; **-able** अभ्यारोप; **-ment** अभ्यारोपण, अभियोग पत्र ।

**Indifferent** 1. उदासीन, विरक्त; 2. उपेक्षापूर्ण; 3. तटस्थ; 4. साधारण (average); 5. निष्क्रिय (inactive); **indifference**; उदासीनता; **-ism** उदासीनतावाद; **-ly** किसी प्रकार, जैसे-तैसे; **~attitude** उदासीन वृत्ति, उपेक्षापूर्ण रुख ।

**Indigenous** देशी, देशज; **~bank** ~बैंक; **~stores** ~माल/स्टोर्स ।

**Indirect** 1. परोक्ष; 2. अप्रत्यक्ष; 3. चक्करदार; 4. कुटिल, जटिल; **-ion** परोक्ष उपाय, अप्रत्यक्ष कार्रवाई; **-ly** अप्रत्यक्ष रुप से ।

**Indiscipline** अनुशासनहीनता ।

**Indiscretion** अविवेक, असावधानी ।

**Indiscriminate** 1. अविवेकी, अविचारपूर्ण; 2. अंधाधुंध; **indiscrimination** अविवेक, अंधाधुंध; **-ly** अंधाधुंध ।

**Indispensable** अपरिहार्य, अनिवार्य ।

**Indisputable** निर्विवाद, अविवाद्य ।

**Indistinct** 1. अस्पष्ट; **-ive** 1. अविशिष्ट, 2. अंधाधुंध; **-ness** अस्पष्टता ।

**Individual** 1. व्यक्ति; 2. व्यष्टि; 3. वैयक्तिक, व्यक्तिगत; **-ism** व्यक्तिवाद; **-istic** व्यक्तिपरक **-ity** वैयक्तिकता; **-ly** अलग-अलग, व्यक्तिशः, एक एक करके; **~inspection** पृथक-पृथक निरीक्षण ।

**Indorsement (Endorse)** 1. पृष्ठांकन; 2. अनुमोदन, मंजूरी; **~in blank** निरंक पृष्ठांकन; **~in full** पूर्ण पृष्ठांकन ।

**In duplicate** 1. दो प्रतियों में 2. अनुलिपि सहित ।

**Industrial** 1. औद्योगिक; 2. उद्योग; **-ism** उद्योगवाद; **-ist** उद्योगपति; **-ization** उद्योगीकरण, औद्योगीकरण; **~capacity** ~क्षमता; **~civil defence** ~सिविल रक्षा; **~concern** औद्योगिक समुत्थान; **~engineering** ~इंजीनियरी; **~estate** ~बस्ती; **~monopoly** ~एकाधिकार; **~relations** ~संबंध, मालिक-मजदूर संबंध; **~resources** ~संसाधन; **~staff** कर्मचारी वर्ग; **~tribunal** ~अधिकरण ।

**Industrious** अध्यवसायी, परिश्रमी, मेहनती; **~life** परिश्रमी जीवन ।

**Industry** 1. उद्योग; 2. अध्यवसाय, परिश्रम; **industries** उद्योग-धंधे ।

**Ineffective** 1. निष्प्रभावी, प्रभावहीन; 2. निष्फल; **ineffectual** अप्रभावी; **~balance** अप्रभावी शेष ।

**Inefficient** 1. अदक्ष, अक्षम; 2. असमर्थ; 3. अयोग्य; **inefficiency** अदक्षता ।

**Ineligible** 1. अपात्र, अवरणीय; 2. अनुपयुक्त, अयोग्य; **ineligibility** अपात्रता ।

**Inevitable** अपरिहार्य, अवश्यंभावी; **inevitably** अनिवार्यतः; **~ accident** अनिवार्य/अपरिहार्य दुर्घटना; **~losses** ~हानियाँ; **~payment** ~संदाय ।

**Inexpedient** 1. असमीचीन; 2. असामयिक, अनुपयुक्त; 3. अविवेकपूर्ण ।

**In fact** वस्तुतः, वास्तव में ।

**Infection** 1. संक्रमण, छूत, रोग-संचार; 2. संदूषण; **infectious** 1. संक्रामक, 2. फैलने वाला; 3. छुतहा, संसर्गज ।

**Inference** 1. अनुमान; 2. अनुमिति; 3. निष्कर्ष; **draw ~**अनुमान करना, निष्कर्ष निकालना; **~suggested** इंगित अनुमान ।

**Inferior** 1. निम्न, अवर (in rank); 2. अधीनस्थ; 3. निचला, अधोवर्ती; 4. निष्कृष्ट; **-ity** हीनता; **~in degree** कोटि में निम्नतर; **~quality** घटिया (माल); **~to** से अवर ।

**Infiltrate** 1. गुप्त प्रवेश, घुसपैठ; 2. छन छन कर प्रवेश; 3. में फैल जाना; **infiltration** घुसपैठ; **infiltrator** घुसपैठिया ।

**Infirmity** 1. अशक्तता; 2. दुर्बलता, शैथिल्य; 3. अवगुण, कमजोरी (defect); 4. बीमारी; **bodily ~**अंग शैथिल्य; **mental ~**मानसिक दौर्बल्य ।

**Inflation** 1. स्फीति; 2. मुद्रास्फीति; **-ary** स्फीति-विषयक; **~of profits** लाभस्फीति ।

**Influential** प्रभावशाली ।

**Inform** 1. सूचना देना, बता देना, जानकारी देना; 2. अवगत कराना; **-ant** इत्तिला/

सूचना देने वाला; **-ation** 1. सूचना, जानकारी; **-ative** सूचनात्मक; **-ed** सूचित किया; **~of** से अवगत **-er** भेदिया ।

**Informal** 1. अनौपचारिक, अप्रारूपिक; 12. अनियमित, नियमविरुद्ध; 3. साधारण, सादा; **-ity** अनौपचारिकता; **-ly** अनौपचारिक रूप से ।

**Infra** 1. नीचे लिखित, निम्नलिखित, अधोलिखित; **~structure** अवसंरचना; **infrastructural** अवसंरचनात्मक ।

**Infra dig** प्रतिष्ठा के प्रतिकूल ।

**Infringe** 1. उल्लंघन करना; 2. अतिलंघन करना, (विधि); 3. भंग करना; **infringing** अतिलंघनकारी; **-ment** अतिलंघन, उल्लंघन; **-on** अतिलंघन करना; **-of rule** नियम-अतिलंघन ।

**Inherent** 1. अंतर्निहित; 2. सहज, स्वाभाविक, जन्मजात; **-ly** अंतर्निहितत:; **~defect** अंतर्निहित नुक्स/त्रुटि; **~lacuna** ~कमी; **~power** ~शक्ति ।

**Inherit** 1. विरासत में पाना; 2. उत्तराधिकार में प्राप्त **-able** दाययोग्य; **-ance** विरासत, उत्तराधिकार; **-ed** वंशागत, विरासती; **-or** उत्तराधिकारी ।

**Initial** प्रारंभिक, आरंभिक; **~s** (pl) आद्यक्षर, आद्यक्षरित करना; **-ly** प्रारंभ में, आद्यत:; **~capital** ~पूँजी; **~pay** ~वेतन; **~stage** ~अवस्था ।

**Initiate** 1. प्रारंभ करना, पहल करना; 2. उपक्रमण; **-d** दीक्षित; **initiation** प्रारंभ, प्रवर्तन; **initiative** 1. पहल शक्ति, पहल, 2. सूत्रपात-क्षमता; **initiator** प्रवर्तक; **initiatory** प्रारंभिक, दीक्षात्मक ।

**Injection** 1. इंजेक्शन, सूई; 2. अंत:क्षेप (ण) ।

**Injunction** 1. व्यादेश, निषेधाज्ञा; 2. आदेश, समादेश (order); **interim~** अंतरिम व्यादेश; **mandatory ~**आज्ञापक व्यादेश; **perpetual** ~शाश्वत~; **temporary** ~अस्थायी~ ।

**Inland** 1. अंतर्देशीय, अंतर्देशी; 2. स्वदेशी; 3. भीतरी प्रदेश; **~instrument** अंतर्देशीय लिखत; **~waters** ~जलमार्ग ।

**Inoperative** 1. अप्रवृत्त, निष्क्रिय, अप्रवर्तनशील; 2. खाली ।

**Inordinate** 1. अत्यधिक, बेहद; 2. अनियमित, अनियत ।

**Inquiry** 1. पूछताछ, परिप्रश्न; 2. जाँच, जाँच-पड़ताल; 3. अन्वेषण; **~clerk** पूछताछ लिपिक; **court of** ~जाँच न्यायालय; **departmental ~** विभागीय जाँच; **~in camera** बंद कमरे में जाँच; **local** ~स्थानीय जाँच; **~office** पूछताछ कार्यालय; **preliminary** ~प्रारंभिक जाँच; **secret** ~गुप्त जाँच ।

**Insert** 1. में रखना; 2. अंत:स्थापित करना; **-ion** निवेशन; **~in** में रखना, में अंत:स्थापित करना ।

**Insight** 1. अंतर्दृष्टि, सूक्ष्मदृष्टि; 2. पूरी जानकारी ।

**Insignia** 1. अर्धचिह्न (पद-,राज-); 2. प्रतीक, लक्षण; 3. अधिकार चिह्न ।

**Insignificance** 1. महत्त्वहीनता, निरर्थकता; 2. तुच्छता ।

**Insolvency** दिवाला, दिवालियापन; **insolvent** दिवालिया; **~clerk** दिवाला लिपिक; **~petition** दिवाले की अर्जी ।

**Inspect** 1. निरीक्षण करना; 2. जाँचना; **-ed** निरीक्षित; **-ress** निरीक्षिका ।

**Inspection** 1. निरीक्षण; **~authority** निरीक्षण प्राधिकारी; **~certificate** ~प्रमाणपत्र; **~circle** ~सर्किल/हलका; **~equipment**

~उपस्कर; ~fee ~शुल्क/फीस; ~note ~टिप्पणी; ~report ~रिपोर्ट; ~unit ~यूनिट/एकक ।

**Inspector** निरीक्षक; **-ship** निरीक्षकत्व; **eviction** ~बेदखली निरीक्षक; **finishing** ~परिसाधन~; **~of works** संकर्म~।

**Instability** 1. अस्थिरता, अस्थायित्व ।

**Installation** 1. संस्थापन, प्रस्थापन; 2. अधिष्ठापन, प्रतिष्ठापन; 3. व्यवस्था ।

**Instalment** किस्त, अंशिका; **~payment** किस्त संदाय; **~system** ~प्रणाली ।

**Instance** 1. उदाहरण, दृष्टांत; 2. अनुरोध; 3. वाद; **for** ~उदाहरणार्थ; **in the first** ~पहली बार, प्रथमतः; **at the ~of,** की प्रेरणा पर, के अनुरोध पर ।

**Instant** 1. तत्काल क्षण; 2. आसन्न; **-aneous** तात्कालिक, क्षणिक; **-ly** तत्काल, ज्यों ही; **-death** - मृत्यु; **-hurt** उपहति ।

**Instigate** 1. उकसाना; उभाड़ना; 2. प्रेरित करना; **instigation** उकसाहट, उत्तेजन; **instigator** उकसाने वाला ।

**Institute** 1. संस्थान, संस्था; 2. संस्थापित करना, स्थापित करना; 3. प्रारंभ करना, चलाना; 4. प्रथा (custom); **-d** संस्थित, चालू, प्रवर्तनशील; **institution** 1. संस्था 2. रिवाज; 3. संस्थित करना ।

**Instruction** 1. अनुदेश, हिदायत; 2. शिक्षण, अनुदेशन, 3. सूचना, निर्देश; 4. शिक्षा, उपदेश; **-al** शिक्षा-, शैक्षिक; **course of** ~प्रशिक्षण का अनुक्रम ।

**Instrument** 1. यंत्र; 2. लिखत, प्रपत्र, दस्तावेज; 3. साधन; 4. उपकरण; **-al** 1. यांत्रिक, 2. सहायक, 3. करणकारक; **-ist** वादक; **~for gift** दान की लिखत; **~maker** उपकरण निर्माता; **~of accession** अधिमिलन पत्र, अंगीकार पत्र।

**Insubordination** 1. अनधीनता; 2. अवज्ञा, अविनय; आज्ञाभंग ।

**Insure** 1. बीमा करना; 2. क्षतिपूर्ति करना; 3. निश्चित कर लेना; 4. प्राप्त कराना; 5. सुरक्षित करना; **insurance** बीमा; **insured** बीमाकृत, बीमा किया हुआ; **-letter** बीमाकृत पत्र; **-r** बीमाकर्ता ।

**Integral** 1. अभिन्न, अविभाज्य; 2. समाकलित; 3. समग्र; **~account** समाकलित लेखे; **~multiple** पूर्णांकी गुणित ।

**Integration** 1. एकीकरण; 2. समाकलन ।

**Integrity** 1. सत्यनिष्ठा, ईमानदारी; 2. अखंडता, समग्रता ।

**Intelligence** 1. आसूचना (secret information); 2. बुद्धिमत्ता (understanding as a quality); **~department** खुफिया विभाग, गुप्तचर विभाग; **~test** बुद्धि परीक्षा ।

**Intelligible** 1. बोधगभ्य; 2. समझी जाने वाली ।

**Intemperance** 1. असंयम; 2. नशाखोरी; **intemperate** 1. असंयमित, 2. नशाखोर, 3. कड़ा, विषम (inclement) ।

**Intensive** 1. गहन, सघन; 2. प्रकृष्ट; 3. तीव्र; **~agriculture** सघन कृषि; **~drive** 1. तीव्र/गहन आंदोलन, 2. तीव्र/गहन प्रयास ।

**Intent** 1. आशय; 2. एकाग्र, दत्तचित्त; 3. दृढ़संकल्प; 4. उत्सुक; **-ion** 1. आशय, 2. अभिप्राय, मंशा; **-al** साशय; **-ly** साभिप्राय; **criminal** ~आपराधिक आशय ।

**Inter** अंतर, अंतरा; **~communication** अंतरासंचार, अंतःसंचार; **~departmental** अंतरविभागीय; **~marriage** अंतर्विवाह; **~sectional** अंतरानुभागीय; **~movement** ~संचार; **~references** ~पत्राचार/परामर्श; **~unit** अंतराएकक ।

**Inter alia** 1. के साथ-साथ; 2. अन्य बातों के साथ ।

**Interception** 1. अंतरग्रहण; 2. रोक लेना, बीच में रोकना; 3. अंतरावरोधन ।

**Interest** 1. रुचि; 2. ब्याज, सूद; 3. हित; 4. चिंता, परवाह (concern); 5. महत्त्व; 6. प्रभाव, सिफारिश; **-ed** 1. पक्षपाती, हित चाहने वाला, संबद्ध; **-ing** रोचक; **academic** ~शैक्षणिक हित ।

**Interfere** 1. हस्तक्षेप करना; 2. विघ्न डालना, बाधा डालना; **-nce** हस्तक्षेप, बाधा, विघ्न; **~with** में बाधा डालना, रोकना ।

**Interim** अंतरिम; **~award** ~पंचाट; **~grant** ~अनुदान; **~order** ~आदेश; **~relief** ~सहायता/राहत; **~reply** ~उत्तर; **~report** ~रिपोर्ट ।

**Intermediary** 1. मध्यवर्ती, मध्यस्थ; 2. माध्यम ।

**Intermediate** 1. मध्यवर्ती, मध्यांतरिक; 2. अंतःकालीन (of the intervening period); 3. मध्यक; **intermediation** मध्यस्थता; **~dividends** अंतःकालीन लाभांश; **~fact** मध्यांतरिक तथ्य ।

**Internal** 1. आंतरिक; 2. आभ्यांतरिक; 3. अंतर्देशीय; 4. भीतर का; **~administration** आंतरिक प्रशासन; **~check** आंतरिक जाँच; **~control** आंतरिक नियंत्रण; **~evidence** अंतःसाक्ष्य; **~security** आंतरिक-सुरक्षा ।

**International** 1. अंतरराष्ट्रीय; **~ism** अंतरराष्ट्रीयता; **~agreement** ~करार; **~organisation** ~संगठन ।

**Interpolation** 1. प्रक्षेप, प्रक्षेपांश; 2. अंतर्वेशन ।

**Interpretation** 1. व्याख्या, भाषांतर; 2. निर्वचन; **~clause** निर्वचन खंड ।

**Interrogate** 1. पूछताछ करना; 2. परिप्रश्न करना; **interrogation** 1. परिप्रश्न, 2. पूछताछ, 3. प्रश्नचिह्न; **interrogative** 1. प्रश्नात्मक, 2. प्रश्नवाचक; **interrogatories** परिप्रश्न ।

**Interrupt** 1. बाधा डालना, विघ्न डालना, अवरोध करना; 2. टोकना; 3. क्रमभंग करना; 4. हस्तक्षेप करना; **-ed** विच्छिन्न हुई, बाधित; **-ion** 1. बाधा, विघ्न; 2. व्यवधान, 3. क्रमभंग; **-in service** सेवा में व्यवधान; **-of duty** सेवा क्रमभंग ।

**Inter se** परस्पर, आपस में; **~rights** अधिकार जो एक दूसरे के मुकाबले में हैं ।

**Interval** 1. अंतराल, अंतर; 2. अंतरावधि; 3. समयांतराल; 4. अवकाश, विराम; **~of time** समय का अंतराल ।

**Intervene** 1. बीच में पड़ना, दखल देना; 2. अंतःक्षेप करना, हस्तक्षेप करना; **-r** 1. दस्तंदाज, हस्तक्षेपकर्त्ता; 2. अंतरायक; **intervening** बीच की, मध्यवर्ती; **-period** -अवधि; **intervention** 1. बीच में पड़ना, 2. अंतःक्षेप, मध्यक्षेप ।

**Interview** 1. साक्षात्कार, भेंट, इंटरव्यू; 2. मुलाकात; **-ee** समालाप्य; **-er** भेंटकर्त्ता,

प्रश्नकर्त्ता।

**Intimate** 1. सूचना देना; 2. प्रज्ञापित करना (विधि); 3. घनिष्ठ (close in acquaintance); 4. आंतरिक, अंतरतम; 5. गहरा, प्रगाढ़; **intimation** 1. प्रज्ञापन, 2. सूचना, इत्तिला; **~acquaintance** घनिष्ठ परिचय ।

**Intimidation** 1. अभित्रास; 2. भयभीत करना, डराना; **criminal ~** आपराधिक अभित्रास ।

**Intolerance** 1. असहनशीलता; 2. अनुदारता ।

**In toto** पूरी तरह से, संपूर्णतः ।

**Intoxicate** 1. नशा करना, नशा होना; 2. मतवाला, मदोन्मत्त करना; 3. उत्तेजित करना; **intoxicating** मादक; **~beverage** ~पेय; **intoxication** उन्मादन, नशा, मत्तता मद, उन्माद, नशा।

**Intricate** 1. जटिल, पेचीदा; 2. क्लिष्ट, दुर्बोध; **intricacy** जटिलता ।

**Intrigue** 1. कुचक्र, साजिश; 2. दुरभिसंधि ।

**Introduce** 1. प्रस्तुत करना; 2. परिचय कराना, परिचय करना; 3. समाविष्ट करना, प्रविष्ट करना; 4. पुरःस्थापित करना; 5. चलाना, प्रवर्तित करना; 6. प्रवेश कराना; **introduction** 1. प्रस्तावना; 2. परिचय; 3. पुरःस्थापना; 4. प्रवेश ।

**Invalid** 1. अमान्य, अविधिमान्य, अप्रामाणिक; 2. अशक्त; **-ity** असमर्थता, अशक्तता; **~carriage** अशक्त यात्री गाड़ी; **~pension** अशक्त पेंशन ।

**Invalidate** 1. अविधिमान्य करना; 2. विधितः अमान्य करना; **invalidation** अविधिमान्य बना देना, अविधिमान्य करना, अमान्यकरण ।

**Inventory** 1. वस्तुसूची, फेहरिस्त; 2. तालिका; 3. संपत्ति सूची ।

**Investigation** 1. अन्वेषण, खोज; 2. तफतीश, जाँच-पड़ताल; 3. छानबीन; **court of ~**अन्वेषण न्यायालय; **~inspector** अन्वेषण निरीक्षक ।

**Investment** 1. निवेश, लागत; 2. विनिधान (विधि); 3. आच्छादन; 4. घेरा (siege); **~committee** विनिधान समिति; **~policy** विनिधान नीति ।

**Invigilate** 1. अन्वीक्षण करना; 2. निरीक्षण करना; **invigilation** अन्वीक्षण, अधीक्षण; **invigilator** अधीक्षक ।

**Invitation** 1. निमंत्रण, आमंत्रण, न्योता; 2. माँगना; **tender** निविदा/टेंडर आमंत्रित करना ।

**In vogue** प्रचलित ।

**Invoice** 1. बीजक; 2. बीजक बनाना; **~machine** बीजक मशीन; **~receipts** आवती बीजक ।

**Involuntary** 1. अनैच्छिक; 2. अस्वैच्छिक; 3. अनभिप्रेत (unintentional); **~loss** अस्वैच्छिक हानि ।

**Involve** 1. फँसना, उलझाना; 2. संबद्ध होना; 3. ग्रस्त होना, अंतर्ग्रस्त होना; 4. अंतर्वलित करना; 5. जटिल बनाना; **-d** 1. अंतर्निहित; 2. फ़ँसा हुआ; 3. संबद्ध, 4. अंतर्ग्रस्त, ग्रस्त; **involving** अंतर्ग्रस्त; **-ment** उलझाव, उलझन, जटिलता ।

**Inward** 1. आवक; 2. भीतरी, आंतरिक, (क्रि०वि०) भीतर, अंदर; **-ly** 1. अंदर, भीतर ही भीतर, 2. मन में, मन ही मन; **~register** ~रजिस्टर/पंजी; **~returns** ~विवरणियाँ; **~traffic** ~यातायात ।

**Ipso facto** 1. स्वयमेव, स्वयमेव ही;

2. तथ्यत:; 3. इसी बात से ।

**Ipso jure** विधित: ।

**Irrational** 1. अयुक्त, अविवेकशील; 2. तर्कहीन, असंगत, अयुक्त; **-ism** अविवेक; **-ity** 1. असंगति, 2. अविवेक ।

**Irrecoverable** 1. अप्रत्युद्धरणीय; 2. लावसूला, नावसूल, अपूरणीय; 3. अवसूलीय ।

**Irrelevant** 1. असंबद्ध; 2. विसंगत, असंगत; **~matter** विसंगत बात ।

**Irresistible** 1. अप्रतिरोध्य; 2. रोका न जा सकने वाला, सम्मोहक; **~force** ~बल ।

**Irresponsible** 1. ग़ैरजिम्मेदार, अनुत्तरदायी; 2. बेजवाबदार ।

**Irrevocable** 1. अटल; 2. अप्रतिसंहरणीय; **~transfer** ~अंतरण; **~trust** ~न्यास ।

**Issue** 1. निर्गम, जारी करना, भेजना, प्रचालन; 2. देना, निकालना; 3. वाद-पद, विवाद्यक, वाद-विषय; 4. संतान, संतति; 5. अंक, प्रकाशन; 6. विचारवस्तु, विषय (point); **-d** जारी किया गया; **-less** 1. नि:संतान, 2. निष्परिणाम; **~diary** निर्गम डायरी; **~note** ~टिप्पणी; **~order** ~आदेश; **~price** ~कीमत; **~register** ~रजिष्टर; **~voucher** ~वाउचर; **in ~**विवाद्यक; **Join issue with** किसी बात पर बहस करना; **To take issue** सहमत न होना ।

**Item** 1. मद, मद्द; 2. समाचार; 3. विषय; 4. एकक, इकाई; **-ize** मदवार लिखना; **-ized** मदवार; **-wise** विषय क्रम से; **~in suspense** उचंत मद ।

**Itinerary** 1. यात्राक्रम, यात्रा कार्यक्रम, परिभ्रमण; 2. मार्ग निर्देशिका ।

# J

**Job** 1. जॉब, नौकरी; 2. कार्य, काम; 3. कर्तव्य; **-bery** स्वार्थाचार, क्षुद्रकर्म; **~analysis** कार्य/जॉब विश्लेषण; **~card** कार्य/जॉब कार्ड; **~description** ~विवरण; **~oriented** व्यवसायोमुंख; **~specification** ~विनिर्देश; **~work** फुटकर/छुटपुट काम, ठेके का काम ।

**Join** 1. कार्यभार ग्रहण करना; 2. सम्मिलित होना; 3. संयोजित करना; 4. मिलना, मिल जाना; 5. जोड़ देना, जोडना; **-ed** संयुक्त; **-ing** कार्यग्रहण/कार्यारंभ; **-date** कार्यारंभ तारीख; **-pay** कार्यारंभ काल वेतन; **-period** -अवधि; **-report** -प्रतिवेदन; **-time** 1. कार्यारंभ काल, 2. योगकाल ।

**Joint** 1. संयुक्त; 2. जोड़, गाँठ; **-ing** संधिकरण; **-ly** संयुक्त रूप से; **-and severally** संयुक्त और पृथक रूप से; **~account** संयुक्त खाता; **~annuity** ~वार्षिकी; **~application** ~आवेदन; **~cadre** ~काडर; **~funds** ~निधियाँ; **~holding** ~जोत/धृति; **~intelligence** ~आसूचना; **~liability** ~दायित्व; **~planning** ~योजना; **~representation** 1. ~प्रतिनिधित्व, 2. ~अभिवेदन; **~resolution** ~संकल्प; **~sector** ~सेक्टर; **~stock** ~पूँजी; **~supervision** ~पर्यवेक्षण; **~tenant** ~काश्तकार/किरायेदार; **~venture** ~उद्यम; **~attestation** ~अनुप्रमाणन; **~committee** ~समिति; **~communication** ~संचार; **~concurrence** ~सहमति; **~consultation** ~परामर्श; **~family** ~परिवार ।

**Journal** 1. दैनिकी, रोजनामचा; 2. पत्रिका, जरनल; 3. पत्र, अखबार; **-ese** पत्रकार-शैली, अखबारी भाषा; **-ism** पत्रकारिता; **-ist** पत्रकार ।

**Jubilee** जयंती; **diamond** ~हीरक~; **golden** ~स्वर्ण ~; **silver** ~ रजत~।

**Judgement** 1. निर्णय, फैसला; 2. निर्णयन; 3. विचार, राय, अनुमान; 4. आलोचना, मूल्यांकन; 5. विवेक, बुद्धि; **dissenting ~** विसम्मत निर्णय; **pronounced** ~सुनाया गया निर्णय ।

**Judicial** 1. न्यायिक, अदालती; 2. निष्पक्ष, न्यायसम्मत; 3. विवेचनात्मक; **judiciary** न्यायपालिका; **judicious act** न्यायिक कार्य; **~enquiry** ~जाँच, अदालती जाँच; **~notice** ~नोटिस; **~service** ~सेवा; **~stamps** ~स्टाम्प ।

**Junior** 1. अवर; 2. कनिष्ठ, छोटा; **-ity** कनिष्ठता, अवरता; **-most** कनिष्ठतम; **~administrative grade** अवर प्रशासन ग्रेड/कोटि; **~division** अवर प्रभाग; **~inspector** कनिष्ठ निरीक्षक; **~mechanic** कनिष्ठ मैकेनिक ।

**Jurisdiction** 1. अधिकार क्षेत्र, क्षेत्राधिकार; 2. अधिकारिता (विधि); 3. न्यायालय; 4. न्याय-व्यवस्था; **-al** आधिकारिक,

अधिकारिता वाला; **appellate** ~ अपीली अधिकारिता; **concurrent** ~ समवर्ती अधिकारिता; **equal** ~ समान अधिकारिता; **local** ~ स्थानीय अधिकारिता ।

**Just** 1. न्याय्य; 2. उचित, ठीक, सही, यथातथ्य; 3. न्यायसंगत; 4. वैध, विधिसंगत; **-ly** ठीक ही, न्यायतः; **-ness** औचित्य; **~cause** न्यायसंगत हेतुक; **~decision** ~विनिश्चय; **~excuse** ~कारण; **~ground** ~आधार ।

**Justice** 1. न्याय, इंसाफ; 2. न्यायमूर्ति; 3. न्यायपरायणता; **coure of** ~ न्यायक्रम; **court of** ~ न्यायालय; **~of the case** मामले में न्याय ।

**Justify** 1. न्यायोचित ठहराना, सफाई देना; 2. उचित सिद्ध करना; 3. दोष मुक्त करना; 4. ठीक कर देना, व्यवस्थित करना; 5. आधार प्रस्तुत करना; **justifiable** 1. न्यायोचित, 2. समर्थनीय; **justification** तर्कसंगति, 2. औचित्य, 3. दोषमोचन; **justified** न्यायानुमत ।

**Juvenile** 1. बाल, बाल्य; 2. किशोर, नवयुवक; **~convict** किशोर सिद्ध-दोष; **~court** किशोर न्यायालय; **~delinquency** ~अपराधवृत्ति/अपचारिता; **~offender** ~अपराधी ।

# K

**Keen** 1. उत्साही, तेज; 2. तीक्ष्ण, प्रखर, तेज (sharp, intense); 3. दूरदर्शी, विचक्षण; 4. तीखा; **~eyed** तीक्ष्ण दृष्टि ।

**Keep** 1. देख-रेख; 2. गुजारा, निर्वाह, भरण-पोषण; 3. रोकना, रोक रखना; 4. वश में रखना; 5. गुप्त रखना; 6. पर चलते रहना; **-er** पालक, रक्षक; **-ing** 1. देखभाल, देखरेख; 2. अधिकार, 3. भरण-पोषण; 4. संगति; 5. पालन; **~safe** सुरक्षा से रखना; **~away** से अलग या दूर रखना; **~up** बनाये रखना; **~harmless** हानिमुक्त रखना; **~in confinement** परिरोध में रखना; **~out of way** 1. बचते रहना, 2. सामने आने से बचना।

**Key** 1. आधारभूत, मूल; 2. मुख्य; 3. कुंजी, चाबी; **~board** कुंजी पटल/की बोर्ड; **~industry** आधारभूत उद्योग; **~map** मूल नक्शा; **~note** मूल स्वर, मूल-भाव; **~point** मूल स्थान; **~word** संकेत शब्द; **~up** उत्तेजित करना ।

**Kidnap** 1. अपहरण करना; 2. ले भागना; **-ped** अपहृत; **-ping** अपहरण, व्यपहरण (विधि); **-per** अपहर्ता ।

**Kill** 1. हत्या करना; 2. नष्ट करना, समाप्त करना; 3. हरा देना; 4. बिताना, काटना; 5. फीका कर देना; 6. अभिभूत करना; **-er** हत्यारा; **-ing** वध; **-person** व्यक्ति का वध करना ।

**Kin** रक्त संबंध, कुल्य; (pl) **-s man** कुल्य; **nearest of ~**समीपतम संबंधी; **nearness of ~**रक्त संबंध की निकटता; **next of ~**निकटतम संबंधी ।

**Kind** 1. वर्ग (class); 2. प्रकार; 3. जाति; 4. भला, अच्छा; 5. दयालु, कृपालु; **-ly** कृपालु, भद्र, सुखद; **-ness** कृपा; **~hearted** दयालु, कृपालु; **in** -वस्तु के रूप में ।

**Kindergarten** बालवाड़ी, बालविहार; **~teacher** ~शिक्षक ।

**Kinship** 1. सगोत्रता, बंधुता; 2. संबंध; 3. सादृश्य ।

**Knock** 1. चोट करना; 2. चोट; **-ing** अंत होना; **-down** बोली अंतिम होना, बोली खत्म होना ।

**Know** 1. जानना; 2. समझना; 3. से परिचित होना; 4. पहचानना; 5. अंतर जानना; **-able** ज्ञेय; **-how** जानकारी, तकनीकी जानकारी; **-ing** 1. जानना 2. जानकार, बुद्धिमान; **-ly** जानबूझकर; **~all** सर्वज्ञ; **-er** ज्ञाता ।

**Knowledge** 1. ज्ञान, विद्या; 2. परिचय (acquaintance); 3. जानकारी (awareness); **-able** 1. जानकार, 2. सुविज्ञ; **~of facts** तथ्यों की जानकारी ।

**Known** 1. जाना; 2. समझा गया; 3. कहे जाते हैं; **~as** नामक ।

# L

**Label** 1. लेबल, परचा, नामपत्र, अंकित; 2. नाम; 3. फीता; **-led** लेबल होना, अंकित, चिह्नित; **-ling** लेबल लगाना ।

**Laboratory** 1. प्रयोगशाला; **~assistant** प्रयोगशाला सहायक; **~bearer** ~परिचर; **~room** ~कक्ष ।

**Labour** 1. श्रम; 2. श्रमिक वर्ग; 3. प्रसव पीड़ा; **-er** श्रमिक, मजदूर; **~charges** मजदूरी; **~court** श्रम न्यायालय; **~dispute** ~विवाद; **~division** -विभाजन; **~organisation** श्रम/मजदूर संगठन; **~officer** श्रम अधिकारी; **~relations** मालिक-मजदूर संबंध; **~unrest** श्रमिक अशांति; **~welfare** श्रम/श्रमिक कल्याण ।

**Lacuna** 1. कमी (defect, flaw); 2. रिक्ति, रिक्त, स्थान; 3. अंतराल, अंतर; **-r** रिक्तिमय ।

**Land** 1. भूमि, भू; 2. स्थल, खुश्की; 3. देश, प्रदेश, राज्य; 4. भूसंपत्ति; **-ed** भूमिगत; **-ing** 1. पहुँचना, उतरना, 2. अवतरण; 3. मध्यमंच; **~acquisition** भूमि अर्जन; **~adviser** भूमि सलाहकार; **~holder** 1. भूमिधारी, भूधारक, 2. काश्तकार; **~less** भूमिहीन; **~labourer** ~मजदूर; **~lord** भूस्वामी; **~mark** 1. सरहद, सीमाचिह्न, 2. युगांतरकारी घटना; **~mortgage** ~बंधक; **~owner** ~स्वामी; **~records** ~अभिलेख; **~reforms** ~सुधार; **~revenue** भूराजस्व, मालगुजारी; **~slide** 1. भूस्खलन; 2. महाविजय (victory); **~tenure** भू-धृति, पट्टेदारी ।

**Language** 1. भाषा; 2. शैली; **-adviser** भाषा सलाहकार; **~division** ~प्रभाग; **~expert** विशेषज्ञ; **insulting~** अपमानजनक भाषा ।

**Lapse** 1. बीत जाना; 2. गलती, भूल, चूक; 3. व्यपगत होना; 4. अवनति, ह्रास; 5. गति; **-d** 1. व्यपगत; 2. समाप्त; 3. पतित, च्युत; **lapsing** व्यपगमन; **-of deposit** जमा का व्यपगमन; **~to govt.** सरकार को चला जाना ।

**Large** 1. बड़ा, बृहत्; 2. विशाल, लम्बा चौड़ा; 3. प्रचुर; 4. भारी-भरकम; 5. अनुकूल; **-ly** बहुत, अधिकांश; **~amount** अधिक परिमाण में; **~hearted** विशाल हृदय; **~scale** बड़े पैमाने पर, व्यापक; **at ~** स्वच्छंद ।

**Last** 1. अंत; 2. आखिर, अंतिम; 3. गत, पिछला; 4. अधम; 5. चरम; **-ing** 1. स्थायी, चिरस्थायी; 2. टिकाऊ; 3. पक्का (रंग); **-ly** अंततः, आखिर में; **~pay certificate** अंतिम वेतन प्रमाणपत्र (एल०पी०सी०); **~payment** अंतिम भुगतान/संदाय; **~purchase** अंतिम क्रय; **~survivor** अंतिम उत्तरजीवी ।

**Late** 1. विलंब से, देर से; 2. स्वर्गीय,

दिवंगत; 3. हाल में (of late); 4. के अंत में; 5. उत्तर, परवर्ती; -ness देर; ~attendance विलंब उपस्थिति; ~news छपते-छपते; ~payment देर से भुगतान ।

**Later** 1. उत्तर, बाद का, बाद में; 2. फिर कभी; 3. परवर्ती, उत्तरकालीन; **~act** बादवाला अधिनियम; **~created** पश्चात् सृष्ट; **~reference** बाद का हवाला, उत्तर संदर्भ/निर्देश ।

**Latest** 1. नवीनतम; 2. सबसे पश्चात्; 3. अंतिम, सबसे अंत का; **~census** नवीनतम जनगणना; **~development** नवीनतम उद्घटनाएँ/ विकास ।

**Latitude** 1. छूट; 2. अक्षांश; 3. उदारता (liberality); 4. विस्तार, फैलाव (scope); **latitudinal** अक्षांशीय ।

**Laudable** प्रशंसनीय, श्लाघ्य, स्तुत्य ।

**Launch** 1. प्रारंभ करना; 2. प्रमोचन, जलावरण; 3. लांच; 4. प्रस्थान करना; **-ing** जलावरण; **~way** अवतरण-मंच ।

**Law** 1. विधि, कानून; 2. नियम, सिद्धांत; 3. संहिता; **-ful** विधिसम्मत, विधियुक्त; **-fully** विधितः; **-less** अवैध, विधिहीन; **lawlessness** अराजकता, अंधेर, अव्यवस्था; **~and order** कानून और व्यवस्था; **~breaker** कानून तोड़ने वाला/ भंग करने वाला; **~charges** विधि प्रभार, विधि व्यय; **established by ~** विधि द्वारा स्थापित; **existing ~** विद्यमान विधि; **~in force** प्रवृत्त विधि; **~of the land** देशाचार ।

**Lay** 1. रखना; 2. स्थिति, परिस्थिति; 3. हिस्सा, भाग; 4. अविशेषज्ञ, साधारण; 5. शांत करना; 6. लगाना (impose); 7. साधना, निशाना बाँधना (aim); 8. तैयार करना (prepare); **~aside** किनारे रखना, टालना; **~away** रख लेना; **~before** पेश करना, प्रस्तुत करना, सामने रखना; **-down** अधिकथित करना; **~off** कामबंदी; **~on** लगाना; **~out** 1. नक्शा, अभिन्यास, 2. प्रदर्शित करना, निकाल कर रखना ।

**Leader** 1. नेता, प्रमुख; 2. लीडर; 3. अग्रणी; 4. अग्रलेख; **-ship** अगुआई, नेतागिरी ।

**Leading** 1. अग्र; 2. मुख्य; 3. मार्गदर्शक; **~article** अग्रलेख **~case** अग्रनिर्णय; **~counsel** मुख्य कौंसिल; **~decision** अग्र विनिश्चय; **~mark** मुख्य चिह्न; **~question** सूचक प्रश्न ।

**Leaflet** 1. पर्ची, पत्र, दल; 2. पन्ना, पुस्तिका ।

**Leak** 1. रिसन होना; 2. रिसाव; 3. खुल जाना, प्रकट हो जाना; **-age** 1. रिसन, रिसाव, 2. लीकेज; **-y** सूराखदार, चूना ।

**Learn** 1. सीखना; 2. अधिगम; **-ed** विद्वत; **-er** नौसिखिया; **-ing** 1. सीखना, अधिगम, 2. विद्वत्ता; **higher -** उच्चतर विद्या ।

**Lease** 1. पट्टा, लीज; 2. पट्टे पर देना; **~for life** आजीवन पट्टा; **-hold** पट्टे पर, पट्टाधृति; **~holder** पट्टाधारी पट्टेदार; **mortgage ~** बंधक पट्टा **~system** पट्टाधारिता; **~without term** निरवधि पट्टा ।

**Leave** 1. अवकाश, छुट्टी; 2. अनुमति 3. छोड़ना, चले जाना; 4. बिदा होना चला जाना; **~account** छुट्टी का लेखा **~allowance** छुट्टी भत्ता; **~encashment** छुट्टी के बदले नकद भुगतान; **~preparatory to retirement** सेवानिवृत्तिपूर्व छुट्टी; **~reserve**

छुट्टी रिजर्व; **~salary** छुट्टी का वेतन; **~vacancy** अवकाश/छुट्टी रिक्ति; **~on average pay** औसत वेतन छुट्टी; **~on medical ground** चिकित्सा छुट्टी; **~without pay** अवेतन छुट्टी; **~with pay** वैतनिक/सवेतन छुट्टी; **~out** छोड़ देना ।

**Lecture** 1. भाषण, लेक्चर; 2. व्याख्या; 3. व्याख्यान देना; **-er** प्राध्यापक; **~guide** ~गाइड; **~hall** भाषण/लेक्चर हॉल ।

**Ledger** 1. खाता; 2. समतल पत्थर; **~account** खाता लेखा; **~balance** खाता बकाया/शेष; **~folio** खाता फोलियो; **~keeper** खातानवीस ।

**Legacy** 1. रिक्थ, वसीयत; 2. वसीयत-संपदा (विधि); **general** ~साधारण वसीयत ।

**Legal** 1. कानूनी, विधिक, वैध; **-ity** वैधता; **-ly** वैध रूप से, कानूनी तौर पर; **~act** वैध कार्य; **~practice** वकालत; **~procedure** विधिक प्रक्रिया; **~proceeding** विधिक कार्यवाही; **~right** वैध अधिकार; **~status** विधिक प्रास्थिति ।

**Legalize** 1. वैध करना; 2. वैध बनाना; **legalization** वैधीकरण ।

**Legible** 1. सुवाच्य, पढ़ा जाने योग्य; 2. सुपाठ्य; **~inscription** सुपाठ्य अंतरालेखन ।

**Legislative** 1. वैधानिक; 2. विधायी; **~business** विधायी कार्य; **~council** विधान परिषद्; **~function** विधायी कार्य; **~measure** विधायी कार्य/उपाय; **~powers** विधायी शक्तियाँ; **~procedure** विधायी प्रक्रिया ।

**Legislature** 1. विधानमंडल; 2. विधायिका ।

**Legitimacy** 1. वैधता; 2. धर्मजता, धर्मजत्व ।

**Legitimate** 1. उचित, विधिसम्मत, विधि-संगत; 2. धर्मज; 3. तर्कसंगत, युक्तियुक्त; 4. यथार्थ; **~birth** धर्मज जन्म; **~claim** विधिसंगत दावा; **~origin** आरंभ से ही वैध; **~son** धर्मज पुत्र; **~use** विधि-सम्मत उपयोग ।

**Leisure** अवकाश, फुरसत; **-ly** अत्वरित ।

**Lenient** 1. नरम; 2. उदार, सौम्य; **leniency** 1. नरमी, 2. उदारता ।

**Lessee** 1. पट्टेदार; 2. पट्टेधारी; **~of an estate** संपदा का पटटेदार; **permanent ~** स्थायी पट्टेदार ।

**Letter** 1. पत्र; 2. लेटर; 3. अक्षर; **-ing** अक्षर लेखन; **~book** पत्र पुस्ती, डाक बही; **~box** लेटर बॉक्स; **~head** सरनामा, शीर्षनामा; **~pad** पत्र पैड, पत्र-बंध; **~of acceptance** स्वीकृतिपत्र; **~of advice** सूचनापत्र; **~of authority** प्राधिकारपत्र; **~of credence** प्रत्ययपत्र; **~of credit** साखपत्र; **~of guarantee** गारंटीपत्र; **~of introduction** परिचयपत्र ।

**Level** 1. सम, समतल; 2. समतालिका; 3. स्तर; 4. तलमापी; **-ling** 1. समतल करना, 2. तलमापन, 3. समकरण; **~crossing** समपार, समतल क्रॉसिंग; **~of nutrition** पोषाहार स्तर ।

**Levy** 1. उगाही; 2. उद्ग्रहण; 3. उद्गृहीत करना; **levied** उद्गृहीत; **-ing** उद्गृहण करना; **~penalty** शास्ति उद्गृहीत करना ।

**Liable** 1. जिम्मेदार; 2. भागी; 3. दायी, दायित्व के अधीन; **liability** दायित्व ।

**Liaison** 1. संपर्क; 2. संधि; **~inspector** ~निरीक्षक; **~officer** ~अधिकारी; **~organisation** ~संगठन ।

**Library** पुस्तकालय; **librarian** पुस्तकालयाध्यक्ष; **~science** ~विज्ञान ।

**Licence** 1. लाइसेंस; 2. अनुज्ञप्ति; 3. अनुज्ञप्ति देना; 4. छूट, स्वतंत्रता (freedom); **licensed** अनुज्ञप्त; **licensee** अनुज्ञप्तिधारी, लाइसेंसधारी; **licensing** अनुज्ञापन; **~collector** ~कलक्टर; **~fee** ~फीस; **~holder** लाइसेंसदार, अनुज्ञप्तिधारी ।

**Lien** 1. पुनर्ग्रहणाधिकार, लियन; 2. धारणाधिकार; **~for deposit** निक्षेप के लिए धारणाधिकार; **right of ~** धारणाधिकार ।

**Life** 1. जीवन; 2. जीव; 3. स्फूर्ति, प्राण; **~annuity** आजीवन वार्षिकी; **~boat** रक्षा नौका; **~insurance** जीवन बीमा; **for ~**आजीवन, जीवनपर्यंत; **~interest** जीवनपर्यंत हित; **~long** आजीवन; **~policy** जीवन बीमा; **~saving** प्राण रक्षा; **mean** प्राणरक्षक साधन; **~time** जीवनकाल ।

**Light**[1] 1. प्रकाश, रोशनी; 2. दीप; 3.दृष्टि, दृष्टिकोण; **-ed** प्रकाशयुक्त; **-ing** प्रकाश व्यवस्था; **~house** प्रकाशस्तंभ, दीपस्तंभ; **~ship** प्रकाशपोत, दीपपोत; **in the~of** को ध्यान में रखते हुए ।

**Light**[2] 1. हलका; 2. मंद; 3. आसान, सरल; 4. फुरतीला; **-ly** धीरे से, हलके से; **-ness** हलकापन, छिछोरापन; **-some** प्रसन्नचित्त; **light-hearted** प्रसन्नचित्त; **~industry** हलका उद्योग ।

**Limit** 1. हद, सीमा; 2. परिसीमा; 3. मर्यादा; 4. अवधि; **-ation** 1. सीमा; 2. अवधि; 3. निर्बंधन; 4. मर्यादा; **-less** असीम; **~of time** परिसीमित समय; **time ~** कालसीमा ।

**Limited** 1. सीमित; 2. लिमिटेड; **~concern** लिमिटेड प्रतिष्ठान; **~interest** परिसीमित हित; **~liability** सीमित दायित्व; **~period** सीमित कालावधि; **~tender** ~टेंडर/निविदा; **~time** परिसीमित समय/अवधि ।

**Line** 1. लाइन, कतार; 2. परंपरा, वंशक्रम; 3. रेखा; 4. सीमा-रेखा; 5. पंक्ति, चरण; 6. माला, श्रेणी; 7. पद्धति, प्रणाली; **-age** वंशावली; **female ~**नारी परंपरा; **~man** लाइन मैन; **~of promotion** पदोन्नतिक्रम ।

**Link** 1. कड़ी, श्रृंखला, लिंक; 2. बंध; 3. संपर्क; 4. संलग्न, संबद्ध; **-age** अनुबंध, संयोजन; **-ed** संबद्ध, संलग्न; **~file** ~फाइल, संलग्न मिसिल/फाइल; **-ing** योजक; **~language** संपर्क भाषा ।

**Liquidate** 1. शोधन करना; 2. परिसमापन करना, समाप्त करना, खत्म करना; 3. निर्धारण करना, परिनिर्धारण करना; 4. चुकाना (pay); **liquidation** 1. परिसमापन, समापन, 2. शोधन, 3. निर्धारण; **-d** परिनिर्धारित; **liquidator** परिसमापक, समापक ।

**List** 1. सूची, तालिका; 2. सूची बनाना; 3. सूचीबद्ध करना; 4. झुकाव; **-ing** सूचीकरण; **-less** निर्जीव, उदासीन; **~of business** कार्यसूची; **~of payments** संदाय सूची; **~price** सूची मूल्य ।

**Listen** 1. सुनना; 2. ध्यान देना; **-er** श्रोता; **-ing** श्रवण; **-room** -कक्ष ।

**Literacy** साक्षरता ।

**Literal** 1. शाब्दिक; 2. अक्षरशः; 3. नीरस, शुल्क; 4. यथार्थ, यथातथ्य; **-ism** अक्षरानुसरण; **-ly** अक्षरशः, अक्षर-अक्षर; **~transcript** अक्षरशः अनुलिपि; **~translation** शब्दानुवाद ।

**Literate** 1. साक्षर, शिक्षित; 2. साहित्यिक ।

**Litigant** 1. वादकारी; 2. मुकदमा करने वाला; **litigation** मुकदमेबाजी, वाद, मुकदमा ।

**Live** 1. रहना, निवास करना; 2. जीवित रहना; 3. टिकना, बना रहना; 4. निर्वाह करना; 5. भोजन, अनुभव करना; **-ly** 1. सजीव, सक्रिय, 2. उत्तेजनापूर्ण, 3. प्रफुलन, 4. चटकीला; **~animal** जीवित पशु; **~birth** जीवित जन्म ।

**Livelihood** 1. जीविका; 2. रोजी ।

**Livestock** 1. पशुधन, पेशु; 2. जीवधन; **~breeding** पशु प्रजनन; **~health** पशुधन स्वास्थ्य; **~research** पशु अनुसंधान ।

**Living** 1. निर्वाह; 2. जीवित; 3. सक्रिय, सजीव, जीवंत; 4. जीता-जागता; **~conditions** जीवन की परिस्थितियां; **~expense** निर्वाह खर्च; **~index number** जीवन निर्वाह सूचकांक; **~wage** मजदूरी ।

**Loan** 1. कर्ज़, ऋण; 2. उधार; **-able** उधारदेय; **-ee** कर्जदार; **~agreement** उधार-करार; **~creditor** लेनदार; **~word** ग्रहीत शब्द, आगत शब्द ।

**Local** 1. स्थानीय, स्थानिक; 2. सीमित; **-ism** स्थानीय मुहावरा; **-ity** जगह, इलाका; **-ize** सीमित रखना, स्थानीय बनाना; **~act** ~अधिनियम; **~area** ~क्षेत्र; **~body** ~निकाय; **~colour** स्थानीय; **~purchase** ~खरीद/क्रय; **~self govt.** स्वशासन/स्वायत्त शासन; **~stock** ~स्टॉक; **~taxation** स्थानीय करस्थान ।

**Location** 1. स्थिति, अवस्थिति; 2. अवस्थान, स्थान; 3. स्थाननिर्धारण ।

**Lock** 1. ताला; 2. जलबंध; 3. गुच्छ; 4. अवरोध; **-er** लॉकर; **-ing** रोध; **-out** तालाबंदी; **-up** हवालात, हिरासत, कैदखाना ।

**Locus penitentiac** अपराध से विमुख (मुँह मोड़ने) होने का अवसर ।

**Locus standi** 1. अधिस्थिति; 2. सुनवाई का अधिकार, सुने जाने का अधिकार ।

**Lodge** 1. लॉज, वास; 2. दाखिल करना, निविष्ट करना; 3. जमा करना; 4. ठहराना; 5. रख देना; **-er** ठहरने वाला; **lodging** वास; **-allowance** आवास भत्ता; **~house** ~गृह ।

**Log** 1. लॉग, अभिलेख; 2. लट्ठा; **~book** लॉग बुक, रोजनामचा, कार्यपंजी ।

**Logo** नामशैली ।

**Long** 1. दीर्घ (काल); 2. अधिक; 3. लंबी (अवधि); **-er** दीर्घतर; **-est** दीर्घतम; **~ago** बहुत पहले; **~distance** अधिक दूरी/लंबी दूरी; **-standing** पुराना, चिरकालिक; **~term** दीर्घकालिक; **~loan** ~उधार; **as~as** जब तक; **in the~run** अंत में ।

**Loss** 1. हानि, नाश, क्षय; 2. अभाव, लोप; **gross** ~सकल हानि; **~in transit** मार्ग में हानि; **~of resale** पुनर्विक्रय में हानि; **net** ~शुद्ध हानि ।

**Lounge** 1. लाउंज, विश्रांतिका; 2. विश्राम कक्ष; **-r** आलसी ।

**Low** 1. निचला, निम्न; 2. नीचा; 3. छिछला; 4. अल्प; 5. हलका, मंद; 6. दुर्बल; **-er** 1. निम्नतर, 2. अवर; **-est** न्यूनतम; **~age limit** निम्न आयु सीमा; **~court** निचला न्यायालय; **~grade** निम्न श्रेणी; **~primary** निम्न प्राथमिक; **~rate** निम्न श्रेणी ।

# M

**Machine** 1. मशीन, यंत्र, कल; **-ry** 1. मशीनरी; 2. तंत्र व्यवस्था, 3. कार्यप्रणाली; **-of govt.** शासन-व्यवस्था; **accounting** ~लेखा मशीन; **~ship** यंत्रालय; **~tool** उपयंत्र, मशीनी औजार; **transcribing** ~प्रतिलेखन मशीन, प्रतिलेखित्र ।

**Magazine** 1. गोदाम, भंडार; 2. बारूदघर, आयुधागार; 3. पत्रिका; 4. पेट (गन) ।

**Mail** डाक; **-able** डाक से भेजने योग्य; **-ing** डाक; **~list** ~सूची; **~agent** रेल डाक क्लर्क; **~bag** डाक थैला; **~guard** डाक रक्षक; **~motor** ~मोटर; **~train** ~गाड़ी; **~transfer** ~अंतरण ।

**Main** 1. मुख्य, मुख्यांश, मुख्य बात; 2. मुख्यलाईन-नेहर, नल, परिपथ; **-ly** प्रधानतः, मुख्यतः; **~body** मुख्यभाग; **~drain** मुख्य नाली; **~office** मुख्य कार्यालय; **~purpose** मुख्य प्रयोजन; **~spring** मुख्य प्रेरणा; **in the** ~कुल मिलाकर ।

**Maintain** 1. रखना, भरणपोषण करना; 2. अनुरक्षण करना; 3. बनाए रखना; 4. रक्षा करना; 5. पोषण करना; 6. समर्थन करना (to uphold in argument); 7. दृढ़तापूर्वक कहना, प्राख्यान करना (assert or affirm); **-able** पोषणीय, चलाने योग्य; **~good behaviour** सदाचारी बना रहना; **~suit** वाद चलाना; **~accounts** लेखा रखना; **~college** कालेज चलाना; **~family** परिवार का भरण पोषण करना; **~garden** उद्यान का अनुरक्षण करना; **~law & order** कानून और व्यवस्था बनाए रखना ।

**Maintenance** 1. अनुरक्षण, रखरखाव; 2. रखना, भरणपोषण; 3. बनाए रखना; 4. चालू रखना; 5. वाद पोषण; **~and treatment** पोषण और उपचार; **~allowance** भरणपोषण भत्ता; **~grant** 1. भरणपोषण अनुदान, 2. अनुरक्षण अनुदान; **~order** भरणपोषण का आदेश ।

**Major** 1. वयस्क, प्राप्तवय; 2. मुख्य; 3. मेजर (पद); 4. भारी, बड़ा; 5. अधिकांश; **~estimates** मुख्य अनुमान; **~head** मुख्य शीर्ष; **~items** प्रमुख मदें; **~works** बड़े निर्माण कार्य, मुख्य संकर्म ।

**Majority** 1. बहुमत; 2. वयस्कता, बालिगपन; 3. बहुसंख्यक; 4. अधिकांश; **absolute** ~स्पष्ट बहुमत, पूर्ण बहुमत; **concurrence of a ~** बहुमत; **~representation** बहुमत प्रतिनिधित्व; **~vote** बहुसंख्यक मत ।

**Mal** कु-, दु-, अन-, कद; 2. अनुचित दुः, दुर, अप-; **~adjustment** कुसमायोजन; **~administration** कुप्रशासन; **~behaviour** अनुचित

व्यवहार; ~**nutrition** कुपोषण; ~**practice** अनाचार; ~**treatment** दुर्व्यवहार ।

**Malafide** 1. दुर्भावपूर्ण, बदनीयत; 2. असद्भावपूर्वक (विधि); 3. जाली, कपटपूर्ण; ~**s** (pl) दुर्भाव, बदनीयती ।

**Mala in se** स्वतः दोषपूर्ण ।

**Malice** दुर्भाव, विद्वेष, द्वेष; **malicious** दुर्भावपूर्ण, विद्वेषपूर्ण; **-ly** दुर्भाव से; **-abuse of process** प्रक्रिया का दोषपूर्ण दुरुपयोग; **-intention** विद्वेषपूर्ण आशय ।

**malus usuo** कुप्रथा ।

**Man** 1. मनुष्य, आदमी; 2. श्रम-; 3. जन-; ~**days** श्रमदिन; ~**hours** श्रमघंटे; ~**power** जनशक्ति ।

**Manage** 1. प्रबंध करना, संचालन करना; 2. देखभाल करना; 3. व्यवस्था करना; **-able** नियंत्रणीय; **manager** प्रबंधक, मैनेजर, व्यवस्थापक; **managing** प्रबंध; **-committee** प्रबंध समिति; **-ment** 1. प्रबंध, 2. प्रबंध मंडल, प्रबंध तंत्र; ~**himself** अपनी देखभाल करना ।

**Mandate** 1. अधिदेश; 2. आज्ञा, आदेश; 3. आज्ञापक; **-d** आदेशाधीन; **mandatory** 1. अधिदेशात्मक, 2. आज्ञापक, 3. अनिवार्य (obligatory); **-term** आज्ञापक निबंधन ।

**Manifesto** 1. घोषणापत्र; 2. नीति घोषणापत्र ।

**Manipulate** 1. चलाना, अभिचालन करना; 2. जोड़तोड़ करना, छलसाधन करना; 3. झुठलाना (falsify); **-d** छलयोजित; **manipulation** 1. जोड़तोड़, अभिचालन, 2. छलसाधन (विधि), 3. हस्त कौशल; **manipulator** छलसाधक; ~**price** कीमतों में घटबढ़ करना ।

**Manoeuvre** 1. दाँव-पेंच; 2. युक्तिचालन, चालें चलना; ~**(s)** युद्धाभ्यास ।

**Manpower** 1. जनशक्ति; 2. मनुष्यशक्ति; ~**assessment** ~निर्धारण; ~**deployment** ~परिनियोजन; ~**studies** ~अध्ययन; ~**utilization** ~उपयोग ।

**Manual** 1. हस्त; 2. शारीरिक; 3. नियमावली, नियमपुस्तक, निर्देशिका; 4. पुस्तिका, गुटका; ~**labour** शारीरिक श्रम; ~**skill** हस्त-कौशल; ~**work** हाथ का काम ।

**Manufacture** 1. विनिर्माण, निर्माण; 2. बनाना, विनिर्माण करना; **-d** विनिर्मित; **-r** विनिर्माता; **manufacturing** विनिर्माण; **-process** विनिर्माण प्रक्रिया; **-purpose** -प्रयोजन; **-station** -केंद्र ।

**Manuscript** 1. पांडुलिपि; 2. हस्तलेख; ~**officer** पांडुलिपि अधिकारी ।

**Margin** 1. उपांत, हाशिया; 2. गुंजाइश, अंतर; 3. किनारा (border); 4. सीमा (limit); 5. सीमांत (अर्थशास्त्र); 6. अतिरिक्त राशि/माल ।

**Marginal** 1. सीमांत; 2. उपांतिक; **-ly** हाशिए पर, पार्श्व; **-noted** -अंकित; ~**adjustment** उपांतिक समायोजन; ~**note** पार्श्व/हाशिया टिप्पणी; ~**relief** सीमांत राहत ।

**Marine** 1. समुद्री, समुद्रीय, सामुद्रिक; 2. समुद्री बेड़ा; 3. नौ-; **-r** जहाजी, मल्लाह; ~**engine** समुद्री इंजन; ~**survey** ~सर्वेक्षण; ~**work** सामुद्रिक संकर्म ।

**Marital** 1. वैवाहिक, दाम्पत्य; 2. पति का, पतिविषयक; ~**obligation** वैवाहिक कर्तव्य; ~**status** ~स्थिति ।

**Mark** 1. चिह्न; 2. निर्देश, संकेत (indication); 3. अंक, नंबर; 4. चिह्नांकित करना; 5. प्रमाण, लक्षण (proof); **-s** (pl) अंक; **full ~** पूर्णांक; **grace ~** अनुग्रहांक; **pass ~** उत्तीर्णांक; **-ed** 1. चिह्नित; 2. उल्लेखनीय; **-er** 1. मार्कर, 2. चिह्नक (यंत्र); **-ing** चिह्न लगाना; **~sheet** अंक सूची; **-off** अलग करना; **off the ~**लक्ष्यच्युत; **make one's ~** सफल होना, यश प्राप्त करना; **~out** सीमांकन करना; **~down** मूल्य घटाना ।

**Market** 1. बाजार; 2. विपणन, मंडी; 3. बाजार में लाना; **-able** विपण्य, विक्रेय; **-ing** क्रयविक्रय, पणन, विपणन; **~price** बाजार कीमत; **~rate** बाजार भाव; **~value** बाजार मूल्य ।

**Martyr** 1. शहीद, हुतात्मा; 2. चिरयातना-ग्रस्त; **-dom** शहादत; **-ology** शहीदनामा ।

**Mascot** शुभंकर ।

**Mason** 1. राज; 2. मिस्त्री; 3. संगतराश; **-ary** राजगीरी, चिनाई, पक्की चिनाई; **~work** चिनाई कार्य ।

**Mass** 1. सामूहिक; 2. जनसमूह, व्यापक; 3. आम; 4. ढेर, राशि, पुंज, समूह; 5. परिमाण, आकार; 6. अधिकांश (majority); **~consumption** आम उपभोग; **~distribution** व्यापक वितरण; **~media** जनसंपर्क साधन/माध्यम; **~production** बड़े पैमाने पर उत्पादन ।

**Master** 1. अध्यापक, आचार्य, विशेषज्ञ; 2. स्वामी, मालिक; 3. मास्टर; 4. अनुपम, श्रेष्ठ, अत्युत्तम; 5. महा-; **-dom** प्रभुत्व, प्रवीणता, पांडित्य; **-ful** प्रभावशाली, दबंग; **-ly** उत्कृष्ट; **-ship** अध्यापकी; **~key** मास्टर कुंजी, सर्वकुंजी; **~piece** अनुपम/श्रेष्ठ कृति; **~plan** मास्टर प्लान, महायोजना; **~room** प्रधान कक्ष, मास्टर रुम; **~stroke** अत्यंत चतुराई का काम ।

**Match** 1. समतुल्य; 2. जोड़ी, जोड़ीदार; 3. प्रतियोगिता; 4. विवाह, वर, वधु; **-ed** अनुरूप; **-ing** अनुरूपयोजी, समरूप, तुल्य; **-contribution** तुल्य/समरूप अभिदाय; **-grant** समरूप अनुदान; **~box** दियासलाई की डिबिया; **~lock** तोड़ेदार संदूक; **~maker** घंटक ।

**Material** 1. सामग्री, सामान, माल; 2. तात्त्विक, सारवान; 3. भौतिक; 4. पदार्थ; 5. महत्त्वपूर्ण, भरपूर (considerate); **-s** (pl) 1. मलबा, सामग्री; **-ism** भौतिकवाद; **-ist** भौतिकवादी; **-ly** 1. तत्त्वतः, सारवान रूप से, 2. पर्याप्त या अधिक मात्रा में भरपूर (considerably), 3. विषय की दृष्टि से; **~abstract** सामग्री सार; **~account** सामग्री लेखा; **~contract** तात्त्विक संविदा; **~management** सामग्री प्रबंधन; **~question** सारवान प्रश्न; **~statement** तात्त्विक कथन ।

**Maternity** 1. प्रसूति, मातृत्व; **~benefit** प्रसूति प्रसुविधा; **~centre** मातृकेंद्र; **~home** ~गृह; **~leave** ~छुट्टी; **~relief** ~सहायता; **~welfare** मातृकल्याण ।

**Matrimonial** 1. वैवाहिक; 2. विवाह विषयक; **matrimony** विवाह **~cause** विवाह विषयक वाद; **~relief** ~अनुतोष ।

**Matter** 1. विषय, मामला, बात (subject); 2. पदार्थ, द्रव्य; 3. सामग्री (material); 4. कारण (cause); 5. महत्त्व (importance); **~in difference** मतभेदग्रस्त विषय; **~in dispute** विवादग्रस्त बात; **~in question** प्रश्नगत विषय; **~of policy** नीति विषयक

मामला ।

**Mature** 1. परिपक्व; 2. प्रौढ़; 3. पूर्ण होना, परिपक्व होना; **-d** परिपक्व; **maturing** परिपक्व होना; **maturity** 1. परिपक्वता, 2. प्रौढ़ता; 3. पूर्णता; **~for payment** भुगतान के लिए परिपक्व ।

**Maximum** 1. अधिकतम, ज्यादा-से-ज्यादा; 2. अधिक-से-अधिक; **~average** ~औसत; **~pay** ~वेतन; **~benefit** अधिकतम लाभ; **~pay** ~वेतन; **~rate** ~दर ।

**Means** 1. साधन, उपाय; 2. से अभिप्रेत है; 3. संपत्ति, आय (income); **illegal~** अवैध साधन; **~of living** जीविका के साधन; **unlawful** ~विधिविरुद्ध साधन; **by all ~** सब प्रकार से; **by no ~** एकदम हरगिज नहीं, कदापि नहीं ।

**Measure** 1. माप, नाप; 2. परिमाण; 3. उपाय; 4. अधि-उपाय; 5. मापदंड (criterion); 6. कार्यवाही (procedure); **-d** 1. परिमित, 2. नियमित, 3. अनवरत, 4. संयत; **-less** असीम, अनंत; **~ment** माप; **~book** माप पुस्तक; **immediate** ~तुरत उपाय; **precautionary** ~पूर्वोपाय; **preventive** ~निवारक उपाय ।

**Measures** 1. उपाय; 2. कार्यवाही; अधि-उपाय, अध्युपाय; **legislative** ~विधायी अध्युपाय ।

**Mechanical** 1. यांत्रिक; 2. भौतिकीय; **~appliance** यांत्रिक साधित्र; **~defect** यांत्रिक दोष, मशीन की खराबी; **~engineering** ~इंजीनियरी; **~process** यांत्रिक प्रक्रिया ।

**Media** 1. माध्यम, मध्यस्थ; 2. मध्यम, 3. साधन; **-tion** मध्यगता; **-tor** मध्यग ।

**Medical** 1. चिकित्सा, चिकित्सीय; 2. भेषजीय; **~advice** चिकित्सीय सलाह; **~aid** ~सहायता; **~and para-medical** ~और परिचिकित्सा; **~benefit** ~सुविधा; **~bill** ~बिल; **~certificate** (sickness) बीमारी का प्रमाणपत्र; **~certificate** ( fitness) स्वस्थता प्रमाणपत्र; **~examination** स्वास्थ्य परीक्षा; **~leave** चिकित्सा छुट्टी; **~practice** चिकित्सा कर्म, डाक्टरी पेशा; **~record card** चिकित्सा अभिलेख पत्र; **~report** चिकित्सा रिपोर्ट; **medico-legal** चिकित्सा-विधिक ।

**Medicine** 1. आयुर्विज्ञान, चिकित्साशास्त्र; 2. दवा, औषध; **medicinal** औषधीय; **-purpose** औषधीय प्रयोजन; **medico-man** ओझा ।

**Medium** 1. माध्यम; 2. मध्यम; 3. साधन (means); 4. जीवाणुपोष पदार्थ; **~of instruction** शिक्षा का माध्यम; **~term loan** मध्यम अवधि उधार ।

**Meeting** 1. बैठक, मीटिंग; 2. सभा, सम्मिलन, सम्मेलन; 3. अधिवेशन; 4. भिड़ंत, मुठभेड़; **general** ~साधारण बैठक; **~house** सभाघर; **~in camera** गुप्त/बंद बैठक; **public** ~सार्वजनिक सभा, जनसभा ।

**Member** 1. सदस्य, सभासद; 2. अंग अवयव; 3. भाग, अंश; 4. घटक, एकक; **-ship** सदस्यता; **associate** ~सहयुक्त सदस्य; **coopted** ~सहयोजित सदस्य ।

**Memorandum** 1. ज्ञापन; 2. विवरणिका; 3. स्मरणपत्र; 4. मीमो, नोट, पत्र; **~of demands** माँग-ज्ञापन; **~ of appeal** अपील का ज्ञापन; **~of objections** 1. आपत्ति ज्ञापन, 2. आक्षेप का ज्ञापन;

~of satisfaction संतुष्ट होने का ज्ञापन ।

**Memorial** 1. स्मारक, स्मरण-चिह्न; 2. अभ्यावेदन; **-ist** अभ्यावेदक; **-ize** स्मरणोत्सव मनाना ।

**Mental** 1. मानसिक; 2. विक्षिप्त; **-ity** मनोवृत्ति, मनोभाव; **~capacity** मानसिक सामर्थ्य; **~complaint** ~व्याधि; **~skill** मानसिक कौशल ।

**Menu** 1. मीनू, भोज्य तालिका; 2. भोजन ।

**Merchandise** 1. वाणिज्य (विधि); 2. वाणिज्य-वस्तु, सौदा, माल ।

**Mercy** 1. दया, करुणा; 2. अनुकंपा; **~petition** ~यांचिका; **~seat** दयासिंहासन; **at the~of** के वश में होना ।

**Merger** 1. विलयन, विलय; 2. सविलयन; **merged** विलीन ।

**Merit** 1. गुण, खूबी; 2. योग्यता, अर्ह; **-s** (pl) गुणावगुण; **-orious** 1. गुणवान, 2. सुयोग्य, प्रशस्य, 3. मेधावी; **-service** सराहनीय सेवा; **academic ~**शैक्षणिक योग्यता; **~list** योग्यता क्रमसूची; **~and demerits** गुण-दोष, गुणावगुण; **~of the case** मामले के गुणावगुण ।

**Mesne profits** अंतःकालीन लाभ ।

**Mesne rea** आपराधिक मनःस्थिति ।

**Message** 1. संदेश; 2. दूतकार्य, सौंपा काम; **~checker** संदेश पड़तालकर्त्ता ।

**Messenger** 1. संदेशवाहक, संदेशहर; 2. हरकारा, दूत; **special ~** विशेष संदेशवाहक ।

**Method** 1. प्रणाली, विधि, पद्धति; 2. ढंग, रीति, तरीका; 3. अनुक्रम (arrangement); 4. क्रम नियमितता; **-ical** 1. सुव्यवस्थित, क्रमबद्ध, 2. व्यवस्थित तरीके से काम करनेवाला; **~ology** 1. कार्यप्रणाली, 2. प्रणाली विज्ञान; **~of accounting** लेखा पद्धति ।

**Microfilm** माइक्रोफिल्म; **~reader** माइक्रोफिल्म पाठी (वह यंत्र जिसके माध्यम से पढ़ा जा सके) ।

**Migrant** 1. प्रवासी; 2. प्रवास करने वाले व्यक्ति ।

**Migration** 1. प्रवास; 2. देशान्तरण, स्थानांतरण; **~certificate** प्रवास प्रमाण-पत्र ।

**Mileage** 1. मीलदूरी (अब किलोमीटर का प्रयोग होता है ); 2. मीलभत्ता; 3. मील भाड़ा (charge); **~allowance** मील भत्ता ।

**Militia/s** 1. मिलिशिया; 2. नागरिक सेना, सहायक सेना ।

**Mill** 1. चक्की; 2. मिल; 3. कारखाना; **-ed** 1. मशीन से तैयार किया, 2. मशीनकुटा, 3. खाँचेदार; **-er** चक्की वाला; **~owner** मिल मालिक; **wind~** पवन चक्की; **~wright** मिलराइट ।

**Mine** 1. खान, खदान; 2. सुरंग, सुरंग खोदना/बनाना; **mining** 1. खनन, खनिकर्म, 2. सुरंग बिछाना; **-ral** खनिज; **-project** खनन परियोजना; **~resources** ~संसाधन; **~and minerals** खान और खनिज; **~field** सुरंगक्षेत्र; **~layer** सुरंगपोत ।

**Miniature** 1. लघु, छोटा; 2. लघुरूप ।

**Minimum** 1. कम-से-कम, न्यूनतम; 2. निम्नतम; **degree ~**न्यूनतम डिग्री; **~distribution** न्यूनतम वितरण; **~price** न्यूनतम कीमत; **~wages** न्यूनतम मजदूरी ।

**Ministerial** 1. लिपिकवर्गीय; 2. अनुसचिवीय; 3. सरकारी, शासकीय;

4. सहायक; 5. पुरोहिती; **~nature** अनुसचिवीय प्रकृति; **~staff** ~कर्मचारी ।

**Ministry** 1. मंत्रालय; 2. मंत्रिमंडल; **~of Finance** वित्त मंत्रालय; **~of Home Affairs** गृह मंत्रालय ।

**Minor** 1. अवयस्क; 2. अप्राप्तवय; नाबालिग; 3. लघु, गौण, छोटा; 4. अल्पमत, अल्पसंख्यक (वर्ग); **-ity** 1. अल्पसंख्या, अल्पसंख्यक; **-representation** 1. अल्पमत प्रतिनिधित्व, 2. अल्पसंख्यक प्रतिनिधित्व; **~child** अवयस्क संतान; **~head** लघुशीर्ष, गौणशीर्ष; **~works** छोटे निर्माण कार्य ।

**Mint** 1. टकसाल; 2. आकर; **-age** 1. सिक्कां, 2. छाप; **~superintendent** टकसाल अधीक्षक ।

**Minutes** 1. कार्यवृत्त; 2. टिप्पण; **~book** कार्यवृत्त पुस्तिका ।

**Misappropriation** 1. दुर्विनियोग; 2. गबन; **criminal** ~आपराधिक दुर्विनियोग; **~of cost** रोकड़ का~; **~of money** धन-दुर्विनियोग ।

**Misbehaviour** 1. दुर्व्यवहार; 2. कदाचार, दुराचार; 3. बुरा चालचलन ।

**Miscellaneous** 1. विविध, फुटकर; 2. प्रकीर्ण, बहुमुखी; **~documents** विविध दस्तावेज; **~expenditure** प्रकीर्ण व्यय; **~provisions** प्रकीर्ण उपबंध ।

**Mischief** 1. शरारत, उत्पात, नटखटपन; 2. रिष्टि (विधि); 3. हानि (loss); 4. अनिष्ट (evil); **~rule** रिष्टि का नियम, अनिष्ट परिहार नियम ।

**Misconduct** 1. कदाचार, अवचार; 2. बदचलनी; **-ed** अवचार किया; **~on his part** उसके द्वारा किया गया अवचार ।

**Mislead** 1. गुमराह करना, भ्रम में डालना; 2. भुलावा देना; **-ing** भ्रामक; **-information** भ्रामक सूचना, भ्रामक जानकारी; **-statement** भ्रामक कथन/बयान ।

**Mismanagement** 1. कुप्रबंध, अव्यवस्था; 2. बदइंतजामी ।

**Misrepresentation** 1. अन्यथा-कथन, मिथ्या निरूपण; 2. दुर्व्यपदेशन ।

**Mission** 1. मिशन; 2. प्रेषण; 3. शिष्टमंडल (delegation); 4. दूतकार्य लक्ष्य; 5. जीवन लक्ष्य; **~ary** प्रचारक; **-zeal** व्रतभाव, सेवाभाव ।

**Misuse** 1. दुरुपयोग; 2. दुरुपयोग करना; 3. (के साथ) दुर्व्यवहार करना; **-d** दुरुपयोग किया गया; **-r** दुरुपयोजक; **-stamps** गलती से उपयोग किए गए स्टाम्प ।

**Mixed** 1. मिलीजुली, मिलाजुला; 2. मिश्रित; **~farming** मिलीजुली खेती; **~medical commission** मिश्र चिकित्सा आयोग ।

**Mob** 1. भीड़ (crowd); 2. अत्यंत भीड़; 3. असंगत भीड़, उत्तेजित भीड़; 4. जनसाधारण; **-ish** अनियंत्रित, उत्पाती; **-law** हुल्लड़बाजी; **~mentality** सामूहिक मनोवृत्ति; **~psychology** भीड़ मनोविज्ञान ।

**Mobile** 1. चल; 2. चलता फिरता; 3. चंचल, परिवर्तनशील (easily changing); **mobility** गतिशीलता, चंचलता; **mobilization** जुटाव; **mobilize resources** संसाधन जुटाना; **~squad** चलदस्ता ।

**Modality** 1. रीति; 2. रूपात्मकता; 3. निश्चयमात्रा; 4. बहुलकता ।

**Mode** 1. ढंग, प्रकार, रीति; 2. भाँति;

3. प्रणाली, पद्धति; 4. रिवाज, प्रथा; **~of adjustment** समायोजन प्रकार; **~of despatch** प्रेषण करना, प्रेषण प्रकार; **~of life** जीवनचर्या; **~of payment** भुगतान की रीति, अदायगी का तरीका; **~of proceeding** कार्यवाही का ढंग; **~of recovery** वसूली का ढंग ।

**Model** 1. प्रतिरूप, मॉडल, प्रतिरूपण; 2. आदर्श; 3. प्रतिमान; 4. प्रतिमा बनाना; **-ling** प्रतिरूपण; **-room** प्रतिरूपण कक्ष; **~orders** आदर्श आदेश ।

**Moderation** 1. अनुशोधन; 2. संयमन, नियंत्रण; 3. संतुलन, संयम; 4. नरमी; **moderator** अनुसीमक, अनुशोधक, मध्यस्थ ।

**Modification** 1. आशोधन, परिष्करण; 2. रूपांतर, उपांतर, उपांतरण; **~order** उपांतरण आदेश ।

**modus operandi** 1. कार्य प्रणाली; 2. अपराधी कार्य प्रणाली ।

**modus vivendi** 1. निर्वाह रीति; 2. जीवनचर्या ।

**Momentum** 1. संवेग; 2. बल, जोर ।

**Monetary** 1. आर्थिक, धनीय (विधि); 2. मुद्रा-, मौद्रिक; **~equivalent** धनीय समतुल्य; **~grant** आर्थिक अनुदान; **~limit** ~सीमा; **~standard** मुद्रा मान; **~system** मुद्रा पद्धति ।

**Money** 1. धन; 2. मुद्रा; 3. रकम (sum of~) **~bag** बटुआ, थैली; **~bill** धन-विधेयक; **~market** मुद्राबाजार; **~wage** नकद मजदूरी; **public ~** लोकधन; **~value** धनमूल्य ।

**Monitor** 1. मॉनीटर, अनुश्रोता; 2. अनुवीक्षण करना; मॉनीटर करना; 3. प्रबोधक, कक्षा नायक; **-ing** अनुवीक्षण, मॉनीटर, अनुश्रवण; **-department** ~विभाग; **-device** मोनीटर करने की युक्ति; **-y** प्रबोधक ।

**Monogram** 1. नामचिह्न, मोनोग्राम; 2. गुम्फाक्षर ।

**Monopoly** 1. एकाधिकार, एकाधिपत्य; 2. इजारेदारी ।

**Monotony** 1. एकरसता, नीरसता; 2. ऊब ।

**Month** मास, महीना; **-ly** मासिक; **-wages** माहवार वेतन; **~to month** महीने के महीने, मासानुमास ।

**Monthly** मासिक; **~abstract** मासिक सार; **~allowance** ~भत्ता; **~arrear** ~बकाया; **~progress** ~प्रगति; **~statement** ~विवरण; **~tour diary** ~दौरा डायरी/दैनिकी ।

**Monument** 1. स्मारक, संस्मारक; 2. कीर्तिस्तम्भ; **-al** स्मारकीय, स्मारक-अतिविशाल; **-buildings** स्मारक भवन ।

**Moral** 1. नैतिक; 2. सदाचार, नीति; 3. शिक्षा, सीख; 4. आचार/नीतिशास्त्र; **(pl)-s** नैतिक आचार, आचरण; **-ism** नीतिवाद, नैतिक शिक्षा; **-ity** 1. सदाचार; 2. नैतिकता; 3. नीतिशास्त्र; **~code** नीति/आचार संहिता; **~danger** नैतिक खतरा; **~obligation** ~दायित्व; **~turpitude** ~अधमता ।

**Morale** 1. मनोबल, हौसला; 2. धैर्य, साहस ।

**Moratorium** 1. अधिस्थगन, विलंबन; 2. अधिस्थगनकाल ।

**Morse** 1. मोर्स; **~code** मोर्स कोड; **~signaller** मोर्स सिगनलर ।

**Mortal** 1. मृत्यु, मर्त्य, मरणशील;

2. घातक, प्राणघातक; 3. भीषण, मरणांतक; **-ity** 1. मृत्युसंख्या; 2. मृत्युदर; 3. मृत शरीर; 4. घातकता; **-rate** मृत्यु दर; **~wound** मृत्युकारक घाव ।

**Mortgage** 1. बंधक, रेहन, गिरवी; 2. बंधक रखना/करना; **-d** बंधक, बंधकित; **-property** बंधक संपत्ति; **-e** बंधकदार, रेहनदार; **mortgagor** बंधककर्त्ता; **~debt** बंधक ऋण; **~deed** बंधक विलेख; **~lease** बंधकपट्टा ।

**Mortuary** मुरदाघर, शवागार, शवगृह; **~clerk** शवागार लिपिक ।

**Most** 1. अति-; 2. अत्यंत, अत्यधिक; 3. अधिकांश, सबसे अधिक; **-ly** 1. अधिकतर, बहुधा, 2. प्रधानतः, मुख्यतः; **~deserving** सर्वाधिक पात्र; **~immediate** अति तात्कालिक; **~secret** अति गुप्त; **~urgent** अति तुरंत, परमावश्यक; **at the ~** अधिक से अधिक; **for the~part** अधिकांश; **make the~of** से पूरा लाभ उठाना ।

**Mother** 1. मातृ, माँ, जननी; 2. मातृवत्, देखरेख करने वाली; **-less** मातृहीन; **-ly** मातृवत्; **~country** मूलदेश, मातृभूमि; **~tongue** मातृभाषा; **~wit** सहज बुद्धि (जन्मजात) ।

**Motion** 1. प्रस्ताव; 2. समावेदन (motion in court); 3. गति (movement); 4. चेष्टा, चाल (gesture); **adjournment ~**स्थगन प्रस्ताव; **confidence ~**विश्वास प्रस्ताव; **~hearing** समावेदन की सुनवाई; **no-confidence ~**अविश्वास प्रस्ताव; **of his own ~**स्वप्रेरणा से; **in ~**चलता, चलायमान; **-less** गतिहीन, निश्चल; **~picture** चलचित्र ।

**Motivation** 1. अभिप्रेरण, प्रेरणा; 2. प्रयोजन ।

**Motive** 1. उद्देश्य; 2. अभिप्रेरणा, प्रेरक, प्रेरणा; 3. हेतु, कारण (cause); **-less** निष्कारण; **~power** चालक शक्ति, गतिदायी शक्ति ।

**Motor** 1. मोटर; 2. प्रेरक, चालक; **-ist** मोटर चालक; **~car** मोटर कार; **~allowance ~**भत्ता; **~vehicle** मोटरयान ।

**Motto** 1. आदर्श वाक्य ।

**Mourning** 1. शोक, मातम; 2. विलाप ।

**Mouthpiece** 1. मुख पत्र; 2. मुखिका; 3. पक्षवक्ता, प्रवक्ता, प्रतिनिधि ।

**Movable** 1. चल; 2. जंगम (विधि); **~(pl) -s** चलसंपत्ति; **~feast** चलपर्व; **~part** जंगम भाग; **~property** चल संपत्ति, जंगम संपत्ति ।

**Move** 1. प्रस्ताव रखना; 2. प्रस्तावित करना; 3. गतिभाव होना; 4. निवास परिवर्तन; **-d** चलाया गया; **-r** प्रस्तावक; **-ment** 1. आंदोलन, 2. संचलन, 3. गतिविधि, 4. प्रवृत्ति, झुकाव, 5. कार्यव्यापार; **-control** संचलन नियंत्रक; **-register** संचलन रजिस्टर/पंजिका; **~a court** न्यायालय, में समावेदन करना; **~freely** अबाध संचरण ।

**Multifarious** 1. बहुविध, विविध, नानाविध; 2. बाहुल्यपूर्ण; **~duties** बहुविध कर्तव्य; **~suits** बाहुल्यपूर्ण वाद ।

**Multipurpose** 1. बहुउद्देश्यीय; 2. बहुप्रयोजन; **~cooperative society ~**सहकारी सोसायटी; **~river projects ~**नदी परियोजनाएँ ।

**Municipal** 1. नगरपालिका; 2. नगरपालिक; **-ity** नगरपालिका; **~authority** नगरपालिका प्राधिकारी; **~body**

निकाय; **~committee** ~समिति; **~corporation** नगर निगम; **~law** नगरपालिका विधि; **~tax** नगरपालिका कर ।

**Museum** 1. संग्रहालय, अजायबघर; 2. म्युजियम; **~keeper** संग्रहपाल ।

**Muster roll** 1. हाज़िरी रजिस्टर, उपस्थिति नामावली; 2. मस्टर रोल, नामावली ।

**Mutation** नामांतरण, परिवर्तन; **~clerk** नामांतरण क्लर्क ।

**Mutatis mutandis** आवश्यक परिवर्तनों सहित ।

**Mutilated** कटाफटा, विकृत, विकलांग; **~form** विकृत रूप ।

**Mutual** 1. पारस्परिक, आपसी, परस्पर; 2. अन्योन्य; **-ity** पारस्परिकता; **-ly** परस्पर, पारस्परिक, आपस में; **~agency** पारस्परिक अभिकरण; **~agreement** पारस्परिक/आपसी करार; **~benefit** ~फायदा; **~consent** ~सम्मति; **~guarantee** ~प्रत्याभूति; **~insurance** ~बीमा ।

**Myth** 1. मिथक, पौराणिक कथा; 2. काल्पनिक, कल्पित, मनगढंत; **-ical** पौराणिक, कल्पित ।

# N

**Naked** 1. साधारण, अरक्षित, अप्रतिभूत; 2. नग्न, नंगा; 3. अनावृत्त, खुला; **-ness** नंगापन; **~contract** प्रतिफलहीन संविदा; **~debenture** साधारण डिबेंचर; **~eye** खुली आँख; **~fact** नग्न तथ्य; **~light** खुली बत्ती; **~power** पशु शक्ति, अनियंत्रित शक्ति ।

**Name** 1. नाम, अभिधान; 2. ख्याति, नाम; 3. निर्धारित करना; 4. मनोनीत करना; 5. चर्चा करना; **-able** अभिधेय, उल्लेखनीय; **-d** नामक, बताया गया, लिखित; **naming** नामकरण; **-less** अज्ञात, अनाम; **-ly** यानी, यथा, अर्थात्; **by ~**नामक, नाम से; **~card** नाम कार्ड; **~plate** नाम पट्ट; **in the~of** के नाम पर, के नाम से; **call ~**गाली देना ।

**Narrate** 1. वाचन करना; 2. वर्णन करना, बताना; **narration** कथन, वर्णन, वृतांत; **narrative** वर्णनात्मक; **narrator** 1. वर्णनकर्त्ता, 2. वाचक ।

**Nascent** 1. नवजात; 2. उदीयमान; **~industry** नवजात उद्योग ।

**Nation** 1. राष्ट्र; 2. जाति; **~building** राष्ट्र-निर्माण; **league of nations** राष्ट्र संघ; **~wide** राष्ट्रव्यापी, देशव्यापी ।

**National** 1. राष्ट्रीय, राष्ट्र; 2. राष्ट्रिक, नागरिक; **-ised** राष्ट्रीयकृत; **-ism** राष्ट्रीयता; **-ity** राष्ट्रिकता, राष्ट्रीयता; **-ization** राष्ट्रीयकरण; **~academy** राष्ट्रीय अकादमी; **~anthem** राष्ट्र गान; **~calendar** राष्ट्रीय कैलेंडर, राष्ट्रीय पंचांग; **~debt** ~ऋण; **~economy** ~अर्थव्यवस्था; **~emblem** ~संप्रतीक; **~flag** राष्ट्रध्वज, राष्ट्रीय झंडा; **~fund** राष्ट्रीय निधि; **~highway** ~राजमार्ग; **~honour** ~सम्मान; **~income** ~आय; **~insurance scheme** ~बीमा योजना; **~language** राष्ट्रभाषा; **~savings** राष्ट्रीय बचत ।

**Native** 1. मूल निवासी, देशीय; 2. प्राकृतिक, सहज, प्राकृत, स्वाभाविक; 3. देशी, देशज, देशीय; **nativism** 1. देशीय, 2. सहजज्ञानवाद; **~country** स्वदेश, जन्मभूमि; **~language** देशीय भाषा; **~of India** भारत का मूल निवासी; **~place** जन्मस्थान; **~state** देशीराज्य ।

**Natural** 1. प्राकृतिक, प्रकृत; 2. स्वाभाविक, नैसर्गिक; 3. आदिम; 4. भौतिक; **-ly** स्वभावतः, प्राकृतिक रूप से; **-ization** देशीयकरण; **~born** जन्मना, जन्मतः अकृत्रिम संतान; **~boundary** प्राकृतिक सीमा; **~calamity** प्राकृतिक विपत्ति; **~death** स्वाभाविक मृत्यु; **~rate of growth** सहज संवृद्धि दर; **~resources** प्राकृतिक संसाधन, प्राकृतिक संपदा; **~science** प्रकृति विज्ञान ।

**Naval** 1. नौ-, 2. नौसेना, नौसैनिक; **~adviser** नौसेना सलाहकार; **~atta-**

che नौसेना अताशे; **~force** नौ बल; **~law** ~विधि; **~operation** नौसैनिक संक्रिया ।

**Navigable** 1. नाव्य; 2. संचाल्य; **navigation** नौपरिवहन, जहाजरानी; **~channel** नाव्य जलसरणी; **~river** ~नदी; **~water** नाव्यजल ।

**Nays** 1. नहीं पक्ष, 'ना' में, नकार; 2. इन्कार, अस्वीकृति ।

**Near** 1. समीप, निकट, पास का, समीपवर्ती; 2. घनिष्ठ, अंतरंग; 3. निकट (रिश्ता); 4. निकट से; 5. निकट आना; **-est** निकटतम; **-by** निकट; **-ly** प्रायः, करीब-करीब; **-ness** निकटता, समीपता; **~relative** निकट संबंधी; **~sighted** निकटदर्शी ।

**Necessary** 1. आवश्यक, जरूरी; 2. अनिवार्य, अपरिहार्य; 3. अवश्यंभावी (inevitable); **necessaries** आवश्यक वस्तुएँ; **~action** आवश्यक कार्रवाई; **~expenses** ~व्यय; **~implication** ~विवक्षा; **~steps** ~कदम ।

**Need** 1. अपेक्षा, आवश्यकता; 2. विपत्ति, कष्ट (difficulty); 3. तंगी; (pl) **-s** लाचारी से; **-ed** आवश्यक; **-ful** आवश्यक (कार्रवाई); **-less** अनावश्यक, व्यर्थ, अनावश्यक रूप से; **-y** गरीब ।

**Negative** 1. निषेधात्मक; 2. नकारात्मक, प्रतिवाद, इनकार; 3. ऋणात्मक; 4. अभावात्मक; 5. नेगेटिव; **negativism** नकारवाद, निषेधवाद; **negativity** नकारात्मकता; **~agreement** नकारात्मक करार; **~posting** विभेद प्रविष्टियाँ; **~reply** नकारात्मक उत्तर ।

**Neglect** 1. उपेक्षा; 2. लापरवाही; 3. उपेक्षा करना, का ध्यान नहीं रखना; **-ed** उपेक्षित; **-ful** लापरवाह; **~of duty** कर्तव्य की उपेक्षा; **~to exercise** घुमाने फिराने की उपेक्षा करना (पशु की) ।

**Negligence** 1. उपेक्षा, प्रमाद, गफलत; 2. लापरवाही; **contributory** योगदायी उपेक्षा ।

**Negligible** 1. नगण्य; 2. उपेक्षणीय ।

**Negotiate** 1. परक्रामण करना, बेचना; 2. बातचीत करना, वार्ता करना; 3. मोलतोल करना; 4. समझौता करना/कराना; **negotiable** 1. परक्राम्य, 2. पारणीय; **negotiability** परक्राम्यता; **-d** बातचीत से तय किया गया, वार्तातय; **negotiation** 1. समझौते की बातचीत, 2. परक्रामण; **negotiator** 1. वार्ताकार, 2. बेचने वाला ।

**Neighbour** पड़ोसी, प्रतिवेशी; **-hood** पड़ोस, प्रतिवेश; **-ing** पड़ोसी, निकटवर्ती; **-state** पड़ोसी राज्य; **-ly** मिलनसार ।

**Nepotism** 1. स्वजन पक्षपात, भाई-भतीजावाद; 2. कुनबापरस्ती ।

**Net** 1. जाल, पाश; 2. शुद्ध (नेट), निबल, वास्तविक; 3. जाल रखना, फँसाना; **~adjustments** शुद्ध समायोजन; **~aggregate amount** शुद्ध संकलित रकम; **~amount** निबल/शुद्ध, राशि; **~assets** ~परिसंपत्ति; **~income** ~आय; **~investment** ~निवेश; **~loss** ~हानि; **~proceeds** ~आगम; **~profits** ~लाभ; **~receipt** ~प्राप्ति; **~total** ~जोड़; **~value** ~भार; **-work** 1. जाल, 2. जालतंत्र ।

**Neutral** 1. तटस्थ; 2. उदासीन; 3. मध्यम; 4. अनिश्चित (vague); 5. निष्क्रिय; 6. उदासीन; **-ism** तटस्थवाद; **-ity** तटस्थता, उदासीनता; **-ize** 1. तटस्थ घोषित करना, 2. निष्प्रभाव कर देना, 3. उदासीन कर देना; **~material**

निष्प्रभावी पदार्थ; **~state** तटस्थ राज्य ।

**New** 1. नवीन, नया; 2. ताजा (fresh); 3. अनाड़ी (inexperienced); **-ly** हाल में, फिर से; **~born** नवजात; **~comer** नवागत; **~deal** नया सौदा; **~fashioned** नये ढंग से, अभिनव; **~measures** नए उपाय; **~member** नया सदस्य; **~year** नववर्ष ।

**News** 1. समाचार; 2. संवाद; **~Agent** समाचार एजेंट; **~editor** समाचार संपादक; **~bulletin** समाचार बुलेटिन; **~letter** सूचना पत्र; **~paper** समाचार पत्र; **~reel** समाचार दर्शन; **~sheet** समाचार पत्रक ।

**Night** 1. रात्रि, रात; 2. निशा; **~fall** झुटपुटा, गोधूलि; **~duty** रात-ड्यूटी; **~long** रातभर; **~shift** रात की पारी ।

**Nil** 1. शून्य; 2. कुछ नहीं; **~rate of duty** शून्य दर पर शुल्क ।

**No** 1. नहीं, निषिद्ध, बिल्कुल नहीं; 2. मना, नकार; 3. तनिक भी नहीं; 4. कोई भी नहीं; **~admission** प्रवेश निषिद्ध; **~man's land** लावारिस, स्वामीहीन; **~objection** आक्षेप न होने का, अनापत्ति ।

**No- confidence** अविश्वास; **~motion** ~प्रस्ताव; **~vote** ~मत ।

**No delay call** अविलंब कॉल ।

**No demand** बेबाकी; **~certificate** ~प्रमाणपत्र ।

**No-interest** बिना ब्याज; **~account** ~खाता ।

**Nomenclature** 1. नामपद्धति; 2. नामावली, नामकोश; 3. शब्दावली (पारि०) ।

**Nominal** 1. नाममात्र (का); 2. नामिक, नामीय; 3. नामजात, संज्ञात्मक; 4. अंकित, अभिहित (stated or expressed); **-ly** 1. नाम से, 2. नाममात्र को, नाममात्र के लिए; **~cost** नाममात्र लागत; **~inspection** ~निरीक्षण; **~member** ~सदस्य; **~price** 1. ~कीमत, 2. अंकित कीमत; **~roll** नामावली; **~value** अंकित मूल्य ।

**Nominate** 1. नामित करना, नामांकन करना, नाम निर्देशित करना; 2. नियुक्त करना; **-d** नामित, नामनिर्देशिती; **nomination** 1. नामन, नामांकन, 2. नामनिर्देशन; **-paper** नामन/नामजदगी पत्र ।

**Nominee** 1. नामिती, मनोनीत, नामजद, नामनिर्देशिती; 2. नामित व्यक्ति ।

**Non-acceptance** 1. अस्वीकृति; 2. अप्रतिग्रहण ।

**Non-advertised** अविज्ञापित ।

**Non-age** अवयस्कता, अप्राप्तवयता ।

**Non-agricultural** कृषि-इतर, कृषीतर, गैर-कृषि ।

**Non-appearance** 1. गैरहाजिरी, अनुपस्थिति; 2. पेश न होना, हाजिर न होना; **consequence of ~** गैरहाजिर रहने का परिणाम ।

**Non-availability** अनुपलब्धता, अप्राप्यता; **~certificate** ~प्रमाणपत्र ।

**Non-bailable** अजमानतीय; **~offence** ~अपराध ।

**Non-cognizable** असंज्ञेय; **~case** असंज्ञेय मामला; **~offence** ~अपराध ।

**Non-commercial** 1. अव्यापारिक, 2. वाणिज्येतर ।

**Non-compliance** अपालन, अननुपालन ।

**Non-Confidential** अगोपनीय ।

**Non-consent** असम्मति, असहमति ।

**Non-continuous** विच्छिन्न; **~appointment** विच्छिन्न नियुक्ति; **~service** ~सेवा ।

**Non-delivery** 1. अवितरण, 2. अपरिदान; **damages for~** अपरिदान के लिए नुकसानी ।

**None** 1. कोई नहीं; 2. कुछ भी नहीं; 3. बिल्कुल नहीं; 4. तनिक भी नहीं ।

**Non-earning** अनर्जक ।

**Non-effective** 1. अप्रभावी, अप्रभावशील; 2. अक्रियाशील; **~services** अप्रभावी सेवाएँ ।

**Non-employment** 1. अनियोजन; 2. बेरोजगारी ।

**Non-entitled** गैर-हकदार ।

**Non-essential** 1. गैर-जरूरी; 2. अवाष्पशील; **~oil** अवाष्पशील तेल ।

**Non-gazetted** अराजपत्रित ।

**Non-interest bearing** ब्याज-रहित, बिना ब्याज ।

**Non-judicial** न्यायिकेतर; **~duties** -कर्तव्य ।

**Non-ministerial** 1. अलिपिकवर्गीय; 2. अननुसचिवीय (विधि) ।

**Non-negotiable** अपरक्राम्य; **~document** ~दस्तावेज ।

**Non-objection** अनापत्ति; **~certificate** ~प्रमाणपत्र ।

**Non-observance** 1. अपालन, अननुवर्तन, अननुपालन; **~of rules** नियम अपालन ।

**Non-official** 1. गैर-सरकारी, अशासकीय, अशासनिक; 2. अनधिकारिक; **~Bill** अशासकीय विधेयक; **~member** गैर-सरकारी सदस्य ।

**Non-party** गैर-दलीय, निर्दलीय ।

**Non-payment** 1. गैर-अदायगी, असंदाय, न दिया जाना; 2. भुगतान न करना; **~certificate** 1. गैर-अदायगी/असंदाय प्रमाणपत्र; **~of rent** भाटक का असंदाय (किराये की गैर-अदायगी) ।

**Non-pensionable** गैर-पेंशनी; **~service** ~सेवा ।

**Non-plan** 1. योजनेतर, योजना-इतर; 2. योजना-भिन्न; **~expenditure** गैरयोजना व्यय ।

**Non-plus** 1. उलझन में डालना; 2. व्यर्थ कर देना; 3. किंकर्तव्यविमूढ़ कर देना ।

**Non-recurring** 1. अनावर्ती; 2. अनावर्तक; **~expenditure** ~व्यय; **~grant** ~अनुदान; **~nature** ~प्रकृति; **~payment** ~संदाय ।

**Non-resident** 1. अनिवासी, 2. प्रवासी, अनावासी; **~account** अनिवासी खाता

**Non-revenue** राजस्वेतर; **~receipts** ~प्राप्तियाँ ।

**Non-saleable** अविक्रेय ।

**Non-scheduled** अननुसूचित; **~bank** ~बैंक ।

**Non-selection** 1. अचयन, अप्रवरण **on~basis** ~चयन के आधार पर नहीं **~post** अचयन पद ।

**Non-service** 1. तामील न होना; **~of notice** सूचना की तामील न होना ।

**Non-standard** अमानक, मानक के अनुसार नहीं; **~weight** अमानक बाट ।

**Non-statutory** 1. असांविधिक; 2. अकानूनी (विधि); **~body** अकानूनी निकाय ।

**Non-technical** 1. अतकनीकी, अप्राविधिक; **~post** ~पद ।

**Non-traditional** अपरंपरागत, गैर-परंपरागत ।

**Non-transferable** 1. अहस्तांतरणीय; 2. अस्थानांतरणीय, अनंतरणीय ।

**Non-violence** अहिंसा ।

**Non-voted** अदत्त मत ।

**Non-working** 1. छुट्टी, अवकाश; 2. अनर्जक; **~day** ~दिन; **~dependent** अनर्जक आश्रित ।

**No parking** गाड़ी खड़ी करना मना है ।

**No profit, no loss** न लाभ न हानि ।

**Norm** 1. मानक, मानदंड; 2. सन्नियम; **ground** ~मूल सन्नियम ।

**Normal** 1. सामान्य; 2. प्रसामान्य, प्रमाणक (standard); 3. साधारण, मामूली (usual); 4. स्वाभाविक, प्राकृत, प्रकृत (natural); 5. नियमित (regular); **-cy** प्रसामान्यता; **~ization** सामान्यीकरण; **-ly** सामान्यतः; **~posting** प्रसामान्य तैनाती; **~school** सामान्य प्रशिक्षण विद्यालय; **~tax** सामान्य कर; **~term** प्रसामान्य पदावधि; **~working hours** काम के सामान्य घंटे ।

**Notary** नोटरी; **~public** ~पब्लिक ।

**Note** 1. नोट, मेमो, पत्र; 2. टिप्पणी; 3. लक्षण; 4. चिह्न; 5. संकेत, सूचना; 6. लांछन, कलंक (stigma); 7. विवरण; 7. प्रतिष्ठा (importance); **-d** नोट कर लिया, 2. नामी; **noting** टिप्पणी; **~book** ~बुक; **~of dissent** असहमति नोट/लेख; **~s cover** टिप्पणी आवरण; **~sheet** टिप्पणी पत्र; **~worthy** स्मरणीय, ध्यान देने योग्य; **~at the foot** पाद टिप्पण ।

**Not exceeding** अनधिक, अधिक न होगा ।

**Notice** 1. सूचना, नोटिस, अधिसूचना; 2. ध्यान देना; 3. ध्यान, अवेज्ञा (knowledge); **-able** 1. ध्यान देने योग्य, 2. उल्लेखनीय; **~board** ~पट्ट/बोर्ड; **~in writing** लिखित सूचना; **~of discharge** कार्यमुक्ति सूचना; **~of motion** प्रस्ताव सूचना; **~of production** पेश करने की सूचना; **~of rejection** नामंजूरी की सूचना; **~to produce** पेश करने के लिए सूचना; **~to quit** खाली कर देने की सूचना ।

**Notification** 1. अधिसूचना, 2. अधिसूचन ।

**Notified** अधिसूचित; **~area**~क्षेत्र; **~commodity**~वस्तु; **~occupation** ~उपजीविका; **~order** ~आदेश ।

**Not-negotiable** अपरक्राम्य; **~document** ~दस्तावेज ।

**Notorious** 1. कुख्यात, नंबरी; 2. बदनाम; **~receiver** ~प्रापक (प्राप्त करने वाला) ।

**Not sufficient** अपर्याप्त ।

**Novice** 1. नौसिखिया; 2. नवदीक्षित ।

**Nucleus** 1. नाभिक; 2. केंद्रक; 3. केंद्र ।

**Nuisance** 1. कंटक, न्यूसेंस (उपताप); 2. उपद्रवी; **common** ~सामान्य न्यूसेंस **private** ~प्राइवेट~; **public** ~लोक~ ।

**Null** 1. बातिल, रद्द, अमान्य, अकृत; 2. शून्य (nil); 3. नगण्य, निष्प्रभाव, निष्फल (insignificant); **-ify** बातिल करना, अकृत करना; **~and void** बातिल और शून्य ।

**Number** 1. संख्या; 2. कुल संख्या; 3. समूह; 4. बहुत से; 5. स्वर समूह;

-ed क्रमांकित, संख्यांकित; -ing संख्यांकन, अंकन; -less असंख्य, अगणित; serial ~क्रमांक; special ~विशेषांक ।

**Numeral** 1. संख्या क्रम, अंक; 2. संख्यात्मक; **numerical** संख्या; **~order** ~क्रम ।

**Numismatics** 1. सिक्काशास्त्र, मुद्राशास्त्र, मुद्राविद् ।

**Nursery** नर्सरी, पौधशाला; 2. बालकक्ष, शिशु मंदिर; 3. शिक्षण संख्या; **~school** शिशु पाठशाला ।

**Nutrition** 1. पोषण, आहार; **-al** पौषणिक; **~chemist** पोषणाहार रसायनज्ञ ।

# O

**Oath** शपथ, सौगंध; **~commissioner** शपथ आयुक्त; **~of allegiance** निष्ठा-शपथ; **~of office** पद-शपथ; **~of secrecy** गोपनीयता शपथ; **~taking** शपथ ग्रहण ।

**Obedience** 1. आज्ञापालन, पालन, अनुपालन; 2. आज्ञानुवर्तन; **in ~ to summons** समन के पालन में ।

**Obiter dictum** 1. इतरोक्ति, प्रासंगिक विचार; 2. प्रासंगिक उक्ति ।

**Obituary** निधन-सूचना; **~notice** मृत्यु सूचना ।

**Object** 1. वस्तु, पदार्थ; 2. आपत्ति उठाना, आपत्ति करना, आक्षेप करना; 3. उद्देश्य; 4. भाजन, पानेवाला, पात्र; 5. कर्म (व्या०); **-ion** आपत्ति, आक्षेप; **common** ~सामान्य उद्देश्य; **~held sacred** पवित्र मानी गई वस्तु ।

**Objective** 1. उद्देश्य; 2. वस्तुनिष्ठ, विषयपरक; 3. वास्तविक, यथार्थ (real); 4. तटस्थ (impersonal); **-ly** वस्तुगत दृष्टि से, यथार्थ में, निष्पक्ष भाव से; **~resolution** उद्देश्यों का कथन; **~type test** वस्तुनिष्ठ परीक्षा ।

**Obligation** 1. बाध्यता, बंधन, दायित्व; 2. आभार; 3. दायित्व, भार (responsibility); 4. कर्तव्य (duty); 5. प्रतिज्ञा (promise); **contractual** ~संविदाजात बाध्यता; **under** ~बाध्यताधीन ।

**Obligatory** 1. बाध्यकर, अनिवार्य, आबद्धकर; 2. अवश्यकरणीय; **~between parties** पक्षकारों के बीच आबद्धकर; **~examination** अनिवार्य परीक्षा ।

**Obscene** अश्लील; **~book** अश्लील पुस्तक; **~matter** ~सामग्री; **~object** ~वस्तु ।

**Observance** 1. पालन, अनुपालन; 2. रिवाज, प्रथा (custom) ।

**Observation** 1. प्रेक्षण, संप्रेक्षण; 2. टिप्पणी, समुक्ति (विधि) (remark, statement); 3. विचार (view); **~home** संप्रेक्षण गृह; **~post** चौकी; **~to be made** प्रेक्षण किया जाना ।

**Observe** 1. पालन करना, अनुपालन करना; 2. देखना, अवलोकन करना; 3. संप्रेक्षण करना; 4. मनाना (celebrate); 5. बनाए रखना; 6. कहना; **-r** प्रेक्षक; **~the contract** संविदा का अनुपालन करना ।

**Obsolete** 1. लुप्त, अप्रचलित, अप्रयुक्त; 2. गत प्रयोग; 3. बेकार, गतकालिक; **~pattern** अप्रचलित प्रकार ।

**Obstruction** 1. बाधा, बाधा डालना; 2. रुकावट, अड़ंगा; 3. अवरोध; **-ism** अड़ंगा नीति; **~of a highway** राजमार्ग में बाधा ।

**Obvious** 1. स्पष्ट; 2. प्रत्यक्ष, प्रकट;

~error स्पष्ट गलती; ~mistake स्पष्ट भूल ।

**Occasional** 1. यदाकदा, यदाकदा होने वाला; 2. अनियत, कभी-कभी किए जाने वाला; 3. प्रासंगिक, प्रसंगाश्रयी; **~ism** संयोगवाद ।

**Occupancy** 1. दखल; 2. अधिभोग; **occupant** दखलकार, अधिभोगी; **actual ~**वास्तविक अधिभोग; **~right** दखल/अधिभोग अधिकार ।

**Occupation** 1. धंधा, व्यवसाय, उपजीविका; 2. अधिभोग (tenure); 3. दखल, कब्जा, अधिकार (possession); 4. अभिग्रहण (capture); **-al** उपजीविकाजन्य, व्यावसायिक, पेशेवर; **in ~** अधिभोगी; **regular ~** नियमित उपजीविका ।

**Occupy** 1. दखल करना, अधिकार में करना; 2. स्थान घेरना; 3. अधिभोग करना; 4. में निवास करना, रहना; 5. काम संभालना; 6. समय लेना ।

**Occurrence** 1. घटना; 2. प्राप्ति; 3. उपस्थिति (existence) ।

**Octroi** चुंगी; **~barrier** चुंगी-चौकी; **~duty** चुंगी; **~inspector** ~निरीक्षक ।

**Off duty** 1. काम के बाद, काम पर न होना; 2. खाली दिन; 3. ड्यूटी पर न होना, कार्यमुक्त ।

**Offence** 1. अपराध, दोष; 2. अपमान, दुर्व्यवहार; 3. अप्रसन्नता, खीझ; 4. आक्रमण; **continuing ~**चालू रहने वाला अपराध; **indictable ~**अभ्यारोपणीय अपराध ।

**Offender** अपराधी, मुजरिम ।

**Offensive** 1. आक्रमणात्मक, आक्रामक; 2. अप्रिय, कटु, संतापकारी; 3. बदबूदार, घृणोत्पादक (repugnant); 4. अपमानजनक (insulting); **~goods** बदबूदार माल; **~matter** घृणोत्पादक पदार्थ; **~weapon** आक्रामक आयुध ।

**Offer** 1. प्रस्ताव; 2. प्रस्थापना करना; 3. पेश करना; 4. अर्पण, भेंट; **-ed** प्रस्थापित; **-er** आफर देने वाला; **-ing** अर्पण, चढ़ावा; **~insult** अपमान करना; **~objection** आक्षेप पेश करना ।

**Office** 1. कार्यालय, दफ़्तर; 2. पद, पदवी, अधिकार पद; 3. सेवा, उपकार; 4. उपासना; **-r** अधिकारी, अफसर; **attached ~**संलग्न कार्यालय; **~bearer** पदाधिकारी; **~copy** कार्यालय प्रति; **~hours** ~समय; **~layout** ~अभिन्यास/नक्शा; **~manual** ~मैनुअल; **~memo** ~ज्ञापन; **~note** टिप्पणी; **~of profit** लाभ का पद; **~order** ~आदेश ।

**Official** 1. पदधारी, पदीय; 2. शासकीय, सरकारी; 3. अधिकारिक, अधिकृत, प्राधिकृत; **-dom** अधिकारी वर्ग; **-ism** अफसरशाही; **-ly** शासकीय; **~act** पदीय कार्य; **~assignee** शासकीय समनुदेशिती; **~benches** सरकारी पक्ष; **~business** सरकारी काम; **~correspondence** ~पत्रव्यवहार; **~duty** पदीय कर्त्तव्य; **~gallery** सरकारी दीर्घा; **~language** राजभाषा; **~report** ~रिपोर्ट; **~secret** ~गुप्ति; **~version** सरकारी कथन, अधिकारिक कथन ।

**Officiate** 1. स्थानापन्न होना, कार्यवहन करना; 2. स्थानापन्न रूप में काम करना; 3. किसी पद पर काम करना; **officiating** स्थानापन्न; **-allowance** -भत्ता; **-appointment** -नियुक्ति; **-arrangement** -व्यवस्था; **-pay** -वेतन;

-post -पद; -service -सेवा ।

**Okay (O.K)** 1. सब ठीक, 2. अच्छा ।

**Old age** 1. वृद्धावस्था, बुढ़ापा; **~pension** ~पेंशन ।

**Omission** 1. लोप, विलोपन; 2. चूक, त्रुटि; 3. अकरण (non-performance); **accidental** ~आकस्मिक लोप; **illegal** ~अवैध लोप ।

**On demand** 1. माँगने पर, 2. माँग किए जाने पर ।

**On deputation** प्रतिनियुक्ति पर ।

**On duty** 1. काम पर, कर्तव्यारूढ़; 2. ड्यूटी पर ।

**Onerous** 1. दुर्भर, दुर्वह, दूभर; 2. भारी, सभार; **~act** दुर्भर कार्य; **~conditions** ~शर्तें; **~gift** ~दान; **~nature** ~प्रकृति/प्रकार ।

**Onesided** 1. एकपक्षीय; 2. एकतरफा; 3. पक्षपाती, तरफदार ।

**One-way traffic** एक तरफा यातायात ।

**On his behalf** अपनी ओर से ।

**On merits** गुणावगुणों के आधार पर ।

**On probation** परखाधीन, 2. परिवीक्षाधीन; **~of good conduct** सदाचरण की परिवीक्षा पर ।

**On special duty** विशेष ड्यूटी पर ।

**Onus** 1. भार, 2. दायित्व; **~of proving** साबित करने का भार ।

**Open** 1. खुला, खुली; 2. मुक्त; 3. आरंभ करना; 4. अनिर्णीत, विचाराधीन (undecided); 5. प्रभावनीय (accessible); **-ing** प्रारंभिक, आदि; **-balance** आदिशेष जमारोकड़; **-entry** प्रारंभिक प्रविष्टि; **~delivery** खुला परिदान, खुली सुपुर्दगी; **~letter** खुला पत्र; **~market** खुला बाजार; **~secret** खुला रहस्य; **~session** खुला अधिवेशन; **~tender** खुला टेंडर/निविदा **~up** खोलना, फैलाना, प्रारंभ करना ।

**Operating** 1. प्रचालन; 2. क्रियाशील; **~agencies** प्रचालन संबंधी अभिकरण; **~centres** प्रचालन केंद्र; **~staff** प्रचालन स्टाफ/अमला ।

**Operation** 1. प्रचालन, प्रवर्तन; 2. संक्रिया, (action or movements); 3. शल्यकर्म, आपरेशन; 4. कार्यान्वयन (working); 5. चलाना (working to keep running); 6. काम, क्रिया, प्रक्रिया (activity); **-al** प्रचालन, परिचालन; **long-term~** दीर्घाकालीन प्रवृत्ति; **~of fund** निधि की संक्रिया; **~of law** विधि की क्रिया, विधि के प्रवर्तन (द्वारा) ।

**Operative** 1. कर्मी; 2. प्रवर्ती, प्रभावी; 3. संक्रियाकार; 4. प्रवर्तन में रहना; **~part** प्रभावी भाग; **~part of the judgement** निर्णय का प्रवर्तनशील भाग ।

**Opinion** 1. राय, मत, सम्मति; 2. अभिमत (formal); 3. मूल्यांकन; **~shall prevail** राय अभिभावी होगी ।

**Opportune** 1. उपयुक्त, अवसर, संगत; 2. समयानुकूल, समयोचित (timely); **opportunism** अवसरवाद, अवसरवादिता; **~moment** ~समय

**Opportunity** 1. अवसर, सुयोग, मौका; **~of showing** दर्शित करने का अवसर ।

**Opposition** 1. विरोध, विपक्ष, प्रतिरोध; 2. विरोधीदल, विपक्षी दल; 3. प्रतिकूलना (contrast); **~leader** विरोधी दल का नेता, विपक्ष का नेता; **~proceedings** विरोध की कार्यवाहियाँ ।

**Optimum** 1. इष्टतम, अनुकूलतम

वातावरण; 2. अधिकतम, सर्वोत्तम; **~utilization** अधिकतम उपयोग ।

**Option** 1. विकल्प; 2. विकल्प करार; 3. वरण, चुनाव (choice); 4. पसंद (preference); **-al** वैकल्पिक; **-ally** विकल्प से; **at the~of,** के विकल्प पर ।

**Oral** 1. मौखिक, जबानी; 2. मुख-मुखी, मुखवर्ती; **-ly** मौखिक रूप से; **~account** मौखिक वृतांत; **~admission** मौखिक अभिस्वीकृति; **~consultation** ~परामर्श; **~evidence** ~साक्ष्य ।

**Order** 1. आदेश आज्ञा, हुक्म; 2. क्रम, अनुक्रम (sequence); 3. व्यवस्था; 4. पंथ (religious); 5. आदेश देना; 6. वर्ग, गण, श्रेणी, क़ोटि; 7. माँग, आर्डर; 8. दशा हालत (state); **-ed** 1. सुव्यवस्थित, 2. क्रमित, 3. आदेशित; **-ly** 1. व्यवस्थित, 2. अर्दली; **alphabetical ~**वर्णक्रम; **apparent ~**दृश्यमान अवस्था; **~cheque** आदेश चेक; **~of merit** गुणानुक्रम; **~of precedence** पूर्वताक्रम; **~of priority** अग्रताक्रम; **~of seniority** वरिष्ठता क्रम; **standing ~**स्थायी आदेश; **out of order** अव्यवस्थित/खराब, बिगड़ा हुआ; **in order of merit** योग्यतानुसार; **by order** आदेशानुसार; **in order** 1. ठीक क्रम से, 2. अच्छी हालत में, 3. नियमानुसार; **in order to** के उद्देश्य से; **law & order** विधि व्यवस्था ।

**Ordinance** 1. अध्यादेश; 2. प्रथा, रिवाज (usage) ।

**Organization** 1. व्यवस्था, आयोजन; 2. संगठन, गठन; 3. संस्था, संस्थान; 4. पदाधिकारी, प्रबंध समिति; **-al** संगठन, संघटनात्मक; **-chart** 1. -चार्ट, 2. व्यवस्था चार्ट; **~and method** संगठन और रीति; **~and system** संगठन और तंत्र ।

**Organize** 1. संगठित करना, संचालित करना, संघटन करना; 2. आयोजित करना, आयोजन करना; 3. सुव्यवस्थित करना, संघबद्ध करना; **-d** संघटित; **-r** 1. संगठनकर्त्ता, 2. आयोजक ।

**Oriental** 1. प्राच्य, पूर्वी; 2. पूर्ववासी, पूर्वदेशी; **-ism** प्राच्य विद्या; **-ist** प्राच्य विद् ।

**Orientation** 1. अभिविन्यास; 2. अभिसंस्करण; 3. अनुकूलन; **~and study centre** अभिविन्यास और अध्ययनकेंद्र ।

**Oriented** उन्मुख ।

**Original** 1. मूल प्रति; 2. मूल, मौलिक; 3. प्रारंभिक; 4. नया, नूतन, अपूर्व, नवीन; **-ity** मौलिकता; **-ly** मूलतः; **~agent** मूल अभिकर्त्ता; **~bond** मूल बंधपत्र; **~copy** मूल प्रति; **~cost** प्रारंभिक लागत; **~expenditure** प्रारंभिक व्यय; **~member** प्रारंभिक/मूल सदस्य; **~order** मूल आदेश; **~shape** मूल आकार ।

**Orphanage** 1. अनाथालय; 2. अनाथत्व ।

**Ostensible** 1. दृश्यमान, प्रकट, प्रत्यक्ष; 2. दिखावटी, तथाकथित (pretended); **ostensibly** दृश्यतः, प्रकट रूप से; **~means** दृश्यमान साधन; **~owner** ~स्वामी ।

**Outbreak** 1. प्रकोप, हंगामा; 2. विद्रोह, विप्लव (insurrection); 3. आरंभ, प्रादुर्भाव; **~of hostilities** संघर्ष का प्रारंभ।

**Outgoing** 1. निर्गामी, जाने वाली; 2. पदावरोही, पद छोड़ने वाला, पदमुक्त; 3. लागत, व्यय; (pl) **-s** निर्गम; **~file** निर्गामी फाइल; **~partner** बाहर जानेवाला

भागीदार ।

**)utlay** 1. परिव्यय, 2. लागत; **capital ~**पूँजी परिव्यय ।

**)utlet** 1. निकास, निर्गम; 2. बाहर जाने का द्वार; 3. अभिव्यक्ति का मार्ग (feelings); **~for sewage** बहिस्राव का निकास ।

**'utline** 1. रूपरेखा, खाका; 2. सारांश, संक्षेप; 3. मसौदा, प्रारूप; 4. बहिर्रेखा ।

**utlook** 1. दृष्टिकोण; 2. संभावना; 3. चौकसी, चौकी ।

**utlying** 1. बहिर्वर्ती, 2. दूरस्थ; **~areas** बहिर्वर्ती क्षेत्र; **~station** दूरस्थ स्टेशन ।

**)ut of date** 1. पुराना; 2. गतावधिक; 3. दिनातीत ।

**)ut of order** 1. खराब, चालू नहीं; 2. बिगड़ी दशा में ।

**)ut of stock** स्टाक में नहीं ।

**Out of turn** 1. बिन बारी, 2. बिना बारी; **~allotment** ~आवंटन ।

**Outpost** 1. सीमा चौकी; 2. दूरवर्ती स्थान; 3. छोर ।

**Output** 1. उत्पादन, उत्पाद, उपज; 2. निर्गत (फैक्टरी); **~bonus** उत्पादन बोनस ।

**Outstanding** 1. उत्कृष्ट, प्रमुख, प्रतिभाशाली (prominent, eminent); 2. बकाया, परादेय; 3. विद्यमान (standing out); 4. प्रक्षिप्त, अलग से; **~balance** पिछला बकाया, परादेय शेष; **~claim** बकाया दावा; **~debt** परादेय ऋण; **~loan** बकाया उधार; **~student** प्रतिभाशाली छात्र ।

**Outward** 1. जावक, बर्हिगामी; 2. बाहरी, बाह्य; 3. दृश्य; 4. ऊपरी, सतही; **-ly** बाह्यतः; **-ness** बाह्यता; **~invoice** जावक बीजक; **~journey** जावक यात्रा; **~register** ~रजिस्टर; **~returns** ~विवरणियाँ; **~traffic** जावक यातायात ।

**Ovation** 1. अभिनंदन, स्वागत; 2. जय-जयकार, करतल ध्वनि ।

**Overage** अधिक आयु ।

**Overall** 1. समस्त, समग्र, कुल, संपूर्ण; 2. व्यापक, सब जगह, समावेशक (comprehensive); 3. समाप्त; **~charge** कुल प्रभार; **~deficit** ~घाटा; **~dimensions** संपूर्ण आकार; **~performance** व्यापक निष्पादन; **~responsibility** संपूर्ण दायित्व ।

**Overcharge** 1. अधिप्रभार, प्रभाराधिक्य; 2. अतिभार ।

**Overcrowding** 1. भीड़भाड़, अतिभीड़, अतिसंकुलता; 2. अतिभरण ।

**Overdue** 1. अतिशोध्य, अतिदेय; 2. पुराना, खड़ा, कालातीत, समय से पीछे; **~bill of exchange** अतिशोध्य विनिमय-पत्र; **~payment** खड़ा भुगतान ।

**Overestimate** 1. अधिक आँकना, अधिक कूतना; 2. अधिआकलन, अधिप्राक्कलन; 3. अति-अनुमान, अधिक अनुमान ।

**Overhauling** 1. पूरी जाँच; 2. पूरी मरम्मत ।

**Overhead** 1. उपरि (प्रभार), ऊपरी (खर्च); 2. शिरोपरि; 3. बँधा खर्च (expenses); 4. उपरला; **~charge** उपरि प्रभार, ऊपरी खर्च; **~expenses** उपरि व्यय; **~line** शिरोपरि लाइन ।

**Overlapping** 1. अतिव्याप्ति; 2. परस्परव्याप्ति, परस्परव्यापी; **~time**

scale अतिव्यापी समयमान ।

**Overleaf** 1. दूसरे पृष्ठ पर; 2. दूसरी ओर (पन्ने के) ।

**Overlook** 1. की उपेक्षा करना(neglect); 2. जाने देना, माफ करना; 3. ऊपर से देखना; 4. निरीक्षण करना; 5. देखी-अनदेखी करना ।

**Overpayment** 1. अधिक भुगतान; 2. अति संदाय ।

**Overpopulation** अतिजनसंख्या, अत्यधिक आबादी ।

**Overriding** 1. अधिभावी, अध्यारोही, 2. अभिभावी; **~commission** अभिभावी कमीशन ।

**Overrule** 1. उलटना; 2. विरुद्ध व्यवस्था देना, विरुद्ध निर्णय देना; 3. नामंजूर करना, प्रत्यादेश करना; 4. अभिभूत कर देना; **~the plea** अभिवाक् को नामंजूर करना ।

**Overseas** 1. समुद्रपार, विदेश; **~allowance** समुद्रपार भत्ता; **~countries** विदेश; **~pay** समुद्रपार वेतन ।

**Oversight** 1. चूक, अन्वेक्षा, भूल, गलती; 2. निरीक्षण ।

**Overstay** छुट्टी से अधिक अनुपस्थित रहना; **~leave** छुट्टी के उपरांत अनुपस्थित रहना ।

**Overtime** 1. अतिरिक्त समय, अतिकालिक; 2. अतिसमय, अतिकाल, अधिसमय; **~allowance** अतिरिक्त समय भत्ता; **~rate** अतिकालिक दर; **~wages** ~मजदूरी; **~work** अधिक समय तक काम करना ।

**Overvaluation** 1. अधिमूल्यन, 2. अतिमूल्यांकन ।

**Overwork** 1. कार्याधिक्य; 2. अतिश्रम, अत्यधिक परिश्रम ।

**Overwriting** 1. लिखे पर लिखना, अधिलेखन; 2. लिप्तलेखन ।

**Own** 1. अपना, निजी, निज; 2. स्व-; 3. का मालिक/स्वामी होना; 4. स्वीकार करना, मानना; **-er** स्वामी; **-ing** स्वामित्व रखने वाला; **ownership** स्वामित्व; **~accord** स्वप्रेरणा; **with his ~hand** स्वयं अपने हाथ से; **his** ~स्वयं अपनी; **~motion** स्वप्रेरणा; **on his~risk** अपनी ही जोखिम पर; **~title** अपना हक ।

**Owner`s risk** मालिक की जोखिम ।

**Owning authority** स्वामी प्राधिकारी, मालिक प्राधिकारी ।

# P

**Pack** 1. पैक करना, बाँधना; 2. डिब्बे में पैक करना; 3. भरना; 4. ठसाठस भर जाना; 5. अपने साथ रखना; 6. सामान बाँधना; **-ed** पैक की हुई; **-er** पैकर; **-ing** पैक करना, बाँधना, चिह्न लगाना; **-list** पैकिंग-सूची; **~drill** दलेल; **~train** जानवरों का दल ।

**Package** 1. पैकेज; 2. पार्सल, मोट; 3. संदूक; 4. (विशेष) एकमुश्तअर्थ; **~deal** ~सौदा; **~programme** ~कार्यक्रम; **~proposal** ~प्रस्ताव ।

**Packet** 1. पैकेट, 2.पुलिंदा ।

**Pact** 1. पैक्ट, समझौता; 2. संधि ।

**Pad** 1. पैड, गद्दी; 2. उपधान; 3. चाल; 4. गद्दीदार तह लगाना; **-ding** 1. भराई, 2. अनावश्यक भराई; **ink~** स्याहीपैड; **letter ~**पत्र पैड; **writing** ~लेखन-पैड ।

**Pagination** 1. पृष्ठ संख्या डालना; 2. पृष्ठांकित करना ।

**Paid** 1. प्रदत्त, दत्त; 2. सवेतन; 3. भुगतान किया हुआ; 4. दत्त शुल्क; 5. वेतन-भोगी; **~employee** वेतन पाने वाला कर्मचारी; **~holiday** सवेतन अवकाश, संदाय सहित अवकाश दिन; **~off** भुगतान कर दिया गया; **~out** में से किया गया **~up** प्रदत्त; **-capital** -पूँजी; **-policy** समादत्त पालिसी ।

**Painter** 1. रंगसाज, पैंटर; 2. चित्रकार; 3. पागर ।

**Pamphlet** 1. पुस्तिका, 2. चौपन्ना ।

**Panel** 1. नामिका, तालिका; 2. खंड, भाग; 3. पट्‌टी, फलक; **~led** दिलहेदार (दरवाजे में); **~ling** दिलहाबंदी (दरवाजे की); **~of names** नामसूची, नाम का पैनल ।

**Panic** 1. आतंक, भगदड़, तहलका; 2. संत्रास; **~monger** आतंक फैलाने वाला ।

**Paper** 1. कागज; 2. पत्र, कागज-पत्र; 3. लेख, आलेख, शोधपत्र; 4. दस्तावेज (document) 5. प्रश्नपत्र; 6. प्रमाणपत्र, प्रत्ययपत्र; **~balance** कागजी शेष; **~money** कागजी मुद्रा; **~particulars** कागजी ब्यौरा; **~promotion** कागजी पदोन्नति; **on ~** लिखित, मुद्रित, सिद्धांततः ।

**Par** 1. पार, 2. समान; **at~** सममूल्य पर ।

**Para** 1. पैरा, पैराग्राफ, अनुच्छेद; 2. कंडिका (विधि) ।

**Paradox** विरोधाभास; **~ical** विरोधाभासी ।

**Paragraph** 1. पैरा, पैराग्राफ, अनुच्छेद; 2. कंडिका (विधि) ।

**Parallel** 1. समानांतर, समांतर, समरूप; 2. प्रतिरूप (counterpart); 3. सादृश्य; 4. तुलना; **-ism** समानांतरता, सादृश्य; **~columns** समानांतर स्तम्भ; **in~** पार्श्वबद्ध ।

**Paralyse** 1. ठप्प करना, गतिहीन कर

देना; 2. गतिहीन ।

**Paramount** 1. परम, 2. सर्वोच्च, सर्वोपरि; **-cy** परमसत्ता, प्रभुता, सर्वोपरिता; **~consideration** सर्वोपरि ध्यान; **~power** सर्वोपरि सत्ता ।

**Parasite** 1. परजीवी 2. पराश्रयी; **parasitical** परजीवी, पराश्रयिक; **parasitism** परजीविता; **parasitology** परजीव विज्ञान ।

**Parcel** 1. पार्सल; 2. (भूमि)खंड; 3. राशि, ढेर; **-ing** संविभाजन; **~clerk** पार्सल क्लर्क; **~post** पारसल-डाक ।

**Pardon** 1. क्षमा; 2. क्षमा करना; **-able** क्षम्य; **-ed** क्षमाप्राप्त; **-er** क्षमा देने वाला ।

**Parent** 1. माता-पिता; 2. मूल, कारण, उद्‌गम (cause); **-age** 1. माता-पिता का नाम, 2. वंश, कुल, 3. जनकता; **-al** पैतृक; **~cadre** मूल काडर; **~language** मूलभाषा; **~office** मूल कार्यालय ।

**par excellence** 1. श्रेष्ठ, उत्कृष्ट, सर्वोत्कृष्ट ।

**pari passu** 1. के साथ-साथ; 2. समान गति से, समरूप; 3. (उनकी) मात्रा के अनुसार ।

**Parity** 1. समता, समानता, बराबरी; 2. सादृश्य, तुल्यता; 3. सममूल्यता (value); 4. तुल्य (equivalent); **~of exchange** विनिमय समता; **~price** समता कीमत ।

**Parliament** 1. संसद; 2. पार्लमेंट; **-ary** संसदीय; **-affairs** -कार्य; **-committee** -समिति; **-democracy** -लोकतंत्र; **-arian** सभाचतुर ।

**Parole** 1. पैरोल, वचन; 2. प्रतिज्ञा पर कारामुक्ति; **on ~**वचनबद्ध ।

**Part** 1. भाग, अंश; 2. भूमिका, पार्ट; 3. अवयव, अंग; 4. कर्तव्य (duty); 5. काम (concern); **-s** (pl) 1. पुरजे; 2. टुकड़े, खंड; **-ed** 1. विभक्त, 2. अलग किया हुआ; **~delivery** अंश सुपुर्दगी; **~file** खंड फाइल/मिसिल; **~payment** आंशिक भुगतान; **~time** अंशकालिक; **~performance** भागिक पालन; **in ~**अंशतः; **on the~of** की ओर से; **~and parcel** अनिवार्य अंग; **~with** दे देना; **play a ~**भूमिका निभाना; **take~** भाग लेना ।

**Partial** 1. आंशिक; 2. पक्षपातपूर्ण, पक्षपाती; 3. भागतः; **-ity** 1. पक्षपात, 2. तरफदारी; **~exemption** भागतः छूट; **~modification** आंशिक संशोधन; **~partition** आंशिक विभाजन ।

**Participant** 1. सहभागी, भाग लेने वाला; 2. भागी, साझेदार ।

**Participate** 1. भाग लेना, सम्मिलित होना; 2. साझेदार होना; **participating** भाग लेने वाली; **participation** भाग, सहभागिता, भाग लेना ।

**Particular** 1. विशिष्ट, खास; 2. विस्तृत (detailed); 3. सावधान (careful); **-s** (pl) विवरण, ब्योरा; **-ism** 1. एकनिष्ठता; 2. विशेष अधिकारवाद; **-ly** विशेष रूप से, विशिष्टतः; **~age** विशिष्ट आयु; **~case** विशिष्ट मामला; **~class** विशिष्ट वर्ग; **in~** विशेष रूप से, विशिष्टतया ।

**Partition** 1. विभाजन, बँटवारा; 2. अलगाव; 3. भाग, हिस्सा; 4. कक्ष; 5. विभाजन करना; **instrument of~** विभाजन की लिखत; **~wall** विभाजक दीवार ।

**Partner** 1. भागीदार; 2. संगी, साथी; 3 जोड़ीदार; **-ship** भागीदारी; **-debt**

भागीदारी ऋण; **~property** भागीदारी की संपत्ति; **-deed** साझा-पत्र, भागिता विलेख; **incoming ~** आगंता भागीदार; **outgoing ~** निर्गामी भागीदार ।

**Party** 1. दल, पार्टी; 2. पक्ष, पक्षकार; 3. मंडली; 4. गोष्ठी, प्रीतिभोज; **aggrieved ~**व्यथित पक्षकार; **~in fault** कसूरवार पक्षकार; **~in power** सत्तारूढ़ दल; **~line** दलनीति; **~politics** दलबंदी; **third ~**परव्यक्ति, तृतीय पक्षकार ।

**Par value** सममूल्य ।

**Pass** 1. पास; 2. पारण, पारपत्र; 3. पास करना, सफलता प्राप्त करना, पारित करना; 4. पार जाना, गुजरना; 5. हालत, दशा; 6. प्रहार (thrust); 7. संक्रांत (to go by transfer, to come by inheritance); **-able** 1. पारणीय, 2. खरा, 3. उपयुक्त; **~bills** 1. बिल पास करना, 2. विधेयक पारित करना; **~book** पासबुक **~down** निकालना; **~order** आदेश पारित करना; **~over** की उपेक्षा करना; **~out** प्रवेश पत्र; **~through** में से होकर गुजरना ।

**Passage** 1. मार्ग, गलियारा, गली, रास्ता; 2. अंश, उद्धरण, लेखांश; 3. यात्रा, यात्रा-भाड़ा; 4. अवतरण (crossing); 5. व्यतिक्रम, बीत जाना; 6. पारण, स्वीकृति; 7. उद्धरण; **~advance** यात्रा व्यय अग्रिम; **air ~** वायुमार्ग व्यय; **common ~**सामान्य मार्ग; **free ~**1. अबाध मार्ग, मुफ्त यात्रा, निःशुल्क यात्रा; 2. अबाध रूप से गुजरने देना (to allow to pass without constraints) **~money** मार्गव्यय, पाथेय, यात्रा भाड़ा ।

**Passive** 1. निष्क्रिय, अकर्मण्य; 2. ब्याजहीन; 3. सहनशील; **passivity** निष्क्रियता; **~resistance** सत्याग्रह ।

**Passport** पासपोर्ट, पारपत्र; **~Authority** पासपोर्ट प्राधिकारी ।

**Patent** 1. पेटेंट, एकस्व; 2. प्रत्यक्ष, खुला, प्रकट; 3. विस्तीर्ण; **-ee** एकस्वी, पेटेंटी; **~defect** प्रकट/प्रत्यक्ष गलती; **~ and design** पेटेंट तथा डिजायन (एकस्व और अभिकल्प); **~right** एकस्व अधिकार ।

**Patriot** देशभक्त; **-ic** 1. देशभक्तिपरक, 2. देशभक्त; **-ism** देशभक्ति ।

**Patron** 1. संरक्षक; 2. ग्राहक; 3. समर्थक; 4. आश्रयदाता (विधि); **-age** 1. संरक्षण, आश्रय, 2. प्रतिश्रय; **-ess** संरक्षिका; **-ize** संरक्षण देना, प्रोत्साहन देना, ग्राहक बनना ।

**Pattern** 1. पैटर्न, प्रतिरूप, आकृतिबंध; 2. आदर्श (ideal); 3. नमूना (sample); 4. बनावट, ढाँचा; 5. उदाहरण (example); 6. क्रम (order); **cropping ~** फसल क्रम; **~keeper** पैटर्न पाल; **~maker** नमूनाकार ।

**Paucity** 1. कमी, अभाव; 2. अल्पता ।

**Pauper** अकिंचन (पापर); **-ism** अकिंचनता, दारिद्रय; **~appeals** अकिंचन अपीलें; **~suit** ~वाद ।

**Pay** 1. वेतन; 2. भुगतान, अदायगी; 3. पारिश्रमिक; 4. मजदूरी/वेतन देना; 5. भुगतान करना; 6. अदा करना, देना, संदाय करना; **-ee** पानेवाला, आदाता; **-er** 1. दाता, 2. भुगतानकर्ता; **-ment** 1. भुगतान, संदाय, अदायगी; 2. रुपया, 3. पुरस्कार, 4. दंड; **~bill** वेतनबिल; **~day** वेतन दिवस; **fixed ~** नियत वेतन; **~order** अदायगी आदेश; **~roll** वेतन पत्रक, वेतन चिट्ठा; **~scale** वेतनमान; **~slip** वेतन पर्ची; **special**

~विशेष वेतन; **substantive~** अधिष्ठायी वेतन; **~for** 1. के कारण दंड भोगना, 2. दाम चुकाना; **~out** रुपया देना ।

**Payable** 1. देय, भुगतानी, संदेय; 2. दर्शनदेय; 3. लाभकर (profitable); **~on demand** मांग पर देय; **~to bearer** वाहकदेय; **~to order** आदेशदेय ।

**Pecuniary** 1. धन संबंधी, आर्थिक; 2. धनीय (in the form of money); **~advantage** धनसंबंधी फायदा; **~claim** धनसंबंधी दावा; **~damages** धनीय नुकसानी; **~demand** धनसंबधी माँग; **~interest** धनीय हित ।

**Penal** 1. दांडिक, शास्तिक (विधि); 2. दंड; 3. दंडनीय; **-ize** दंडित करना; **~code** दंड संहिता; **~interest** दंडरूप ब्याज, शास्तिक ब्याज; **~law** दंड विधि; **~rent** दंड स्वरूप किराया, शास्तिक किराया; **~sanction** दांडिक अनुशास्ति ।

**Penalty** 1. दंड; 2. अर्थदंड, जुर्माना; 3. शास्ति; **~proceedings** शास्ति कार्यवाही ।

**Pendente lite** 1. वादकालीन; 2. विचाराधीन; 3. लंबित ।

**Pending** 1. अनिर्णीत, पड़ा हुआ, रुका हुआ; 2. तक, पर्यंत; 3. विचाराधीन, लंबित; (संबंधवाचक)तक, के समय; **~cases** ~मामले; **~clearance** निकासी होने तक; **~decision** विनिश्चय होने तक; **~examination** परीक्षण तक; **~suit** लंबित वाद ।

**Pen down** 1. कामरोको; 2. कलम बंद; **~strike** ~हड़ताल ।

**Pension** 1. पेंशन; 2. परिदान; 3. पेंशन देना; **-able** पेंशनयोग्य, पेंशन के योग्य; **~post** ~पद; **~ary** पेंशन संबंधी; **~charges** ~प्रभार; **-er** 1. पेंशनर, पेंशन-भोगी, 2. किराये का टट्टू; **~card** पेंशन कार्ड; **compensation** ~प्रतिकर पेंशन; **~fund** पेंशन निधि ।

**Peon** चपरासी; **~book** चपरासी बही ।

**Per annum** 1. प्रतिवर्ष, वार्षिक, 2. सलाना ।

**Per bearer** 1. पत्रवाहक द्वारा; 2. वाहक द्वारा, दस्ती ।

**Per capita** 1. प्रतिव्यक्ति, 2. व्यक्तिवार; **~income** प्रतिव्यक्ति आय ।

**Per cent** 1. प्रतिशत, 2. फीसदी; **-age** प्रतिशत दर, प्रतिशतता ।

**per contra** समानांतर स्तंभ में ।

**per diem** प्रतिदिन ।

**Perennial** 1. बारहमासी; 2. चिरस्थायी; 3. नित्य; **~nature** नित्य प्रकार, वर्षानुवर्षी प्रकार ।

**Perforce** 1. जबरदस्ती, बलात्; 2. विवश होकर, लाचारी से ।

**Perform** 1. कार्य-संपादन करना; 2. निष्पादित करना, करना; 3. पालन करना; 4. करतब/तमाशा दिखाना; **-ed** अनुष्ठित, संपादित, किया गया ।

**Performance** 1. निष्पादन, पालन, अनुपालन, संपादन; 2. प्रदर्शन; 3. अनुष्ठान; 4. अभिनय; 5. काम; 6. क्रिया, निष्पत्ति; **~budget** निष्पादन बजट; **~efficiency** ~दक्षता; **~index** ~सूचक; **~rating** ~मूल्यांकन; **~register** ~रजिष्टर; **~report** कार्यसंपादन रिपोर्ट ।

**Period** 1. अवधि, कालावधि; 2. युग, समय; 3. परिक्रमण काल (ग्रह); 4. घंटा (कक्षा); 5. आवर्त काल; 6. समाप्ति (end); **-ic** आवर्ती, समय-समय पर; **~inspection** आवधिक निरीक्षण; **~re-**

port आवधिक रिपोर्ट; ~return आवधिक विवरणी ।

**Periodical** 1. आवधिक, समय-समय पर, सामयिक, कालिक; 2. पत्र पत्रिका, नियतकालिक पत्रिका; **-ly** समय-समय पर, आवर्ती; **periodicality** आवर्तन; **~adjustment** कालिक समायोजन; **~inspection** आवधिक निरीक्षण; **~report** ~रिपोर्ट; **~return** ~विवरणी; **~verification** कालिक सत्यापन; **~work** कालिक कृति ।

**Perishable** 1. विनाशशील, विनाशवान, विनश्वर; 2. विकारी; **~goods** ~सामान; **~nature** विनश्वर प्रकृति; **~property** विनश्वर संपत्ति ।

**Perjury** 1. शपथभंग, शपथ पर मिथ्या साक्ष्य; 2. झूठी कसम ।

**Permanent** 1. स्थायी, 2. चिर-; **permanency** स्थायित्व; **-ly** स्थायी रूप से, सर्वदा के लिए; **~address** स्थायी पता; **~appointment** स्थायी नियुक्ति; **~joint planning committee** स्थायी संयुक्त योजना समिति; **~lessee** स्थायी पट्टेदार; **~post** स्थायी पद; **~return** स्थायी रूप से लौटना ।

**Per mensem** 1. प्रतिमास, प्रतिमाह, 2. मासिक ।

**Permissible** 1. अनुमेय, अनुज्ञेय; 2. उचित; **~delegation** अनुज्ञेय प्रत्यायोजन; **~maximum** ~अधिकतम; **~quota** ~कोटा ।

**Permission** 1. अनुज्ञा; 2. अनुमति; 3. आज्ञा ।

**Permit** 1. अनुज्ञा पत्र, परमिट; 2. अनुज्ञा देना, अनुमति देना; **permitted** अनुज्ञप्त, अनुमतिप्राप्त, अनुमति दी जाती है ।

**perpetual** 1. शाश्वत, अनंत, सतत, चिरस्थायी, स्थायी; 2. निरंतर; **perpetuity** शाश्वतता, शाश्वत काल; **-ly** 1. अनंत काल तक, 2. निरंतर; **~debenture** स्थायी डिबेंचर; **~settlement** शाश्वत बंदोबस्त ।

**Perquisites** 1. आनुषंगिक लब्धियाँ/ अनुलब्धियाँ. परिलब्धि; 2. प्राधिकार ।

**Personal** 1. वैयक्तिक; 2. निजी, अपना, स्वीय; 3. शारीरिक; **-ism** व्यक्तिवाद; **-ity** व्यक्तित्व; **-ly** स्वयं, व्यक्तिगत रूप से, वैयक्तिक तौर पर; **~effects** निजी सामान; **~law** स्वीय विधि; **~pay** वैयक्तिक वेतन; **~property** निजी संपत्ति; **~quality** वैयक्तिक गुण ।

**Personate** 1. प्रतिरूपण करना; 2. का अभिनय करना; **personation** प्रतिरूपण; **personator** छद्मवेशी ।

**Personnel** 1. कार्मिक; 2. कर्मचारीगण; **~department** कार्मिक विभाग; **~relations officer** कार्मिक संपर्क अधिकारी ।

**Perspective** 1. परिप्रेक्ष्य; 2. संदर्श; 3. सापेक्ष महत्व ।

**per stirpes** शाखावार, शाखाशः ।

**Persuade** 1. समझाना, मनाना; 2. सहमत करना; 3. के लिए राजी करना; 4. कायल करना (convince); 5. प्रेरित करना; **persuasion** 1. समझाना-बुझाना, 2. अनुनय, 3. आस्था, मतावलबंन ।

**Pertain** 1. से संबंध रखना, संबंधित; 2. का होना; 3. के अनुकूल होना; 4. के लिए उचित होना; **-ing** संबंधित; **~to** के संबंध में, संबंधित ।

**Pertinent** 1. संगत, उपयुक्त; 2. प्रासंगिक; **~matters** संबद्ध बातें ।

**Perusal** 1. अवलोकन, देखना;

2. परिशीलन (scrutiny); 3. पठन, पढ़ना ।

**Petition** 1. अर्जी, याचिका, आवेदन; 2. निवेदन करना; 3. अर्जी देना, अर्जी करना; **-ary** निवेदनात्मक; **-er** प्रार्थी, याचिकादाता, आवेदक, याची, अर्जीदार; **-of appeal** अपील की अर्जी; **~writer** अर्जीनवीस ।

**Phase** 1. चरण; 2. फेज़; 3. पहलू, पक्ष (aspect); 4. अवस्था, दशा; **-d** चरणबद्ध, प्रावस्थाबद्ध ।

**Phenomenon** 1. घटना, तथ्य; 2. प्रतिभास (appearance); 3. चमत्कार ।

**Philosophy** 1. दर्शन (शास्त्र); 2. तत्त्व ज्ञान ।

**Photostat** 1. फोटोचित्रित, 2. फोटोस्टेट; **~machine** ~मशीन ।

**Physical** 1. प्रत्यक्ष 2. शारीरिक; 3. भौतिक; 4. प्राकृतिक; **physically** शारीरिक दृष्टि से, प्रकृति के अनुसार; **-handicapped** विकलांग; **~activity** शारीरिक सक्रियता; **~checking** प्रत्यक्ष जाँच; **~education** शारीरिक शिक्षा; **~fitness** शारीरिक स्वस्थता; **~verification** प्रत्यक्ष जाँच ।

**Physique** 1. शारीरिक गठन; 2. डीलडौल ।

**Piece** 1. टुकड़ा, खंड; 2. उजरत; 3. भाग, अंश, मद; 4. कलाकृति (art); 5. काम, कार्य; **-meal** थोड़ा-थोड़ा करके; **-rate** उजरती दर, मात्रानुपाती; **~wages** उजरत; **-work** उजरती कार्य, मात्रानुपाती काम ।

**Pilot** 1. आरंभिक; 2. अग्रगामी; **~project** ~परियोजना; **~studies** ~अध्ययन ।

**Pin cushion** पिन कुशन ।

**Pioneer** 1. अग्रणी, अग्रगामी, अगुआ; 2. पथप्रदर्शक; 3. रास्ता तैयार करना ।

**Plaint** वादपत्र; **-iff** वादी, मुद्दई; **~decree holder** वादी डिक्रीदार ।

**Plan** 1. योजना, परियोजना, योजना बनाना; 2. रेखाचित्र, रूपरेखा; 3. मानचित्र; 4. कार्यक्रम, कार्यप्रणाली; व्यवस्था, विन्यास (arrangement); **(pl)-s** योजना; **planned** योजनाबद्ध; **-economy** -अर्थव्यवस्था; **planner** योजनाकार; **~and procurement** ~और प्रापण; **~s and estimates** योजना एवं आकलन; **~statistics** ~सांख्यिकी; **~outlay** योजना परिव्यय ।

**Planning** 1. योजना, आयोजना, नियोजन; 2. योजना बनाना; **-commission** योजना-आयोग; **~machinery** योजनातंत्र; **~officer** योजना अधिकारी ।

**Plant** 1. संयंत्र, प्लांट; 2. पौधा, पादप; 3. रोपना, लगाना; 4. बसाना (settle); **~ation** 1. रोपण, वृक्षारोपण; 2. बागान; **~ing** रोपण; **~diseases** पादपरोग; **~foreman** संयंत्र फोरमेन; **~inspector** संयंत्र निरीक्षक ।

**Player** 1. वादक, (music); 2. खिलाड़ी; 3. अभिनेता ।

**Plea** 1. तर्क, दलील; 2. अभिवचन, अभिवाक् (विधि); 3. अनुनय-विनय; 4. क्षमायाचना (apology); **~of guilty** दोषी होने का अभिवचन/अभिवाक् ।

**Plead** 1. अभिवचन करना, पैरवी करना; 2. निवेदन करना; 3. सफाई में कहना; **-er** वकील, अभिवक्ता; **-ing** 1. वकालत; 2. अभिवचन ।

**Pleasure** 1. प्रसाद; 2. आराम, सुख; 3. इच्छा (wish); 4. भोग; **~resort** विहारस्थल; **~seeking** विलासप्रिय; **at**

the ~of के प्रसादानुसार; **during the ~of** के प्रसाद पर्यंत ।

**Plebiscite** 1. जनमतसंग्रह; 2. जनमत ।

**Pledge** 1. गिरवी रखना; 2. प्रतिज्ञा, वचन; 3. बंधक, रेहन, गिरवी; **-d** प्रतिभूत; **-e** गिरवीदार; **-r** गिरवीकर्त्ता ।

**Plenary** 1. पूर्ण; 2. परिपूर्ण; **~conference** पूर्ण सम्मेलन; **~jurisdiction** संर्वांगीण अधिकारिता; **~session** पूर्ण अधिवेशन ।

**Plenipotentiary** पूर्णाधिकारी (दूत) ।

**Plunder** 1. लूटपाट करना; 2. लूट, लूटपाट; **-age** 1. लूटपाट, 2. गबन ।

**Plus** 1. वृद्धि; 2. जोड़; 3. धन, धनात्मक, धनचिह्न 4. अतिरिक्त; 5. और मिलाकर; **~amendments** वृद्धि के संशोधन; **~and minus** 1. वृद्धि और कमी; जोड़ना-घटाना; 2. धन-ऋण ।

**Poaching guard** 1. चोरशिकार गार्ड; 2. शिकार चोरी गार्ड ।

**Point** 1. बिंदु, विषय-बिंदु; 2. अंक; 3. स्थल; 4. क्षण, समय; 5. नोक; 6. बात, विषय, सूत्र (item); 7. वादविषय; 8. सार, सारांश; **-s (pl)** प्रश्न; **-ing** निर्देश, इशारा; **-less** 1. निरर्थक; 2. व्यर्थ; **~of fact** तथ्य का प्रश्न; **~of honour** मान का प्रश्न; **~of order** 1. व्यवस्था का प्रश्न; 2. नियम का प्रश्न; **~of view** दृष्टिकोण; **to the ~**संगत, उपयुक्त, प्रासंगिक; **in~of** के विषय में; **~out** बताना ।

**Police** 1. पुलिस, आरक्षी; 2. पुलिस नियुक्त करना; 3. नियंत्रित करना; **~diary** पुलिस डायरी; **~force** आरक्षक दल, पुलिस बल; **~man** सिपाही, आरक्षक; **~station** थाना ।

**Policy** 1. नीति, कूटनीति; 2. पालिसी (बीमा); 3. चालाकी; **~holder** पालिसी (बीमा) धारक; **~maker** नीति विधायक; **matters of ~** नीति विषयक मामले ।

**Political** राजनीतिक; **~activity** राजनीतिक सक्रियता, राजनीतिक क्रियाकलाप; **~department** राजनीतिक विभाग; **~science** राजनीति शास्त्र ।

**Poll** 1. मतदान, मतांकन; 2. मतगणना; 3. मतदान करना; **-ing** मतदान; **-booth** -केंद्र/स्टेशन; **-station** -केंद्र/स्टेशन ।

**Pollution** 1. प्रदूषण; 2. अपवित्रता; 3. गंदगी ।

**Polyandry** 1. बहुपतित्व; 2. बहुपतिप्रथा ।

**Pool** 1. पूल, तालाब, पोखरा, कुंड; 2. धनराशि (total); 3. संघ; 4. निकाय; 5. मिलाना; **-ing** एकत्रीकरण; **~fund** पूल निधि; **~staff** पूल कर्मचारी ।

**Portable** 1. सुवाह्य, 2. वहनीय; **~shelter** अस्थायी आश्रय स्थान ।

**Portfolio (minister)** संविभाग; **without ~** निर्विभाग ।

**Positive** 1. निश्चित, निश्चियात्मक, सुस्पष्ट; 2. सकारात्मक, स्वीकारात्मक; 3. वास्तविक (real); 4. रचनात्मक (constructive); 5. घनात्मक; 6. निश्चयी; 7. निरपेक्ष; 8. प्रभावयुक्त (reaction); **-ly** निश्चय ही, अवश्य; **~assertion** निश्चयात्मक प्राख्यान; **~morality** मानव स्थापित नैतिकता; **~term** भाव-पद; **~sign** घनचिह्न ।

**Possess** 1. कब्जा करना; 2. स्वामी/मालिक होना; 3. से युक्त होना; 4. पर अधिकार होना; 5. पर नियंत्रण रखना; **-ed** 1. अधिकृत, 2. ग्रस्त; **-ion** 1. कब्जा, दखल, 2. स्वामित्व, आधिपत्य,

3. अधिकृत (क्षेत्र), 4. संपत्ति ।

**Post**[1] 1. खाते में चढ़ाना; 2. डाक; 3. केंद्र; **-age** डाक व्यय, डाक-शुल्क; **-stamp** डाक टिकट **-al** डाक; **-address** डाक पता; **-certificate** डाक प्रमाणपत्र; **-copies** डाकप्रतियाँ; **-dak** पोस्टलडाक; **~bag** डाक थैला; **~box** डाक पेटी; **~card** पोस्टकार्ड; **~office** डाकघर; **~paid** दत्त डाकभार ।

**Post**[2] 1. खम्भा, स्तंभ; 2. पद, नौकरी; 3 स्थान; 4. चौकी; 5. स्थल; 6. इश्तहार लगाना; 7. तैनात करना, नियुक्त करना; **~ing** तैनाती; **ex cadre ~**काडर बाह्य पद; **substantive ~**मूलपद, अधिष्ठायी पद; **vacant ~** रिक्त पद ।

**Post**[3] 1. बाद का, उत्तर; 2. पश्च, पश्चीय; **~dated** बाद का, आगे की तारीख का; **-cheque** उत्तरदिनांकित चेक; **~facto sanction ~**कार्योत्तर मंजूरी; **~graduate** स्नातकोत्तर; **~mortem** मरणोत्तर (परीक्षा) ।

**Posthumous** 1. मरणोपरांत, मरणोत्तर; **-ly** मरणोपरांत; **~award ~**पुरस्कार; **~child** मरणोत्तर संतान ।

**Posting** तैनाती; **~procedure** तैनाती प्रक्रिया; **normal ~** प्रसामान्य तैनातियाँ ।

**Postpone** 1. मुल्तवी करना; 2. आगे बढ़ाना; 3. पीछे रख देना; **-ment** 1. मुल्तवी, स्थगन, 2. मुल्तवी करना ।

**Postscript (p.s.)** 1. पुनश्च, 2. पश्चलेख ।

**Potential** 1. विभव; 2. संभाव्य, संभावित; 3. कार्यक्षम; 4. अंतर्निहित, गर्भित; **-ity** 1. अंतःशक्ति, 2. संभावना, 3. शक्ति, प्रभविष्णुता; **-ly** संभवतः; **~infringement** संभाव्य अतिलंघन; **~purchaser** संभावी क्रेता ।

**Power** 1. शक्ति, बल; 2. बिजली; 3. अधिकार, अधिकार-पत्र; 4. क्षमता (capacity); 5. अधिकार, प्रभाव; 6. सत्ता; 7. आयास (effort); 8. प्रभावशाली; 9. महाशक्ति; **-ful** प्रभावशाली, शक्तिशाली; **~house** बिजलीघर; **~crisis** बिजली संकट; **~of attorney** मुख्तारनामा; **~politics** शक्ति/बलनीति; **~project** विद्युत परियोजना; **~recorder** शक्ति अभिलेखी; **exercisable ~** प्रयोक्तव्य शक्तियाँ; **in ~** सत्तारूढ़; **in his ~** उसकी शक्ति में ।

**Practicable** 1. साध्य, 2. यथासाध्य; 3. यावत्साध्य; **as far as ~** जहाँ तक हो सके; **~despatch** साध्य शीघ्रता ।

**Practical** 1. व्यावहारिक; 2. प्रयोगात्मक; 3. उपयोगी (useful); 4. व्यवहार्य; 5. सक्रिय, क्रियात्मक (working); 6. वास्तविक (virtual); **-ity** व्यावहारिकता; **-ly** व्यावहारिक, वास्तव में; **~experience** व्यावहारिक अनुभव; **~joke** शरारत; **~name** स्थायी नाम; **~measure** क्रियात्मक उपाय; **~training** व्यावहारिक प्रशिक्षण ।

**Practice** 1. पद्धति, प्रक्रिया (procedure); 2. कर्म, पेशा; 3. आदत; 4. अभ्यास, परिपाटी (usage); 5. व्यवसाय, पेशा करना; 6. आचरण; 7. कार्य, प्रयोग, व्यवहार (doing); **~s (pl)** व्यवहार; **practician** कार्यकुशल, व्यवहारकुशल; **code of ~** व्यवहार संहिता; **in ~** 1. व्यवसाय करना, 2. व्यवहार में; **legal ~** वकालत; **put into ~**कार्यान्वित करना ।

**Preamble** 1. प्रस्तावना, उद्देशिका;

2. आमुख ।

**Pre-audit** पूर्व लेखापरीक्षा; **~cheques** ~चैक; **~pay** ~संदाय; **~payments** ~संदाय; **~system** ~प्रणाली; **~voucher** ~वाउचर ।

**Precaution** 1. पूर्वाधान, पूर्वोपाय, पूर्वाविधानी, एहतियाती; 2. सावधानी (case); **-ary measure** एहतियाती कार्रवाई, पूर्वोपाय ।

**Precedence** 1. पूर्वता, अग्रता (right to precede); 2. श्रेष्ठता; 3. पूर्ववर्तिता (priority); **order of ~** अग्रता क्रम ।

**Precedent** 1. नजीर, पूर्व उदाहरण; 2. पूर्ववर्ती, पूर्वनिर्णय, पूर्वन्याय; **~s** (pl) पूर्वनिर्णय; **-ed** पूर्वसंपन्न; **~book** पूर्वनिर्णय पुस्तक; **~interest** पूर्ववर्ती हित ।

**Preceding** 1. पूर्ववर्ती, पूर्व; 2. पूर्वगामी, पूर्वगत; **~provisions** ~उपबंध; **~rules** ~नियम; **~year** ~वर्ष ।

**Precinct** 1. प्रसीमा; 2. हाता, अहाता; 3. हद, सीमा; 4. इलाका, क्षेत्र; **(pl) -s** पड़ोस, परिसर, परिवेश; **~of the court** न्यायालय की प्रसीमा ।

**Precis** 1. सारलेख; 2. संक्षेप; **~writing** सारलेखन ।

**Precise** 1. ठीक-ठीक, सुनिश्चित, सुस्पष्ट (definite); 2. सूक्ष्म, यथार्थ, सही, यथातथ्य; 3. यथावत्; 4. प्रमित (विधि); 5. सख्त (strict); **precision** प्रमिति, यथार्थता; **-ly** ठीक-ठीक, ठीक, हू-ब-हू, प्रमिततः; **~terms of notice** सूचना के यथावत् शब्द; **~words** यथावत् शब्द ।

**Preclude** 1. रोक देना, प्रतिवारित करना, रोकना; 2. निवास करना, प्रवारण करना, निवारित करना; **-d** प्रतिवारित ।

**Preconception** 1. पूर्वधारणा, पूर्वसंकल्पना, पूर्वग्रह ।

**Predeceased** 1. पूर्वमृत, 2. पहले से मरा हुआ ।

**Predecessor** 1. पूर्वज; 2. पूर्ववर्ती, पद-पूर्ववर्ती; 3. पूर्वाधिकारी ।

**Predetermined** 1. पूर्वनिर्धारित; 2. पूर्वनिश्चित; **~cost** ~लागत ।

**Predominant** 1. प्रधान, प्रबल; 2. प्रभावी; 3. प्रमुख, सर्वाधिक ।

**Pre-emption** 1. अग्रक्रय, पूर्वक्रय; 2. पूर्वक्रय अधिकार; **right of ~**अग्रक्रयाधिकार; **~suit** अग्रक्रय का वाद ।

**Preface** 1. प्रस्तावना, प्राक्कथन; 2. पूर्वरंग; 3. भूमिका स्वरूप लिखना ।

**Prefer** 1. तरजीह देना, अधिमान देना; 2. तरक्की देना; **-ably** अधिमानतः; **-ential** अधिमान्य; **-ment** पदोन्नति; **-red** अधिमत; **~charge** आरोप लगाना ।

**Preferable** 1. वरीय, अधिमान्य, श्रेय; 2. बेहतर ।

**Preference** 1. अधिमान, तरजीह; 2. वरीयता; 3. पूर्वाधिकार; **~capital** अधिमान पूँजी; **~dividends** अधिमानी लाभांश; **~share** अधिमानी शेयर ।

**Prefix** 1. पूर्वयोजन, आरंभ में जोड़ना; 2. उपसर्ग लगाना; 3. उपसर्ग, पुरःप्रत्यय; **~ed** सिरे पर लगे ।

**Preform** पूर्वगठित; **-ation** पूर्वगठन; **-ative** रचनात्मक अंश (व्याकरण) ।

**Prehistoric** प्रागैतिहासिक ।

**Pre-investment** निवेशपूर्व; **~survey** ~सर्वेक्षण ।

**Prejudice** 1. प्रतिकूल प्रभाव; 2. पूर्वग्रह,

पूर्वधारणा; 3. प्रतिकूल प्रभाव डालना, पक्षपात, द्वेष; 4. पूर्वग्रह उत्पन्न करना; 5. हानि, क्षति (harm); **-d** पूर्वाग्रही; **prejudicial** प्रतिकूल, हानिकर, विपरीत; **-ly** प्रतिकूलतः ।

**Preliminary** 1. प्रास्ताविक, प्रारंभिक, प्राथमिक; **~advice** प्रारंभिक सलाह; **~decree** ~डिक्री; **~enquiry** ~जाँच; **~grant** ~अनुदान; **~report** ~रिपोर्ट ।

**Premature** 1. समयपूर्व, कालपूर्व, समय से पहले; 2. अकाल, असामयिक; 3. अविचारित; **-ly** असमय; **-birth** समयपूर्व शिशुजन्म; **~encashment** समयपूर्व भुनाना; **~termination** समयपूर्व समाप्ति ।

**remises** (pl) 1. परिसर, अहाता; 2. आमुख, अदिखंड (विधि); **~attached to** से संलग्न स्थान ।

**remium** 1. बीमा किस्त, प्रीमियम; 2. पुरस्कार; 3. लाभांश; **~income** ~आय; **~on debenture** डिबेंचर पर प्रीमियम; **at a ~** अधिमूल्य पर ।

**'repaid** 1. पूर्वदत्त; 2. पूर्वसंदत्त; **~expenses** ~व्यय; **~letter** ~पत्र ।

**'repare** 1. तैयार करना; 2. बनाना; **preparation** 1. तैयारी, 2. सज्जा, निर्मिति, 3. तैयार करना; **-d** तैयार, तत्पर; **-ness** तैयारी ।

**Present** 1. उपस्थित, विद्यमान; 2. प्रस्तुत, प्रस्तुत करना; 3. वर्तमान (काल); 4. उपहार, भेंट (gift); 5. परिचय कराना, मिलाना (introduce); 6. प्रदर्शित करना, दिखाना; 7. पेश करना, प्रस्तुत करना; **-able** सामने प्रस्तुत करने योग्य; **-ation** 1. प्रस्तुतीकरण; 2. प्रदर्शन; 3. उपहार; भेंट; 4. उपस्थापन; 5. प्रस्तुति; 6. प्रतिपादन; **~notice** वर्तमान सूचना; **~possessi** तत्काल कब्जा ।

**Primary** 1. मूल, मूलभूत; 2. प्राथमिक, बुनियादी; 3. आदि-,आदिम; 4. प्रधान,मुख्य; **primarily** 1. पहले, आदि में, 2. मुख्यतः, प्रधानतः; **~education** प्राथमिक शिक्षा; **~receipt** मूल आवती; **~school** प्राथमिक विद्यालय; **~society** प्राथमिक सोसायटी; **~unit** प्राथमिक इकाई ।

**Prime** 1. मूल, आदि; 2. प्रधान; 3. प्रथम, पहला, आदिम; 4. उत्कृष्ट, बढ़िया, उत्तम; 5. उत्कर्ष, पूर्णता; 6. सर्वोत्तम अंश; **~cost** मूल लागत (basic cost); **~matter** आदि द्रव्य; **~minister** प्रधानमंत्री; **~mover** मूलगति उत्पादक; **~quality** उत्तम क्वालिटी ।

**Print** 1. मुद्रित करना, छापना; 2. छाप, मुहर; 3. अंकित करना; 4. निशान, छाप; 5. छींट (कपड़ा); **-able** मुद्रणीय; **-ed** मुद्रित; **-er** मुद्रक; **-ing** छपाई, मुद्रण; **-press** मुद्रण-यंत्र; **~order** मुद्रण आदेश; **in ~**प्राप्य, प्रकाशनाधीन; **out of ~**अप्राप्य ।

**Prior** 1. पूर्व, पूर्ववर्ती, 2. पूर्विक; **~disposition** पूर्विक व्ययन; **~indication** पूर्व संकेत; **~interest** पूर्विक हित; **~to** से पहले ।

**Priority** 1. प्राथमिकता, अग्रता; 2. पूर्वता, पूर्ववर्तिता (समय में); **~buyer** ~प्राप्तक्रेता, अग्रणी खरीदार; **~grading** ~की कोटियाँ; **~indent** ~माँग-पत्र, ~इंडेंट; **~indication** ~संकेत; **~marking** ~मार्किंग/अंकन; **~rating** अग्रता निर्धारण ।

**Prison** 1. कारागार, जेलखाना; 2. बंदीगृह; **-er** कैदी, बंदी; **-of war** युद्ध बंदी ।

**Privacy** 1. एकांत, एकांत स्थान; 2. छिपाव, गोपन; 3. गोपनीयता, एकांतता ।

**Private** 1. प्राइवेट, निजी; 2. गैर-सरकारी, सार्वजनिक, अशासकीय; 3. व्यक्तिगत, वैयक्तिक; 4. एकांतिक; 5. गुप्त (secret); 6. गोपनीय (confidential); 7. गैर-स्कूली छात्र **-ly** एकांत में, अकेले में, गुप्त रूप में, व्यक्तिगत रूप से; **~carrier** निजी वाहक; **~gallery** गैरसरकारी दीर्घा; **~member** गैर-सरकारी सदस्य; **~practice** निजी प्रैक्टिस; **~sector** निजी क्षेत्र; **in ~**अकेले में, गुप्त रूप में, व्यक्तिगत रूप से, एकांत में; **~trust** प्राइवेट न्यास ।

**Privilege** 1. विशेषाधिकार; 2. सुविधा; 3. विशेषाधिकार प्रदान करना; 4. छूट/रियायत देना; **-d** 1. प्राधिकृत, 2. सुविधाप्राप्त, 3. विशेषाधिकारप्राप्त; **~committee** विशेषाधिकार समिति; **breach of** ~विशेषाधिकार-हनन ।

**Privy** 1. सर्वोच्च; 2. राजभत्ता, निजी; **~council** प्रीवी काउंसिल; **~purse** राजभत्ता, निजी; **~seal** राजमुद्रा; **~to** का संसर्गी ।

**Prize** 1. इनाम, पुरस्कार, पारितोषिक; 2. उत्कृष्ट (वि०); 3. पुरस्कृत (विधि); 4. महत्त्व देना; **~distribution** पुरस्कार वितरण; **~money** विजित धन; **~salvage** प्राइज उद्धारण ।

**Pro-** 1. पूर्व; 2. उप-; 3. प्रति-; 4. अग्र-(front); 5. प्र- (आगे, forward); 6. अनुकूल तर्क, समर्थक; **~s and cons** तर्क-वितर्क, पक्ष-विपक्ष ।

**Probable** 1. संभाव्य, संभवनीय; 2. प्रायिक; **probability** संभाव्यता, अधिसंभाव्यता; **probably** संभवत:; **~amount** अधिसंभाव्य रकम; **~consequence** अधिसंभाव्य परिणाम **~savings** संभाव्य बचत ।

**Probate** 1. प्रोबेट, इच्छापत्र (प्रमाणित); 2. संप्रमाणित; **~jurisdiction** प्रोबेट विषयक अधिकारिता; **~officer** प्रोबेट अधिकारी ।

**Probation** 1. प्रोबेशन, परिवीक्षा, परख; 2. परख-अवधि; **-ary** परिवीक्षाधीन; **-er** परिवीक्षाधीन, परखाधीन; **~period** ~काल/अवधि ।

**Probe** 1. छानबीन, परीक्षण, जाँच; 2. गहराई से जाँचना/नापना; 3. जाँच-पड़ताल करना ।

**Procedure** 1. प्रक्रिया, कार्यविधि, क्रियाविधि; 2. व्यवहार; **procedural** क्रियाविधि; **-rules** प्रक्रिया संबंधी नियमावली; **~generally** साधारणतया प्रक्रिया ।

**Proceedings** (बहु०) 1. कार्यवाही; 2. प्रगति (advance); 3. कार्यविवरण, विवरण; **~of meetings** अधिवेशनों की कार्यवाही ।

**Proceeds** 1. आगम, प्राप्ति; 2. अर्थागम, लाभ, मुनाफा; **~of cess** उपकर के आगम; **~of fines** जुर्मानों के आगम; **~of sale** विक्रय के आगम ।

**Process** 1. प्रक्रम; 2. प्रक्रिया, प्रणाली; 3. संसाधित करना, तैयार करना; 4. आदेशिका (विधि); 5. प्रगति, गति (progress); 6. वाद; 7. प्रतिलिपि तैयार करना; **-ing** 1. प्रक्रमण, 2. संसाधन, प्रसंस्करण; **data** - आंकड़े प्रक्रमण; **~costs** प्रक्रिया लागत; **~fees** आदेशिका फीस; **~server** आदेशिका तामीलकर्त्ता ।

**Procession** 1. जुलूस, 2. शोभायात्रा ।

**Proclaim** 1. उद्घोषणा करना, घोषित करना; 2. प्रमाणित करना (show to be); **-ed** उद्घोषित; **-person** -व्यक्ति; **-ing** उद्घोषित करना; **proclamation** उद्घोषणा, घोषणापत्र ।

**Procurement** 1. वसूली, प्रापण; 2. (अधि)प्राप्ति, उपलब्धि ।

**Produce** 1. उपज, उत्पादन, पैदावार, माल; 2. उत्पन्न करना, तैयार करना, उत्पादन करना; 3. प्रस्तुत करना, दिखलाना (exhibit); 4. परिणाम (result); 5. फल (fruit); **-d** उत्पादित; **-r** 1. उत्पादक, सूत्रधार, 3. निर्माता, 4. प्रस्तुतकर्त्ता; **~of land** भूमि की उपज ।

**Product** 1. उपज; 2. उत्पाद; 3. परिणाम (result); 4. फल (fruit); **~s (pl)** उत्पाद, पैदावार, उपज; **-ive** 1. उत्पादक, 2. उपजाऊ (fertile); **-expenditure** उत्पादक व्यय; **-expenses** -व्यय; **-labour** -श्रम ।

**Production** 1. उत्पादन, पैदावार, उपज; 2. प्रस्तुतीकरण, पेश करना; 3. रचना (कला); 4. प्रस्तुति करना (विधि); 5. प्रदर्शन; **~campaign** उत्पादन अभियान; **~cost** ~लागत; **~gaps** ~अंतराल; **~manager** ~प्रबंधक; **~officer** ~अधिकारी ।

**Profession** 1. वृत्ति पेशा, व्यवसाय; 2. स्वीकारोक्ति, स्वीकरण, मान्यता; **-al** व्यावसायिक, वृत्तिक; **-ism** व्यावसायिकता; **-tax** वृत्ति-कर ।

**Proficiency** 1. प्रवीणता; 2. निपुणता; **~certificate** प्रवीणता प्रमाणपत्र ।

**Profile** 1. रूपरेखा, रेखाचित्र, (outline); 2. पार्श्वचित्र, पार्श्वदृश्य ।

**Profit** 1. लाभ, फ़ायदा; 2. हित, कल्याण; 3. लाभ उठाना; **-able** लाभदायक, लाभप्रद, लाभकारी, लाभदायी; **-eer** मुनाफ़ाखोर; **certificate of ~** लाभ प्रमाणपत्र; **net~** शुद्ध लाभ; **~and loss** लाभ-हानि; **~and gains** लाभ और अभिलाभ ।

**Proforma** 1. प्रपत्र, फार्म; 2. निदर्शन-पत्र (प्रोफार्मा); 3. रीति (as per form); **~adjustment** प्रोफार्मा समायोजन; **~basis** ~आधार; **~invoice price** कच्चा बीजक कीमत ।

**Programme** 1. कार्यक्रम, प्रोग्राम; 2. योजना; **-r** कार्यक्रमक; **~co-ordination** ~समन्वय; **~indent** कार्यबद्ध इंडेंट/माँगपत्र; **~schedule** कार्यक्रम अनुसूची; **~supervisor** कार्यक्रम पर्यवेक्षक ।

**Progress** 1. प्रगति, उन्नति; 2. अग्रगति, प्रगति (advance); 3. विकास; 4. उन्नति करना; **~chart** प्रगति चार्ट; **~chaser** ~अनुवीक्षक; **~man** वीक्षक; **~report** ~रिपोर्ट/विवरण; **~supervisor** ~पर्यवेक्षक ।

**Progressive** 1. प्रगामी; 2. प्रगतिशील; 3. क्रमिक, उत्तरोत्तर; 4. वर्धमान (increasing); 5. प्रगतिवादी, प्रगतिमान; 6. संप्रवाह; **progressivism** प्रगतिवाद, प्रगतिशीलता; **-ly** उत्तरोत्तर ।

**Prohibit** 1. मना करना, निषेध करना, प्रतिषेध करना; 2. रोकना; 3. वर्जित ।

**Prohibition** 1. नशाबंदी, मद्य-निषेध; 2. निषेध, मनाही; 3. निषेधाज्ञा; 4. प्रतिषेध; **-ist** मद्यनिषेधवादी; **~officer** मद्यनिषेध अधिकारी ।

**Prohibitory** निषेधात्मक, प्रतिषेधात्मक; **~order** ~आदेश ।

**Project** 1. परियोजना, योजना; 2. फेंकना

डालना; 3. प्रक्षेपण करना; **-ed** प्रक्षिप्त; **-ing** 1. प्रक्षेपी, 2. बहिर्वेशन; **~coordination** परियोजना समन्वय; **~director** ~निदेशक; **~estimate** ~प्राक्कलन; **~officer** ~अधिकारी; **~report** ~रिपोर्ट ।

**Projection** 1. प्रक्षेप, निकला हुआ भाग; 2. प्रक्षेपण; **-ist** प्रक्षेपक ।

**Prolong** 1. बढ़ाना; 2. जारी रखना; 3. दीर्घ करना, लंबी बना देना; **-ation** दीर्घीकरण; **-ed** दीर्घकालीन, निलंबित; **-default** निलंबित व्यतिक्रम; **-illness** -बीमारी; **~leave** छुट्टी बढ़ाना ।

**Prominent** 1. प्रमुख, मुख्य, विशिष्ट; 2. सुस्पष्ट, सुव्यक्त (conspicuous); 3. बाहर निकला हुआ; **~ly** प्रमुख रूप से; **~place** प्रमुख स्थान; **~position** प्रमुख स्थान ।

**Promise** 1. वचन; 2. प्रतिज्ञा, वायदा, प्रतिश्रुति; 3. वचन देना; 4. विश्वास/आशा दिलाना; **-d** प्रतिश्रुत; **alternative** ~अनुकल्पी वचन; **breach of~** वचन भंग; **reciprocal ~** व्यतिकारी वचन; **set of** ~वचन-संवर्ग ।

**Promissory** 1. वचन, प्रामिसरी; 2. वचनपत्र, रुक्का; **~note** वचन पत्र, रुक्का ।

**Promote** 1. पदोन्नत करना; 2. प्रोन्नति करना, उन्नति करना, बढ़ावा देना; 3. अभिवृद्धि करना (to advance in rank); 4. प्रवर्तन करना; 5. अग्रसर करना (to put forward); 6. संप्रवर्तन करना (to contribute to the growth); **-d** प्रोन्नत; **-e** प्रोन्नत व्यक्ति; **-r** प्रवर्तक, संप्रवर्तक (विधि); **promotion** 1. पदोन्नति, प्रोन्नति, तरक्की, 2. वर्धन, संवर्धन; **-post** प्रोन्नति पद; **~harmony** समरसता का निर्माण करना ।

**Prompt** 1. तुरंत, शीघ्र, तत्काल, तत्पर, तत्परता से; 2. अविलंब, तात्कालिक; 3. अनुबोधन; 4. प्रेरित करना, प्रोत्साहन देना; 5. जताना, सुझाना; **-er** प्रेरक, अनुबोधक; **-ly** तुरंत, झटपट, तत्काल, तत्परता से ।

**Promulgate** 1. प्रख्यापन/प्रवर्तन करना, प्रख्यापित करना; 3. जारी, लागू करना; 4. प्रचारित करना; **promulgation** प्रख्यापन, प्रवर्तन; **~ordinance** अध्यादेश प्रख्यापित करना ।

**Pronounce** 1. सुनाना, सुनाया जाना; 2. उच्चारित करना; 3. फैसला देना, निर्णय देना; **-able** उच्चारणीय; **-d** 1. उच्चरित; 2. सुस्पष्ट; 3. सुनिश्चित; **-ment** 1. प्रख्यापन; 2. उद्घोषणा; 3. निर्णय (decision); **~judgement** निर्णय सुनाना; **~opinion** राय सुनाना ।

**Proof** 1. प्रमाण, सबूत; 2. प्रूफ (प्रेस); 3. परीक्षण, जाँच; 4. अभेद्य; **conclusive ~** निश्चायक सबूत; **~reader** प्रूफ रीडर, प्रूफ शोधक; **~of despatch** प्रेषण का प्रमाण ।

**Propagate** 1. प्रचार करना; 2. फैलाना; 3. प्रसारित करना (transmit); **propagation** 1. प्रचार(ण), फैलाव; 2. प्रजनन; 3. संचरण; 4. प्रसार(ण) प्रेषण; **propagator** प्रचारक, प्रसारक ।

**Proper** 1. उचित, समीचीन (suitable); 2. ठीक, सही, यथातथ्य; 3. यथोचित, समुचित (decent); 4. विशिष्ट, निजी (peculiar); 5. वास्तविक (real); **-ly** उचित रीति से, ठीक ही, यथार्थ में; **~accounts** उचित लेखा/हिसाब; **~channel** 1. उचित मार्ग, 2. उचित माध्यम;

~course उचित मार्ग; ~custody उचित अभिरक्षा ।

**Property** 1. संपत्ति; 2. गुण, धर्म, विशेषता (a quality or trait); 3. स्वामित्व, स्वत्व; **common ~** सामान्य संपत्ति; **immovable ~** अचल संपत्ति; **movable ~** चल संपत्ति; **private ~** निजी संपत्ति; **public ~** सार्वजनिक संपत्ति; **title in~** संपत्ति में हक ।

**Proportion** 1. अनुपात, समानुपात; 2. अंश; 3. साम्य, सादृश्य; 4. के अनुसार निर्धारित करना; **-able** संतुलित; **-al** 1. आनुपातिक, 2. सापेक्ष; **-representation** -प्रतिनिधित्व; **-ly** अनुपात में, अनुपाततः; **-ate** अनुपाती, आनुपातिक, संतुलित; **~ist** समानुपातवादी; **rateably ~** अनुपात से ।

**Proposal** 1. प्रस्ताव, प्रस्तावना, प्रस्थापना; 2. प्रस्ताव (विवाह) ।

**Propose** 1. प्रस्ताव करना, प्रस्तावित करना; 2. प्रस्थापना करना (विधि); 3. इरादा करना; 4. प्रस्ताव (विवाह); 5. प्रस्तुत करना; **proposal** प्रस्ताव, प्रस्थापना; **proposition** 1. प्रस्ताव, 2. प्रस्थापना, 3. समस्या; **-d** प्रस्तावित; **-r** प्रस्तापक/प्रस्थावक ।

**Propound** 1. प्रतिपादित करना; 2. प्रस्तुत करना ।

**Proprietary** 1. सांपत्तिक; 2. मालिकाना, स्वामित्व; **~interest** सांपत्तिक हित; **~rights** ~अधिकार ।

**Propriety** 1. औचित्य, मर्यादा; 2. उपयुक्तता (fitness); **~audit** औचित्य लेखापरीक्षा; **~cum-efficiency** औचित्य-सह-दक्षता; **~of order** आदेश का औचित्य ।

**Pro-rata** यथानुपात; **~quota** ~कोटा ।

**Prorate** 1. अनुपात में बाँटना; 2. निर्धारित करना ।

**Prorogue** 1. सत्रावसान करना; 2. स्थगित करना **-d** सत्रावसित; **summon or ~**सत्र का आह्वान या सत्रावसान करना ।

**pros and cons** 1. पक्ष-विपक्ष, 2. आगा-पीछा ।

**Proscribe** 1. अभिनिषिद्ध करना; 2. निर्वासित करना; 3. बाधित करना; **-d** अभिनिषिद्ध ।

**Prospect** 1. संभावना; 2. संभावित ग्राहक; 3. पूर्वेक्षण स्थल; 4. खोजना; 5. दृश्य, परिदृश्य; **-s** (pl) आसार, भविष्य, संभाव्यता; **-ing** पूर्वेक्षण, पूर्वेक्षण करना; **-or** पूर्वेक्षक; **election in ~** भावी निर्वाचन ।

**Prospective** 1. भविष्यलक्षी, भविष्य प्रभावी, भविष्य सापेक्ष; 2. अग्रदर्शी; 3. प्रत्याशित, पूर्वेक्षित; 4. भावी; **-ly** भविष्यलक्षी प्रभाव से, भविष्यलक्षी; **~candidate** भावी अभ्यर्थी; **~liabilities** भावी दायित्व ।

**Prospectus** 1. विवरण पत्रिका; 2. परिचय पत्र; 3. प्रास्पेक्टस ।

**Prosper** 1. उन्नति करना, समृद्ध होना; 2. फलना-फूलना; 3. सफल होना; **-ity** समृद्धि, वैभव, संपन्नता; **-ous** 1. समृद्ध, संपन्न, 2. सफल, फलता-फूलता, 3. अनुकूल, शुभ (favourable) ।

**Protect** 1. रक्षा करना, संरक्षा करना; 2. संरक्षण करना; **-ed** संरक्षित; **-ing** संरक्षी, संरक्षक; **-ion** संरक्षण, सुरक्षा, आवरण; **~or** 1. संरक्षक, 2. रीजेंट (Regent); **-of emigrants** उत्प्रवासी संरक्षक; **~the interest** हित का संरक्षण ।

**Protest** 1. विरोध, प्रतिवाद, असम्मति; 2. विरोध/प्रतिवाद करना; 3. दृढ़तापूर्वक कहना (state); 4. अस्वीकार • करना; 5. विरोधपत्र, प्रसाक्ष्य (विधि); 6. अभ्यापत्ति (objection or display of unwillingness); **-ed** प्रसाक्ष्यित; **appear under ~** अभ्यापत्तिपूर्वक हाजिर होना; **under ~** अभ्यापत्तिपूर्वक ।

**Proto** 1. आदि; 2. पूर्व-; 3. अग्र-; 4. आद्य; **-type** 1. आदि प्रारूप, 2. आदर्श (model) ।

**Protocol** 1. नयाचार, प्रोटोकॉल (प्रोतोकाल), 2. पूर्वलेख, संलेख; **~officer** नयाचार अधिकारी ।

**Prove** 1. सिद्ध करना, साबित करना, परिसिद्ध करना; 2. प्रमाणित करना/होना (turn out); 3. परखना, परीक्षण करना; **~d** सिद्ध, साबित; **-not** साबित नहीं हुआ ।

**Provide** 1. उपबंधित करना, प्रावधान करना, उपबंध करना, मुहैया करना; 2. देना, का प्रबंध करना; 3. की तैयारी करना, प्रबंध करना; 4. पहले से प्रबंध करना; 5. भरण-पोषण करना ।

**Provided** 1. प्रबंध किया; 2. बशर्ते, परंतु, परंतुक; 3. बशर्ते कि; **~that** परंतु, परंतु यह तब जबकि; **~also that** परंतु यह और भी कि; **as ~**यथा उपबंधित ।

**Provident fund** 1. भविष्य निधि, 2. निर्वाह निधि; **contributory~** अभिदायी भविष्य निधि ।

**Provision** 1. शर्त, उपबंध; 2. व्यवस्था, प्रबंध; 3. भंडार, ढेर; 4. पूर्वोपाय, निवेश (विधि); 5. धारा; **-s** (pl) रसद, खाद्य सामग्री; **~merchant** परचूनिया; **~or supply** रसद या प्रदाय ।

**Provisional** 1. अस्थायी, अनंतिम, आरजी; 2. अंतःकालीन; 3. अंतरिम; 4. कामचलाऊ; **-ly** अस्थायी; **~certificate** अनंतिम/तात्कालिक प्रमाणपत्र; **~inspection** अनंतिम निरीक्षण; **~list** ~सूची; **~payment** ~संदाय ।

**Proviso** 1. परंतुक, शर्त; 2. प्रतिबंध (condition); **-ry** शर्तबंद, प्रतिबंधित ।

**Provocation** 1. प्रकोपन, उत्तेजना; 2. प्रेरणा; 3. छेड़छाड़; 4. अवसर, कारण; **provocative** उत्तेजक, प्रेरक ।

**Provost** 1. प्रोवोस्ट, 2. अध्यक्ष ।

**Proximate** 1. निकटस्थ, समीपस्थ, सामीप्य; 2. अगला, आगामी; 3. आसन्न; 4. अनुमानित; **proximity** निकटता, समीपता ।

**Proximo** आगामी मास का ।

**Proxy** 1. प्रतिपत्र, प्रतिपत्री; 2. परोक्षी (प्राक्सी); 3. प्रतिनिधित्व, मुख्तारी ।

**Psychology** 1. मनोविज्ञान; 2. मनोवृत्ति (attitude); **psychological** मनोवैज्ञानिक; **psychologist** मनोविज्ञानी ।

**Public** 1. जनता, पब्लिक; 2. सार्वजनिक, आम, लोक; 3. सरकारी, शासकीय; 4. सर्वविदित, खुला, प्रकट, लोक विदित; 5. अधिकृत; **-ly** खुले रूप में, सार्वजनिक रूप से; **~account** लोक लेखा; **~address** सार्वजनिक अभिभाषण; **~auction** सार्वजनिक नीलामी; **~body** ~निकाय; **~fund** लोक निधि; **~good** लोक हित, जनहित; **~health** लोक स्वास्थ्य; **~holiday** सार्वजनिक अवकाश; **~interest** लोक हित; **~notice** ~सूचना; **~notification** ~अधिसूचना; **~nuisance** लोक कंटक; **~property** लोक संपत्ति; **~safety** लोक/जन सुरक्षा; **~school** पब्लिक

स्कूल; ~**sector** सार्वजनिक क्षेत्र; ~**servant** लोक सेवक; ~**tariff** सार्वजनिक टैरिफ ।

**Publicity** 1. प्रचार; 2. प्रसिद्धि, ख्याति; ~**agent** प्रचार अभिकर्त्ता; ~**officer** प्रचार अधिकारी ।

**Publish** 1. प्रकाशित करना; 2. प्रकट करना, घोषित करना; **-able** प्रकाश्य; **-ed** प्रकाशित; **-er** प्रकाशक; **-ing** प्रकाशन ।

**Punch** 1. वेधनी; 2. वेधन करना; 3. पंचित्र, छापा; 4. छेदक; 5. कोचना, खोदना, मुक्का मारना; **-ing** छेद करना; **-marked** पंच से चिह्नित ।

**Punctual** 1. समयनिष्ठ, पाबंद; 2. यथासमय; **-ity** समय-पालन/पाबंदी, निष्ठा; **-ly** ठीक समय पर ।

**Punish** दंड देना, सजा देना; **-able** दंडनीय; **-ed** दंडित; **-ment** दंड, सजा; **capital ~** प्राणदंड ।

**Punitive** 1. दंडात्मक; 2. दांडिक ।

**Purchase** 1. क्रय, खरीद; 2. क्रय करना, खरीदना; 3. प्राप्ति, उपलब्धि; **-d** क्रीत; **-r** क्रेता; ~**book** क्रयबही; ~**control** क्रय नियंत्रण; ~**power** क्रय शक्ति; ~**price** क्रय कीमत ।

**Pure** 1. शुद्ध, विशुद्ध; 2. निर्मल, विमल; 3. निरा; 4. स्पष्ट; 5. पूर्ण, निर्दोष; 6. पवित्र; **-ly** 1. बिल्कुल, 2. विशुद्ध रूप से, 3. पूर्णतया; **-temporary** बिल्कुल अस्थायी ।

**Purport** 1. अभिप्राय, तात्पर्य, सार; 2. तात्पर्यित होना (विधि); 3. अर्थ रखना; 4. दावा करना (claim); **-ing** तात्पर्यित; **-to be** होना तात्पर्यित है ।

**Pursue** 1. पीछे लगे रहना; 2. सताना; 3. की खोज में रहना; 4. जारी रखना; 5. आगे बढ़ाना; 6. के अनुसार पालन; 7. अध्ययन करना; **-r** 1. पीछा करने वाला; 2. वादी ।

**Pursuit** 1. कामकाज, व्यवसाय, पेशा; 2. खोज; 3. लक्ष्य; 4. पीछा, अनुपालन, पीछा करना; **ordinary ~** मामूली कामकाज ।

**Purview** 1. कार्यक्षेत्र; 2. क्षेत्र, सीमा; 3. मुख्यांश; 4. प्रयोजन, अभिप्राय ।

**Put** 1. रखना, 2. फेंकना; 3. विक्रय-विकल्प; 4. लगाना; 5. बाध्य करना; ~**aside** रख देना; ~**in abeyance** प्रास्थगित करना; ~**into force** कराया गया है; ~**up** प्रस्तुत करना; **-slip** पेश पर्ची; **to be ~on** आमेलित किया जाना; ~**to use** प्रयोग किया गया ।

# Q

**Quadruplicate** 1. चार प्रतियाँ; 2. चौहरा, चौगुना; 3. चार प्रतियाँ करना; **quadruplication** चतुर्गुणन ।

**Qualify** 1. अर्हता प्राप्त करना, अर्हित करना; 2. योग्य होना, योग्य ठहरना; 3. बता देना, मान लेना; 4. अर्थ सीमित करना; 5. परिवर्तन कर देना, सापेक्ष करना (to modify by condition); 6. सीमित कर देना, विशेषित करना (to limit or modify the meaning); **qualification** 1. अर्हता, योग्यता; 2. उपाधि, 3. प्रतिबंध, विशेषक, 4. शर्त; **qualified** 1. योग्य, अर्हताप्राप्त; 2. सोपाधिक, 3. सीमित, सापेक्ष; **-candidate** अर्हताप्राप्त-उम्मीदवार; **~ing** 1. अर्हक, 2. विशेषक, 3. प्रतिबंधित, प्रतिबंधक; **-examination** अर्हक परीक्षा; **-factor** -कारक; **-level** -स्तर; **-marks** -अंक; **-output** -उत्पाद; **-service** -सेवा; **-word** ~विशेषक शब्द ।

**Quality** 1. विशेषता, गुण, लक्षण; 2. गुणवत्ता, गुणता, उत्कर्षता; 3. कोटि, प्रकार; 4. योग्यता, क्षमता, हैसियत; 5. स्थान-भेद (ध्वनिशास्त्र); **qualitative** 1. गुणात्मक, 2. गुणवाचक; **-difference** -भेद; **-technique** -तकनीक; **~attainable** उपलब्धि योग्य गुणावस्था; **~certificate** गुणता प्रमाणपत्र; **~control** गुणता नियंत्रण; **~desired** वांछित गुणावस्था; **~marking** गुणता अंकन, क्वालिटी चिह्नांकन; **personal ~** वैयक्तिक गुण; **~standard** गुणावस्था मानक ।

**Quantity** 1. मात्रा, परिमाण, ढेर; 2. राशि; 3. मात्रा (छंदशास्त्र); **~accounts** परिमाण लेखे; **~rebate** थोकक्रय छूट ।

**Quantum** 1. प्रमात्रा, क्वांटम; 2. मात्रा; **~evolution** प्रमात्रा विकास ।

**Quarantine** 1. क्वारंटाइन, करंतीन; 2. संगरोध; **~leave** ~छुट्टी; **~restriction** करंतीन छुट्टी ।

**Quarry** 1. खदान, खुली खान, खुली खदान; 2. चौका (पत्थर); 3. खोदकर निकालना, खोदना; **-ing** उत्खनन, खदान क्रिया; **~man** खदानकार ।

**Quarter** 1. चौथाई, चतुर्थांश; 2. वर्ष का चतुर्थांश-तिमाही; 3. आवास गृह, क्वार्टर; **-ed** आवासित; **-ly** 1. त्रैमासिकी, 2. त्रैमासिक, तिमाही; **~average** चौथाई औसत; **~master** क्वार्टर मास्टर ।

**Quarterly** त्रैमासिक, तिमाही; **~examination** त्रैमासिक/तिमाही परीक्षा; **~instalment** तिमाही किस्त; **~report** ~रिपोर्ट; **~return** ~विवरणी ।

**Quash** 1. अभिखंडित करना, रद्द करना, मंसूख करना; 2. मिटा देना, दमन करना, दबाना, कुचलना; **-ing** अभिखंडन, मंसूख करना ।

**Quasi** 1. -वत्, 2. -कल्प, 3. अर्ध-;

~commercial वाणिज्यवत्, अर्ध-वाणिज्यिक; ~contract संविदाकल्प; ~judicial न्यायिक कल्प, अर्धन्यायिक; ~partner भागीदारवत्; ~permanency स्थायिवत्ता; ~permanent स्थायिवत्; ~substantive मूलवत् ।

**Query** 1. प्रश्न, पूछताछ; 2. प्रश्नचिह्न; 3. संदेह प्रकट करना ।

**Quest** 1. तलाश, खोज; 2. अन्वेषण करना ।

**Question** 1. प्रश्न; 2. शंका, संदेह; 3. विषय, मामला; 4. समस्या; 5. प्रश्न पूछना, संदेह प्रकट करना, आक्षेप करना; **-able** संदिग्ध, शंकास्पद; **-naire** प्रश्नावली, प्रश्नमाला; **-less** असंदिग्ध; **~hour** प्रश्न-अवधि, प्रश्नकाल; **~mark** प्रश्नचिह्न; **~paper** प्रश्नपत्र ।

**Quinquennial** 1. पंचवार्षिकी, पंचवार्षिक, 2. पंचवर्षीय; **quinquennium** पंचाब्द ।

**Quorum** 1. कोरम, 2. गणपूर्ति ।

**Quota** 1. कोटा, 2. नियतांश; **~control** कोटा नियंत्रण; **~sample** कोटा नमूना ।

**Quotation** 1. भाव, दर, दरसूची; 2. कोटेशन, कुटेशन; 3. उद्धरण, अवतरण; **~mark** उद्धरण चिह्न ।

**Quote** 1. उत्कथित करना, कोटेशन देना; 2. कोट करना; **quoting reference** निर्देश देते हुए; **~rate** रेट उत्कथित करना ।

# R

**Race** 1. प्रजाति, मूलवंश; 2. दौड़; 3. होड़; 4. दौड़ में भाग लेना, दौड़ना; 5. जीवनयात्रा (course of life); **racial** जाति, प्रजातीय; **-discrimination** -भेद; **-groups** प्रजातीय समूह; **~ course** दौड़ का मैदान ।

**Racket** 1. तिकड़म (scheme); 2. कोलाहल; 3. शोरगुल करना; 4. अग्निपरीक्षा; **-eer** ठग; **-ing** धोखाधड़ी, झाँसापट्टी ।

**Radical** 1. आमूल, मूलभूत; 2. अतिवादी; 3. उग्र (extreme, drastic); 4. आधारिक; 5. मूल संबंधी; **-ism** अतिवादी, परिवर्तनवादी, उग्र सुधारवाद; **-ly** मूलतः; **~change** आमूल-परिवर्तन ।

**Raid** 1. छापा, धावा; 2. छापा मारना, धावा बोलना; **-er** छापामार, धावा करने वाला; **-ing** छापामारी; **border ~**सीमा छापे ।

**Rail** 1. रेल, पटरी; 2. छड़; 3. बाड़ा, घेरा, जंगला; **-ing** बाड़ा, कठघरा; **-mail** रेलडाक; **-road** रेलपथ, रेलमार्ग; **-way** रेलवे, रेलवेमार्ग; **-receipt** रेलवे रसीद; **-reservation** रेलवे आरक्षण ।

**Raise** 1. ऊँचा करना, उठाना, खड़ा करना; 2. निर्माण करना; 3. उत्तेजित करना; 4. बढ़ाना, 5. प्रस्तुत करना, प्रश्न उठाना; 6. वसूल करना, उगाहना; **-d** समुत्थापित, बनाई गई, उभरा; **raising** लेना; **-defence** प्रतिवाद करना; **-loan** उधार लेना ।

**Rally** 1. रैली; 2. जमघट; 3. एक स्थान पर इकट्ठे हो जाना; 4. जुटाना (भीड़) ।

**Random** 1. सांयोगिक; 2. अनियमित, बेतरतीब; 3. यादृच्छिक, यदा-कदा; **~fluctuations** यदा-कदा होने वाले उतार-चढ़ाव; **~observation** यादृच्छिक प्रेक्षण; **~sampling** यादृच्छिक प्रतिचयन; **at ~**यदृच्छया, यों ही ।

**Range** 1. चाँदमारी; 2. रेंज; 3. परास, मार; 4. पंक्ति, पहुँच, श्रेणी, पर्वतमाला; 5. क्रमबद्ध करना, वर्गीकृत करना; 6. रखना; 7. से मिल जाना; 8. सीध बाँधना; **-r** वनपाल, रेंजर, राजिक; **~finder** दूरीमापी, परासमापी; **~forest** वनखंड; **~shooting** चाँदमारी; **~warder** रेंज वार्डर ।

**Rank** 1. पद, ओहदा, पदवी; 2. श्रेणी, दर्जा, रैंक; 3. पंक्ति, क्रम, व्यवस्था; 4. श्रेणीबद्ध करना, प्रतिबद्ध करना; 5. क्रम, व्यवस्था; 6. प्रतिष्ठा; **-s** (pl) सेना, सामान्य सैनिक; **-ing** क्रम स्थापना करना; **~and file** सामान्य जन, सामान्य सैनिक; **~equally** एक समान होना ।

**Ransom** 1. मुक्तिधन, निष्कृति धन, फिरौती; 2. निष्क्रयण, छुड़ाई; 3. उद्धार, उद्धार करना; 4. छुड़ाना; **-ed** निष्क्रीत ।

**Rapport** 1. सम्पर्क; 2. सौहार्द, घनिष्ठता

(close relationship) ।

**Rare** 1. दुर्लभ, विरल, दुष्प्राप्य; 2. असाधारण; 3. विरला (infrequent); 4. अधपका; **-faction** विरलन, विरलता; **-fied** विरलित; **rarity** 1. विरलता, 2. उत्कर्ष, 3. दुष्प्राप्यता, दुर्लभ वस्तु; **-ly** विरले ही; **~manuscript** दुष्प्राप्य हस्तलेख ।

**Rash** 1. उतावला, जल्दबाज; 2. अंधाधुंध, अविचारी; 3. दुःसाहसी (overbold); **-ly** अंधाधुंध; **-ness** उतावलापन, अविवेक; **~driving** उतावलेपन से वाहन चलाना ।

**Rate** 1. दर, रेट, मूल्य; 2. पौर-कर; 3. गति, रफ्तार; 4. मूल्य निर्धारित करना, मूल्यांकन करना; **-s (pl)** पौर-कर; **-able** अनुपाती, आकलनीय; **-ably** अनुपाती, अनुपात में, अनुपाततः; **rating** 1. मूल्यनिर्धारण, 2. निर्धारित मूल्य, 3. श्रेणी, वर्ग; **~book** रेट पुस्तक; **~card** रेटकार्ड, दरपत्र; **~contract** रेट संविदा/ठेका; **~list** रेट लिस्ट, दरसूची; **~of interest** ब्याज़ दर; **~payer** पौरकर दाता; **~schedule** दर अनुसूची; **~structure** दर-संरचना।

**Ratification** 1. अनुसमर्थन; 2. अभिपोषण; 3. अनुसमर्थन करना ।

**Ratio** अनुपात; **~analysis** अनुपात-विश्लेषण ।

**ratio decidendi** विनिश्चय आधार ।

**ratio legis** विधि के आधार ।

**Ration** 1. राशन, रसद; 2. भोजन-सामग्री; **-s (pl)** रसद; **-ed** अनुभक्त; **-ing** राशनिंग, राशन व्यवस्था; **~allowance** राशन भत्ता; **~card** राशन-कार्ड ।

**Rational** 1. युक्तिसंगत, तर्कसंगत, बुद्धिसंगत; 2. व्यवस्थित (judicious); 3. समझदार, विवेकपूर्ण; **~ism** बुद्धिवाद; **-ize** युक्तिकरण करना; **-ization** 1. युक्तिकरण, औचित्य स्थापन, 2. सुव्यवस्थीकरण, वैज्ञानिक पुनर्गठन; **~answer** युक्तिसंगत उत्तर; **~conduct** युक्तिसंगत आचरण; **~judgement** युक्तिसंगत उत्तर; **~will** तर्कसंगत इच्छाशक्ति ।

**Raw** 1. कच्चा, शुद्ध; 2. अपरिष्कृत, अनगढ़; 3. कठोर, सख्त, कड़ा; 4. अन्यायपूर्ण, अनुचित; **-ness** कच्चापन; **~material** कच्चा माल; **~product** कच्चा माल/उत्पाद ।

**React** 1. प्रतिक्रिया करना; 2. प्रत्याक्रमण; **-ivation** पुनः सक्रियण ।

**Reaction** 1. प्रतिक्रिया; 2. किसी के जवाब में कार्रवाई करना, अभिक्रिया; 3. प्रतिगमन; **-ary** प्रतिगामी; **-ist** प्रतिक्रियात्मक, प्रतिक्रियावादी ।

**Reading** 1. गठन; 2. वाचन; 3. अध्ययन (study); 4. पाठ्य सामग्री; **~room** वाचनालय ।

**Readjust** पुनः समायोजित करना; **-ment** पुनः समायोजन ।

**Ready** 1. तैयार; 2. बनी-बनाई; 3. तत्पर, मुस्तैद; 4. निपुण, दक्ष; 5. शीघ्र, तत्काल; 6. सुविधाजनक, सुलभ; **~made** बनी बनाई; **~plan** ~योजना; **~reckoner** रेडी रेकनर, तत्काल गणक/परिकलत्र; **~and willing** तैयार और रंजामंद ।

**Real** 1. वास्तविक, असली (genuine); 2. यथार्थ (actual); **-ism** यथार्थवाद; **-ity** वास्तविकता, यथार्थता; **~ground** वास्तविक आधार; **~earning** वास्तविक कमाई/उपार्जन; **~investment** ~निवेश; **~purchasing power** ~क्रयशक्ति; **~question** वास्तविक प्रश्न ।

**Realize** 1. अनुभव करना/महसूस करना, स्पष्ट अनुभव करना; 2. वसूल करना, उगाहना; 3. प्राप्त करना, पैदा करना, (obtain); 4. रुपये में परिवर्तित करना; **realization** 1. उगाही वसूली, आपन, 2. अनुभूति, 3. उपलब्धि ।

**Reappointment** पुनर्नियुक्ति ।

**Reappropriation** 1. पुनर्विनियोजन, पुनर्विनियोग; **~budget** ~बजट; **~of fund** निधियों का~ ।

**Reason** 1. तर्क; 2. कारण, हेतु; 3. मति, बुद्धि, विवेक; 4. आधार वाक्य; 5. तर्क करना, तर्क-वितर्क करना; 6. सोचविचार करना; **-able** उचित, युक्तियुक्त, युक्तिमान, समुचित, युक्तसंगत, संतुलित; **-ably** उचित प्रकार से, युक्तियुक्त रूप से; **-ing** तर्क, विवेचन; **-less** 1. अविवेकी; 2. तर्कहीन; 3. निरर्थक; **by~of age** आयु के कारण; **~to believe** विश्वास करने का कारण ।

**Reassessment** पुनर्निधारण ।

**Reassure** पुनः आश्वासन देना; **reassurance** पुनर्बीमा; **-d** आश्वस्त ।

**Rebate** 1. छूट, बट्टा, रिबेट; 2. कटौती; **~officer** छूट अधिकारी ।

**Rebut** 1. खंडन करना; 2. रोकना, भगा देना; **-ment** खंडन, काट; **~an inference** अनुमान का खंडन करना ।

**Recall** 1. वापस बुलाना, प्रत्याह्वान, 2. पुनः स्मरण करना, स्मरण दिलाना, याद करना; 3. वापस लेना (take back); 4. रद्द करना; 5. अनुस्मरण; **~a case** मामला वापस माँगना ।

**Recapitulation** 1. सार-कथन, सार-संक्षेप; 2. पुनरावर्तन ।

**Recede** 1. पीछे हटना, लौटना; 2. कम होना, घटना (diminish); 3. से मुकर जाना; 4. पीछे की ओर झुका होना; **receding** प्रश्चप्रवण ।

**Receipt** 1. रसीद (पावती); 2. आवती, प्राप्ति; 3. आय, प्राप्ति; 4. रसीद लिखना; **-s** (pl) प्रातियाँ; **-ed** रसीदी; **-challan** - चालान; **~and issue** प्राप्ति तथा निर्गम; **~book** रसीद बही; **~certificate** प्राप्ति प्रमाणपत्र; **~register** आवती पंजिका; **~voucher** प्राप्ति वाउचर; **-s and disbursement** प्राप्तियाँ तथा संवितरण ।

**Receive** 1. लेना, प्राप्त करना, पाना; 2. स्वागत करना, अगवानी करना; 3. प्राप्त करना; 4. ग्रहण करना (to take delivery); 5. स्वीकार करना, मान लेना (accept as valid); 6. सहना, भोगना; **-r** 1. पाने वाला, प्राप्तिकर्ता, गृहीता, प्रापक, 2. आदाता रिसीवर, 3. चोरहटिया; **receiving** प्राप्तिकर्ता, आदन, ग्रहण; **-station** अभिग्राही स्टेशन ।

**Recent** 1. नया, अभिनव (नई); 2. हाल ही का, आधुनिक; **-ly** हाल में; **-trends** नई प्रवृत्तियाँ ।

**Reception** 1. स्वागत, स्वागत-सत्कार, प्रवेश; 2. स्वागत समारोह; 3. लेना, रखना; 4. ग्रहण, अंगीकरण; 5. स्वीकृति; 6. अभिग्रहण, श्रवण (auditive); **-ist** स्वागतकर्ता, स्वागती; **~committee** स्वागत समिति; **~officer** स्वागत अधिकारी; **~order** ग्रहण आदेश; **~room** स्वागत कक्ष ।

**Receptive** 1. ग्राही, ग्रहणशील; 2. संग्राहक; **receptivity** संग्राहकता ।

**Recess** 1. अवकाश, विश्रांति, विराम; 2. मध्यावकाश; 3. गड्ढा, गुहा; 4. एकांत स्थान ।

**Recessation** 1. सुस्ती, शिथिलता; 2. मंदी ।

**Recipient** 1. पानेवाला, प्राप्तिकर्ता, प्रापक; 2. आदाता; 3. ग्रहणशील (receptive) ।

**Reciprocal** 1. पारस्परिक, परस्पर; 2. अन्योन्य, व्यतिकारी (विधि); 3. सदृश (corresponding) 4. वापसी; **-ly** परस्पर; **~arrangement** व्यतिकारी/पारस्परिक ठहराव; **~demand** ~माँग; **~promise** व्यतिकारी वचन; **~provision** ~उपबंध ।

**Reciprocate** 1. आदान-प्रदान करना, लेना-देना; 2. बदले में देना/अनुभवकरना; 3. बराबर होना; **reciprocation** व्युत्क्रमण; **reciprocating** व्यतिकारी, पश्चाग्र; **reciprocity** 1. व्यतिकारिता, 2. आदान-प्रदान, परस्परता, अन्योन्यता ।

**Recitation** 1. पाठ; 2. सस्वरपाठ, सुपठन ।

**Reckless** 1. अंधाधुंध; 2. बेतहाशा; 3. अविचारी, उतावला (hasty); 4. दुःसाहसी; **-ly** बिना सोचे-विचारे; **-ness** दुस्साहस ।

**Reckon** 1. गिनना, संगणना करना; 2. विश्वास करना, समझना, (पर) भरोसा करना; **-ed** गिना जाए; **-er** गणक; **-ing** 1. गणना, 2. हिसाब-किताब, 3. अनुमान, 4. स्थितिनिर्धारण ।

**Reclaim** 1. भूमि-पुनरुद्धार, कृषि योग्य बना देना; 2. वापस माँगना; 3. सुधारना; 4. सुधार; **-able** सुधार के योग्य ।

**Reclamation** 1. भूमि-उद्धार; 2. सुधार; **~officer** भूमि पुनरुद्धार अधिकारी ।

**Recognition** 1. मान्यता; 2. पहचान, अभिज्ञान; 3. स्वीकार; 4. सम्मान; 5. ध्यान (attention) ।

**Recognizance** 1. मुचलका; 2. जमानत ।

**Recognize** 1. मान्यता देना; 2. पहचानना; 3. सम्मान करना, कदर करना; 4. मान लेना (admit); **recognizable** 1. मान्यता देने योग्य, 2. पहचानने योग्य; **-d** 1. मान्य, मान्यताप्राप्त, 2. अभिज्ञात, 3. सम्मानित ।

**Recollect** 1. स्मरण करना, होश में आना, याद करना; 2. चित्त एकाग्र करना; **-ed** एकाग्रचित्त; **-ion** 1. स्मृति, मनोयोग, स्मरण, 2. चिन्तन; **-ive** स्मरणात्मक ।

**Recommend** 1. सिफ़ारिश करना, संस्तुति करना; 2. परामर्श देना, सलाह देना; 3. के पक्ष में कहना/लिखना; **-able** अनुसंशनीय; **-ation** सिफ़ारिश, संस्तुति, अनुशंसा; **-atory** सिफ़ारिशी; **-letter** -पत्र; **-ed** संस्तुत, सिफ़ारिश की जाती है, अनुशंसित ।

**Reconcile** 1. समाधान करना/कराना; 2. मेल-मिलाप करना/कराना; 3. सामंजस्य स्थापित करना; 4. अनुकूल बना लेना; **reconciliable** समाधेय, संगत; **reconciliation** 1. समाधान, 2. मेल-मिलाप, में पुनर्मिलाप, सुलह; **-accounts** लेखा-समाधान; **-statement** समाधान-विवरण ।

**Recondition** 1. नया कर देना, सुधार करना; 2. मरम्मत कर देना; **~ing** प्रत्याव स्थापन, पुनर्नवन, पुनरनुकूलन ।

**Reconsideration** पुनर्विचार ।

**Reconstitute** 1. पुनर्गठन करना, 2. पुनर्निर्माण करना; **-d** पुनर्गठित; **reconstitution** पुनर्गठन ।

**Reconstruction** 1. पुनर्निमाण, पुनर्रचना; 2. पुनः कल्पन ।

**Record** 1. कीर्तिमान; 2. रिकार्ड, अभिलेख; 3. दर्ज करना; 4. अभिलिखित करना, अभिलेखन करना; 5. स्मारक; 6. वृत्त,

इतिहास, विवरण; **-ed** अभिलिखित; **-er** 1. अभिलेखक, 2. अभिलेखित्र; **-ing** रिकार्ड करना, अभिलेखबद्ध करना,ध्वयंकन; **~machine** अभिलेखन मशीन; **~files** फाइलों की रिकॉर्डबंदी; **~arranger** अभिलेख विन्यासक; **~book** रिकार्ड/अभिलेख पुस्तक; **~room** अभिलेख कक्ष; **service ~**सेवा रिकॉर्ड, सेवावृत्त; **~supplier** अभिलेखदाता ।

**Recoup** 1. प्रतिपूर्ति करना; 2. प्राप्त करना; 3. की पूर्ति करना; 4. काटना, निकाल देना; **-ment** प्रतिपूर्ति, क्षतिपूरण ।

**Recourse** 1. उपचार; 2. आश्रय, अवलंब; **to have ~ to** का आश्रय लेना, की शरण लेना ।

**Recover** 1. वसूल करना, बरामद करना, वापस करा लेना; 2. स्वस्थ होना, पुनः निरोग होना; 3. की कसर निकालना; 4. उद्धार करना; 5. शांत या प्रकृतिस्थ हो जाना; 6. होश में आना; **-able** वसूली योग्य, वसूल किये जाने योग्य ।

**Recovery** 1. वसूली, प्रत्युद्धरण; 2. स्वास्थ्य लाभ; 3. पुनः प्राप्ति, प्रति लाभ; **~of dues** देय की वसूली; **~of loss** नुकसान की वसूली; **~officer** वसूली अधिकारी; **~proceedings** वसूली कार्यवाहियाँ ।

**Recreation** 1. मनोविनोद, मनोरंजन; 2. विश्राम, विहार; **-al** 1. मनोविनोद, 2. आमोदप्रमोदात्मक, मनोरंजनात्मक; **~officer** मनोरंजन अधिकारी ।

**Recruit** 1.रंगरूट; 2. भर्ती करना; **-ing** भरती; **-ment** भर्ती; **~officer** ~अधिकारी; **direct ~** सीधी भर्ती पाया ।

**Rectification** 1. परिशोधन, परिशुद्धि; 2. सुधार; 3. समंजन (adjustment); **~entries** सुधारक प्रविष्टियाँ ।

**Rectify** 1. परिशोधन करना, सुधार करना; 2. समंजित करना; 3. ठीक कर देना; **rectifiable** संशोधनीय; **-ing** (भूल को) सुधारना ।

**Rector** 1. अधिष्ठाता, कुलाधिसचिव; 2. अध्यक्ष; 3. प्राचार्य, रेक्टर; **-y** पुरोहिताश्रम; **chief ~**मुख्य कुलाधिसचिव ।

**Recurrence** 1. आश्रय; 2. पुनरावृत्ति ।

**Recurring** 1. आवर्ती; 2. आवर्तक, पुनरावर्तक; **~charge** आवर्ती प्रभार; **~cost** ~लागत/खर्चे; **~expenditure** ~व्यय; **~grant** ~अनुदान; **~period** ~कालावधि ।

**Redeem** 1. छुड़ाना, मोचन करना, मुक्त करना; 2. उद्धार करना; 3. छुड़ाना; 4. दुबारा पाना; 5. चुकाना; 6. पूरा करना; **-able** विमोच्य, उद्धारार्थ, मोचनीय; **-stock** मोचनीय स्टाक; **-ed** निष्क्रीत; **Redemption** मोचन, छुड़ाना; **-debt** ऋण मोचन; **-price** प्रतिदान कीमत; **~the goods** माल का मोचन करना; **~value** प्रतिदान मूल्य ।

**Red hot** 1. अति; 2. नवीनतम; **~priority** ~अग्रता/प्राथमिकता; **~demand** ~माँग ।

**Redirect** 1. पुनः प्रेषित करना; 2. अनुप्रेषित करना; **~ion** अनुप्रेषण ।

**Redistribution** 1. पुनर्वितरण; **~of charges** प्रभारों का पुनर्वितरण ।

**Redress** 1. निवारण; 2. निवारण करना, दूर करना; 3. प्रतितोष (विधि); 4. हरजाना देना; **~of grievance** शिकायत को दूर करना ।

**Red tapism** 1. लालफीताशाही; 2. दफ्तरशाही; 4. दीर्घसूत्रता ।

**Reduce** 1. घटाना, कम करना; 2. अवनत करना (to bring into a lower state);

3. कमी करना, वजन कम करना; 4. हराना, दमन करना (subdue); 5. कमजोर या निर्बल कर देना; 6. मजबूर करना; 7. पतला या तनु कर देना; **-able** लघुकरणीय; **-d** घटा दिया गया, क्षीण हो गई, घटी हुई; **reducing** लघुकारक; **~into writing** लेखबद्ध करना ।

**Reduction** 1. कमी, घटना, घटाना; 2. ह्रास, अवनति; 3. कमी करना; 4. हार, पराजय; **~in rank** रैंक में अवनति; **~in the price** कीमत में कमी ।

**Redundant** 1. अनावश्यक, व्यतिरिक्त; 2. अत्यधिक, अतिशय (excessive); 3. विपुल, प्रचुर (copious); 4. शब्दबहुल, निरर्थक, शब्दाडंबरपूर्ण; **~staff** ~स्टाफ ।

**Reduplicate** 1. दोहराना; 2. द्विगुणित करना; 3. द्विगुणीकृत; **reduplication** 1. द्विगुणीकरण, 2. दोहराव, 3. द्वित्व; **reduplicative** द्विरावृत्तिक ।

**Re-employment** 1. पुनर्नियुक्ति; 2. पुनर्नियोजन ।

**Re-entry** 1. पुनःप्रवेश; 2. पुनराधिकार (विधि) ।

**Re-examine** पुनःपरीक्षा करना; **re-examination** पुनःपरीक्षा, पुनःपरीक्षण ।

**Refer** 1. भेजना, (विचारार्थ); 2. हवाला देना (cite as authority); 3. (का) उल्लेख करना, की चर्चा करना; 4. निर्देश करना, निर्दिष्ट करना (point to) 5. सौंपना, सुपुर्द करना; 6. का मानना, के वर्ग में रखना (to a class); **-able** प्रेषणीय, उल्लेखनीय; **-red** निर्दिष्ट, उल्लिखित; **~ee** 1. निर्देशी, रेफरी, 2. मध्यस्थ, पंच, अभिनिर्णायक ।

**Reference** 1. संदर्भ हवाला, प्रसंग; 2. निर्देश, प्रबंध-निर्देश; 3. चर्चा, उल्लेख, (mention); **referencing** संदर्भ देना; **~back** पिछला संदर्भ; **~book** संदर्भ पुस्तक; **~clerk** निर्देश लिपिक; **~library** संदर्भ पुस्तकालय; **~officer** संदर्भ अधिकारी; **~register** संदर्भ रजिष्टर **cross ~** प्रति निर्देश; **~register** संदर्भ रजिष्टर; **in ~ to** के बारे में; **with ~to** 1. के प्रतिनिर्देश में, 2. के उत्तर में, 3. के संबंध में ।

**Referendum** जनमतसंग्रह, मतसंग्रह ।

**Refine** 1. परिष्कार करना, शुद्ध करना; 2. बारीकी निकालना, बाल की खाल खींचना; **-d** 1. परिष्कृत, 2. सुसंस्कृत (cultured), 3. अतिसूक्ष्म; **refining** परिष्करण; **~ment** 1. परिष्कार, परिष्करण, शोधन, परिमार्जन, 2. सुरुचि, 3. सूक्ष्मता; **~ry** 1. परिष्करण, 2. परिष्करण-शाला ।

**Refix** फिर से तय करना; **-ation** पुनर्नियतन, पुनः तय करना/किया जाना ।

**Reflect 1.** प्रतिबिम्बित होना; 2. चिन्तन करना; 3. परावर्तित करना (cast back); 4. पहुँचाना (result in); 5. बदनाम करना (discredit); **-ed** 1. परावर्तित, 2. प्रतिबिंबित; **-ing** 1. परावर्तक, 2. प्रतिबिम्बक; **-ion** 1. मनन, आलोचना, 2. पुनर्विचार, 3. अप्रतिष्ठा, 4. परावर्तन, 5. विचार (idea), 6. प्रतिबिम्बन, 7. निन्दा, 8. टिप्पणी; **-ors** परावर्तक ।

**Reform** 1. सुधार; 2. सुधारना, सुधार करना; 3. उठा देना, दूर करना (abolish); **-ation** 1. सुधार, 2. धर्मसुधार; **-ative** सुधारात्मक; **-atory** 1. सुधारात्मक, 2. सुधारालय; **-er** सुधारक; **-ism** सुधारवाद; **-ist** सुधारवादी ।

**Refrain** 1. न करना; 2. विरत रहना (विधि) ।

**Refresh** 1. पुनः/फिर से; 2. ताजा करना, ताजा हो जाना; 3. नई शक्ति प्रदान करना; जलपान करना; 5. भरना (replenish); **-er** पुनश्चर्या; **-course** पुनचर्या पाठ्यक्रम; **-ing** स्फूर्तिदायक, अभिनव; **-ment** जलपान, उपाहार; **-room** -गृह ।

**Refuge** 1. शरण, आश्रय; 2. आश्रय लेना, गति; 3. बहाना; **-e** शरणार्थी ।

**Refund** 1. प्रतिदाय (विधि); 2. धन लौटाना; 3. वापसी, (धन); **-able** 1. प्रतिदेय, 2. लौटाया जाने योग्य; **-ing** भुगतानी; **~advance** अग्रिम/पेशगी की वापसी; **~deposit** जमा की वापसी; **~order** वापसी का आर्डर/आदेश; **~voucher** प्रतिदाय वाउचर; **~warrant** प्रतिदाय वारंट ।

**Refuse** 1. अस्वीकार करना, इकँार करना; 2. देने से इकँार करना, मना करना; 3. से वंचित करना (deprive); **refusal** इकँार; **-d** अस्वीकृत, नामंजूर; **-leave** ~छुट्टी; **refusing** इंकार करने वाला, इंकार करना ।

**Refute** खंडन करना; **refutable** खंडनीय; **refutation** खंडन ।

**Regain** 1. पुनः प्राप्त करना; 2. दोबारा पाना; 3. पुनः पहुँचना ।

**Regard** 1. विचार करना; 2. ध्यान देना, ध्यान रखना; 3. मानना, समझना; 4. से संबंध रखना; 5. परवाह, चिन्ता (concern); 6. आदर, सम्मान, श्रद्धा; **~s** (pl) शुभकामनाएँ, **-ful** 1. सावधान, 2. लिहाज रखने वाला; **-less** लापरवाह, असावधान; **-ly** पर ध्यान दिए बिना; **having ~ to** का ध्यान रखते हुए, को ध्यान में रखते हुए।

**Region** 1. क्षेत्र, प्रदेश; **~novel** आंचलिक उपन्यास ।

**Regional** 1. प्रादेशिक, 2. क्षेत्रीय; **-ism** 1. प्रादेशिकता, क्षेत्रीयता, 2. आंचलिकता; **~committee** प्रादेशिक समिति; **~co-ordinator** प्रादेशिक समन्वयकर्त्ता; **~im-balance** ~असतुंलन; **~director** प्रादेशिक निदेशक; **~evaluation** ~मूल्यांकन; **~lan-guage** ~भाषा; **~manager** ~मैनेजर; **~organisation** ~संगठन ।

**Register** 1. रजिष्टर, पंजी, पंजिका; 2. रजिष्टर करना; 3. पंजीकृत करना, पंजीबद्ध करना; 4. व्यक्त करना, मन में रख लेना; 5. नियामक (regulation); 6. सूचक (indicator); **-ing** रजिस्ट्रीकर्ता; **registration** पंजीकरण, रजिस्ट्रीकरण, निबंधन (विधि); **registry** रजिस्ट्री; **~keeper** पंजीपाल; **~ledger** रजिस्ट्रर खाता ।

**Registered** 1. पंजीकृत, रजिस्ट्रीकृत; 2. पंजीबद्ध, पंजीयित; 3. निबंधित; **~acknowledgement** रसीदी डाक; **~graduate** ~स्नातक; **~letter** ~पत्र; **~office** ~कार्यालय; **~owner** ~ स्वामी; **~post** ~पोस्ट ।

**Registrar** 1. कुलसचिव (विश्वविद्यालय), रजिस्ट्रार; 2. पंजीयक; 3. निबंधक; , **assistant ~** सहायक रजिस्ट्रार; **~gen-eral** महापंजीयक, महारजिस्ट्रार ।

**Regret** 1. खेद; 2. खेद प्रकट करना, अफसोस करना; 3. पश्चाताप करना; **-table** खेदजनक, खेद का विषय; **-ful** खिन्न, खेदजनक ।

**Regrouping** पुनर्वर्गीकरण ।

**Regular** 1. नियमित; 2. व्यवस्थित, सुव्यवस्थित; 3. सम; 4. नियत (fixed); 5. स्थायी, अविकारी (constant); 6. साधारण, सामान्य (normal); 7. औपचारिक (proper); 8. पक्का (thorough); **-ity** नियमितता; **-ization** नियमितीकरण, नियमानुकूलन; **-ly** नियमित रूप से; **~allowance** नियमित भत्ता; **~army** ~सेना; **~cadre** ~संवर्ग/काडर; **~income** ~आय; **~service** ~सेवा; **~supply** ~प्रदाय ।

**Regulation** 1. विनियम, विनियमन; 2. समंजन, व्यवस्थापन; 3. संविधान द्वारा प्रदत्त अधिकार के अधीन; 4. निर्धारित, नियत (prescribed); **~officer** विनियमन अधिकारी ।

**Rehabilitation** 1. पुनर्वास, पुर्नियुक्ति, पुनरुद्धार; 2. पुनःप्रतिष्ठा; 3. स्वास्थ्यलाभ, सुधार; **~allowance** पुनर्वास भत्ता ।

**Rehearsal** 1. पूर्वाभ्यास, अभ्यास; 2. दोहराई; 3. पूरा विवरण; **~room** पूर्वाभ्यास कक्ष ।

**Reimburse** 1. प्रतिपूर्ति करना, (compensate); 2. वापस देना, अदा करना; **-d** प्रतिपूर्ति किया हुआ; **-ment** प्रतिपूर्ति, अदायगी; **entitled to be reimbursed** प्रतिपूर्ति पाने का हकदार; **shall be reimbursed** प्रतिपूर्ति की जाएगी ।

**Reinstate** 1. पुनः स्थापित करना, बहाल करना; 2. यथापूर्व करना; 3. यथापूर्वकरण; 4. पुनः प्रतिष्ठित करना (to honour); **-ment** बहाली, पुनःस्थापन, यथापूर्व करना ।

**Reiterate** 1. दोहराना, 2. फिर कहना; **reiteration** पुनरावृत्ति ।

**Reject** 1. अस्वीकार करना, नामंजूर करना; 2. खारिज करना; 3. प्रतिक्षेपित करना; **~able** अस्वीकार्य; **-ed** अस्वीकृत; **-bid** -बोली; **-candidate** हारा हुआ प्रत्याशी; **-goods** अस्वीकृत माल ।

**Rejection** 1. अस्वीकृति, अस्वीकार, नामंजूरी; 2. अग्रहण (विधि); 3. प्रतिक्षेपण (विधि); **~memo** अस्वीकृति पत्र; **~of a plaint** वादपत्र का प्रतिक्षेपण ।

**Rejoinder** 1. प्रत्युत्तर, उत्तर; 2. प्रति-प्रत्युत्तर ।

**Relate** 1. संबंध स्थापित करना; 2. संबंध दिखलाना; 3. वर्जन करना, बतलाना; **relatable** से संबंधित, से संबंधित माना जा सकने वाला; **-d** संबंधित; **relating** संबंधित; **-to** संबंधी; **relation** संबंधी, नातेदार, संबंध; **-ship** नातेदारी, संबंध ।

**Relative** 1. संबंधी, नातेदार; 2. सापेक्ष, सापेक्षिक; 3. प्रासंगिक, संगत (relevant); 4. तुलनात्मक (comparative); 5. आनुपातिक (proportioned to); 6. अन्योन्याश्रयी (correlative); **-ly** सपेक्षाकृत; **~degree** सापेक्षिक मात्रा; **~importance** सापेक्ष महत्त्व; **~valuation** सापेक्ष मूल्यांकन ।

**Relax** 1. शिथिल करना, ढील देना; 2. छूट देना; 3. विश्राम करना; 4. कम करना, मंद करना; **-ation** 1. शिथिलीकरण, 2. छूट, रियायत, ढील; 3. विश्रांति; **-in rules** नियमों में छूट/रियायत, नियमों का शिथिलीकरण ।

**Release** 1. मुक्ति रिहाई, छुटकारा; 2. निर्मुक्ति, विमोचन; 3. (धन) दे देना; 4. निर्मुक्त करना, निर्मोचित करना; 5. निकालना, प्रकाशित करना (issue); 6. प्रकाशन (of film, book etc); **-d**

निर्मुक्त, निर्मोचित, छोड़ा गया; **releasing** निर्मुक्त करना; **~date** विमोचन तिथि, निर्मोचन तारीख; **general ~**साधारण निर्मोचन ।

**Relevant** 1. संगत, सुसंगत; 2. प्रासंगिक, संबद्ध; **~considerations** सुसंगत बातें; **~date** सुसंगत तारीख; **~extract** ~उद्धरण **~papers** ~कागजात; **~question** ~प्रश्न; **~time** ~समय; **~year** ~वर्ष ।

**Reliable** 1. विश्वसनीय, पक्का, 2. विश्वस्त; 2. **~evidence** विश्वसनीय साक्ष्य ।

**Reliance** 1. भरोसा, विश्वास; 2. आश्रय, सहारा, अवलम्ब ।

**Relic** 1. पुरावशेष; 2. स्मृतिशेष; **~s** (pl) अवशेष ।

**Relief** 1. बदल, एवजी (relieving person); 2. अनुतोष (विधि); 3. सहायता, राहत, राहत रकम; 4. भू-आकृति (भूगोल); 5. छुटकारा, मुक्ति; 6. बदली, भारमुक्ति (from work); **~agency** अवमुक्ति अभिकर्ता (बदली एजेंट); **~commissioner** राहत आयुक्त; **~list** एवजी सूची; **~map** उभारदार नक्शा; **~works** राहत कार्य; **~and rehabilitation** सहायता और पुनर्वास ।

**Relieve** 1. भारमुक्त करना, नौकरी से छुट्टी देना; 2. भारोमुंक्त करना; 3. अवमुक्त करना; 4. सहायता करना; 5. कम करना, हल्का करना; **-d** भारमुक्त; **relieving** भारमोचन ।

**Relinquish** 1. त्यागना, छोड़ना; 2. त्याग देना (renounce); **-ing** मुक्त होने पर; **-ment** त्याग, छोड़ना, त्यजन; **-of charge** कार्यभार त्याग ।

**Reluctance** 1. अनिच्छा, अरुचि ।

**Remains** 1. अवशेष; 2. शव ।

**Remand** 1. प्रतिप्रेषण; 2. प्रतिप्रेषित करना; 3. हवालात वापस करना; 4. वापस करना, लौटाना; **order of ~** प्रतिप्रेषण आदेश; **prison ~**हवालात ।

**Remark** 1. उक्ति, अभ्युक्ति, टिप्पणी; 2. कहना; 3. टिप्पणी करना; **-s** (pl) टिप्पणी/अभ्युक्ति, कैफियत; **-able** 1. विशिष्ट, असाधारण, 2. दर्शनीय, 3. विलक्षण, अनोखा; **-column** टिप्पणी/अभ्युक्ति कालम ।

**Remedial** 1. उपचारी; 2. प्रतिकारी; **-measures** उपचारी उपाय; **~training** ~प्रशिक्षण ।

**Remedy** 1. उपाय, उपचार, इलाज; 2. इलाज करना, सुधारना; 3. उपाय, प्रतिकार, प्रतिविधान; 4. दूर करना; **eventual ~**अंतिम उपचार ।

**Reminder** 1. स्मरण पत्र, अनुस्मारक; 2. रिमाइंडर ।

**Remission** 1. परिहार, माफी, छूट; 2. क्षमा, (pardon); 3. कमी, घटाव; 4. उपशमन (of pain); **~ of revenue** राजस्व की छूट/माफी ।

**Remit** 1. भेजना, प्रेषण करना; 2. माफ करना, छोड़ना, छूट देना; 3. सौंपना, लौटाना; 4. घटाना, कम करना; 5. आगे बढ़ाना; **-ee** प्रेषिती, पाने वाला; **-tance** 1. प्रेषण, भेजना, विप्रेषण, 2. प्रेषित धन, भेजी गई रकम; **-facilities** प्रेषण सुविधाएँ, धन भेजने की सुविधाएँ; **-head** प्रेषण शीर्ष; **-register** प्रेषण रजिस्टर; **-transfer receipt** प्रेषण अंतरण रसीद; **-ter** 1. प्रेषक, भेजने वाला, 2. प्रतिप्रेषण, 3. पुनःप्रतिष्ठा;

-tal क्षमा, छूट ।

**Refresh** 1. दूरवर्ती, सुदूर, दूरस्थ; 2. परोक्ष; 3. अलग रहने वाला; 4. अल्प; **~ly** दूर से, दूरस्थित:; **~advantage** परोक्ष फायदा; **~degree** दूर की डिग्री ।

**Removal** 1. निष्कासन, दूर किया जाना; 2. हटाया जाना; 3. अपनयन, अपसारण; 4. हटाया जाना; **~from office** पद से हटाया जाना; **~from service** सेवा से हटाया जाना; **~of doubts** संदेह दूर करना ।

**Remuneration** 1. पारिश्रमिक, मेहनताना; 2. इनाम, पुरस्कार ।

**Render** 1. रूपांतरण करना, अनुवाद करना, (translate); 2. समर्पित करना, अर्जित करना; 3. देना, प्रस्तुत करना; 4. लौटाना; 5. बना देना; 6. चित्रित करना (depict); **-ed** की गई, दी गई; **-ing** दान, समर्पण; **-accounts** हिसाब देना; **~defective** त्रुटियुक्त बनाना; **~useless** निरुपयोगी बनाना ।

**Renewal** 1. नवीकरण, नवीयन, नवीनीकरण; 2. पुनरारंभ, पुन:स्थापन; **demand of ~** माँग का नवीकरण/दुहराना; **~ of licence** लाइसेंस नवीकरण; **~premium** नवीकरण प्रीमियम ।

**Renounce** 1. त्याग करना, त्यागना; 2. से संबंध तोड़ना (disown); 3. तोड़ना; **renouncing** त्यजन; **~practices** प्रथाओं का त्याग करना ।

**Rent** 1. किराया, भाड़ा, भाटक; 2. लगान; 3. किराये पर देना/उठाना; **-al** किराया; **-ed** भाड़े पर लिया गया, किराये का; **-space** -स्थान; **~account** किराया लेखा; **~controller** किराया नियंत्रक; **~due** देय किराया; **~subsidy** किराया उपदान; **~value** जमाबंदी मूल्य ।

**Reorganisation** 1. पुनर्गठन; 2. पुन:संगठन; **~ of states** राज्यों का पुनर्गठन ।

**Reorientation** 1. पुनरभिविन्यास; 2. पुनश्चर्या ।

**Repatriate** 1. देश को लौटाना, देश वापस भेजना; 2. देश-प्रत्यावर्तन; 3. संप्रत्यावर्तित करना; **repatriation** प्रत्यावासन, देश-प्रत्यावर्तन, संप्रत्यावर्तन; **-of services** सेवाओं का प्रत्यावर्तन ।

**Repay** 1. चुकाना, प्रतिसंदाय करना; 2. लौटाना, वापस करना; 3. शोधन करना; 4. बदला चुकाना/लेना; 5. क्षतिपूर्ति करना; **-able** 1. प्रतिदेय, प्रतिसंदेय, 2. शोध्य; **-ment** 1. चुकौती, 2. प्रतिसंदाय, 3. शोधन, 4. प्रतिकार, बदला, 5. क्षतिपूर्ति; **-of loans** ऋणों की चुकौती ।

**Repeal** 1. निरस्त करना, निरसन; 2. रद्द करना; **~ed** निरस्त ।

**Repeat** 1. पुन:, बार-बार, दोहराई; 2. दोहराना, सुनाना; 3. फिर आना, फिर से घटित होना (Recur); **-ed** दुहराई गई; **-ly** बार-बार, बारम्बार; **-er** रिपीटर, आवर्तक; **-ing** आवर्ती; **~order** पुनरादेश ।

**Repercussion** 1. प्रतिक्रिया; 2. प्रतिक्षेप प्रतिघात; 3. प्रतिध्वनि ।

**Replace** 1. प्रतिस्थापित करना, बदल देना, 2. वापस रख देना, लौटाना (give back); 3. का स्थान लेना; 4. बदलना; **-able** 1. प्रतिस्थापन; 2. बदल; **-ment** 1. प्रतिस्थापन, एवजी, 2. वापसी; 3. प्रतिवस्तु; **-fund** -निधि ।

**Replenish** 1. पुन:पूर्ति करना; 2. (फिर

से) भरना; **-ed** भरा-पूरा; **-ment** 1. पुनःपूर्ति, 2. नया माल या सामान, 3. आपूरण, भराई ।

**Reply** 1. उत्तर देना; 2. जबाब, उत्तर; **~coupon** जवाबी कूपन; **~paid** जवाबी; **~postcard** जवाबी पोस्टकार्ड ।

**Report** 1. रिपोर्ट; 2. रिपोर्ट देना, विवरण देना; 3. प्रतिवेदन; 4. के विरुद्ध शिकायत करना; 5. संवाद लिखना, संवाद भेजना; 6. समाचार/सूचना देना; 7. विवरण, संवाद, सूचना, रपट (पुलिस); **-able** रिपोर्ट करने योग्य; **-age** रिपोर्ताज; **-ed** प्रतिवेदित; **-er** 1. प्रतिवेदक; 2. रिपोर्टर, संवाददाता; **-ing** समाचार-लेखन, समाचार-प्रेषण; **-authority** रिपोर्ट प्राधिकारी; **-time** काम के लिए उपस्थिति; **clean ~**निरापेक्ष रिपोर्ट; **survey ~**सर्वेक्षण रिपोर्ट **qualified ~**सापेक्ष रिपोर्ट; ।

**Repository** 1. निधान, संग्रह, भंडार; 2. आधान, पात्र; 3. समाधि, मकबरा; 4. विश्वासपात्र ।

**Represent** 1. अभिवेदन देना, निवेदन करना; 2. प्रतिनिधित्व करना; 3. निरूपित करना, वर्जन करना (describe); 4. व्यपदेशन करना; 5. दोबारा देना; 6. कल्पना करना; 7. के रूप में चित्रित करना; 8. का प्रतीक होना (symbolize); **-able** वर्णनीय, निरूपणीय; **-ation** 1. अभिवेदन, अभ्यावेदन, 2. प्रतिनिधिमंडल, 3. प्रतिनिधित्व, 4. कल्पन, चित्रण, प्रदर्शन, 5. चित्र, मूर्ति; **identical** -समान अभ्यावेदन; **majority** -बहुसंख्यक प्रतिनिधित्व **-ative** 1. प्रतिनिधि, 2. निरूपक, द्योतक, प्रदर्शक ।

**Reprimand** 1. भर्त्सना, फटकार, घुड़की, डाँट; 2. फटकारना, डाँटना; **severe ~**तीव्र भर्त्सना ।

**Reprisal** 1. प्रतिशोध, बदला; 2. प्रतिपीड़न ।

**Reproach** 1. निन्दा करना, धिक्कारना; 2. फटकारना (rebuke); 3. उलाहना देना; 4. भर्त्सना करना; 5. कलंक; 6. बदनामी; 7. भर्त्सना, उपालंभ, फटकार; **-ful** उलाहना-भरा, निन्दात्मक; **-less** निर्दोष ।

**Reproduce** 1. पैदा करना, प्रजनन करना, उत्पन्न करना; 2. प्रतिकृति तैयार करना; 3. दोहराना; **-d** उद्धृत किये गये; **re-production** 1. प्रजनन (generation); 2. प्रतिकृति/प्रतिलिपि, 3. पुनरुत्पादन; **reproductive** उत्पादक, प्रजनन, जनन ।

**Republic** 1. गणतंत्र; 2. गणराज्य; **-an** गणतंत्रात्मक, गणतंत्रीय, गणतंत्रवादी; **-ism** गणतंत्रवाद; **~day** गणतंत्र दिवस; **~India** भारत गणराज्य ।

**Repudiate** 1. निराकरण करना; 2. निराकृत करना/कराना; 3. तलाक देना, परित्यक्त करना; 4. निकाल देना, छोड़ देना; 5. नकारना, खंडन करना (deny); 6. अस्वीकार करना; **-d** निराकृत; **repu-diation** निराकरण, परित्याग, खंडन; **~the suit** वाद का निराकरण करना ।

**Repugnant** 1. विरुद्ध; प्रतिकूल; 2. असंगत; 3. अरुचिकर, घृणित; **~in the subject** विषय में विरुद्ध ।

**Repurchase** 1. फिर से ख़रीद, पुनः क्रय करना ।

**Repute** ख्याति, प्रसिद्धि; **reputable** नेकनाम, प्रतिष्ठित; **reputation** 1. ख्याति, 2. प्रतिष्ठा, 3. नाम; **-d** ख्यातिप्राप्त, माना हुआ; **-ly** के रुप में प्रसिद्ध; **of ~**ख्याति-प्राप्त ।

**Requirement** 1. आवश्यकता; 2. अपेक्षा; 3. शर्त (condition); 4. माँग; **legal ~**विधिक

अपेक्षाएँ ।

**Requisite** 1. आवश्यक; 2. अपेक्षित, अपेक्षणीय; 3. आवश्यकता, अपेक्षित (गुण); 4. आवश्यक सामग्री/वस्तु; **-s** (pl) अपेक्षित/आवश्यक वस्तुएँ; **~act** अपेक्षित कार्य; **~information** ~जानकारी/सूचना; **~qualification** ~गुण; **~search** ~तलाशी ।

**Requisition** 1. अधिग्रहण; 2.माँग, माँग पत्र; 3. अपेक्षा; 4. अध्यपेक्षा (विधि); 5. से माँग लेना; 6. की सहायता लेना; 7. काम में लाना; **~ing** 1. अधिग्रहण, 2. अपेक्षा करना; **~ist** अध्यपेक्षाकर्ता; **emergency** ~आपात अध्यपेक्षा; **~form** माँग फार्म; **~slip** माँग पर्ची ।

**res Communes** सामुदायिक वस्तु ।

**res gestae** संबंधित तथ्य और कार्य ।

**res integra** अनिर्णीत विषय ।

**res judicata** पूर्व न्याय (रेस जूडीकेटा) (a case or suit already decided) ।

**res nisi** प्रारंभिक आदेश ।

**res nullius** स्वामीहीन संपत्ति (a thing which has no owner) ।

**Resale** पुनःविक्रय; **~notice** ~की सूचना; **~price** ~की कीमत ।

**Rescind** 1. विखंडन करना; 2. विखंडित करना; 3. निरस्त करना, रद्द करना; **~able** विखंडनीय ।

**Rescue** 1. उद्धार, बचाव; 2. छुड़ाना, उद्धार करना; 3. छुड़ाई; **-d** छुड़ा लिया गया; **~boat** बचाव नौका; **~home** उद्धार गृह; **~station** बचाव स्टेशन ।

**Research** 1. अनुसंधान, गवेषणा; 2. शोध; **-er** शोधकर्त्ता; **~and development** अनुसंधान एवं विकास; **~assistant** अनुसंधान सहायक; **~fellow** अध्येता; **~work** अनुसंधान कार्य ।

**Reserve** 1. आरक्षित करना, आरक्षित रखना; 2. आरक्षिति, रिजर्व; 3. बचा रखना, रोक रखना; 4. सुरक्षित कर लेना; 5. के लिए अलग रखना, नियत करना; 6. प्रतिबंध, शर्त; 7. आत्मसंयम, अल्पभाषिता, शुष्कता, रूखापन; **reservation** 1. आरक्षण, 2. संरक्षण, 3. आरक्षित क्षेत्र, 4. प्रतिबंध, शर्त, 5. विशेष अधिकार; **-d** 1. आरक्षित, 2. बचा हुआ, 3. अल्पभाषी, चुप्पा, 4. शुष्क (cool); **-accommodation** -स्थान; **~account** आरक्षित खाता; **~capital** आरक्षित पूंजी; **~fund** आरक्षित निधि; **~price** आरक्षित कीमत, न्यूनतम स्वीकार्य कीमत; **-stock** आरक्षित माल; **in ~** तैयार; **without ~** अप्रतिबंध ।

**Resettlement** 1. पुनर्वास; 2. पुनःस्थापन, फिर से बसाना, फिर से बसाया जाना; **~officer** पुनर्व्यवस्थापन अधिकारी ।

**Reshuffle** 1.फेरबदल, में हेरफेर करना; 2. दोबारा; 3. अदल-बदल करना ।

**Residence** 1. निवास, आवास; 2. निवास करना; 3. भवन, निवास; **residency** रेजिडेंसी; **country ~** ग्राम्य निवास; **official ~** सरकारी निवास ।

**Resident** 1. निवासी, आवासी; 2. स्थित (located); 3. निहित (inherent, vested); 4. स्थानिक; 5. रेजिडेंट; **residing** निवास करना, निवास करने वाला; **~abroad** विदेश निवासी; **~clerk** निवासी लिपिक; **non ~** अनिवासी; **~tax payer** निवासी करदाता ।

**Residential** 1. आवास, निवास; 2. निवासीय, आवासिक; **~area** रिहाइशी क्षेत्र; **~accommodation** निवास स्थान;

~building निवास स्थान; ~premises आवासिक परिसर; ~quarter निवास गृह/क्वॉटर; ~units निवास इकाइयाँ; ~university आवासिक/आवासी विश्वविद्यालय ।

**Residual** अवशिष्ट; ~income अवशिष्ट आय; ~work अवशिष्ट कार्य ।

**Residuary** अवशिष्ट; ~gift अवशिष्ट दान; power ~शक्ति/अधिकार ।

**Residue** 1. अवशिष्ट, अवशेष; 2. अवशिष्टि; -of the property अवशिष्ट संपत्ति ।

**Resign** 1. इस्तीफा/त्यागपत्र देना, पदत्याग देना; 2. छोड़ देना, त्यागना (give up); -ation 1. त्यागपत्र/इस्तीफा, 2. त्याग, अर्पण, 3. स्वीकृति; -ed सब्र करने वाला; ~the office अपना पद त्याग देना, अपने पद का त्याग करना; ~one self सहना ।

**Resist** 1. प्रतिरोध करना; 2. रोकना, बाधा डालना (stop); 3. निवारण करना (keep off); -ance 1. प्रतिरोध, 2. प्रतिरोधशक्ति, 3. विरोध, सामना, 4. रुकावट; -ant विरोधी, प्रतिरोधी; -ive प्रतिरोधक; ~suit वाद का प्रतिरोध करना; ~the enforcement प्रवर्तन का प्रतिरोध करना ।

**Resolution** 1. संकल्प, दृढ़ निश्चय; 2. प्रस्ताव; 3. दृढ़ता, दृढ़ प्रतिज्ञा; 4. विभेदन; 5. समाधान (solution) ।

**Resort** 1. आश्रय, सहारा, शरण; 2. आश्रय लेना, आश्रय देना; 3. आना-जाना, जाया करना (visit); 4. समागम, अभिगम (concourse); 5. सैरगाह; , place of public ~ सार्वजनिक अभिगम का स्थान, लोक समागम का आश्रय; ~to force बल प्रयोग करना; in the last ~अंत में ।

**Resource** 1. साधन, संसाधन, संबल; 2. संपदा; 3. विदग्धता; 4. उपाय, युक्ति, रास्ता; -s (pl) 1. साधन, संसाधन, 2. संपदा, संपत्ति स्रोत; -ful साधनसंपन्न, युक्तिसम्पन्न, विदग्ध, चतुर; natural ~प्राकृतिक संपदा; ~utilization संसाधन-उपयोग ।

**Respect** 1. आदर, श्रद्धा, सम्मान; 2. प्रणाम; 3. आदर करना, पर श्रद्धा रखना; 4. ध्यान, लिहाज (consideration); 5. संबंध, पहलू; -s (pl) प्रणाम; -able 1. आदरणीय; 2. उचित; 3. प्रतिष्ठित; 4. काफी अच्छा; 5. काफी बड़ा; -ful श्रद्धालु; -fully सादर; -ing के विषय में; human ~लोक लज्जा; self ~आत्म सम्मान; ~ideals आदर्शों का आदर करना; in~ of के विषय में; in some ~ कुछ अंश तक ।

**Respective** 1. क्रमिक, क्रमशः; 2. अपने-अपने, अपना-अपना; -ly क्रमशः, क्रमवार, क्रमानुसार, यथास्थिति; ~claims अपने अपने दावे; ~contributions अपने अपने अभिदाय; ~terms क्रमिक अवधियाँ ।

**Respondent** 1. प्रतिवादी, प्रत्यर्थी, मुद्दालेह; 2. उत्तर देने वाला, 3. प्रतिक्रिया दिखाने वाला ।

**Response** 1. उत्तर, प्रत्युत्तर, जवाब; 2. अनुक्रिया, प्रतिक्रिया ।

**Responsible** 1. जिम्मेदार; 2. उत्तरदायी; 3. विश्वसनीय (trustworthy); 4. उत्तरदायित्वपूर्ण; responsibility जिम्मेदारी, उत्तरदायित्व; ~situation उत्तरदायित्वपूर्ण ओहदा ।

**Responsive** 1. अनुक्रियाशील; 2. प्रभावकारी, प्रतिसंवेदी; 3. अनुकूल,

सहानुभूतिपूर्ण; 4. उत्तर देने वाला ।

**Rest** 1. विश्राम, आराम, विश्रांति; 2. विश्राम करना, आराम करना/देना; 3. शांति प्रदान करना, शांत होना; 4. पड़ा रहना, (be left alone); 5. पर रख देना, टिकाना (place on); 6. पर निर्भर होना, के अधीन होना; 7. अवकाश, फुरसत (leisure); 8. विराम (pause); **-ful** आरामदेह, सुखप्रद, शांतिपूर्ण; **-ing** आराम का स्थान; **-less** 1. अशांत, बेचैन, अधीर, 2. अविराम, 3. असंतुष्ट; **~house** विश्राम गृह; **~intervals** विराम अंतराल; **~room** विश्राम कक्ष; **at ~** निश्चित, शांत ।

**Restitution** 1. प्रत्यवस्थान; 2. प्रत्यानयन; 3. प्रत्यास्थापन (विधि) ( to original shape); 4. वापस करना; 5. क्षतिपूर्ति (reparation); **~of property** संपत्ति वापस करना ।

**Restore** 1. जीर्णोद्धार करना, मरम्मत करना; 2. फिर से चालू करना (bring back to use); 3. पुनःस्थापन करना, पुनःप्रतिष्ठित करना; 4. प्रत्यावर्तन करना; 5. वापस करना, लौटाना; 6. चंगा करना; **Restoration** 1. जीर्णोद्धार, पुनरुद्धार, 2. फिर से चालू करना, 3. पुनःस्थापन करना; **-d** पुनःस्थापित करना; **~suit** वाद को प्रत्यावर्तित करना ।

**Restraint** 1. निग्रह, संयम, आत्मसंयम (self-control); 2. अवरोध, नियंत्रण; 3. कैद; 4. रोक, रोकथाम; **~of labour** श्रमिकों का अवरोध ।

**Restrict** 1. प्रतिबंध लगाना, निर्बंधित करना; 2. सीमित करना; **-ed** 1. सीमित, 2. प्रतिबंधित, निर्बंधित; **-goods** प्रतिबंधित माल; **-leave** प्रतिबंधित छुट्टी; **-ion** प्रतिबंध, रोक, निर्बंधन, अवरोध; **-s(pl)** निर्बंधन (परिसीमाएँ, शर्तें); **-ive** 1. निर्बंधन लगाने वाले, 2. प्रतिबंधी, विशेषक; **mental restriction** कूट-कथन ।

**Result** 1. परिणाम, फल, नतीजा; 2. परीक्षाफल; 3. उत्तर; 4. परिणाम निकलना/होना; **~ant** 1. परिणामी, वेग, 2. परिणामी, 3. परिणाम ।

**Resume** 1. पुनःशुरू करना, पुनः आरंभ करना; 2. दोबारा शुरू करना; 3. पुनः ग्रहण करना; **~duties** अपने कर्तव्यों को फिर से संभालना; **~possession** फिर कब्जा करना ।

**Resume** 1. संक्षेप, सारांश, सार; 2. सारवृत्त; 3. सार-संक्षेप तैयार करना ।

**Resummon** 1. पुनःबुलाना/सम्मन करना; 2. पुनराह्वान ।

**Resumption** 1. पुनरारंभ, पुनः चालू करना, फिर से चालू होना; पुनर्ग्रहण करना; **~of traffic** यातायात का फिर से चालू होना ।

**Retail** 1. फुटकर/खुदरा, परचून; 2. फुटकर बेचना; 3. ब्यौरेवार बता देना, फैलाना; **-er** खुदरा फुटकर व्यापारी, परचूनिया; **~price** खुदरा कीमत; **~rate** फुटकर दर; **~trade** परचूनी ।

**Retain** 1. रोक रखना; 2. रखे रहना; 3. प्रतिधारित करना, सुरक्षित रखना; 4. याद रखना; 5. (नौकर) रखना; **-ed** प्रतिधारित; **-er** 1. प्रतिधारण, रिटेनर, 2. प्रतिधारणशुल्क, 3. परिचर; **-ing** पुश्ता; **-wall** -दीवार; **-possession** कब्जा रखे रहना ।

**Retaliation** 1. बदला, 2. प्रतिकार, प्रतिशोध ।

**Retard** 1. धीमा या मंद कर देना;

2. विलम्ब, देर; **-ation** विलम्बन, बाधा; **-atory** विलम्बक, मन्दक; **-ed** 1. विलंबित, मंदित, 2. पिछड़ा (backward), अवरुद्ध; **-er** मन्दक ।

**Retention** 1. प्रतिधारण, रखना, स्मरण; 2. अवरोधन, अवधारण; **~cargo** प्रतिधारण स्थोरा; **~price** ~कीमत ।

**Retire** 1. सेवानिवृत्त होना, अवकाश ग्रहण करना; 2. रिटायर/निवृत्त होना; 3. एकांत में जाना; 4. अलग हो जाना, पीछे हटना; 5. वापस लेना; **-d** 1. सेवानिवृत्त, निवृत्त, 2. एकांत, 3. एकांतवासी; **-ment** 1. सेवानिवृत्ति, निवृत्ति, 2. एकांतवास, 3. वापसी प्रस्थान; **-benefits** -लाभ; **compulsory** -अनिवार्यतः निवृत्त कर दिया जाना ।

**Retiring** 1. निवृत्ति, सेवा-निवृत्ति; 2. विश्राम; 3. अल्पभाषी (reserved); 4. संकोची (shy); **-age** निवृत्ति आयु; **~pension** निवृत्ति पेंशन; **~room** विश्राम कक्ष; **~trustee** निवृत्त होने वाला न्यासी ।

**Retoucher** अनुशोधक ।

**Retrench** 1. छँटनी करना, कम करना; 2. निकाल देना, काटना (delete); 3. खर्च कम करना; **-ed** छँटनी किए गए; **-staff** -कर्मचारी; **-ment** 1. छँटनी, 2. कटौती; 3. भीतरी मोरचाबंदी; **-compensation** छँटनी प्रतिकर; **-slip** कटौती पर्ची ।

**Retrial** पुनः विचारण, पुनर्विचार ।

**Retrogress** 1. बिगड़ता जाना; 2. पीछे हटना, अवनति होना; **-ing** ह्रासमान; **~economy** -अर्थव्यवस्था; **-ion** अवनति, ह्रास, प्रतिगमन, अधोगति; **-ive** ह्रासमान, प्रतिगामी, पतनोन्मुख ।

**Retrospective** 1. भूतलक्षी, पूर्वप्रभावी; 2. अनुदर्शी; **~effect** भूतलक्षी प्रभाव, पूर्वव्याप्ति; **~operation** भूतलक्षी प्रवर्तन; **~sanction** भूतलक्षी मंजूरी ।

**Return** 1. वापस करना, लौटाना; 2. उत्तर; 3. वापसी, प्रत्यागमन, प्रतिगमन; 4. प्रतिलाभ; 5. विवरण, विवरणी, रिपोर्ट; 6. निर्वाचित करना, विवरण देना; 7. पैदा करना, से लाभ होना; **-s(pl)** 1. विवरणी; 2. वापसियाँ; 3. प्रत्यागम; **-able** -प्रत्यावर्तनीय; **-ed** 1. निर्वाचित, 2. वापस आए, 3. पुनः प्रेषण; **-ing** निर्वाचन; **-officer** निर्वाचन अधिकारी; **~capital** पूँजी पर प्रतिफल; **~journey** वापस यात्रा; **~post** वापसी डाक; **sales ~** विक्रय विवरणी; **~ticket** वापसी टिकट; **by~of post** लौटती डाक से ।

**Revalidation** पुनर्वैधीकरण, पुनर्विधिमान्यकरण ।

**Revaluation** 1. पुनर्मूल्यन, 2. पुनर्मूल्यांकन; **~account** पुनर्मूल्यांकन लेखा/खाता ।

**Revenue** 1. राजस्व, मालगुजारी; 2. आय, बिक्री आय, आमदनी; **~account** राजस्व लेखा; **~deficit** राजस्व घाटा; **~duty** ~शुल्क; **~expenditure** ~खर्च; **~stamp** रसीदी टिकट; **~yield** राजस्व आय ।

**Reverse** 1. उल्टा, विपर्यास; 2. प्रतिलोम; 3. उत्क्रम; 4. उलट देना, उलटना, पलटा खाना; 5. पृष्ठ पीठ; 6. विपत्ति (misfortune); 7. हार, पराजय; 8. रद्द करना; **-d** उलटा, प्रतिवर्तित; **-ly** उलटे ढंग से, उलटे; **-r** प्रतिचालक ।

**Reversion** 1. प्रत्यावर्तन (return) उलटाव, प्रतिवर्तन (reversal); 2. उत्तरभोग; 3. शेषभोग; **-ary** प्रतिवर्ती; **-bonus** -बोनस; **-interest** उत्तरभोग हित; **-er** उत्तरभागी ।

**Revert** 1. प्रत्यावर्तित करना, प्रतिवर्तित होना; 2. लौटना, फिरना; **-ed** प्रत्यावर्तित; **-ible** प्रत्यावर्त्य; **~to disposer** व्ययक को प्रतिवर्तित करना ।

**Review** 1. समीक्षा करना, पुनर्विलोकन करना; 2. पुनर्विलोकन; 3. समीक्षा, समालोचना; 4. निरीक्षण करना; 5. दोहराना (पाठ); 6. सर्वेक्षण; **-al** पुनरावलोकन; **-er** समीक्षक, पुनरीक्षक, समीक्षाकार; **-ing** पुनरीक्षण, पुनर्विलोकन; **-board** पुनर्विलोकन मंडल; **keep under** ~पुनर्विलोकन करते रहना; **~order** पुनर्विलोकन आदेश ।

**Revise** 1. दोहराना, संशोधन; 2. पुनरीक्षित करना; 3. परिशोधित करना, संशोधन करना; **-d** परिशोधित/पुनरीक्षित; **-budget** -बजट; **-estimate** -आकलन; **-tender** -टेंडर ।

**Revision** 1. पुनरीक्षण, परिशोधन, संशोधन; 2. दोहराना, सुधार; **-al** संशोधनात्मक, पुनरीक्षण; **-ism** संशोधनवाद; **-ist** संशोधनवादी; **~of pay** वेतनमान का पुनरीक्षण ।

**Revival** 1. पुनःप्रवर्तन, पुनरुत्थान, संजीवन, नवजागरण; 2. पुनरुज्जीवन; 3. प्रवर्तित करना; 4. पुनरुज्जीवित करना; **-ism** पुनर्जागरणवाद ।

**Revocable** 1. प्रतिसंहरणीय, 2. निरस्य; **revocation** प्रतिसंहरण; **revocatory** प्रतिसंहारी ।

**Revoke** 1. प्रतिसंहरण करना, रद्द करना; 2. प्रतिसंहृत करना; **~the licence** अनुज्ञप्ति को प्रतिसंहृत करना ।

**Revolution** 1. क्रांति; 2. परिक्रमण, परिक्रमा; 3. परिभ्रमण; 4. चक्कर, चक्र; **-ary** क्रांतिकारी (संज्ञा तथा विशेषण); **-ist** क्रांतिवादी; **-ize** 1. में क्रांति उत्पन्न करना, 2. आमूल परिवर्तन करना ।

**Reward** 1. प्रतिफल, लाभ; 2. पारितोषिक, पुरस्कार, इनाम, पारिश्रमिक; 3. इनाम देना; **-ing** लाभप्रद, पढ़ने लायक; **-scheme** -योजना ।

**Rigger** 1. सज्जक, 2. रिगर ।

**Right** 1. अधिकार; 2. वास्तविकता; 3. दक्षिण, पार्श्व; 4. दायाँ; 5. ठीक, उचित, उपयुक्त, स्वस्थ, सरल (कोण); 6. न्यायसंगत, न्यायोचित (just); 7. ठीक कर देना; **-s** (pl) वास्तविकता, वस्तुस्थिति; **-ful** अधिकारवान; **-fully** अधिकारपूर्वक; **-ly** 1. ठीक से, 2. उचित रीति से, 3. न्यायानुसार; **~ angle** समकोण; **contractual ~** संविदात्मक अधिकार; **~decision** ठीक विनिश्चय; **~heir** सही वारिस; **~of strike** हड़ताल का अधिकार; **-of work** रोजी का अधिकार; **as of ~**साधिकार; **~about** 1. पूरी पलट, 2. विपरीत दिशा, 3. पलटा खाकर; **~away** तुरंत; **set ~** ठीक कर देना ।

**Rigid** 1. कठोर, स्थिर, कड़ा; 2. अनम्य, अनमनीय; **-ity** कठोरता, दृढ़ता; **~price** अनम्य कीमत ।

**Rigorous** 1. कठोर, कठिन; 2. यथातथ्य, यथार्थ (precise); **~imprisonment** कठोर करावास ।

**Riot** 1. बलवा, दंगा, हंगामा; 2. होहल्ला, शोरगुल, कोलाहल; 3. लहर, विस्फोट (outburst); 4. बलवा करना; **-ers** बलवाई, बलवाकारी; **-ous** 1. बलवात्मक, 2. उपद्रवी, उधमी, 3. विलासी, लम्पट अत्यधिक फैलने वाला ।

**Rise** 1. चढ़ना, चढ़ाई (upward slope); 2. चढ़ाव, बढोत्तरी, बढ़ती, आरोहण;

3. जागना, जी उठना, उदित होना, उदय; 4. विद्रोह करना; 5. उन्नति करना; 6. पुनरुत्थान (return to life); 7. उन्नति, तरक्की; **rising** आरोही, उदीयमान, उत्थान, उठान, उदय, विद्रोह, चढ़ाई; **~and fall** उतार-चढ़ाव, उत्थान-पतन; **0give ~ to** उत्पन्न करना; **~to higher levels** नई उँचाइयों को छूना ।

**Risk** 1. जोखिम; 2. खतरा; 3. दायित्व (owner's~); 4. जोखिम में डालना, दाँव पर रखना; **-y** जोखिमभरा; **-purchase** -खरीद/क्रय; **-sale** -बिक्री/विक्रय; **to take ~** जोखिम उठाना ।

**Rival** 1. विरोधी; 2. प्रतिद्वंद्वी; 3. के बराबर होना, की बराबरी करना; **-ry** प्रतिस्पर्धा, प्रतिद्वन्द्विता; **~claims** परस्पर विरोधी दावे; **~demand** स्पर्धी माँग; **~union** प्रतिस्पर्धा संघ ।

**Road** 1. सड़क, राजमार्ग; 2. मार्ग; 3. खोज निकालना; **~block** मार्गरोक; **~inspector** सड़क निरीक्षक; **~man** सड़क कर्मी; **~mileage** मीलभत्ता; **-ways** 1. सड़क मार्ग; 2. रोडवेज; **-worthy** मार्गयोग्य ।

**Role** 1. भूमिका, पार्ट; 2. कार्य, कर्तव्य ।

**Roll** 1. नामावली; 2. पंजी/रोल; 3. फर्द; 4. लपेटना; 5. उतार-चढ़ाव; 6. आगे बढ़ना, तेज चलना, भ्रमण करना; **-ed** 1. लुंठित, लोड़ित, 2. वेल्लित; **-ing** लोटनी, लहरदार; **~call** हाजिरी; **character ~**आचरण पंजी; **~number** रोल नंबर/पंजीक्रम, क्रमांक ।

**Roster** 1. रोस्टर, नामावली; 2. सूची, तालिका; **~clerk** रोस्टर लिपिक; **~copying ~**नकल ।

**Rotation** 1. घूर्णन; 2. चक्रानुक्रम, परिभ्रमण; 3. चक्र, आवर्तन; 4. हेरफेर, चक्र; **-al** चक्रीय, घूर्णी; **by ~**चक्रानुक्रम से ।

**Rough** 1. कच्चा; 2. रूखा, रूक्ष; 3. मोटा; 4. ऊबड़-खाबड़, उँचा-नीचा; 5. अशिष्ट, अभद्र, अनाड़ी, घटिया; **-ish** रूखा-सा, कच्चा-सा; **~copy** कच्ची नकल; **~shunting** रफ शंटिंग; **~spoken** मुँहफट ।

**Rounding off** 1. पूर्णांकित करना, पूर्णांकन करना; **~the income** आय का पूर्णांकन ।

**Routine** 1. दस्तूरी; 2. नेमी, नैत्यिक, नित्यक्रम, नित्यचर्या; **routinism** नैत्यकवाद; **day to day ~**दिन प्रतिदिन का नेमी; **~instruction** चर्या संबंधी अनुदेश; **~note** नेमी नोट; **~test** नेमी परीक्षा; **~work** नेमी काम ।

**Royalty** 1. रॉयल्टी, राजसत्ता; 2. स्वामित्व ।

**Rubber** 1. रबड़, रबर; 2. अपमार्जक; **~y** रबड़-जैसा; **~stamp** रबड़ स्टाम्प ।

**Rude** 1. अशिष्ट, अभद्र; 2. कच्चा, अनपढ़, अपरिष्कृत; 3. मोटा; 4. असभ्य, अशिक्षित; 5. गँवार; 6. तेज, उग्र, प्रचंड, कर्कश; 7. अनियंत्रित ।

**Rule** 1. नियम; 2. शासन करना, राज्य करना, वश में रखना, परिचालित करना; 3. कार्यव्यापार मर्यादित करना; 4. नियमावली; 5. मापदंड; कसौटी; 6. विधान, दस्तूर, रिवाज; 7. शासन, आदेश; **-s(pl)** नियम; **-and regulations** -विनियम; **-of business** कार्य संचालन नियमावली; **-d** रेखांकित; **-er** 1. शासक, 2. रेखक, **ruling** विनिर्णय, शासक, व्यवस्था; **-party** शासक दल; **absolute ~**निरपेक्ष आदेश; **as a rule** सामान्यतः साधारणतया; **~of law**

विधि-सम्मत शासन; **by rule** 1. नियमानुसार, 2. यंत्रवत्; **~of thumb** व्यावहारिक, कामचलाऊ; **~out** 1. नियमविरुद्ध घोषित करना (exclude), 2. निकाल देना, वर्जित करना ।

**Rumour** 1. अफवाह, जनश्रुति; 2. उड़ती खबर; **~monger** अफवाह फैलाने वाला ।

**Running** 1. चल; 2. चालू, जारी; 3. क्रमिक, निरंतर, लगातार; 4. प्रचलित (prevalant) **~account** चालू खाता/हिसाब; **~commentary** चल विवरण/वृतांत; **~contract** चालू संविदा/ठेका; **~repairs** ~मरम्मत; **~summary** क्रमिक सार; **~time** चालन काल ।

**Rural** 1. ग्राम, देहात; 2. ग्रामीण, देहाती; **-ity** देहातीपन; **~areas** ग्रामीण क्षेत्र; **~development** ग्राम विकास; **~section** ग्रामीण अनुभाग; **~uplift** ग्राम सुधार; **~works** ग्राम निर्माण ।

**Rusticate** 1. विनिष्कासन करना, निष्कासित करना; 2. देहात में बस जाना; **rusti-cation** विनिष्कासन ।

# S

**Sabotage** 1. तोड़फोड़; 2. अन्तर्ध्वंस, अभिध्वंस (विधि); 3. तोड़फोड़ करना, बिगाड़ना, बेकार कर देना ।

**Sack** 1. निकाल देना, बर्खास्त करना; 2. पदच्युत करना ।

**Safe** 1. सुरक्षित, क्षेमपूर्ण, सकुशल; 2. निरापद, अभय, भयरहित; 3. विश्वस्त, निश्चित (reliable); 4. तिजोरी (a chest or closet); **-ly** कुशलपूर्वक, निरापद, निश्चित रूप से; **~conduct** 1. सुरक्षित रूप से ले जाना, 2. अभय पत्र; **~custody** निरापद अभिरक्षा/सुरक्षा; **~keeping** सुरक्षा में रखना ।

**Safeguard** 1. सुरक्षण, रक्षा, सुरक्षा, बचाव; 2. सुरक्षित करना, से बचाना; 3. रक्षाकवच; 4. रक्षक; 5. रक्षोपाय, पूर्वोपाय; **~ing** 1. सुरक्षित रखना, 2. सुरक्षात्मक ।

**Safety** 1. सुरक्षा; 2. संरक्षा; 3. क्षेम, बचाव; 4. निरापद; **~appliance** सुरक्षा साधन; **~catch** सुरक्षा-ताला; **~device** संरक्षा/सुरक्षा साधन; **~lamp** निरापद दीप; **~match** दियासलाई; **~measure** सुरक्षा उपाय; **~officer** सुरक्षा अधिकारी ।

**Sagacity** 1. कुशाग्र बुद्धि; 2. दूरदर्शिता ।

**Sake** 1. प्रयोजन, के कारण; 2. हेतु, के लिए; **for the~of** के लिए, वास्ते ।

**Salaried** 1. वैतनिक, वेतनभोगी; 2. संबलग्राही; **~class** वैतनिक वर्ग; **~employeces** ~कर्मचारी; **~officer** ~अधिकारी ।

**Salary** 1. वेतन, तनख्वाह; 2. संबलम् (विधि); **~check** वेतन जाँच ।

**Sale** 1. बिक्री; 2. विक्रय; **-s** (pl) बिक्री, विक्रय; **-account** -लेखा; **-agent** -अभिकर्ता; **-letter** विक्रय पत्र; **-proceeds** विक्रयागम; **-promotion** बिक्री-वर्धन; **-tax** बिक्री कर; **-value** बिक्री मूल्य; **-warrant** बिक्रीकर अधिपत्र ।

**Sale deed** 1. बैनामा, विलेख; 2. विक्रय विलेख; **deed of sale** विक्रयपत्र, बैनामा ।

**Salient** 1. प्रमुख, मुख्य; 2. निकला हुआ, (pointing outward); उछला हुआ (leaping); 3. उभार; 4. मुख्य रूप से; **~features** मुख्य बातें, प्रमुख लक्षण, प्रमुख तत्त्व ।

**Salvage** 1. कबाड़, बचाया हुआ माल; 2. उद्धारण पुरस्कार; 3. भ्रंश उद्धार, बचाव; 4. उबारना, निकाल देना; **~scrap** कबाड़ और रद्दी ।

**Same** 1. वैसा ही, सदृश्य; 2. वही; 3. नीरस, एक रस; 4. वही, उसी; 5. एक ही, एक रुप (uniform) **-ness** समानता, एकरूपता; **~character** वही हैसियत; **~facts** उन्हीं तथ्यों **~work** वैसा ही काम; **all the ~**फिर भी; **at the~time** उसी समय, एक ही समय, फिर भी; **just the ~**ठीक वही ।

**Sample** 1. नमूना, प्रतिदर्श; 2. सैंपल, उदाहरण; 3. नमूना लेना/नमूना देना; 4. परखना; **sampling** 1. प्रतिचयन; 2. नमूना; प्रतिदर्श; 3. प्रतिचयी; **-r** 1. प्रतिचयक, पारखी; 2. नमूना; **~checking** ~जाँच; **~collector** ~कलक्टर; **~survey** ~सर्वेक्षण; **~taker** ~गृहीता ।

**Sanatorium** 1. आरोग्यघर; 2. आरोग्य निवास ।

**Sanction** 1. मंजूरी, संस्वीकृति; 2. समर्थन (support); 3. पुरस्कार (reward); 4. अनुमोदित करना, मंजूर करना; 5. समर्थन करना; **-ed** संस्वीकृत, मंजूर, अनुमत; **-budget** -बजट; **-projects** -परियोजनाएँ; **-ing authority** मंजूरीदाता प्राधिकारी; **-order** -आदेश ।

**Sanctity** 1. पवित्रता, 2. पुनीतता; **~of treaty** संधि की पवित्रता ।

**Sane** 1. स्वस्थचित्त, स्वस्थ, प्रकृतिस्थ; 2. समझदार, संतुलित ।

**Sanitary** 1. सफाई का, स्वास्थ्यकर; 2. स्वास्थ्य-; **~arrangement** स्वच्छता संबंधी इंतजाम; **~facilities** ~सुविधाएँ; **~inspector** सफाई निरीक्षक ।

**Sanitation** 1. सफाई, स्वच्छता; 2. स्वास्थ्य रक्षा; 3. स्वच्छता विज्ञान, स्वास्थ्य विज्ञान (hygiene) ।

**Sans recourse** 1. दायित्वरहित; 2. सहायता के बिना; 3. का आश्रय लिए बिना ।

**Satellite** 1. उपग्रह; 2. उपाश्रित; 3. अनुगामी, अनुचर (follower) 4. अनुषंगी; **~exchange** उपकेंद्र; **township** उपनगरी ।

**Satisfaction** 1. संतोष, संतुष्टि, तुष्टि; 2. समाधान; 3. क्षतिपूर्ति, ऋणशोधन; 4. दूर किया जाना (carrying out the terms); 5. तुष्टीकरण, तोषण; 6. शोधन कार्य, शोधन (after confession); , **complete** ~पूर्ण तुष्टि; **objective ~** वस्तुपरक समाधान; **subjective ~** व्यक्तिपरक समाधान ।

**Saving** 1. बचाना, किफायती, बचाव; 2. व्यावृत्ति (a reservation) (विधि); 3. रक्षक; **-s** (pl) बचत; **-account** बचत खाता; **-bank** -बैंक; **-scheme** -स्कीम/योजना; **small ~** छोटी बचत ।

**Savingram** 1. सेविंग्राम, 2. बचत-तार ।

**Scale** 1. माप, मापक्रम, मापमान; 2. पैमाना, मापनी; 3. मान; 4. अनुमाप (relative dimension); **~analysis** अनुमाप विश्लेषण; **~audit** मानलेखा परीक्षा; **~line** माप-रेखा; **~of pay** वेतनमान; **rating** ~क्रम निर्धारण मान; **~register** मान रजिष्टर ।

**Scam** 1. घोटाला; 2. जबरदस्त घोटाला ।

**Scarcity** 1. न्यूनता, कमी, अभाव, दुर्भिक्ष; 2. अभावग्रस्त; 3. दुर्लभता, विरलता; **~area** अभावग्रस्त क्षेत्र; **~of resources** संसाधनों की कमी; **~value** दुर्लभता मूल्य ।

**Schedule** 1. अनुसूची; 2. सूची (list); 3. तालिका, सारणी; 4. सूची तैयार करना, सूची में रखना; 5. नियत करना; **demands of** ~माँग अनुसूची; **programme** ~कार्यक्रम अनुसूची; **supply** ~पूर्ति अनुसूची; **time** ~समय अनुसूची; **work** ~कार्य अनुसूची ।

**Scheduled** 1. अनुसूचित; 2. नियत, निर्धारित (fixed); **~act** अनुसूचित अधिनियम; **~areas** ~क्षेत्र; **~bank** ~बैंक; **~caste** ~जाति; **~tribe** ~जनजाति ।

**Scheme** 1. योजना, स्कीम, प्रणाली; 2. रूपरेखा; 3. योजना बनाना; 4. षड्यंत्र

रचना; 5. आरेख (diagram); 6. कार्यक्रम (programme) **~r** षड्यंत्रकारी; **~ of amalgamation** समामेलन की स्कीम; **~ of compromise** समझौते की स्कीम ।

**Scholarship** 1. छात्रवृत्ति; 2. विद्वत्ता, पांडित्य; **~bill** छात्रवृत्ति बिल; **~division** छात्रवृत्ति प्रभाग ।

**School** 1. स्कूल, विद्यालय; 2. विचाराधारा (~of throught) 3. मत, वाद; 4. शिक्षा; 5. शैली (style of art); विद्यापीठ; **-able** स्कूलयोग्य; **~ing** शिक्षा; **~book** पाठ्य पुस्तक; **~days** विद्यार्थी-जीवन; **~master** शिक्षक; **~session** विद्यासत्र, विद्यालय सत्र; **~teacher** शिक्षक; **~time** स्कूल का समय ।

**Scientist** 1. वैज्ञानिक, विज्ञानी; 2. कुशल ।

**Scope** 1. विषयक्षेत्र, कार्यक्षेत्र, प्रविषय (subject under consideration) 2.परिधि; 3. विस्तार; 4. व्याप्ति (the range of operation); 5. गुंजाइश (room for action); 6. भार; 7. उद्देश्य, प्रयोजन (purpose); **~of the inquiry** जाँच की परिधि, जाँच का प्रविषय ।

**Score** 1. गणन; 2. प्राप्तांक (परीक्षा), अंक (खेल); 3. हिसाब; 4. बीसी, कोड़ी (twenty); 5. रेखांकित करना; 6. काटना; 7. हिसाब रखना, हिसाब में चढ़ाना; **-s (pl)** बहुत से; **-r** गणक; **~board** अंकफलक, अंकपट्ट; **~card** अंक कार्ड ।

**Scrap** 1. रद्दी, टुकड़े, स्क्रैप; 2. कतरन; 3. कूड़ा-करकट; 4. निकाल देना, अलग करना; 5. दूर करना, निकम्मा ठहराना; **~book** कतरन रजिस्टर; **~material** रद्दी सामग्री, स्क्रैप; **~metal** रद्दी धातु; **~value** रद्दी का मूल्य ।

**Screening** 1. छानबीन; 2. छानबीन करना, छाँटना; 3. प्रतिच्छादित करना, छिपाना; **~camps** छानबीन कैंप; **~committee** छानबीन समिति; **~inspection** छानबीन करने वाला निरीक्षण ।

**Script** 1. आलेख, मूललेख, लिपि; 2. हस्तलिपि, पांडुलिपि; 3. रचना (text of play) 4. उत्तर पुस्तिका (परीक्षा); **~writer** आलेखक, कथालेखक ।

**Scrupulously** 1. निष्ठा से; 2. अति सावधानी से (thoroughly); 3. अध्यवसाय से ।

**Scrutinizer** संवीक्षक; **Scrutiny** संवीक्षा, छानबीन ।

**Seal** 1. मुद्रा, मोहर; 2. मोहर लगाना, सीलबंद करना; 3. प्रतीक (token); 4. मुद्रांकित करना, (to set a seal to, to stamp, to set one's seal to) 5. मोहर लगाना; 6. मोहरबंद करना; 7. प्रमाणित करना, पक्का करना; **-ed** मोहरबंद, मुद्रांकित; **-cover** मोहरबंद लिफाफा; **-pattern** -प्रतिरूप/पैटर्न; **-tender** -टेंडर/निविदा; **-er** मुद्रांकक; **-ing** मोहर-बंदी; **common ~** सामान्य मुद्रा; **office ~**पदमुद्रा ।

**Search** 1. तलाश, तलाशी; 2. तलाश करना, तलाशी लेना; 3. छानबीन करना; 4. जाँच-पड़ताल; 5. नंगा झाड़ा लेना, नंगा-झोली; 6. जाँचना; **-ing** 1. तलाशी, 2. सूक्ष्म (thorough) 3. प्रचंड; **-party** -दल; **general ~** आम तलाशी; **~light** सर्चलाइट, प्रकाश स्तम्भ; **~warrant** तलाशी का वारंट/अधिपत्र ।

**Season** 1. ऋतु, सीजन; 2. नियतावधि, सीजन; 3. मौसम; 4. अवसर, सुअवसर; 5. परिपक्व कर देना; 6. पूर्णरूप से तैयार करना; **-able** 1. सामयिक 2. उपयुक्त, संगत (opportune); **-al** 1. सामयिक,

मौसमी, 2. ऋतुनिष्ठ 3. आवर्तक; **-ed** 1. अनुभवी; 2. पक्का; 3. पका, **-ing** 1. पकाना, 2. नमक-मिर्च; **out of** ~बेमौके; **~ticket** नियतावधि टिकट, सीजन टिकट; **for a ~** कुछ समय तक; **in** ~1. बाजार में, मौके पर, 3. समय पर ।

**Secession** 1. पृथक् होना, विलग हो जाना; 2. पार्थक्य, संबंध-विच्छेद; **-ist** पृथकवादी, संबंध-विच्छेदी ।

**Secondary** 1. गौण, उप-, अनु-; 2. माध्यमिक; 3. द्वितीयक, द्वितीय; 4. अप्रत्यक्ष, परोक्ष; 5. अनुपूरक; 6. सहायक; 7. यौगिक; **~education** माध्यमिक शिक्षा; **~industries** गौण उद्योग; **~materials** द्वितीय सामग्री ।

**Secrecy** 1 गोपनीयता; 2. छिपाव, दुराव; 3. एकांत (seclusion) ।

**Secret** 1. गुप्त बात, छिपा हुआ; 2. गुप्त, गोपनीय; 3. रहस्य, गूढ़; 4. गोपनशील; **-ly** गुप्त रूप से; **~agent** गुप्तचर; **~ballet** गुप्त मतदान; **~cover** ~लिफाफा; **~inquiry** ~जाँच; **~instruction** ~अनुदेश **~letter** गुप्त पत्र; **most** ~अति गुप्त; **open ~** प्रकट; **~process** गुप्त प्रक्रिया; **~sitting** गुप्त बैठक; **top** ~परम गुप्त ।

**Secretariat** सचिवालय; **~assistant** ~सहायक; **~facilities** सचिवालय/सचिवीय सुविधाएँ; **~service** सचिवालय सेवा; **~staff** सचिवीय कर्मचारिवृंद ।

**Secretary** 1. सचिव; 2. मंत्री; **additional ~** अपर सचिव; **assistant ~** सहायक सचिव; **deputy ~** उप सचिव; **general ~** महासचिव; **joint ~** संयुक्त सचिव; **principal ~** प्रधान सचिव; **private ~** निजी सचिव; **special ~** विशेष सचिव; **under ~** अवर सचिव ।

**Section** 1. अनुभाग; 2. धारा, अनुच्छेद; 3. काट, छेदन; 4. प्रवर्ग, वर्ग; **-s** (pl) खंड; **-al** अनुभागीय; **sub ~** उपधारा; **~note book** ~नोट बुक; **~assistant** अनुभागीय सहायक; **~clerk** अनुभाग लिपिक; **~diary** अनुभाग डायरी; **~head** अनुभाग प्रधान; **~officer** अनुभाग अधिकारी ।

**Sector** 1. सेक्टर; 2. क्षेत्र, खंड, वृत्त; **-al** क्षेत्रीय; **~commander** सेक्टर कमांडर; **private ~** प्राइवेट सेक्टर; **public ~** पब्लिक सेक्टर ।

**Secular** 1. धर्मनिरपेक्ष, पंथनिरपेक्ष; 2. लौकिक, सांसारिक; 3. दीर्घकालिक, चिरन्तन; **ism** धर्मनिरपेक्षता, सर्वधर्मसमभाव; **~activity** लौकिक क्रियाकलाप; **~character** लौकिक स्वरूप; **~conflict** धर्मनिरपेक्ष द्वन्द्व; **~politics** धर्मनिरपेक्ष राजनीति; **~state** ~राज्य; **~uses** लौकिक उपयोग ।

**Security** 1. प्रतिभूति; 2. सुरक्षा; 3. जमानत; 4. निश्चय, निश्चिंतता; 5. अतिविश्वास; **securities** (pl) ऋणपत्र; **~arrangment** सुरक्षा प्रबंध; **~bond** प्रतिभूति बंधपत्र; **~council** सुरक्षा परिषद्; **~deposit** प्रतिभूति जमा; **~guard** सुरक्षा गारद; **~instruction** सुरक्षा अनुदेश; **~measures** सुरक्षा उपाय; **~officer** सुरक्षा अधिकारी; **~supervisor** सुरक्षा पर्यवेक्षक ।

**Sedition** राजद्रोह; **-ist** राजद्रोही; **seditious** राजद्रोहात्मक; **-matter** -बात; **-persons** -व्यक्ति ।

**Segregate** 1. पृथक करना, अलग करना; 2. पृथक; 3. अलग हो जाना; **-d** पृथक्कृत; **-limits** -सीमाएँ; **segregation**

1. पृथक्करण, 2. अलग रखना, पृथक वास; **-segregative** 1. पृथक्कारी, 2. अलगाऊ ।

**Seizure** 1. अभिग्रहण; 2. जब्ती, कुर्की; 3. दौरा, झटका, आक्रमण (रोग); **~of goods** माल जब्ती ।

**Select** 1. चयन; 2. प्रवर, वरिष्ठ, श्रेष्ठ, उत्कृष्ट; 3. चयन करना; 4. वरण करना; 5. विशिष्ट, गैरमिलनसार (exclusive); **-ion** 1. चयन, 2. प्रवरण; **-board** चयन बोर्ड; **-committee** चयन समिति, प्रवर समिति; **-grade** प्रवरण कोटि, चयन श्रेणी; **-post** प्रवरण/चयन पद; **-ive** चयनात्मक ।

**Self** 1. स्व-; 2. स्वतः; 3. आत्म-; 4. स्वायत्त; 5. एकरूप; 6. इकरंगा; **-ish** स्वार्थी, स्वार्थपरायण; **-ness** स्वार्थपरता, स्वार्थ; **~acquired** स्वार्जित; **~acting** स्वक्रिय; **~assessment** स्वतः निर्धारण; **~contained** स्वतःपूर्ण; **~control** आत्म-नियंत्रण आत्म-संयम; **~explanatory** स्वतः स्पष्ट; **~government** स्वायत्त शासन; **~interest** आत्महित, स्वार्थ, निजी लाभ; **~reliance** आत्मनिर्भरता ।

**Seller** विक्रेता, बेचने वाला; **~surplus** विक्रेता अधिशेष ।

**Semi-** 1. अर्ध-; 2. अल्प-; 3. ईषत्-; **~annual** अर्धवार्षिक; **~autonomous** अर्धस्वायत्त; **~finished goods** अधबनी वस्तुएँ; **~skilled** अर्धकुशल; **-labour** -श्रमिक ।

**Seminar** 1. संगोष्ठी, विचारगोष्ठी; 2. अध्ययन गोष्ठी; 3. उपकक्षा; **-y** गुरुकुल, शिक्षणालय ।

**Senate** 1. सीनेट; 2. वरिष्ठ सभा; **senator** सीनेटर ।

**Send** 1. भेजना, प्रेषित करना; 2. फेंकना; चलाना; 3. प्रदान करना; 4. बना देना; **-er** भेजने वाला, प्रेषक; **~down** निकाल देना, धकेल देना; **~for** बुला भेजना, माँगना; **~off** भेज देना, निकालना; **~off** 1. विदाई, 2. शुभारंभ (start); **~up** ऊपर फेंकना ।

**Senior** 1. वरिष्ठ, ज्येष्ठ, प्रवर; 2. अग्रज; 3. सीनियर; **-ity** वरिष्ठता, ज्येष्ठता; **~administrative grade** ~प्रशासन ग्रेड; **~grade** ~ग्रेड; **~most** वरिष्ठतम; **~scale** ~वेतनमान; **~time scale** ~कालमान ।

**Sensation** 1. संवेदन, संवेदना; 2. सनसनी (excitement) **~al** सनसनीदार, सनसनीखेज ।

**Sensitive** 1. संवेदनशील, संवेदी, अतिसंवेदनशील; 2. अस्थिर; 3. चिड़चिड़ा; 4. कोमल हृदय, भावुक; 5. सूक्ष्म; 6. सूक्ष्मग्राही; **sensitivity** अतिसंवेदनशीलता, सूक्ष्मग्राहिता; **~commodity** अस्थिर भाववाली वस्तु; **~plant** लाजवंती, छुईमुई ।

**Sentence** 1. दंडादेश, सजा; 2. वाक्य; 3. दंडादेश देना; 4. निर्णय, फैसला; **-d** दंडादेशित ।

**Sequence** 1. अनुक्रम, सिलसिला; 2. क्रम, कथाक्रम; 3. श्रेणी, अनुक्रम; 4. परिणाम; 5. दृश्य; **sequential** अनुक्रमिक; **-analysis** अनुक्रमिक विश्लेषण; **~of tenses** कालनियम ।

**Serial** 1. क्रम, क्रमिक; 2. धारावाहिक; 3. श्रेणीगत; 4. धारावाहिक उपन्यास/कथा/नाटक; **-ize** धारावाहिक निकालना; **-ly** क्रमानुसार, क्रमशः; **~list** क्रम सूची; **~number** क्रमांक, क्रम संख्या ।

**Series** 1. श्रेणी, शृंखला; 2. अवलि, माला;

3. ताँता, सिलसिला; **in ~** श्रेणीबद्ध ।

**Serious** 1. गंभीर, चिंताजनक, ·विकट; 2. महत्वपूर्ण; 3. वास्तविक; 4. भारी; 5. घोर, संगीन (अपराध); **-ness** गंभीरता; **~offender** घोर दोषी ।

**Servant** 1. नौकर, सेवक; 2. भृत्य; 3. राजकर्मचारी; 4. अनुचर (follower) भक्त; **maid ~** नौकरानी ।

**Serve** 1. परोसना 2. तामील करना; 3. सेवा करना; 4. काम करना; 5. का नौकर होना; 6. लाभ पहुँचाना, काम आना; 7. की आवश्यकता को पूरी करना; **-r** सेवक ।

**Service** 1. सेवा, नौकरी; 2. तामील (विधि); 3. उपकार (a good turn, benefit to another); 4. वहन-सेवा; 5. सफाई; 6. व्यवस्था; **-able** 1. सेवा योग्य, काम में आने योग्य, काम में लाने योग्य, उपयोज्य; 2. टिकाऊ, 3. काम का; 4. उपकारी; **serviceability** उपयोगिता; **~book** सेवा पुस्तिका/पंजी; **continuous ~** निरंतर सेवा; **~line** सेवा लाइन; **~passage** सफाई रास्ता; **~postage** सरकारी डाक; **~roll** सेवावृत्त; **~rules** सेवा नियम; **~sheet** सेवा पत्र; **~verification** सेवा सत्यापन ।

**Session** 1. सत्र; 2. अधिवेशन, बैठक; **-al** सत्रीय; **~court** सत्र न्यायालय; **parliament ~**संसद सत्र; **plenary~** पूर्ण अधिवेशन; **school ~** शिक्षा सत्र/विद्यालय सत्र ।

**Set** 1. समुच्चय; 2. सेट; 3. विन्यस्त; 4. समूह, माला, आकृति; 5. ढाँचा; 6. नियत, अटल, दृढ़, सुस्पष्ट; 7. ठीक करना, जमाना, पक्का हो जाना; **-ter** सेटर; **~about** शुरु करना; **~aside** अपास्त करना; **~back** पीछे करना; **~up** 1. व्यवस्था, ढाँचा, 2. स्थापित करना ।

**Settlement** 1. निपटारा, समझौता; 2. बंदोबस्त, भूमिव्यवस्था; 3. व्यवस्थापन (arranging); 4. उपनिवेश; 5. आवास, अधिवास, बस्ती; 6. व्यवस्था (arrangement); 7. शोधन, परिशोधन, भुगतान; 8. निर्धारण; **~officer** बंदोबस्त अधिकारी; **~wing** बंदोबस्त विंग ।

**Severally** 1. अलग-अलग, पृथक्-पृथक्; 2. पार्थक्य ।

**Severance** 1. पृथक्करण, विच्छेद (putting apart); 2. विभाजन (विधि); **~of leases** पट्टों का पृथक्करण; **~of relations** संबंध-विच्छेद ।

**Share** 1. अंश, शेयर, भाग; 2. भागी होना, साझी होना, हिस्सेदार होना; 3. हिस्सा/भाग पाना; 4. बाँटना, बाँट देना; 5. में सम्मिलित होना; **-r** भागी, सहभागी; **sharing** हिस्सा/अंश बंटाना; **~capital** शेयर पूंजी; **~cropper** बटाईदार; **~holder** शेयरधारी, शेयरधारक, अंशधारी; **~holding** शेयरधारण; **~transfer** शेयर अंतरण; **~warrant** शेयर वारंट/अंश अधिपत्र; **go ~s** आपस में बाँटना; **~out** बँटाई ।

**Shift** 1. पारी, विचलन, अंतरण, परिवर्तन; 2. हटाना, स्थानातंरित करना; 3. बदल देना, बदलना; 4. दूसरे पर (जिम्मेदारी) डालना; 5. काम चलाना; 6. टालमटोल करना; **-ing** स्थानातंरण; **-less** निरु पाय; **-y** 1. बहानेबाज, 2. चतुर, विदग्ध; **~assistant** पारी सहायक; **day ~** दिन पारी; **~engineer** पारी इंजीनियर; **~system** पारी प्रणाली ।

**Ship** 1. पोत, जहाज, शिप; 2. लादना,

(to put, receive or take on board); 3. जहाज से भेज देना; **-ping** 1. जहाजरानी, 2. नौपरिवहन, 3. पोत समूह; **~builder** पोत-निर्माता; **war ~** युद्ध पोत; **~yard** पोत प्रांगण, पोत कारखाना ।

**Short** 1. कमी, छोटा, लघु; 2. अल्पकालिक, अल्पकालीन; 3. संक्षिप्त; 4. रूखा, चिड़चिड़ा; 5. कम, न्यून; 6. कमजोर; **-s** (pl) जांघिया, निकर; **-age** कमी, अभाव; **-fall** कमी, न्यूनता; **~bill** अल्पकालिक बिल; **~circuit** लघु पथ; **cut ~**छोटा रास्ता, सुगम मार्ग; **~hand** आशुलिपि; **~notice** अल्पसूचना; **~term** अल्पावधि; **~course** अल्पकालीन पाठ्यक्रम; **~wave** लघुतरंग; **cut ~** संक्षिप्त करना; **~fall** कम पड़ना; **run ~** कम होना; **~of** 1. के सिवाय; 2. से कम; 3. रहित; 4. से घटकर ।

**Show cause** 1. कारण बताओ; 2. कारण बताना; **~notice** कारण बताओ नोटिस, हेतुक दर्शित करने के लिए सूचना ।

**Sick** 1. रोगी, रुग्ण, अस्वस्थ; 2. उकसाना (urge); **-ly** 1. अस्वस्थ, रोगी; 2. पीला; 3. अस्वास्थ्यकर, 4. फीका; **-ness** बीमारी, रुग्णता; **~leave** बीमारी की छुट्टी; **~roll** रोगी-सूची; **~unit** ~इकाई; **~visitor** रोगी परिदर्शक; **be~of** से ऊब जाना; **be~for** के लिए छटपटाना ।

**Sign** 1. चिह्न, संकेत; 2. हस्ताक्षर करना, हस्ताक्षरित करना; 3. हस्ताक्षर; 4. लक्षण; 5. प्रतीक (symbol); 6. प्रकट करना, इशारा करना; **-ed** हस्ताक्षरित; **~board** साइन बोर्ड, सूचना पट्ट; **~manual** राजहस्ताक्षर; **~away** त्याग देना; **~off** बंद करना, समाप्ति; **~on** नाम लिखना ।

**Signal** 1. संकेत, सिगनल; 2. अवसर; 3. विशिष्ट, संकेतक; 5. संकेत में जाना, सिगनल देना; **-ler** सिगनलर; **-ling** संकेतन; **~book** संकेत पुस्तक; **~foreman** सिगनल फोरमैन; **~man** संकेतकार; **-telecommunication** ~दूरसंचार ।

**Signature** 1. हस्ताक्षर; 2. सही; 3. संकेत; **good ~** मान्य हस्ताक्षर; **~pad** हस्ताक्षर पैड ।

**Significant** 1. सार्थक, अर्थगर्भित; 2. महत्त्वपूर्ण; 3. अभिव्यंजक (expressive); 4. अर्थवान् (having meaning) ।

**Signify** 1. व्यक्त करना, प्रकट करना, (manifest) बताना ( indicate); 2. द्योतक होना; 3. संज्ञापित करना (विधि); 4. अर्थ होना (mean); 5. महत्त्व रखना; **~assent** अनुमति संज्ञापित करना; **~consent** सम्मति देना ।

**Silver jubilee** रजत जयंती ।

**Similar** 1. वैसा ही, सदृश्य; 2. समरूप; 3. तुल्य; **-ity** समरूपता, सादृश्य; **-ly** समान रूप से, उसी तरह; **~association** समरूप संगठन; **~payment** वैसे ही संदाय ।

**Simple** 1. साधारण; 2. सादा, (not elaborate); 3. सरल, सहज; 4. परिशुद्ध (absolute); 5. निरा (mere); 6. निष्कपट (honest); 7. स्वाभाविक; 8. भोला; **simplified** सरलीकृत; **simplify** सरल बना देना; **~fracture** साधारण अस्थिभंग; **~imprisonment** साधारण कारावास; **~interest** साधारण ब्याज; **~minded** 1. सरल स्वभाव, 2. भोला, 3. अल्पबुद्धि ।

**Simultaneous** 1. युगपत, समक्षणिक, एक ही समय पर; 2. साथ-साथ; 3. एक साथ; 4. समसामयिक; **-ly** एक साथ, एक ही समय पर, साथ-साथ;

**~appointment** एक साथ नियुक्ति ।

**Sincere** 1. निष्कपट, सद्भावी, सच्चा; 2. निष्ठावान; 3. वास्तविक, सच्चा (real) **sincerity** 1. ईमानदारी, 2. सद्भाव, 3. सच्चाई, 4. अति ईमानदारी; **-ly** शुद्ध हृदय से ।

**sine die** 1. अनिश्चित काल के लिए; 2. अनिश्चित काल तक ।

**Sine qua non** 1. अनिवार्य (an indispensable requisite); 2. अनिवार्य/अपरिहार्य (शर्त) ।

**Single** 1. एकल, अकेला, एक, एक ही; 2. अविवाहित; 3. एकतरफा; 4. एकाकी; **singly** अकेले; **~entry** एकल प्रविष्टि, एकहरी प्रविष्टि (विधि); **-system** -पद्धति; **~eyed** काना, सच्चा; **-tender** अकेला टेंडर; **~ticket** एकतरफा टिकट; **~transferable** एकल संक्रमणीय; **~unit** एक इकाई ।

**Sinking** 1. निक्षेप; 2. ऋण; **-fund** निक्षेप निधि ।

**Sir** 1. महोदय, श्रीमन्, (संबोधन); 2. श्रीमान; 3. सर (टाइटिल) ।

**Site** 1. स्थल, स्थान; 2. स्थान चुनना; 3. स्थान निर्धारित करना; **~of buildings** भवनों के स्थल; **~plan** स्थल नक्शा ।

**Sitting** 1. वर्तमान; 2. आसीन; 3. बैठक; **~member** आसीन सदस्य; **~room** बैठक, बैठने का स्थान; **~singly** एकल रूप से बैठकर ।

**Sketch** 1. रेखाचित्र, स्केच; 2. खाका, कच्चा नक्शा; 3. रूपरेखा (outline); 4. रेखांकन करना; 5. रूपरेखा प्रस्तुत करना; **-y** 1. अपूर्ण, 2. ऊपरी (superficial) 3. स्थूल; **~map** रेखाचित्री नक्शा ।

**Skill** 1. कौशल, कुशलता; 2. पटुता, निपुणता; 3. शिल्प, कला (craft); **-ed** कुशल; **-labourer** -श्रमिक; **-work** कौशलपूर्ण काम; **-workman** शिल्पकार, कारीगर ।

**Slack** 1. शिथिल, ढीला; 2. मन्द, मंदा, धीमा (slow moving); 3. सुस्त, आलसी (idle); 4. लापरवाह; 5. बेखबर; 6. ढील, मंदी; **-s (pl)** पाजामा; **-en** ढीला, धीमा, मंदा; **-er** कामचोर, आलसी; **-ness** शिथिलता, ढिलाई; **~off** ढीला करना; **~up** 1. चाल धीमी करना; 2. कम; 3. धीरे-धीरे ।

**Slander** 1. अपमान वचन; 2. मिथ्यापवाद करना; 3. झूठी निन्दा; **-er** निन्दक; **-ous** निन्दात्मक ।

**Sleeping** 1. निष्क्रिय; 2. सोने की स्थिति, शयन; 3. सोया हुआ; **~accommodation** सोने का स्थान; **~bag** सोने के लिए थैला, स्लीपिंग बैग; **~partner** निष्क्रिय भागीदार; **~room** शयन कक्ष; **~suit** सोते समय पहनने के कपड़े ।

**Slip** 1. पर्ची; 2. भूल; 3. स्खलन; 4. फिसल जाना, फिसलना; 5. गिर जाना, सरकना; 6. से निकल जाना, चुपचाप चले जाना; 7. हाथ से निकलने देना; **-per** स्लीपर; **slippery** 1. फिसलने वाला, 2. पकड़ में न आने वाला; 3. चालाक; **accidental ~** आकस्मिक भूल; **~knot** सरक गाँठ; **~ledger** पर्ची खाता; **~in** चुपके से आकर घुस जाना; **~over** छोड़ देना; **let ~** अनजाने बता देना ।

**Slum** 1. गंदी बस्ती, मलिन आवास; **~areas** गंदी बस्ती क्षेत्र ।

**Small** 1. अल्प, लघु, कम; 2. छोटा, नन्हा, बहुत साधारण; 3. पतला अंश;

4. ठिगना, नाटा; 5. सामान्य, तुच्छ, नगण्य, मामूली (trivial); 6. नीच, अधम, कमीना (mean); **-s (pl)** फुटकर; **-ness** अल्पता; **~change** रेजगारी; **~farmer** लघु किसान; **~grower** छोटा उत्पादक; **~saving** अल्प बचत; **~fund** ~निधि; **~scale** लघु उद्योग; **~industry** लघु उद्योग; **~suit** लघु वाद; **~talk** गपशप; **feel ~** लज्जित होना; **sing ~** दीन बनना ।

**Smooth** 1. निर्विघ्न, अबाध; 2. शांत (calm) धीर, शिष्ट; 3. बराबर (even); 4. चिकना (not rough); 5. मधुर, मृदु; 6. आसान बना देना; 7. शांत करना; **-ing** समकारी; **-ness** चिकनापन, आसानी से; **~faced** चिकने चेहरे वाला; **~things** चिकनी चुपड़ी बातें; **~spoken** 1. मधुरभाषी, 2. चाटुकार; **~over** कम कर देना, महत्त्व घटाना ।

**Smuggle** 1. चोरी से लाना, चोरी से ले जाना; 2. तस्कर व्यापार करना; **-r** तस्कर व्यापारी, तस्कर; **smuggling** तस्करी, तस्कर व्यापार ।

**Social** 1. समाज का, समाजवादी; 2. सामाजिक; 3. मिलनसार; 4. संघचारी; 5. गोष्ठी; **-ism** समाजवाद; **-ist** समाजवादी; **~istic** समाजवादी; **-pattern** -रूप; **-ly** सामाजिक दृष्टि से; **sociology** समाज शास्त्र; **~Security** सामाजिक सुरक्षा; **~welfare** समाज कल्याण; **~work** समाज कार्य ।

**Soft** 1. सुलभ; 2. नरम, मुलायम, कोमल; 3. चिकना, मधुर, मृदु, मृदुल, सौम्य; 4. मन्द, हलका, सुहावना; 5. धुँधला, अस्पष्ट; 6. आराम का; 7. दुर्बल, अशक्त, कमजोर; 8. भोला, सीधा-सादा; **-en** हलका, मृदु; **~currency area** सुलभ मुद्रा-क्षेत्र; **~palate** कोमल तालु; **~soap** चापलूसी; **~spoken** मृदुभाषी, मधुरभाषी ।

**Soil** 1. मृदा, मिट्टी; 2. भूमि, भू; 3. दूषित करना, कलंकित करना; 4. खाद (manure); 5. दूषण; 6. मैला; **-less** बेदाग, निर्मल; **~chemist** मृदु रसायनज्ञ; **~conservation** भूमि संरक्षण; **~erosion** मिट्टी का कटाव; **~water** भूमि जल ।

**Sojourn** 1. विराम, प्रवास, ठहराव; 2. अवस्थान, टिकाव; 3. ठहरना, टिकना ।

**Solatium** 1. तोषण; 2. सांत्वना के तौर पर क्षतिपूर्ति; 3. मुआवजा ।

**Sole** 1. एकमात्र, 2.अकेला; 3. एकल; 4. अनन्य (exclusive); **-ly** एकमात्र, अकेले ही; **~agent** एकमात्र एजेंट/अभिकर्त्ता; **~arbitrator** एकमात्र मध्यस्थ; **~purpose** ~प्रयोजन; **~trustee** एकल न्यासी ।

**Solemn** 1. सत्यनिष्ठ; 2. गंभीर, भारी, महत्त्वपूर्ण; 3. औपचारिक (formal); 4. शानदार, भव्य; 5. प्रभावशाली; **-ity** 1. गंभीरता, गांभीर्य, सत्यनिष्ठा; 2. समारोह; 3. धर्मक्रिया; **-ly** 1. सत्यनिष्ठा से, सत्यनिष्ठापूर्वक, 2. दृढ़संकल्प हो कर ।

**Solicit** 1. याचना करना, प्रार्थना करना; 2. निवेदन करना; 3. लुभाना, रिझाना; **-ation** याचना, निवेदन, अनुरोध; **-ing** याचना, याचना करना; **~clients** व्यवहारी पाने के लिए याचना करना ।

**Solitary** 1. एकांत, एकांतवासी; 2. एकमात्र, अकेला, एकाकी; 3. एकचर, एकल; 4. निर्जन, सुनसान; **~case** अकेला मामला; **~confinement** एकांत परिरोध, काल कोठरी ।

**Solution** 1. साधन; 2. हल, उत्तर;

3. विलयन (dissolving) 4. घोल (liquid); 4. समाधान ।

**Solve** 1. हल करना, समाधान करना; 2. सुलझाना, खोलना; 3. चुकाना; 4. रास्ता निकालना ।

**Solvency** (ऋणों की) शोधन क्षमता; **solvent** (ऋण)शोधनक्षम, 2. विलायक (anything that dissolves another), 3. समाधान (solution) ।

**Sorting** 1. छँटाई, छाँट; 2. वर्गीकरण; **~appliance** ~उपयंत्र; **~inspector** ~निरीक्षक; **~machine** ~मशीन ।

**Source** 1. स्रोत, उद्गम; 2. झरना, सोता; 3. मूल कारण (primary cause); 4. प्रमाण, आधार; 5. सूत्र; **~book** प्रलेख ग्रंथ; **deduction at ~** स्रोत पर कटौती; **~of income** आयस्रोत/साधन ।

**Souvenir** 1. स्मारिका, सूवनियर; 2. स्मृतिचिह्न ।

**Sovereign** 1. अधिराष्ट्र, सर्वसत्ताधारी; 2. प्रभुसत्तासंपन्न, प्रभुत्वसंपन्न (possessed of controlling power); 3. प्रभु; 4. प्रधान, परम, सर्वश्रेष्ठ (chief); 5. शासक (ruling) **-ty** 1. प्रभुसत्ता, प्रभुता, प्रभुत्व, 2. सर्वोच्च सत्ता; **~authority** प्रभुतासंपन्न शक्ति; **~power** ~शक्ति; **~state** ~राज्य ।

**Space** 1. अंतरिक्ष; 2. अंतर; 3. अंतराल; 4. स्थान, गुंजाइश; 5. आकाशीय; 6. अंतर पर रखना; **spacing** 1. अंतर छोड़ना, 2. अंतरण; **~flight** अंतरिक्ष उड़ान; **~travel** ~यात्रा; **~man** ~यात्री ।

**Spade** 1. खोदना; 2. फावड़ा, कुदाल; **~work** प्रारंभिक कार्य, तैयारी का काम; **call a~a~** खरी बात कहना ।

**Spare** 1. अतिरिक्त, फालतू; 2. अल्प, अपर्याप्त; 3. फालतू पुरजा; 4. बचाना; 5. नहीं करना; 6. छोड़ देना; 7. किफायत से, काम लेना; **sparing** 1. कम; 2. मितव्ययी; **-ly** किफायत से, कम; **~copy** अतिरिक्त प्रति; **~parts** अतिरिक्त पुर्जे; **~propellers** ~नोदक; **~time** ~वक्त ।

**Speaker** 1. अध्यक्ष; 2. वक्ता (बोलने वाला); 3. वक्ता (orator); **~of the House of People** लोकसभा का अध्यक्ष ।

**Special** 1. विशेष; 2. असामान्य, असाधारण; 3. विशिष्ट; 4. अतिरिक्त; 5. उत्कृष्ट, असाधारण; **-ist** विशेषज्ञ; **-ity** विशेषता; **-ization** विशेषज्ञता; **-ly** विशेष रूप से; **~account** ~खाता; **~allowance** ~भत्ता; **~cash witness** ~रोकड़ साक्षी; **~grant** ~अनुदान; **~law** ~विधि; **~number** विशेषांक; **~pay** ~वेतन; **~provision** विशेष उपबंध ।

**Specific** 1. विनिर्दिष्ट; 2. स्पष्ट; 3. निश्चित, सुनिश्चित, सुस्पष्ट (definite); **-ally** विशेष रूप से; **-ation** 1. विशिष्ट, विनिर्देश, विशेष विवरण; **~agreement** विनिर्दिष्ट करार; **~approval** ~अनुमोदन; **~denial** स्पष्ट खंडन; **~reason** विशिष्ट कारण; **~recommendation** निश्चित सिफारिश; **~reward** विनिर्दिष्ट पुरस्कार; **~services** ~सेवाएँ ।

**Specimen** 1. नमूना, निदर्श; 2. बानगी, नमूना; 3. अनोखा व्यक्ति; **~of handwriting** हस्ताक्षर का नमूना; **~signature** नमूना-हस्ताक्षर ।

**Speculation** 1. सट्टा, सट्टेबाजी; 2. अनुमान, अटकल, अटकलबाजी; **speculative** 1. सट्टा; 2. मीमांसात्मक; 3. सैद्धांतिक; 4. चिन्तनशील; **speculator** अटकलबाज, सटोरिया, सट्टेबाज;

~business सट्टे का कारोबार ।

Speech 1. भाषण, व्याख्यान; 2. वाक्शक्ति (the power of speaking); 3. कथन, बोली, 4. उक्ति, वाक्, भाषा; -less 1. अवाक्, गूँगा, 2. मौन, 3. भौचक्का, ~sound वाग्ध्वनि; ~therapy वाणी सुधार; total loss of ~वाक् पूर्ण हानि ।

Speed 1. चाल, रफ्तार, गति; 2. शीघ्रता (quickness), तेजी, त्वरा; 3. तेजी से चलना; 4. चाल सीमा से तेज चलना; -ly जल्दी, शीघ्रता से; -y 1. शीघ्र, तेज, द्रुतगामी (rapid); at convenient ~ सुविधानुसार पूर्ण शीघ्रता; ~breaker गतिरोधक; ~limit गति सीमा; ~up गति बढ़ाना ।

Sphere 1. गोला, गोल; 2. क्षेत्र (field); ग्रह, तारा ।

Spokesman प्रवक्ता ।

Sponsor 1. प्रायोजक; 2. प्रायोजित करना; 3. उत्तरदायी; 4. प्रतिभू; 5. समर्थक; 6. प्रवर्तक; -ed समर्थित, प्रायोजित; -by 1. द्वारा प्रायोजित, 2. के तत्त्वावधान में; ~investigation अन्वेषण प्रायोजित करना ।

Spot 1. स्थल; 2. स्थान; 3. धब्बा, दाग; 4. दोष, कलंक; 5. चिह्नित करना; 6. का पता लगा देना (locate); 7. का अनुमान लगा लेना (guess); ~less साफ सुथरा; ~ty 1. धब्बेदार, 2. अनियमित, 3. चकत्तेदार; ~delivery हाजिर सौदा; ~inspecton ~निरीक्षण; ~light 1. प्रकाश बिन्दु, 2. लोकप्रसिद्ध्, 3. प्रदीप; ~price नकद मूल्य; on the ~ तत्काल ।

Spouse पति या पत्नी ।

Squad 1. दस्ता, स्क्वाड; 2. छोटा, दल, टुकड़ी; flying ~उड़न दस्ता ।

Stable 1. स्थिर, अचल; 2. टिकाऊ, स्थायी; 3. सुस्थिर, अटल; 4. मजबूत, पक्का; 5. दृढ़ (firm) 6. धीर; 7. संतुलित; stability स्थिरता, मजबूती, दृढ़ता; stabilization स्थिरीकरण, दृढ़ीकरण; stabilizer स्थायीकारी ।

Staff 1. कर्मचारीवर्ग, कर्मचारिवृंद; 2. स्टाफ; 3. लाठी, सहारा (अलं०); 4. अधिकार-दंड; ~artist विभागीय कलाकार; ~car स्टाफ कार; ~clerk स्टाफ लिपिक; ~officer स्टाफ आफीसर; secretarial ~सचिवीय कर्मचारिवृंद ।

Stage 1. रंगमंच; 2. अवस्था, प्रक्रम, मंजिल; 3. नाट्यकला; 4. चरण (उन्नति के); 5. (का) अभिनय करना; ~direction अभिनय निर्देश; ~director रंगमंच निदेशक; ~of trial विचारण का प्रक्रम; ~whisper स्वगत ।

Stagnate 1. गतिरोध/गतिहीन होना; 2. बंध जाना; 3. निश्चल होना; stagnation 1. गतिहीनता; 2. निश्चलता; stagnant 1. स्थिर; 2. रुद्ध, बँधा हुआ; 3. गतिहीन ।

Stalemate 1. गत्यवरोध; 2. कौंडी; 3. गतिरोध उत्पन्न करना ।

Stamp 1. मोहर, मुद्रांक; 2.टिकट, स्टांप, टिकट लगाना; 3. छापना, (की) छाप लगाना, मोहर लगाना; 4. प्रभावित करना, प्रमाणित करना; -s (pl) स्टांप; -ed -स्टांपित, 2. मुद्रांकित; -ing 1. मोहर लगाना, 2. अंकन, 3. छाप, मोहर, 4. प्रकार; ~duty स्टाम्प शुल्क; ~pad मोहर पैड; ~paper ~कागज; ~vendor टिकट विक्रेता; ~out मिटा देना ।

Standard 1. मानक, मानदंड; 2. स्तर, स्तरमान, जीवनस्तर; 3. दंड (दंडा)

(an upright post, stick); 4. कोटि, दरजा; 5. मान; **~ization** मानकीकरण; **~ize** मानकीकृत करना; **~benefit** मानक प्रसुविधा; **~cost** मानक लागत; **~head** मानक शीर्ष; **~man hours** ~ श्रम घंटे; **~of living** जीवन स्तर; **~rate** मानक दर; **~rent** मानक किराया ।

**Standing** 1. स्थायी, (permanent); 2. अवस्थिति, प्रतिष्ठा, पद, स्थिति; 3. खड़ा; 4. अचल (stationary); 5. खाली; 6. नाम, प्रतिष्ठा; **~commission** ~आयोग; **~committee** ~समिति; **~guard file** ~गार्ड फाइल; **~order** ~आदेश ।

**Stapling** तारसिलाई; **~machine** ~मशीन ।

**Starred** 1. तारांकित; 2. तारकित; **~question** ~प्रश्न ।

**Start** 1. प्रारंभ करना; 2. प्रस्थान; 3. चौंक (sudden movement); 4. रिआयत, सुविधा; **-er** प्रवर्तक; **-ing** प्रारंभिक; **-date** आरंभ तारीख; **-salary** आरंभिक वेतन; **~of** से आगे होना ।

**State** 1. राज्य, शासन, सरकार; 2. स्थिति, दशा, अवस्था; 3. हालत; 4. कथन करना, अभिव्यक्त करना; 5. विवरण देना (to express details); 6. पद, पदवी, प्रतिष्ठा (dignity); 7. ठाट-बाट; **-d** विवरणित, कथित, निश्चित, घोषित; **-less** राष्ट्रिकताहीन; **-ly** शानदार, 2. प्रभावशाली, 3. गौरवमय; **~act** राज्य अधिनियम; **~government** राज्य सरकार; **~guest** राजकीय अतिथि; **~ of war** युद्ध स्थिति ।

**Statement** 1. कथन; 2. बयान, वक्तव्य, अभ्युक्ति; 3. विवरण; **~ of accounts** लेखा विवरण; **~of cases** मामले का विवरण; **~of facts** तथ्य कथन ।

**Statesman** 1. राजमर्मज्ञ; 2. राजनेता; **~ship** राजमर्मज्ञता, राजनीतिमत्ता ।

**Static** 1. स्थिर, गतिहीन; 2. स्थायी; **-s** (pl) स्थितिविज्ञान; **-al** स्थैतिक ।

**Station** 1. केंद्र; 2. स्टेशन, आस्थान; 3. थाना, 4. स्थान, जगह (a place); 5. चौकी, अड्डा (base); 6. स्थिति, पद (status); 7. नियुक्त करना, खड़ा हो जाना; **-ary** स्थायी, स्थिर, स्तब्ध; **-ed** आस्थित; **~commander** स्टेशन कमांडर; **~director** केंद्र निदेशक; **~house** थाना; **~master** स्टेशन मास्टर; **police ~** थाना ।

**Stationary** 1. स्थिर, अचल, निश्चल; 2. स्थायी, खड़ा (not changing); 3. स्थावर (not mobile); 4. स्तब्ध; **~plant** स्थायी संयंत्र ।

**Stationery** 1. लेखन सामग्री; **~products** लेखन सामग्री ।

**Statistical** सांख्यिकीय; **statistician** सांख्यिकीविद्; **~analysis** ~विश्लेषण; **~assistant** ~सहायक; **~bulletin** ~बुलेटिन; **~data** ~सामग्री/आँकड़े **~year book** ~शब्दकोश ।

**Statistics** 1. आँकड़े; 2. सांख्यिकी; **~department** साख्यिकी विभाग; **~investigator** ~अन्वेषक ।

**Status** 1. हैसियत, प्रतिष्ठा; 2. स्थिति; 3. पद, पदवी (rank); 4. महत्त्व (importance); **~of members** सदस्यों की प्रास्थिति; **~quo** यथापूर्व स्थिति; **~symbol** 1. वैभव, 2. प्रतिष्ठा का प्रतीक ।

**Statute** 1. कानून, संविधि; 2. परिनियम, अधिनियम; 3. विधान; **statutory** कानूनी, सांविधिक; **~book** कानूनी पुस्तक; **~of limitation** परिसीमा कानून; **~mile** मानक मील ।

**Staunch** 1. पक्का, कट्टर; 2. स्वामिभक्त; विश्वस्त, ईमानदार; 3. जलरोधी, वायुरोधी; **~supporter** सच्चा/विश्वस्त सहायक ।

**Stay** 1. रोक, रुकना, ठहराव; 2. रोकना, रोक देना, रोकथाम करना; 3. ठहर जाना; 4. दमदार होना; 5. स्थगित करना; 6. स्थगन; **-er** ठहरने वाला, दमदार; **-at home** घर घुसना; **-ing power** दम; **~in strike** हाजिर हड़ताल; **~order** रोक आदेश; **~recovery** वसूली रोक रखना; **~put** पड़ा रहना; **~up** जागना ।

**Steady** 1. स्थिर, अटल; 2. संतुलित, गंभीर; 3. नियमित (regular); 4. एक-समान (uniform); 5. संयमी; 6. स्थिर करना, स्थिर रहना; **steadily** 1. स्थिर गति से; 2. लगातार, निरंतर, 3. नियमित रूप से; **steadiness** स्थिरता, संतुलन ।

**Steering** 1. विषय-निर्वाचन; 2. संचालन, परिचालन; **~committee** संचालन समिति; **~wheel** चालन चक्का ।

**Stenographer** 1. आशुलिपिक; 2. आशुलेखी; **stenotypist** ~1.स्टेनो टाइपिस्ट; 2. आशुटंकक ।

**Stereo** 1. स्टीरियो; **~typed** 1. रूढ़, रुढ़िबद्ध, 2. औपचारिक (formal); 3. अपरिवर्तनीय रूप दिया हुआ ।

**Sterility** 1. निष्फलता, बंध्यता, बाँझपन; 2. रोगाणुहीनता; 3. अनुर्वरता; **sterilization** 1. विसंक्रमण, 2. बंध्यकरण; **sterilize** बंध्य बना देना; **-ized** बंध्यीकृत ।

**Stern** 1. कठोर, कड़ा, निर्दय, सख्त; 2. पिछाड़ी; 3. पुट्ठा; **~action** कठोर कार्रवाई; **~most** सबसे पिछला; **~step** कठोर कदम ।

**Stigma** 1. लांछन, कलंक; 2. धब्बा, दाग; 3. क्षत चिह्न; 4. दृक्बिन्दु; **-tic** क्षत चिह्नित, बिन्दुक ।

**Stimulate** 1. उत्तेजित करना, प्रेरित करना; 2. प्रोत्साहित करना; **stimulation** उद्दीपन, उत्तेजन; **stimulator** प्रेरक, उत्तेजक ।

**Stipend** 1. वृत्तिका, वजीफा; 2. वृत्ति; **-iary** वृत्तिकाग्राही, वैतनिक, वेतन भोगी ।

**Stipulate** 1. अनुपर्णी; 2. अनुबंध करना, शर्त लगाना; 3. माँगना (demand); **-d** अनुबद्ध; **stipulation** 1. अनुबद्ध, 2. शर्त, 3. संविदा ।

**Stock** 1. माल, स्टाक, सामान, भंडार, संग्रह; 2. शेष माल; 3. बिक्री का माल; 4. पशुधन (livestock); 5. सामान्य, घिसापिटा; 6. ढेर लगाना, संचित करना; 7. कुंदा; 8. सरकारी ऋण; **~s** (pl) ढाँच, कुन्दा; **-ade** घेरा, कठघरा; **-ist** स्टाकिस्ट, व्यापारी, भंडारी; **~assistant** स्टाक सहायक; **~book** सामान पंजी; **~exchange** शेयर बाजार; **~taking** माल की पड़ताल; **~verifier** स्टॉक सत्यापक; **~yard** बाड़ा ।

**Stop** 1. विराम, विरामचिह्न लगाना; 2. रोकना, रोक देना; 3. रुक जाना, ठहरना; 4. बंद करना; 5. भर देना; **-page** 1. रोक, रोधन, 2. विराम, 3. अवरोध; **-per** 1. रोधक, 2. डाट, काग; **-ping** 1.रोक, 2. भराव, भराई; **~dead** अचानक रुक जाना; **~gap** 1. कामचलाऊ; 2. स्थापनापन्न; 3. अन्तःकालीन; **-arrangement** -व्यवस्था; **full ~** पूर्ण विराम; **~watch** विराम घड़ी; **without ~** लगातार; **~over** रुक जाना ।

**Store** 1. भंडार, गोदाम, सामान; 2. दुकान; 3. गोदाम में रखना; 4. संचय करना, संग्रह करना, में समाना; **~s** (pl) 1. सामान, 2. भंडार; **storage** भंडारण, संचयन,

भंडार/गोदाम में रखना; **~space** ~क्षमता, माल रखने की जगह/स्थान; **~account** भंडार लेखा; **~houseman** भंडारी; **~keeper** भंडारी; **~wright** ~राइट ।

**Storey** 1. मंजिल, तल, 2. तल्ला; **~ed** मंजिला ।

**Straight** 1. खरा, स्पष्ट, ऋजु; 2. सीधा, सरल; 3. सच्चा, निष्कपट, ईमानदार; 4. स्पष्टवादी; 5. सुव्यवस्थित; 6. तर्कसंगत; 7. सीध, सीधा भाग; 8. निरन्तर क्रम; **~ened** सीधा; **-folder** -फोल्डर; **~face** गंभीर मुद्रा; **~fight** सीधा संघर्ष; **-forward** सीधासादा, स्पष्टवादी, सरल, निष्कपट; **~away** तुरंत ।

**Strain** 1. तनाव, खिचाव; 2. कसकर तानना; 3. पूरी शक्ति लगाकर सुनना; 4. से अत्यधिक काम लेना 5. खींचकर अर्थ लगाना; 6. क्षति पहुँचाना; 7. घनघोर परिश्रम करना; 8. घोर परिश्रम, प्रयास, विकृति, दबाब, माँग; **~ed** 1. कष्टकल्पित, 2. अस्वाभाविक, विकृत ।

**Stranded** 1. फँसा हुआ; 2. असहाय; 3. बिना सवारी के (without transport) ।**Strange** 1. अपरिचित; 2. विचित्र; 3. पराया; 4. अनूठा, निराला (unusual); 5. आश्चर्यजनक (surprising); 6. से अनभिज्ञ; **-r** 1.अजनबी, अपरिचित, 2. पराया, 3. विदेशी, 4. बाहरी व्यक्ति, 5. अतिथि ।

**Strap** 1. फीता, पट्टी; 2. तसमा; 3. तसमे से कसना ।

**Strata** 1. स्तर 2. संस्तर; **stratify** स्तरीकरण, स्तरण करना; **stratification** स्तरण, स्तर विन्यास; **stratified** श्रेणीबद्ध ।

**Strategy** 1. रणनीति, युद्ध कला; 2. कार्यनीति; 3. युद्ध कौशल; **strategic** 1. निर्णायक, महत्त्वपूर्ण; 2. सामरिक महत्त्व का; 3. अनुकूल; **-factor** -कारक ।

**Stream** 1. धारा, प्रवाह; 2. नदी; 3. बहाव (trend); 4. बहना, लहराना; **-ing** बहता, प्रवाही; **-let** नाला; **-line** सुप्रवाही बनाना, धारारेखा, कारगर बनाना; **-lined** सरल और कारगर ।

**Strength** 1. शक्ति; 2. संख्या; 3. मनोबल, चरित्रबल; 4. योग्यता, क्षमता; 5. दृढ़ता, मजबूती; **-en** मज़बूत करना, सशक्त बनाना, समर्थ/बलवान बनाना; **on the~of** के बल पर ।

**Strenuous** 1. श्रमसाध्य, कठोर (of work); 2. सख्त, कड़ा (of effort); 3. अनवरत; 4. कर्मठ, अध्यवसायी ।

**Stress** 1. जोर देना; 2. बल देना; 3. दबाव, बल, जोर; 4. कष्ट, विपत्ति; 5. महत्त्व (importance); **-ed** प्रतिबलित ।

**Strict** 1. कठोर, सख्त, कड़ा; 2. सुनिश्चित; 3. अतिनियमनिष्ठ; 4. पक्का; 5. यथातथ्य; **-ly** 1. कठोरता से, सख्ती से; 2. वास्तव में; **-ness** सख्ती, कठोरता ।

**Stricture** 1. अवक्षेप, निंदा, 2. कटु आलोचना (censure) ।

**Strike** 1. हड़ताल; 2. आघात करना; 3. हड़ताल करना, प्रहार करना; 4. मार (blow); 5. (आकस्मिक) सफलता; **striking** 1. हड़ताली, 2. प्रभावशाली, 3. असाधारण; **-r** 1. हड़ताली, 2. आघातक; **~breaker** ~भेदक/तोड़क; **illegal** ~अवैध हड़ताल; **~notice** हड़ताल सूचना ।

**Stringency** 1. तंगी; 2. कठोरता, कड़ापन; 3. अभाव (scarcity); 4. तर्कसंगति ।

**Stringer** फुटकर संवाददाता ।

**Strip** 1. पट्टी; 2. उतारना; 3. आवरण

हटाना; 4. नंगा करना, कपड़े उतारना; 5. (से) वंचित करना, छीनना (deprive of); 6. साज सामान निकालना; **-ped** नग्न, नग्नीकृत ।

**Strive** 1. प्रयास करना, मेहनत करना; 2. से संघर्ष करना; 3. से होड़ करना ।

**Strong** 1. मजबूत, बलवान, सुस्वस्थ, तेजस्वी; 2. कोष; 3. विशाल, प्रभावशाली, ओजस्वी; 4. टिकाऊ; 5. दृढ़, दृढ़निश्चय; 6. समर्थ, दमदार; **-ly** पूरी शक्ति से; **~hold** 1. किला, दुर्ग, 2. केंद्र; **~minded** दृढ़निश्चय;**~point** विशिष्टता; **~room** कोष कक्ष, टिकाऊ कक्ष।

**Structure** 1. संरचना, बनावट; 2. इमारत, वास्तु; **structural** 1. संरचनात्मक, 2. इमारती; **~engineer** ~अभियंता ।

**Struggle** 1. संघर्ष; 2. से संघर्ष करना; 3. हाथ-पैर मारना; 4. किसी तरह रास्ता निकालना, आगे बढ़ना ।

**Stubborn** 1. जिद्दी, हठी, अड़ियल; 2. अटल; **-ness** हठ, जिद ।

**Student** 1. विद्यार्थी, छात्र/छात्रा; 2. वृतिभोगी; 3. अध्येता (one who studies) **-ship** छात्रवृत्ति ।

**Studio** 1. स्टुडियो; 2. प्रसारकक्ष (रेडियो); 3. शिल्पशाला (कलाकार की); **~attendant** स्टुडियो परिचर; **~maintenance** ~अनुरक्षण ।

**Studious** 1. अध्ययनशील; 2. परिश्रमी, अध्यवसायी; 3. उत्सुक, इच्छुक (eager) ।

**Study** 1. अध्ययन, कार्य-अध्ययन, अनुशीलन; 2. अध्ययनार्थ, अध्ययन का विषय; 3. जाँच, परीक्षण, लक्ष्य (examination); 4. अध्ययन करना; 5. ध्यान से देखना/जाँच करना; 6. ध्यान रखना; **~allowance** अध्ययन भत्ता; **~board** अध्ययन्न बोर्ड; **course of** ~पाठ्यक्रम; **~leave** अध्ययन छुट्टी ।

**Stuff** 1. सामग्री, सामान, माल; 2. चीजें; 3. रद्दी माल, कूड़ा; 4. ठूसकर भरना, ठूसना; 5. ठगना; **-ed** भरा हुआ; **-ing** 1. भराई, 2. भरत, 3. मसाला; **-y** 1. दमघोटू, 2. घुटनभरा, रुष्ट ।

**Stupendous** 1. बृहत्, अतिविशाल; 2. विस्मयकारी, आश्चर्यजनक; 3. अत्यधिक; 4. बहुत बड़ा ।

**Style** 1. ढंग, तरीका, 2. शैली, रीति, रंगढंग; 3. अभिनाम, नाम (विधि); 4. विशेषता (distinction); 5. बनावट; 6. अभिकल्पना करना; **stylish** 1. बना-ठना; 2. सुरुचिपूर्ण; 3. फैशनेबुल; **stylist** 1. शैलीकार, 2. अभिकल्पक; **~labelling** लेबल स्टाइल ।

**Sub-** 1. उप-, अवर-; 2. छोटा, नायब; 3. अधः, अधो, अन्तः; 4. अव, अल्प (somewhat); 5. प्र (again); **~agent** उपाभिकर्ता (सब एजेंट); **~committee** उपसमिति; **~contract** उपठेका; **~district** उपजिला; **~division** 1. उपप्रभाग, 2. उपखंड 3. उपविभाजन; **~head** उपशीर्ष; **~judice** न्यायाधीन; **~lease** उपपट्टा; **~letting** दरकिरायेदारी, उपभाषा; **~paragraph** उपपैरा; **~rule** उपनियम; **~section** उपधारा; **~silentio** मौन रहते हुए **~soil** अवमृदा; **~standard** 1. घटिया; 2. अवमानक; **~work** उपनिर्माण कार्य ।

**Subject** 1. नागरिक, प्रजा; 2. विषय; 3. विषय-वस्तु (matter for any action of operation) 4. व्यक्ति; 5. अधीन करना; 6. का विषय बनाना, के प्रभाव में डालना; 7. अधीन, परतंत्र, पराधीन; **~s**

(pl) प्रजा; **~ive** 1. आत्मनिष्ठ, व्यक्तिपरक, व्यक्तिनिष्ठ, 2. अवास्तविक; **subjectivity** आत्मपरकता; **~matter** विषयवस्तु; **~to** 1. के अध्यधीन यह है कि, के अधीन रहते हुए, 2. बशर्ते कि ।

**Submission** 1. प्रस्तुतीकरण, पेशी, प्रस्तुत करना, भेजना; 2. अधीनता, परवशता; 3. निवेदन, निवेदन करना, निवेदित करना; 4. अधीनता स्वीकार करना; 5. समर्पित करना, समर्पण; 6. मान लेना, मानना (the act of agreeing) 7. आज्ञाकारिता (obedience); **~of tenders** निविदाओं का प्रस्तुत किया जाना; **~to the order** आदेश मानना ।

**Submissive** 1. विनीत, विनम्र; 2. दब्बू; 3. आज्ञाकारी (obedient); 4. वश्य ।

**Submit** 1. निवेदन करना, निवेदित करना; 2. प्रस्तुत करना, भेज देना, सुपुर्द करना; 3. समर्पण करना, (to surrender); 4. मान लेना, मानना (to agree); 5. झुक जाना, मान लेना (to yield) 6. अनुरोध करना (urge); **-ted** प्रस्तुत; **-for information** सूचनार्थ प्रस्तुत; **~the case** मामले को भेज देना; **~to arbitration** माध्यस्थम् के लिये सुपुर्द करना ।

**Subordinate** 1. अधीन, मातहत; 2. अधीनस्थ; 3. गौण, अप्रधान (a thing that is ranked lower); 4. आश्रित; 5. अधीनस्थ बनाना; 6. वश में रखना, दमन करना (subdue); **subordination** 1. अधीनता, अधीनस्थता, अधीनस्थ होना, 2. दमन, 3. अप्रधानता, गौणता; **~court** अधीनस्थ न्यायालय; **~office** ~कार्यालय; **~services** ~सेवायें; **~staff** ~कर्मचारीवर्ग/कर्मचारी ।

**Subscribe** 1. हस्ताक्षर करना, हस्ताक्षरित करना; 2. समर्थन करना, सहमत होना; 3. चंदा/शुल्क देना; 4. ग्राहक होना, ग्राहक बनाना; 5. प्रतिश्रुत करना (to make a signed promise of payment for); 6. जमा करना; **-d** 1. अभिदत्त, 2. प्रतिश्रुत (विधि); **-capital** -पूँजी; **-r** 1. अभिदाता, ग्राहक, हस्ताक्षरकर्ता, प्रतिश्रुत करने वाला, 2. चंदा देने वाला (अंश) दाता, 3. पूर्वक्रयी, (शेयर) ।

**Subsequent** 1. बाद का, उत्तरवर्ती, पश्चातवर्ती, पश्चात् का, पाश्चिक; 2. अनुवर्ती; 3. उत्तरभाष्य (विधि); **-ly** 1. बाद में, तत्पश्चात्, उसके बाद, 2. तदंतर; **~act** पश्चात्वर्ती अधिनियम; **~ action** उत्तरवर्ती/अनुवर्ती कार्रवाई; **~addition** पश्चात्वर्ती अभिवृद्धि; **~trial** ~विचारण; **~variation** ~फेरफार ।

**Subsidiary** 1. सहायक; 2. गौण, उप-; 3. समनुषंगी (विधि); 4. उपांग; 5. पूरक; (supple); 6. नियंत्रित (controlled); 7. सहायता, साधन; **~bank** समनुषंगी बैंक; **~bodies** 1. गौण संस्थाएँ, 2. सहायक संस्थाएँ; **~industry** उपांग उद्योग; **~mandate** सहायक अधिदेश; **~register** सहायक रजिष्टर; **~summaries** सहायक सारांश; **~work** समनुषंगी काम ।

**Subsidise or subsidize** 1. आर्थिक सहायता देना, 2. इमदाद देना; **-d** इमदादी, आर्थिक सहायताप्राप्त; **~company** सहायताप्राप्त कंपनी ।

**Subsidy** 1. सहायिकी, सहायकी; 2. आर्थिक सहायता, परिदान; **~scheme** सहायकी स्कीम ।

**Subsistence** 1. निर्वाह, जीवन-निर्वाह, जीविका, निर्वाह-भत्ता; 2. अस्तित्व; 3. भरण-पोषण; **subsisting** अस्तित्व

में बना रहना, विद्यमान; **subsistent** जीवित, अवस्थित; **~allowance** निर्वाह भत्ता; **~grant** ~अनुदान; **~money** निर्वाह भत्ता ।

**Substance** 1. सार, सारांश; 2. द्रव्य, पदार्थ; 3. उपादान (the material of which a body is formed) 4. तत्त्व; 5. तात्पर्य; 6. वास्तविकता; 7. ठोसपन (solidity); 8. दृढ़ता, योग्यता; **~of the order** आदेश का सार ।

**Substantial** 1. पर्याप्त, बहुत (considerable amount or quantity); 2. सारभूत, सारवान, पुष्ट, ठोस; 3. महत्त्वपूर्ण (important); 4. बड़ा, भारी, पर्याप्त; 5. मजबूत; 6. समृद्ध, सम्पन्न; 7. व्यावहारिक; **-ism** तत्त्ववाद; **-ity** वास्तविकता; **-ly** 1. सारभूत रूप में, सारतः, तत्त्वतः, 2. भरपूर (considerably); **~alteration** सारवान परिवर्तन; **~cause** सारवान हेतुक; **~compensation** पर्याप्त प्रतिकर; **~damage** पर्याप्त नुकसान; **~fall** बहुत कमी ।

**Substantive** 1. मूल; 2. मौलिक; 3. अधिष्ठायी (विधि); 4. मुख्य, पर्याप्त, काफी (considerable); 5. वास्तविक (actual); 6. सारवान (essential); **~pay** मूलपद वेतन; **~post** मूलपद, अधिष्ठायी पद; **~sentence** मुख्य दंडादेश ।

**Substitute** 1. एवजी, प्रतिस्थानी, प्रतिस्थायी, बदले में; 2. प्रतिस्थापित करना, प्रतिस्थापन करना, के स्थान पर रखना; 3. स्थानापन्न, एवजी, एवज; 4. अनुकल्प (thing); **-d** प्रतिस्थापित; **-order** प्रतिस्थापित आदेश; **substitution** 1. प्रतिस्थापन, के स्थान पर रखना, 2. स्थानापत्ति, 2. आदेश (व्याकरण); **~order** प्रतिस्थापन आदेश; **substitutive** स्थानापन्न ।

**Suburb** उपनगर; **-s** (pl) नगरपरिसर; **-an** 1. उपनगरीय, 2. संकीर्ण, 3. रूढ़िग्रस्त, 4. उपनगरवासी ।

**Subvention** 1. आर्थिक सहायता; 2. राजकीय सहायता/अनुदान ।

**Subversion** 1. ध्वंस, विनाश; 2. उच्छेदन; **subversive** 1. ध्वंसात्मक, विनाशक, 2. उच्छेदन, 3. क्रांतिकारी; **-activities** ध्वंसात्मक कार्य; **in~of** का ध्वंसक, के ध्वंसात्मक रूप से ।

**Succeeding** 1. अनुवर्ती, परवर्ती, बाद का; 2. उत्तरवर्ती, अगला; **~magistrate** उत्तरवर्ती मजिस्ट्रेट; **~previous year** उत्तरवर्ती पूर्व वर्ष; **~year** अगला वर्ष ।

**Successful** 1. सफल, फलीभूत, कामयाब; 2. दक्ष (having the desired effect or termination); 3. सम्पन्न (prosperous); 4. सौभाग्यशाली (fortunate); **~defence** सफलतापूर्वक प्रतिरक्षा; **~tenderer** सफल टेंडरदाता ।

**Succession** 1. उत्तराधिकार; 2. उत्तरवर्तन, अनुक्रमण; **-al** आनुक्रमिक; **~certificate** उत्तराधिकार प्रमाणपत्र; **~perpetual** ~शाश्वत उत्तराधिकार; **in~** 1. लगातार, उत्तरोत्तर; 2. अनुक्रम, सिलसिला; 3. राज्यारोहण; 4. उत्तराधिकार ।

**Successive** 1. उत्तरोत्तर, क्रमशः; 2. आनुक्रमिक; **-ly** अनुक्रमशः, एक के बाद दूसरा, लगातार, क्रमशः; **~claims** उत्तरोत्तर दावे, बाद में किए जाने वाले दावे; **~debts** आनुक्रमिक ऋण; **~interests** क्रमवर्ती हित; **~session** क्रमवर्ती सत्र ।

**Successor** 1. उत्तराधिकारी; 2. उत्तरवर्ती;

~**in office** पद उत्तरवर्ती, पद में उत्तरवर्ती; ~**in title** हक उत्तराधिकारी, हक का उत्तराधिकारी ।

**Succour** 1. सहायता, मदद; 2. सहायता प्रदान करना (संकट में); **-less** असहाय ।

**Sue** 1. मुकदमा चलाना, वाद चलाना, वाद लाना; 2. से अनुनय-विनय करना; 3. निवेदन करना; ~**for damages** नुकसानी का वाद लाना ।

**Suffer** 1. पीड़ित होना, ग्रस्त होना, कष्ट पाना; 2. सहना, सहन करना; 3. होने देना, होना, भोगना; 4. को क्षति पहुँचना; 5. हानि उठाना; **-able** सहनीय; **-ed** सहन की गई, मुक्त की गई, होने दिया गया; **-er** दुःख या हानि उठाने वाला व्यक्ति, रोगी; **-ing** 1. कष्ट, पीड़ा, दर्द; 2. दुःखभोग, 3. वेदना, व्यथा; 4. क्षति, हानि; ~**an accident** दुर्घटना होना; ~**death** मृत्यु होना; ~**imprisonment** कारावास भोगना ।

**Sufficient** 1. पर्याप्त, यथेष्ट; 2. काफी; **-ly** से पर्याप्त, पर्याप्त, पर्याप्त मात्रा में; ~**amends** पर्याप्त अभितुष्टि; ~**authority** पर्याप्त प्राधिकार ।

**Suffix** 1. अंत में जोड़ना, प्रत्यय लगाना; 2. अनुयोजन ।

**Suffrage** 1. मताधिकार; 2. मत (vote); 3. निवेदन; **-tte** नारी-मताधिकार का समर्थन करने वाली महिला ।

**Suggestion** 1. सुझाव; 2. प्रस्ताव; 3. संकेत, ध्वनि; 4. सम्मोहन; ~**book** सुझाव पुस्तक; **false ~** असत्य का सुझाव ।

**Suggestive** 1. सांकेतिक, अर्थगर्भित; 2. व्यंजनात्मक, अभिव्यंजक ।

**Suicide** 1. आत्महत्या, आत्मघात; 2. आत्मघातक ।

**Suit**[1] 1. दावा, मुकदमा; 2. वाद, नालिश; 3. याचना; **-or** वादकर्ता; ~**clerk** वादलिपिक; **civil** ~दीवानी मुकदमा; **criminal** ~फौजदारी मुकदमा; ~**valuation** वाद मूल्यांकन ।

**Suit**[2] 1. उपयुक्त होना, उपयुक्त बनाना, अनुकूल बनाना; 2. सुविधाजनक होना, संतुष्ट होना; 3. जँचना; 4. ठीक बैठना; 5. उचित होना, शोभा देना; 6. संतोष देना, संतोषजनक होना; **-able** 1. उपयुक्त, अनुकूल, 2. उचित, 3. सुविधाजनक; **-ed** 1. उपयुक्त, 2. योग्य (qualified) ।

**Suitable** 1. उपयुक्त, यथोचित, अनुकूल; 2. उचित (becoming); 3. सुविधाजनक; **suitability** उपयुक्तता, यथोचितता, यथौचित्य; ~**discipline** यथोचित अनुशासन; ~**gate** यथोचित फाटक; ~**provision** उपयुक्त उपबंध, उपयुक्त व्यवस्था ।

**Sum** 1. योगफल, जोड़; 2. राशि, रकम, धनराशि; 3. सारांश, निष्कर्ष (gist); 4. समष्टि (totality); ~**contributed** अभिदत्त रकम; ~**refundable** प्रतिदेय राशि; ~**total** कुल जोड़; ~**up** 1. संक्षिप्त विवरण देना, 2. जोड़ लगाना, 3. समझ लेना; ~**and substance** संक्षेप और सार ।

**Summary** 1. सारांश, सार, संक्षेप, संक्षिप्त विवरण; 2. सरसरी; 3. संक्षेप में, संक्षेपतः संक्षिप्त; **summarily** सरसरी तौर पर, संक्षेपतः, ढंग से; ~**assessment** संक्षिप्त निर्धारण; ~**delivery** संक्षिप्त परिदान; ~**trial** संक्षिप्त विचारण; ~**way** संक्षेपतः ।

**Summing** एकत्र करना; ~**up** 1. उपसंहार; 2. समहार; 3. विचार मूल्यांकन; ~**his case** अपने मामले का उपसंहार करना,

(अपना पक्ष सम अप करना) ।

**Summit** 1. शिखर, चोटी; 2. पराकाष्ठा, चरम विन्दु; **~conference** शिखर सम्मेलन; **~meeting** शीर्ष सम्मेलन; **at the ~** शिखरस्थ ।

**Summon** 1. आह्वान करना, आहूत करना; 2. समन करना, बुलाना; 3. का आह्वान करना; **~s (pl)** 1. समन, 2. बुलावा, 3. सम्मन जारी करना; **-ed** आहूत, समन किया गया; **-ing** समन करना; **~the witness** साक्षी को समन/आहूत करना; **~up** बटोरना ।

**Sumptuary** 1. सत्कार; 2. व्यय-, व्यय संबंधी; **~allowance** ~भत्ता ।

**Sundry** 1. फुटकर, विविध; 2. नाना, नानाविध, प्रकीर्ण; **~article** विविध चीजें; **~creditors** विविध लेनदार; **~receipts** विविध प्राप्तियाँ; **~rules** विविध नियम; **~rulings** विविध विनिर्णय; **each and~** प्रत्येक ।

**Suo motu** 1 स्वप्रेरणा; 2. स्वप्रेरणा से ।

**Superannuation** 1. अधिवर्षिता, पेंशन, अधिवार्षिकी; 2. सेवानिवृत्ति; 3. बुढ़ापा; **age of ~** अधिवार्षिता की आयु; **~allowance** ~भत्ता; **~benefit** ~प्रसुविधा; **~fund** ~निधि ।

**Superficial** 1. ऊपरी, उपरिष्ट, बाहरी; 2. सतही, अल्पज्ञ, पल्लवग्राही; 3. सरसरी; 4. पृष्ठीय; **-ity** 1. सतहीपन, 2. पल्लवग्राहिता; **~contents** उपरिष्ठ वस्तुएं ।

**Superfluous** 1. अतिरिक्त, फालतू, अतिशय; 2. अनावश्यक ।

**Superimpose** अध्यारोपण करना; **superimposition** अध्यारोपण ।

**Superintendence** 1. अधीक्षण; 2. संचालन, प्रबंध, व्यवस्था; 3. निगरानी, देखरेख; **superintendent** अधीक्षक; **-of police** पुलिस अधीक्षक; **-of post office** डाकघर अधीक्षक ।

**Superior** 1. वरिष्ठ (higher in rank or dignity); 2. उच्च, उच्चतर, प्रवर; 3. महत्तर, श्रेष्ठ; 4. उत्कृष्ट, उत्तम; 5. ऊर्ध्व (high); 6. से बड़ा; 7. के परे, के ऊपर; **~ity** वरिष्ठता, उच्चता, दंभ; **-complex** श्रेष्ठता मनोग्रंथि; **~force** महत्तर शक्ति; **~officer** वरिष्ठ अधिकारी ।

**Supernumerary** 1. अधिसंख्य, अधिक; 2. अनावश्यक, फालतू व्यक्ति; 3. अतिरिक्त (extra); **~post** अधिसंख्य पद ।

**Superscribe** 1. ऊपर लिखना, उपरिलेखन; 2. अंकित करना; 3. उत्कीर्ण करना ।

**Superscription** 1. पता; 2. सरनामा; 3. उपरिलेख, अभिलेख ।

**Supersede** 1. अधिक्रमण करना; 2. के स्थान पर काम करना; 3. पुराना कर देना (make obsolete); 4. हटा देना; 5. के स्थान पर दूसरे को नियुक्त करना; **-d** अधिक्रांत, अतिष्ठित (set aside, replaced by) ।

**Supersession** 1. अधिक्रमण 2. प्रतिस्थापन; 3. बरखास्तगी (dismissal) ।

**Superstructure** 1. अधिरचना; 2. उपरी ढाँचा ।

**Super-tax** अधिकर ।

**Supertime** अतिकाल; **~scale** अतिकाल वेतनमान ।

**Supervise** 1. पर्यवेक्षण करना; 2. निरीक्षण करना; 3. देखरेख करना; 4. संचालन करना; **supervising** पर्यवेक्षण; **supervision** पर्यवेक्षण, देखरेख; **supervisor** पर्यवेक्षक, निरीक्षक ।

**Supervisory** 1. पर्यवेक्षी; 2. निरीक्षणात्मक;

~charge पर्यवेक्षण कार्यभार; ~staff पर्यवेक्षी कर्मचारीवर्ग ।

**Supplement** 1. पूरक, अनुपूरक (विधि); 2. परिशिष्ट; 3. जोड़ना, जोड़ देना; 4. संपूरण करना; -al 1. अनुपूरक, संपूरक; 2. अतिरिक्त; ~ing अनुपूरक ।

**Supplementary** 1. अनुपूरक; 2. संपूरक; ~audit अनुपूरक लेखा परीक्षा; ~budget ~बजट; ~cost ~लागत; ~demand ~माँग; ~grant ~अनुदान; ~powers अनुपूरक शक्तियाँ; ~provisions ~उपबंध; ~question ~प्रश्न ।

**Supply** 1. पूर्ति, प्रदाय, आपूर्ति, सप्लाई; 2. प्रदाय करना, पूर्ति करना; 3. संभरण करना, उपलब्ध करना; 4. की कमी पूरी करना; supplies (pl) प्रदाय, रसद, खाद्य सामग्री; supplier प्रदायक, पूर्तिकार, संभरक; ~department पूर्ति विभाग; ~officer पूर्ति अधिकारी ।

**Support** 1. समर्थन, समर्थन करना; 2. आलंब लगाना, आलंब (to prop up); 3. संभाल, संभालना, का पूरा निर्वाह करना; 4. भरणपोषण करना, रोटी-कपड़ा देना; 5. बरदाश्त करना, सहना (endure); 6. की पुष्टि करना; 7. अवलंब, सहारा, आश्रय, सहायता; 8. जीविका, भरण-पोषण; -able सहनीय; -er समर्थक, हिमायती; -ing समर्थक; ~vouchers समर्थक वाउचर; ~price समर्थित कीमत ।

**Suppress** 1. दबाना; 2. दमन करना, निग्रह करना; 3. छिपाना (to hold back, especially from publication); 4. उन्मूलन करना, समाप्त करना (abolish); 5. प्रतिबंध लगाना, रोक लगाना; -ed निरुद्ध; suppression दमन, दबाकर दमन, प्रतिबंध, निषेध; -ive दमनात्मक, निषेधात्मक; -or 1. दमनक, उन्मूलक; 2. निरोधी; ~a riot दंगे को दबाना ।

**Supremacy** 1. सर्वोच्चता, पराकाष्ठा, प्रधानता; 2. परमाधिकार, प्रभुत्व (power) ।

**Supreme** 1. सर्वोच्च, उच्चतम, सर्वोत्कृष्ट; 2. परम, चरम; 3. अंतिम; (final); -ly अत्यधिक; ~authority परम सत्ता; ~being परमात्मा; ~court उच्चतम न्यायालय ।

**Surcharge** 1. अधिभार; 2. अधिभारित करना, अधिभार डालना; 3. अधिशुल्क; -d अधिभारित ।

**Surety** 1. जमानत, प्रतिभूति; 2. प्रतिभू, जामिन; 3. निश्चय, असंदिग्धता (certainty); ~bond प्रतिभूति बंधपत्र ।

**Surface** 1. ऊपरी; 2. जलस्थल, सतही, भूपृष्ठ; 3. फलक, तल (face); 4. सतह (liquid); 5. बाह्य रूप; 6. उतराना, ऊपर आना, ऊपर लाना; 7. चौरस बना देना; ~inspection ऊपरी निरीक्षण; ~route जलस्थल मार्ग; ~soil सतही मिट्टी; ~water भूपृष्ठ जल ।

**Surname** 1. कुलनाम, उपनाम; 2. उपनाम रखना ।

**Surpass** 1. मात कर देना, से आगे बढ़ना; 2. के परे होना; 3. (से) श्रेष्ठ होना; -ing अद्वितीय, सर्वोत्तम ।

**Surplus** 1. अधिशेष; 2. फालतू, अतिरिक्त, फिजूल (superfluous); 3. बचत; 4. रोकड़ बाकी; ~budget बचत का बजट; ~collection अधिशेष संग्रहण; ~report अधिशेष रिपोर्ट; ~staff फालतू कर्मचारी; ~stores अधिशेष स्टोर ।

**Surprise** 1. आकस्मिक, (आक्रमण/आगमन); 2. अचरज, विस्मय; 3. अप्रत्याशित घटना; 4. अचानक; 5. चकित करना, आश्चर्यचकित कर

देना; 6. अचानक हमले द्वारा जीतना; 7. अचानक पहुँच कर चौंका देना; **-d** चकित, विस्मित, भौचक्का; **surprising** 1. आश्चर्यजनक, निराला, 2. असाधारण; **~check** ~जाँच; **~visit** ~निरीक्षण; **by** ~बिना जाने, अचानक ।

**Surrender** 1. अभ्यर्पण; 2. अभ्यर्पित करना, के हवाले कर देना; 3. आत्मसर्मपण करना, झुक जाना; 4. छोड़ देना, त्याग देना; 5. से अभिभूत हो जाना, बह जाना; **-s** (pl) 1. अभ्यर्पित राशियाँ; **-ed** अभ्यर्पित; **~of lease** पट्टे का अभ्यर्पण; **~value** अभ्यर्पण मूल्य; **voluntary** ~स्वेच्छया अभ्यर्पण ।

**Surroundings** 1. परिवेश; 2. पासपड़ोस; 3. परिस्थिति, वातावरण ।

**Surtax** 1. अतिकर; 2. अतिरिक्त अतिकर लगाना; **~payable** संदेय अतिकर ।

**Surveillance** निगरानी; **~controller** निगरानी नियंत्रक ।

**Survey** 1.सर्वेक्षण, पर्यवेक्षण; 2. पर्यवलोकन करना; 3. भूमापन; 4. भूमापन करना; **-or** सर्वेक्षक; **~assistant** सर्वेक्षण सहायक; **~number** सर्वेक्षण संख्यांक; **~report** ~रिपोर्ट ।

**Survival** 1. उत्तरजीवित; 2. अवशेष (remainder) ।

**Survive** 1. जीवित रहना; 2. बचा रहना; 3. उत्तरजीवी होना; 4. के बाद तक जीवित रहना; 5. से जीवित बचना, से बच जाना; **surviving** 1. अवशिष्ट, 2. उत्तरजीवी; **survivor** उत्तरजीवी; **-ship** उत्तरजीविता ।

**Susceptibility** 1. आग्रहिता; 2. भावना; 3. भावप्रवणता, भावुकता; **susceptibilities** (pl) भावनाएँ ।

**Suspect** 1. संदिग्ध व्यक्ति; 2. संदेह करना; 3. समझना (imagine) सोचना; 4. संदिग्ध, संदेहास्पद; **-ed** संदिग्ध; **-character** संदिग्ध प्रकृति ।

**Suspend** 1. निलंबित करना, निलंबन करना; 2. मुअत्तल करना; 3. लटकाना; 4. आस्थगित करना, स्थगित करना; 5. बंद करना; **-ed** निलंबित, प्रलंबित, स्थगित, कार्यवंचित; **-ers** 1. गेटिस, 2. गेलिस ।

**Suspense** 1. उचंत; 2. असमंजस; 3. अधिकार स्थगन; **~account** ~खाता; **~slip** उचंत पर्ची ।

**Suspension** 1. निलंबन, मुअत्तली; 2. स्थगन; **~bridge** झूला पुल; **~from duty** कर्तव्य से निलंबन; **~of firms** फर्मों का निलंबन ।

**Suspicion** 1. संशय, संदेह; 2. शंका, शुबहा ।

**Sustained** 1. लगातार, दीर्घीकृत, लंबा; 2. अविरत, सतत, अखंड (uninterrupted); **~attention** अविरत ध्यानअवधान; **~damage** हुआ नुकसान ।

**Swear** 1. शपथ लेना; 2. शपथ ग्रहण करना; 3. दृढ़तापूर्वक कहना; 4. से कसम खाना; **-er** शपथकर्ता; **-ing** शपथ ग्रहण; **~at** कोसना; **~by** की शपथ लेना ।

**Syllabus** 1. पाठ्य विवरण; 2. संक्षेप, खुलासा; 3. सूची; **~of studies** अध्ययन का पाठ्य विवरण ।

**Symbol** 1. प्रतीक, संकेत, चिह्न; 2. धर्मसार; **-ic** प्रतीकात्मक; **-ism** 1. प्रतीकवाद, 2. प्रतीकार्थ; 3. प्रतीक प्रयोग; **-istic** प्रतीकवादी ।

**Symmetry** 1. समरूपता, सुडौलपन; 2. सममिति; 3. संतुलन ।

**Sympathy** 1. समवेदना; 2. सहानुभूति; 3. सहयोग प्रवृत्ति; 4. मेल, सामंजस्य, संगति; 5. अनुनादन; **sympathetic** 1. सहानुभूतिशील, सहृदय, 2. सहानुभूतिपूर्ण, 3. आकर्षक, मर्मस्पर्शी; 4. अनुनादी (appealing) ।

**Symposium** 1. परिसंवाद, विचारगोष्ठी; 2. निबंध संग्रह (collection) ।

**Symptom** 1. लक्षण, चिह्न, आसार; 2. रोग लक्षण; **-atic** रोगसूचक लक्षण ।

**Synchronise** 1. साथ-साथ होना; 2. साथ-साथ घटना; 3. एक ही समय घटित होना; 4. समय मिलाना/मिला लेना (घड़ी); 5. समकालिक तालिका बनाना; **-r** तुल्यकालक ।

**Syndicate** 1. सिंडिकेट; 2. अभिषद, व्यवसाय संघ; 3. संघ बनाना; **-d** संबद्ध; **-operation** ~कार्यवाही/कार्रवाई ।

**Synopsis** 1. विषय-संक्षेप, सारसंक्षेप; 2. रूपरेखा, सारांश; 3. सिंहावलोकन ।

**Synthesis** संश्लेषण; **synthesist** संश्लेषक; **synthetic** संश्लिष्ट ।

**System** 1. तंत्र 2. पद्धति, प्रणाली; 3. निकाय; 4. वाद, दर्शन; 5. सिद्धांत, मत; 6. ढंग, तरीका; 7. योजना (plan); 8. क्रम, व्यवस्था, वर्गीकरण; **~ of accounts** लेखा प्रणाली; **flat ~**अनुप्रस्थ फाइलकारी पद्धति; **vertical filing ~** खड़ी फाइलकारी पद्धति, खड़ी मिसिलबंदी पद्धति ।

**Systematic** 1. व्यवस्थित/क्रमबद्ध; 2. आयोजित, योजनाबद्ध; 3. जानबूझकर किया गया; 4. नियमित (regular); 5. तरीके से काम करने वाला; 6. वर्गीकृत; **-ally** तरीके से, सुव्यवस्थित रूप से, नियमित रूप से; **-s** वर्गीकरण विज्ञान; **~work** ~कार्य ।

# T

**Table** 1. तालिका, सारणी, सूची; 2. पटल; 3. मेज; 4. सारणीबद्ध करना, सूची में रखना; 5. फलक, पट्ट; **~of the House** 1. सभापटल, 2. सदन पटल; **~talk** गपशप; **turn the ~** पासा पलट देना, लेने के देने पड़ जाना ।

**Tableau** 1. झाँकी, नाटकीय दृश्य; 2. चित्र, सजीव चित्र ।

**Tabular** 1. सारणीबद्ध, तालिकाबद्ध; 2. सारणिक; 3. सपाट (flat); **~form** सारणीबद्धरूप; **~sales book** ~विक्रय बही; **~statement** ~विवरण ।

**Tabulate** 1. सारणीबद्ध करना; 2. तालिकाबद्ध करना; 3. सपाट; 4. सपाट बना देना; 5. स्तरित; **-d** सारणीबद्ध; **tabulating** सारणी, सारणित्र (machine); **-appliance** सारणी उपयंत्र; **tabulation** 1. सारणीयन, 2. सारणी बनाना; **tabulator** 1. सारणीतंत्र, 2. सारणीकार ।

**Tackle** 1. निपटना, निपटाना; 2. सुलझाना; 3. टेकिल (टेकल); 4. हाथ में लेना, में जुट जाना; 5. सामना करना; 6. बाँधना, पकड़ना ।

**Tact** 1. चातुर्य, चतुराई; 2. युक्ति; 3. कार्यकौशल, व्यवहारकौशल; **-ful** 1. चातुर्यपूर्ण, चतुर, 2. व्यवहारकुशल, कार्यकुशल; **-ical** 1. युक्तिक 2. निपुण कुशल; **-less** 1.चातुर्यहीन, अचतुर, अभद्र; 2. अव्यावहारिक, अप्रिय ।

**Tag** 1. टैग, पट्टी; 2. नत्थी करना, जोड़ना, बाँधना; 3. लटकन, टँगनी; 4. घिसापिटा उद्धरण; 5. नारा; 6. भरतवाक्य; **~along** का साथ देना, के पीछे चलना; **~on** जोड़ लेना ।

**Talented** 1. प्रतिभाशाली, प्रतिभासम्पन्न; 2. सक्षम, प्रवीण ।

**Tally** 1. गिनती, संख्या; 2. मिलान करना; 3. मेल खाना, के अनुरूप होना; 4. हिसाब, लेखा; 5. प्रतिरूप, प्रतिलिपि; 6. हिसाब में दर्ज करना (record); **-ing** मिलान करना; **~card** मिलान कार्ड; **~clerk** मिलान लिपिक **~system** उधार खाता ।

**Tamper** 1. हेरफेर करना, बेइमानी से बदल लेना; 2. तोड़ना; 3. बिगाड़ना; 4. में हस्तक्षेप करना; 5. मिला लेना, से साठगाँठ करना; **-ing** 1. हेरफेर करना, गड़बड़ करना; 2. तोड़ना (साक्ष्य को); 3. बिगाड़ना; **~with** 1. हस्तक्षेप करना; 2. गड़बड़ करना; 3. बिगाड़ना ।

**Tangible** 1. मूर्त, साकार, वास्तविक, ठोस; 2. सुनिश्चित (definite) 3. स्पर्शनीय (touchable); **~asset** मूर्त परिसंपत्ति/आस्तियाँ; **~securities** ~प्रतिभूतियाँ ।

**Tape** 1. फीता, टेप, पट्टी; 2. माप पट्टी; 3. अभिलेखन करना; **taping** 1. टैप करना (फोन), 2. निकालना; **~library** टेप संग्रहालय; **~recording** फीता

अभिलेखित्र; **to have a person taped** किसी की थाह लेना, कूतना ।

**Tardy** 1. सुस्त, आलसी; 2. धीमा, मंद; 3. अनिच्छुक (reluctant); 4. विलंबित; **tardiness** 1. आलस्य, 2. शिथिलता ।

**Tare** 1. टेयर; 2. खाली गाड़ी का भार, धड़ा; 3. तौल, वजन; 4. आधेयतुला ।

**Target** 1. लक्ष्य, निशाना; 2. चाँद (shooting); 3. लक्ष्यांक; 4. ढाल (shield); **~area** लक्ष्य-क्षेत्र; **~practice** चाँदमारी, निशाना लगाने का अभ्यास करना ।

**Tariff** 1. दर सूची; 2. प्रशुल्क, टैरिफ; 3. शुल्कसूची में रखना; 4. शुल्क, सीमा-शुल्क; **~board** टैरिफ बोर्ड; **~valuation** प्रशुल्क मूल्यांकन; **~wage** नियत कार्यमजदूरी ।

**Tarnish** 1. मलिन करना, बदरंग कर देना; 2. धूमिल करना; 3. बदरंग; 4. धब्बा, बट्टा ।

**Task** 1. काम, कार्य; 2. कठिन काम; 3. नियत कार्य; 4. भार डालना/सौंपना; **~force** कार्यदल, कृतिक बल विधि); **~master** कठोर अधिकारी; **~wage** नियत कार्य मजदूरी; **~work** 1. उजरती, 2. नियत कार्य; **take to** ~डाँटना, खबर लेना, आड़े हाथों लेना ।

**Tax** 1. कर, टैक्स, महसूल; 2. विनिर्धारित करना; 3. भार (burden); 4. भार डालना; **-able** करयोग्य, कराधेय; **income** -आय-; **-ation** 1. कर लगाना, कराधान, 2. विनिर्धारण; **~assessor** कर-निर्धारक; **~evasion** कर-अपवंचन; **~free** करमुक्त; **~payer** करदाता; **~sharing** कर सहभाजन ।

**Teacher** 1. अध्यापक, शिक्षक; 2. आचार्य; **modelling** ~प्रतिरूपण~; **pupil~** छात्राध्यापक ।

**Team** 1. टीम; 2. सहयोग; 3. दल, टोली, जोड़ी; 4. मिलकर काम करना; **~spirit** टीम/सहयोग भावना; **~work** टीम कार्य, सामूहिक कार्य ।

**Tear gas** 1. अश्रु-गैस, आँसू गैस ।

**Technical** 1. टेकनीकल, तकनीकी, प्राविधिक; 2. शिल्पिक, यांत्रिक; 3. पारिभाषिक; 4. शास्त्रीय; **-ity** 1. प्राविधिकता, 2. बारीकी; **~advice** तकनीकी सलाह; **~data** ~आधार सामग्री/आँकड़े; **~qualification** ~योग्यता/अर्हता; **~term** पारिभाषिक शब्द, तकनीकी शब्द; **~training** तकनीकी प्रशिक्षण ।

**Technician** 1. तकनीशियन; 2. प्रविधिज्ञ; 3. तकनीकविद्, तकनीकी ।

**Technique** 1. तकनीक; 2. प्रविधि; 3. निपुणता (expertness); 4. कार्य प्रणाली, प्रक्रिया; 5. ढंग, तरीका, शैली ।

**Techno-** 1. टेक्नो-; 2. तकनीकी-; 3. प्रविधि-; 4. प्रौद्योगिक; **-cracy** प्रविधितंत्र; **-crat** प्रविधितंत्री; **-economic** तकनीकी आर्थिक; **-logical** प्रौद्योगिक; **-logist** प्रौद्योगिकीविद्; **-logy** प्रौद्योगिकी ।

**Telegram** तार, टेलीग्राम; **code** ~कोड तार; **cypher** ~बीज लेखतार; **en clair** ~शब्दबद्ध तार ।

**Telegraphy** 1. तार संचार, टेलीग्राफी; **telegraphic address** तार पता; **telegraphist** तार संकेतक ।

**Telephone** 1. टेलीफोन, दूरभाष; 2. फ़ोन करना; **telephonic** दूरभाषिक; **~attendant** दूरभाष परिचर; **~exchange** ~केंद्र; **~operator** ~ आपरेटर/प्रचालक ।

**Teleprinter** 1. दूरमुद्रक, टेलीप्रिंटर; 2. तारलेखी; **~message** दूरमुद्रक संदेश;

~operator ~प्रचालक; ~supervisor ~पर्यवेक्षक ।

**Television** दूरदर्शन, टेलीविजन; **~centre** ~केंद्र; **~training** ~प्रशिक्षण ।

**Teller** 1. गणक, 2. मतगणक ।

**Temper** 1. मिज़ाज, स्वभाव, मनोदशा; 2. चिढ़, खीज; 3. क्रोध, गुस्सा; 4. गुस्सा करना; **~ament** स्वभाव, प्रकृति, मिजाज; **-al** तुनकमिजाज, स्वभावगत; **lose one's temper** ताव खाना, लाल पीला होना; **control one's temper** गुस्सा न करना ।

**Temperature** 1. तापमान, 2. तापक्रम; 3. बुखार होना ।

**Tempo** 1. गति, तेजी, रफ्तार; 2. टेम्पो; 3. ताल; 4. शैली (style) ।

**Temporal** 1. कालिक, सांसारिक; 2. ऐहिक (विधि); 3. अल्पकालिक, अस्थायी; 4. कालवाची; **-ity** 1. अल्पकालिकता; 2. धनसंपत्ति; **-ly** अस्थायी रूप से; **~nature** ऐहिक रूप, ऐहिक प्रकृति ।

**Temporary** 1. अस्थायी, अल्पकालिक; 2. अंतरिम, कच्चा; 3. कामचलाऊ; 4. अस्थायी (कर्मचारी); **temporarily** अस्थायी रूप से; **temporariness** अस्थायित्व; **~advance** ~अग्रिम; **~appointment** ~नियुक्ति; **~commission** ~कमीशन; **purely** ~बिल्कुल अस्थायी; **~shelter** अस्थायी आश्रय ।

**Temptation** 1. परीक्षण (act); 2. लोभ, मोह, लालच; 3. प्रलोभन (thing that tempts) ।

**Tenable** 1. तर्कसंगत, युक्तियुक्त; 2. मान्य; 3. रक्षणीय; **tenability** तर्कसंगति ।

**Tenacity** 1. लगन, अध्यवसाय; 2. दृढ़ता; 3. दुराग्रह, हठ; 4. तीक्ष्णता ।

**Tenant** 1. काश्तकार, आसामी, पट्टेधारी, अभिधारी; 2. किराएदार; 3. काश्तकार/किराएदार होना; 4. पदाधिकारी; 5. दखलकार, अधिभोक्ता; 6. भूस्वामी; 7. दखलदार होना; **-able** पट्टे पर देने योग्य; **-ed** पट्टे पर दिया हुआ; **tenancy** 1. किरायेदारी, 2. काश्तकारी; **~less** खाली; **~ry** 1. काश्तकार, 2. किरायेदार; **~for life** आजीवन अभिधारी; **~in common** सामान्यिक अभिधारी ।

**Tendency** 1. प्रवृत्ति, रुझान; 2. झुकाव ।

**Tender** 1. टेंडर, निविदा; 2. टेंडर देना; 3. कोमल, सुकुमार; 4. दिया जाना (give, present); 5. पेश करना (present); 6. परिचारक; **-able** निविदान योग्य; **-ed** निविदत्त; **-er** टेंडरदाता, निविदाकार; **~ing** निविदा करना; **~ness** कोमलता, सुकुमारता; **~Box** निविदा पेटी; **~money** ~रकम; **~notices** ~नोटिस/सूचना; **~sample** ~नमूना; **~system** ठेका पद्धति; **~proof** सबूत देना ।

**Tenement** 1. कोठरी, (चाल की) कोठरी; 2. वासगृह; 3. मकान, जमीन, भूमि; **~s** (pl) वासगृह; **~house** चाल ।

**Tenet** 1. नियम; 2. (कार्मिक) सिद्धांत, मत ।

**Tensile** 1. तनाव; 2. तनन; **tensility** तन्यता; **~test** ~परीक्षण ।

**Tension** 1. तनाव; 2. तनन; 3. प्रयास (effort); 4. बेचैनी (uneasiness); 5. दबाव (stress); **-al** तनावमूलक ।

**Tentative** 1. अनंतिम; 2. अस्थायी, परीक्षात्मक; 3. प्रायोगिक, प्रयोगात्मक; 4. खबरदार, सतर्क; 5. संकोचपूर्ण; 6. प्रयोग, सुझाव; **-ly** 1. प्रयोग के रूप में, 2. तत्काल के लिए, 3. अनन्तिम

रुप से; **~standard** अनन्तिम मानक ।

**Tenure** 1. पट्टा, भूधृति, काश्तकारी; 2. अवधि, कार्यकाल, सेवाधृति (time of holding); 3. पदावधि (period of office); **~basis** सेवाधृति के आधार पर; **~holder** भूधृतिधारक; **~of land** पट्टेदारी भूधृति; **~of office** पदावधि; **~of post** पदावधि, कार्यकाल; **~of work** ठेका अवधि; **~post** सावधिक पद, सेवा की अवधि ।

**Term** 1. शब्द, पद; 2. अवधि, मियाद, सूत्र; 3. निबंधन (limiting condition); 4. नियत तिथि; **~loan** आवधिक कर्ज; **~of office** पदावधि; **technical ~**पारिभाषिक शब्द, तकनीकी शब्द ।

**Terminable** 1. समाप्य, समापनीय; 2. पर्यवसेय, सावधि (limited); **terminability** समाप्यता; **~annuity** पर्यवसेय वार्षिकी; **~charges** ~प्रभार ।

**Terminal** 1. आवधिक; 2. अंतिम, सेवांत, अन्त्य; 3. अग्रस्थ, सिरे का 4. सीमावर्ती; **~arbitration** अंतिम विवाचन; **~benefits** सेवांत प्रसुविधाएँ; **~charges** चुंगी; **~tax** सीमाकर; **~threshold** अंतस्थ देहली ।

**Termination** 1. समाप्ति, समाप्त होना, समापन; 2. पर्यवसान, अवसान, अंत (end); 3. खत्म होना; 4. अंत, उपसंहार (conclusion); 5. सीमा (limit); **~notice** समाप्ति सूचना; **~of service** सेवा समाप्ति; **~of time** समय का पर्यवसान; **~ of transit** अभिवहन की समाप्ति ।

**Terminology** 1. शब्दावली; 2. पारिभाषिक शब्दावली; 3. पारिभाषिकी (विज्ञान) ।

**Terminus** 1. अंतिम स्थान; 2. टर्मिनस; 3. लक्ष्य (goal) **~ad quem** लक्ष्य बिन्दु; **~a quo** 1. आरंभ बिन्दु, 2. आरंभस्थल (place of beginning) ।

**Terms** 1. शर्तें; 2.निर्बंधन; 3. संबंध (relationship); 4. भाषाशैली/शब्दावली; **~ and conditions** निर्बंधन और शर्तें; **~ of delivery** परिदान/माल देने की शर्तें; **~ of reference** विचारार्थ विषय; **~ of service** नौकरी की शर्तें, सेवा-शर्त; **~ of trade** व्यापार की शर्तें; **come to ~** समझौता करना, झुक जाना; **bring to ~** समझौते के लिए विवश करना, शर्तें मानने के लिए मजबूर कर देना; **make ~** समझौता करना ।

**Territorial** 1. प्रादेशिक; 2. राज्यक्षेत्रीय; 3. क्षेत्रीय; **~application** राज्यक्षेत्र को लागू होना; **~army** प्रादेशिक सेना; **~divisions** ~खंड; **~limits** राज्यक्षेत्रीय सीमाएँ; **~waters** जल-सीमा ।

**Territory** 1. राज्यक्षेत्र; 2. प्रदेश; 3. क्षेत्र (area, sphere); **~of India** भारत का राज्यक्षेत्र ।

**Terror** 1. आतंक, संत्रास; 2. उपद्रवी; **~ism** आतंकवाद; **-ist** आतंकवादी; **-istic** आतंकवादी; **~ize** आतंकित करना; **~struck** आतंकित ।

**Test** 1. जाँच; 2. परख, परीक्षण; 3. परीक्षण करना, परीक्षा लेना; 4. जाँच करना; 5. कसौटी, मापदंड; 6. के लिए भार स्वरूप होना; **-able** परीक्षणीय; **-ed** परीक्षित; **-er** परीक्षक; **-ing** परीक्षण; **~report** जाँच रिपोर्ट; **~audit** सांकेतिक संपरीक्षा; **~certificate** परीक्षण प्रमाणपत्र; **~charge** परीक्षण खर्च; **~check** नमूना परीक्षण; **~clerk** परीक्षण क्लर्क; **~paper** परीक्षण-पत्र; **~tube** परखनली ।

**Testament** 1. वसीयत, इच्छापत्र (will);

2. विधान; **~ary** वसीयती; **~document** वसीयती दस्तावेज (will); **new ~**नव विधान; **old ~**पूर्व विधान ।

**Testify** 1. प्रमाणित करना; 2. साक्ष्य देना; 3. विश्वास प्रकट करना; **testification** 1. साक्ष्य देना, 2. साक्ष्य; **testifier** साक्षी, गवाह ।

**Testimonial** 1. शंसा पत्र; 2. सिफारिशी पत्र, प्रमाण पत्र; 3. उपहार, भेंट, थैली-भेंट (gift) ।

**Testimony** 1. साक्ष्य, परिसाक्ष्य; 2. प्रमाण, सबूत (proof); 3. कथन (statement); 4. शब्द प्रमाण (तर्कशास्त्र) ।

**Text** 1. मज़मून, विषय; 2. कलेवर; 3. मूलपाठ, पाठ; 4. शास्त्र वाक्य; 5. उद्धरण, अवतरण (quotation); **authoritative ~** प्राधिकृत पाठ; **~book** पाठ्य पुस्तक; **-committee** -समिति; **original ~** मूल पाठ ।

**Texture** 1. बनावट; 2. रचना, संरचना, गठन; 3. स्वभाव, प्रकृति ।

**Thank** 1. धन्यवाद, कृतज्ञता; 2. धन्यवाद देना; 3. कृतज्ञता प्रकट करना; **-s**(pl) 1. धन्यवाद, 2. कृतज्ञता; **-ful** कृतज्ञ; **-less** 1. कृतघ्न, 2. व्यर्थ, बेकार, 3. अप्रिय, 4. उपेक्षित; **-job** धन्यवादहीन कार्य; **-task** वह काम जिसकी कोई कद्र न हो ।

**Theatre** 1. नाट्यशाला, नाट्यगृह, रंगशाला; 2. कक्ष; 3. क्षेत्र, घटनास्थल, कार्यक्षेत्र; **theatrical** 1. नाटकीय, 2. प्रभावशाली; कृत्रिम; **~attendant** ~परिचर; **~supervisor** ~पर्यवेक्षक ।

**Theme** 1. विषयवस्तु, मूल विषय; 2. निबंध; **~song** विषय-धुन (संगीत), संकेत-धुन(आकाशवाणी) ।

**Thesis** 1. स्थापना, दावा, धारणा; 2. शोध प्रबंध; 3. विषय; 4. अभिधारणा (postulate) ।

**Third** 1. तृतीय, तीसरा; 2. इतर; **~class** घटिया; **~degree** उत्पीड़न; **~party** 1. तृतीय पक्ष, अन्य पक्ष, तृतीय पक्षकार, 2. पर-व्यक्ति, अन्य व्यक्ति; **~person** 1. अन्य व्यक्ति, 2. तृतीय/तीसरा व्यक्ति; **~rate** घटिया; **~state** इतर राज्य ।

**Thorough** 1. संपूर्ण, पूरा, पक्का; 2. सम्यक्, ठीक-ठीक; 3. श्रमसाध्य; 4. अध्यवसायी; **-ly** पूर्णतया, पूर्ण रूप से; **-ness** संपूर्णता, पक्कापन; **~fare** आम रास्ता; **~going** 1. पक्का, 2. कट्टर ।

**Thoughtful** 1. विचारशील; 2. विचारमग्न, ध्यानमग्न; 3. सहृदय; 4. मौलिक, विचारपूर्ण ।

**Threat** 1. आशंका, खतरा, खटका; 2. धमकी; **-en** धमकी देना, धमकाना, डराना-धमकाना; **-ened** संकट में; **-ening** धमकाने वाला, अशुभ, धमकीभरा ।

**Thrift** 1. मितव्यय, कमखर्ची; 2. किफ़ायत; **~less** अपव्ययी; **-lessness** अपव्यय; **-y** 1. मितव्ययी, किफ़ायती, 2. फलता-फूलता ।

**Through** 1. सीधा, पारगामी, आरपार; 2. द्वारा, (के) माध्यम से; 3. में से, में होकर; 4. के द्वारा, के अंत तक, के ज़रिये; 5. के आरपार, के बाहर; 6. के कारण; 7. शुरु से अंत तक, आद्योपांत; **~proper channel** उचित माध्यम से, उचित प्रणाली से; **~rate** पारगामी रेट; **~train** सीधी गाड़ी; **~and ~** पूर्णतया; **pass ~** पार करना ।

**Thumb** 1. अँगूठा; 2. मैला करना; 3. (अँगूठे से) इशारा करना; **~im-**

pression अँगूठा निशान/चिह्न; ~index पार्श्व अनुक्रम; ~sketch लघुचित्र (थांबनेलस्केच); under person's ~मुट्ठी में, काबू में; ~one's nose at अँगूठा/ठेंगा दिखाना; the pricking of one's thumb आँख फड़कना; ~all फूहड़, भौंडा; ~up बहुत अच्छे ! सब ठीक है !

**Thumping** 1. भारी, अच्छा खासा; 2. प्रचंड; 3. बहुत बड़ा, बढ़ा-चढ़ा; **~majority** भारी/प्रचंड बहुमत ।

**Tick** 1. टिक; 2. चिह्नित करना; **on the ~**समय पर, एन वक्त पर; **to~ someone off** डाँट-डपट करना; **to go on ~**उधार पर रहना ।

**Ticket** 1. टिकट; 2. लेबिल/लेबुल, लेबिल लगाना; **~counter** टिकट काउंटर; **~inspector** ~निरीक्षक; **~office** ~घर; **~printer** ~मुद्रक; **that's the ticket** यही तो चाहिए था ।

**Tie** 1. गाँठ; 2. बराबरी (खेल); 3. बाँधना; 4. टाई; **~s** (pl) बंधन, संबंध; **-d** बंधा हुआ; **~in** सम्बद्ध; **~up** बाँधना, रोकना, प्रतिबंध लगाना; **~some one's tongue** मुँह/जबान बंद करना ।

**Tier** 1. टीयर; 2. स्तर, पंक्ति, कतार; 3. पंक्ति पर पंक्ति रखना; 4. ऊपर तले रखना ।

**Till** 1. जोतना; 2. जोत, गल्ला; 3. दराज, गोलक; **-age** 1. जोत, 2. जुताई; **-er** जोतने वाला ।

**Tilt** 1. झुकाव, नति; 2. बितान, चँदवा; 3. आक्षेप, आलोचना; 4. पर आक्षेप करना, आलोचना करना; **at full ~**पूरी ताकत से, सरपट, जोरशोर से ।

**Time** 1. समय, काल; 2. समय चुनना; 3. समय निश्चित करना; **-d** नियतकालिक; **timing** 1. समय 2. समय निर्धारण; **~ly** 1. ठीक समय पर, यथासमय; 2. समय से पहले; 3. समयोचित; **~barred** कालातीत; **~bound** समयबद्ध; **~deposit** मियादी जमा, आवधिक जमा; **~keeper** टाइम कीपर; **~limit** समय-सीमा, कालावधि; **~recording** समय लेखी; **~scale** समय-मान, कालमान, कालवेतनमान; **~schedule** समय अनुसूची, समयबद्ध (कार्यक्रम); **~server** अवसरवादी, मौकापरस्त; **~study** समय अध्ययन; 3. **~table** समय सारणी; **~to time** समय-समय पर; **born before one's ~** जमाने से आगे होना; **~of one's life** खूब मजे करना; **to know the~o' day** चुस्त; **~to go in** अपने लाभ के लिये मामला लटकाना; **in good ~** समय पर, समय से पहले; **in no ~** तुरंत, झटपट, फौरन; **in~** 1. समय पर, 2. आखिरकार, 3. ताल के अनुसार; **on ~**1. समय पर, 2. समय समय पर; **out of~**असमय, बेमौके ।

**Tip** 1. संकेत, युक्ति, सुझाव; 2. बख्शीश, इनाम; 3. अग्र, अग्रभाग, नोक, सिरा; 4. हलका, धक्का; 5. तिरछा होना, उलटना, उडेलना; **-ped** अग्ररंजित (रसायन); **-ping** अग्रण; **~top** बना-ठना, बढ़िया; **miss one's ~**उद्देश्य में असफल होना; **~one the wink** आँख से इशारा करना; **~off** पुलिस के छापे की पहले से सूचना देना ।

**Title** 1. शीर्षक, सिरनामा; 2. खिताब, पदवी, उपाधि, अभिधान; 3. हक़, दावा, अधिकार; 4. अभिनाम (honour, distinction); 5. स्वत्व, स्वामित्व; **-d** अभिजात;

titling शीर्षक अंकन; ~deed हक विलेख; official ~ पदाभिधान; ~page मुखपृष्ठ; short ~ संक्षिप्त नाम ।

**To** 1. सेवा में, (पत्राचार में); 2. को, की ओर, के लिए; 3. पास, ठीक-ठाक; 4. के अनुसार, तक, पर्यन्त; **~and fro** इधर से उधर और उधर से इधर, आगे-पीछे; **~another** अन्य को ।

**Toilet** 1. प्रसाधन, शृंगार; 2. शौचालय; 3. पहनावा, वेशभूषा; **-ing** प्रसाधन; **-te** प्रसाधन, अलंकृत वेशभूषा; **~goods** प्रसाधन सामग्री; **~preparation** प्रसाधन निर्मितियाँ; **~set** शृंगारदान ।

**Token** 1. टोकन, संकेत; 2. सांकेतिक, प्रतीकात्मक; 3. स्मृति चिह्न, निशानी; 4. नाममात्र का (nominal); 5. अपर्याप्त, हलका; 6. प्रमाण (proof); **~damages** नाममात्र की नुकसानी; **~grant** प्रतीक अनुदान; **~money** प्रतीक मुद्रा; **~strike** सांकेतिक हड़ताल ।

**Top** 1. शीर्ष, शिखर, शीर्षभाग; 2. सिरा; 3. उच्चतम, सर्वश्रेष्ठ; 4. सर्वप्रथम होना; 5. से ऊँचा होना; 6. ऊपरी तह, ऊपर की परत, फलक; 7. पराकाष्ठा, चरम, परम तीव्रता; **~dog** विजेता, मालिक, स्वामी; **~mast** मस्तूल शीर्ष; **~most** सर्वोच्च; **~priority** परम अग्रता, सर्वोच्च प्राथमिकता; **~secret** परम गुप्त; **at the ~** चोटी पर; **come to the ~** नाम पैदा करना, पदवी पाना; **blow one's ~** पागल हो जाना; **~one's part** खूब निभाना ।

**Torture** 1. यातना, यंत्रणा, संताप; 2. तोड़ मरोड़ कर नया अर्थ निकालना; 3. यंत्रण देना, यातना देना; **torturous** संतापी, दुःखदायी; **-r** संतापक, उत्पीड़क ।

**Total** 1. जोड़, योग; 2. समग्र, कुल; 3. कुल जोड़ लगाना; 4. पूरा-पूरा, संपूर्ण, सारा; 5. निरा, नितांत (absolute); **-ity** संपूर्णता, समग्रता; **-ly** पूर्णतः; **~asset** कुल परिसंपत्ति; **grand ~**सर्वयोग, कुल जोड़; **~income** कुल आय; **~period** कुल कालावधि; **~revenue** कुल संप्राप्ति/ राजस्व ।

**Tour** 1. दौरा; 2. पर्यटन, यात्रा; 3. सैर, भ्रमण; 4. दौर; **-ism** पर्यटन; **-ist** पर्यटक; **~diary** दौरा डायरी; **~programme** दौरा-कार्यक्रम; **~report** दौरा रिपोर्ट ।

**Traffic** 1. यातायात; 2. दुर्व्यापार (illegal business); 3. बेचना, सौदा करना; **coaching ~** कोचिंग यातायात; **~manager** यातायात प्रबंधक; **~police** ~पुलिस; **~signs** ~संकेत; **~on** से अनुचित लाभ उठाना ।

**Train** 1. सिखाना, शिक्षा देना; 2. प्रशिक्षण देना; 3. अभ्यास कराना; 4. सधाना; 5. अनुवर्धन करना; 6. गाड़ी, ट्रेन, पंक्ति, कारवाँ; 7. ताँता, सिलसिला, अनुक्रम; 8. धारा, सिलसिला; **-able** प्रशिक्षणीय; **-ed** प्रशिक्षित; **-ee** प्रशिक्षार्थी; **-er** प्रशिक्षक; **-ing** प्रशिक्षण ।

**Traitor** 1. गद्दार; 2. देशद्रोही; 3. विश्वासघाती; **-ous** 1. गद्दारीयुक्त, बेईमान, 2. विश्वासघातात्मक; **-practice** -आचार ।

**Tranquillity** प्रशांति; **public ~** लोक प्रशांति ।

**Transaction** 1. संचालन, संपादन; 2. संव्यवहार (विधि); 3. सौदा, लेनदेन; 4. मामला; **-s** (pl) कार्यविवरण; **~ of business** कारोबार का संचालन, कार्य करना ।

**Transcribe** 1. प्रतिलेखन करना, अनुलिपि करना; 2. नकल तैयार करना; 3. लिख लेना, चढ़ा लेना, उतारना; 4. अभिलेखन करना (rocord); **-d** उतार लिया गया; **-r** प्रतिलेखक, लिप्यंतरकार; **transcribing** प्रतिलेखन; **-machine** -मशीन, प्रतिलेखित्र ।

**Transcription** 1. अनुलेखन, प्रतिलिपि; 2. लिप्यंतरण; 3. प्रतिलेखन, अनुलिपिकरण ।

**Transfer** 1. तबादला, स्थानान्तरण, बदली; 2. अंतरण, हस्तांतरण; 3. बदली करना, बदली होना; 4. अंतरण करना; 5. स्थानान्तरण करना; 6. दूसरे के नाम लिखवाना, सौंपना; **-able** अंतरणीय; **-goods** -वस्तुएँ; **-ee** अंतरिती; **book** ~बही अंतरण; **conditional ~** सशर्त अंतरण; **~entry** अंतरण प्रविष्टि; **~memo** स्थानांतरण ज्ञापन; **~order** स्थानांतरण आदेश ।

**Transform** 1. रूपांतरण करना, परिवर्तित करना; 2. कायापलट करना; 3. स्वरुप बदल देना, परिवर्तन करना; 4. रूपांतरण, रूपांतर, परिवर्तन; 5. कायापलट; **-able** परिवर्तनीय, रूपांतरणीय; **-ation** 1. रूपांतरण, रूपांतर, रूपपरिवर्तन; 2. कायापलट; 3. रचनान्तरण; 4. दृश्य परिवर्तन; **-er** परिणायित्र, ट्रान्सफार्मर ।

**Transhipment** 1. यानांतरण, पोतातंरण, 2. नौकातंरण ।

**Transit** 1. संक्रमण; 2. पारगम, पारगमन; 3. पारवहन; 4. अभिवहन (विधि); 5. मार्ग (route); **-ion** 1. संक्रमण; 2. परिवर्तन; 3. पारगमन; **-ional** 1. संक्रमणकालीन; 2. परिवर्ती; 3. अंतर्वर्ती; **~duty** संक्रमण शुल्क; **~pass** पारगमन पास; **~visa** पारगमन वीजा; **in ~** मार्गस्थ ।

**Translation** 1. अनुवाद; 2. भाषांतरण; **kindly translate** भई, सीधी-सादी भाषा में समझा दो ।

**Transliteration** 1. लिप्यतंरण; 2. लिप्यंतरण करना ।

**Transmission** 1. पारेषण (डाकतार); 2. प्रसारण; 3. पारेषित करना; 4. संचरण; 5. पारण, पारगमन; **~executive** प्रसारण कार्यपालक; **~officer** ~अधिकारी; **~station** ~केंद्र ।

**Transmitter** 1. ट्रांसमीटर; 2. संचारी, प्रसारी; 3. प्रेषित्र ।

**Transport** 1. परिवहन, अभिगमन, सवारी, वाहन; 2. यातायात; 3. ले जाना, वहन करना; **-able** परिवहनीय; **-ation** 1. परिवहन, 2. निर्वासन, 3. वाहन; **~ed** वाहित; **~er** 1. वाहक, 2. वाहक पट्टी; **~assistant** परिवहन सहायक; **~system** ~व्यवस्था; **~vehicle** ~यान ।

**Transposition** 1. उलटना, पक्षांतरण; 2. पक्षांतरण करना; 3. स्थिति अंतरण; 4. क्रम परिवर्तन ।

**Trap** 1. फंदा, पाश, जाल; 2. फँसाना; 3. शिकार पिंजरा (cage); 4. रोकना, रोक रखना; 5. जाल/फंदा लगाना; **to walk straight into the ~** फंदे में फँसना ।

**Travel** 1. यात्रा, सफ़र, सैर, पर्यटन; 2. यात्रा करना; 3. व्यापार यात्रा करना; 4. आगे बढ़ना; 5. पर विचार करना (of mind); 6. भ्रमण करना; **-led** बहुत घूमा हुआ; **-ler** 1. यात्री, 2. पर्यटक, 3. व्यापार-यात्री; **-tale** -गप्प; **-ling** यात्रा, 2. चल-; **-allowance** -भत्ता; **-bill** -बिल; **-concession** -रियायत; **~agent** यात्रा

अभिकर्ता; **~document** ~दस्तावेज ।

**Tray** 1. ट्रे; 2. किश्ती ।

**Treachery** 1. विश्वासघात; 2. बेईमानी; 3. कपट, धोखेबाजी; **treacherous** 1. विश्वासघाती, 2. बेईमान; **-ly** विश्वासघातपूर्वक ।

**Treason** 1. राजद्रोह, देशद्रोह; 2. विश्वासघात, बेईमानी; **-able** देशद्रोहात्मक; **high ~** घनघोर देशद्रोह ।

**Treasure** 1. खजाना, कोष; 2. निधि (anything much valued); 3. गुप्त निधि; 4. संचित करना; 5. बहुमूल्य समझना; **-r** कोषाध्यक्ष, खजांची; **~house** खजाना, भंडार ।

**Treasury** 1. खजाना, कोष, राजकोष; 2. सत्ता (सरकार); 3. भंडार; **~accounts** खजाना लेखे; **~balance** राजकोष शेष; **~bench** सत्तापक्ष, मंत्री पीठ; **~deposit** खजाना जमा; **~receipt** ~रसीद ।

**Treat** 1. व्यवहार करना, पेश करना; 2. मानना; 3. उपचार करना, चिकित्सा करना; 4. संसाधित करना; 5. पर विचार-विमर्श करना; 6. प्रतिपादन करना; 7. मनोरंजन, सैर, दावत; **-ed** अभिक्रियित, उपचारित; **-ing** 1. सत्कार; 2. मानना; 3. अभिक्रियाचयन करना; **-ment** 1. व्यवहार, निरुपण; 2. चिकित्सा, उपचार; 3. विवेचन, निरूपण, 4. अभिक्रिया ।

**Treaty** 1. संधि, संधिपत्र; 2. समझौता; 3. व्यापार-वार्ता; **~obligations** संधि-बाध्यताएँ ।

**Trend** 1. प्रवृत्ति, झुकाव; 2. रुख; 3. तात्पर्य, अभिप्राय, (general purport); 4. की ओर अभिमुख होना; 5. का झुकाव होना; **~of thought** विचारधारा ।

**Trespass** 1. अतिचार, अतिक्रमण; 2. अतिचार करना; 3. अनधिकार हस्तक्षेप करना (encroach); 4. अतिक्रमण करना; 5. अपराध करना; **~er** अतिक्रामक, अपराधी, अतिचारी; **criminal ~** आपराधिक अतिचार; **house ~**गृह-अतिचार; **~on** से अनुचित लाभ उठाना; **~one's preserves** ~टाँग अड़ाना ।

**Trial** 1. विचारण, मुकदमा; 2. जाँच, परीक्षा; 3. परख/परीक्षण; 4. प्रयत्न; 5. मुसीबत (nuisance); 6. तकलीफ (hardship); **~and error** प्रयत्न-त्रुटि; **~balance** शेष परीक्षण, कच्चा चिट्ठा; **~period** परख/परीक्षण काल; **on a~** विचारण में; **, on his ~** अपने विचारण में ।

**Tribal** 1. जनजाति, कबीला; 2. जनजातीय, कबीली; **-ism** जनजातीय संगठन; **~area** ~क्षेत्र; **~development** ~विकास; **~welfare** ~कल्याण ।

**Tribe** 1. जनजाति, आदिमजाति; 2. वंश, कुल, जाति; 3. उपकुल; 4. समुदाय ।

**Tribunal** 1. अधिकरण, न्यायाधिकरण; 2. अदालत; **~of Arbitration** माध्यस्थम् अधिकरण ।

**Tribute** 1. श्रद्धांजलि, प्रशंसा (praise); 2. सम्मान, उपहार, भेंट (gift); 3. शुल्क; 4. अंशदान, योगदान; **as a ~** सम्मान स्वरूप ।

**Triennial** त्रैवार्षिक ।

**Trilingual** 1. त्रिभाषा; 2. त्रैभाषिक; **~formula** ~सूत्र ।

**Trim** 1. काट-छाँट; 2. काट-छाँट करना, सँवारना, छाँटना; 3. सुव्यवस्था; 4. सुव्यवस्थित; 5. ठीक-ठाक करना,

सूक्ष्म समंजन; 6. साफ-सुथरा (neat); -**ming** 1. काट-छाँट, समकर्तन, छाँटना, 2. सजावट; -**s** (pl)1. सामान, उपकरण; 2. कतरन ।

**Trip** 1. भ्रमण, यात्रा, आमोद-यात्रा, सैर; 2. फेरा; 3. भूल, चूक, गलती; 4. लड़खड़ाहट; 5. उठान, खोलना, भूल करना, भूल पकड़ना ।

**Tripartite** 1. त्रिपक्षीय, त्रिदलीय; 2. त्रिभागी; **~conference** ~सम्मेलन; **~partition** त्रिविभाजन ।

**Triple** 1. तेहरा, तिगुना, त्रिगुण; 2. त्रिपक्षीय; 3. त्रिविध; 4. त्रि—; 5. तिगुना करना ।

**Triplicate** 1. तृतीयक; 2. तीसरी प्रति; 3. तिहरा, तेहरा; 4. तीन प्रतियाँ तैयार करना ।

**Troop** 1. टोली, दल; 2. सैन्यदल; 3. मंडली; 4. दल बाँधकर चलना; 5. भीड़; -**s** (pl) फौज ।

**Trophy** 1. ट्राफी; 2. वैजयंती, विजयचिह्न; 3. विजयोपहार, पुरस्कार (prize); 4. निशानी (memento) ।

**Troupe** 1. मंडली, 2. दल ।

**Truce** 1. युद्धविराम संधि; 2. विराम (cessation); 3. राहत, आराम (from pain); 4. अवहार (विधि) ।

**True** 1. सही, विशुद्ध, सच्चा, शुद्ध, सच; 2. अकृत्रिम, निष्कपट; 3. वास्तविक, ठीक; 4. ठीक करना; 5. ईमानदार (honest); **truly** सही तौर पर; -**ness** सत्यता; **~account** 1. सच्चा लेखा, 2. सही वृतांत; **~born** औरस; **~copy** सही प्रतिलिपि; **~disclosure** सत्य प्रकटन; **~discount** असल बट्टा; **~owner** वास्तविक स्वामी; **~translation** ठीक अनुवाद; **~verdict** सच्चा अधिमत ।

**Trust** 1. विश्वास, भरोसा, विश्वसनीयता, आस्था; 2. न्यास, ट्रस्ट; 3. दायित्व, जिम्मा (responsibility); 4. आशा, आसरा (reliance); 5. कर्तव्य (duty); 6. विश्वास करना, पर आस्था रखना, भरोसा रखना; -**ee** न्यासी (ट्रस्टी); -**ful** विश्वासी, विश्वस्त; **~funds** न्यास निधि; **~money** ~धन; **~property** ~सम्पत्ति; **~worthy** 1. विश्वसनीय, 2. भरोसे का, 3. ईमानदार, 4. सही, ठीक; **in ~** न्यासतः, न्यास के रूप में ।

**Tubewell** 1. नलकूप, 2. ट्यूबवेल; **~operator** ~चालक ।

**Tug of war** रस्साकशी ।

**Tuition** 1. शिक्षा, अध्यापन; 2. शिक्षा देना; 3. शिक्षा-शुल्क; 4. शिक्षण, अनुशिक्षण; **~fee** शिक्षा शुल्क ।

**Tunnel** 1. सुरंग; 2. सुरंग बनाना; 3. रास्ता बना लेना ।

**Turnout** 1. उपस्थिति; 2. उत्पाद; 3. सज्जा; 4. निकालना, निकाल बाहर करना; 5. उलटना (pockets); 6. बंद करना (put out); 7. सुसज्जित करना; 8. बन जाना (become) ।

**Turnover** 1. आवर्त, आवर्तन; 2. कुल बिक्री; 3.पण्यावर्त, व्यापारावर्त; 4. हेरफेर, उलटना; 5. निर्गत उत्पाद; 6. उलटा करना, लुप्त करना; 7. पर विचार करना; 8. हस्तांतरित करना, बदल देना ।

**Turpitude** 1. अधमता, भ्रष्टता, नीचता; 2. चरित्रहीनता; **moral ~** नैतिक अधमता ।

**Tutelage** 1. संरक्षण; 2. अभिभावकत्व; 3. प्रतिपाल्यता (condition of ward) ।

**Tutor** 1. अनुशिक्षक, शिक्षक, ट्यूटर;

2. अभिभावक; 3. शिक्षा देना, सिखलाना; 4. डाँटना; **-ial** शिक्षकीय; **-classes** अनुवर्ग ।

**Type** 1. प्रारूप; 2. टाइप, छापा, मुद्रलेख; 3. टंकित/टाइप करना; 4. का वर्गीकरण करना; 5. किस्म, प्रकार; 6. जाति (species); 7. नमूना, निदर्श (specimen); 8. प्रतीक (symbol); 9. अनोखा व्यक्ति; **typing** टाइपिंग, टंकण; **-pool** -कक्ष/पूल; **typist** टाइपिस्ट; **~script** टंकित प्रति; **~setter** कंपोजिटर; **~writer** टाइपराइटर; **~writing** टंकण (टाइपराइटिंग) ।

**Typical** 1. प्ररूपी, प्रारूपिक; 2. प्रतिरूपी; 3. विशिष्ट, ठेठ, विशेषतासूचक; 4. प्रतीकात्मक; 5. प्रतिनिधि (representative) ।

**Typographical** 1. मुद्रण, टंकण; 2. मुद्रण संबंधी; **~error** ~भूल ।

# U

**Ulterior** 1. गूढ़, गुप्त, अंतरस्थ; 2. परतर (विधि), बाद का, बाह्य, परोक्ष; 3. परला (on the farther side); 4. दूरस्थ (remote); **~motive** गूढ़ अभिप्राय, अंतरस्थ हेतु (विधि); **~transfer** परतर अंतरण ।

**Ultimate** 1. चरम, परम; 2. अंतिम, आखिरी; 3. मूलभूत; 4. निर्णायक; 5. अंतिम चरण; **-ly** अंततः, आखिरकार, अंत में, अंततोगत्वा; **~consignee** अंतिम माल पाने वाला (परेषिती); **~cost** अंतिम लागत; **~end** चरम साध्य; **~goal** अंतिम लक्ष्य; **~objective** अंतिम उद्देश्य; **~truth** परम सत्य ।

**Ultimatum** 1. अंतिम चेतावनी; 2. अंतिम-(प्रस्ताव); 3. मूल सिद्धांत ।

**Ultimo** गतमास का ।

**Ultra vires** 1. शक्ति बाह्य; 2. अधिकारातीत (beyond one's powers); अधिकार के परे ।

**Umpire** 1. निर्णेता, अम्पायर, रेफरी; 2. पंच, मध्यस्थ; 3. अधिनिर्णायक; 4. रेफरी होना ।

**Unaided** 1. असहायताप्राप्त, सहायता न पाने वाला; 2. अकेला ।

**Unanimity** 1. मतैक्य; 2. सर्वसम्मति, एकमत ।

**Unanimous** 1. एकमत; 2. सर्वसम्मत; **-ly** सर्वसम्मति से; **~decision** एकमत/सर्वसम्मत निर्णय ।

**Unassuming** 1. सीधासादा, सहज; 2. निरभिमान; 3. विनीत ।

**Unauthorised** 1. अप्राधिकृत; 2. अनधिकृत; **~absence** अनधिकृत अनुपस्थिति; **~act** अप्राधिकृत कार्य; **~aid** अनधिकृत सहायता ।

**Unavoidable** 1. अपरिहार्य; 2. अनिवार्य; 3. अपरिवर्जनीय; **unavoidably** अनिवार्यतः, अपरिहार्यतः; **~absence** अपरिवर्जनीय अनुपस्थिति; **~accident** ~दुर्घटना; **~circumstances** अपरिहार्य परिस्थितियाँ ।

**Unbalanced** असंतुलित; **~budget** ~बजट ।

**Unbecoming** 1. अशोभनीय, अनुचित; 2. अशोभन, भद्दा; 3. अनुपयुक्त ।

**Uncashed** 1. बिना भुना/भुनाया; 2. अभुक्त ।

**Uncertain** 1. अनिश्चित; 2. ढुलमुल, अदृढ़; 3. डावाँडोल; 4. अस्थिर (not constant); **-ty** अनिश्चितता, अस्थिरता; **~nationality** अनिश्चित राष्ट्रिकता; **~principle** अनिश्चितता का सिद्धांत ।

**Unclaimed** 1. लावारिस; 2. बेदावा, अदावाकृत, दावा न किया गया; **~baggage** अदावाकृत सामान; **~consignment** लाबारिस माल; **~luggage** ~सामान ।

**Unclassified** अवर्गीकृत, अवर्गित; **~docu-**

**ment** अवर्गीकृत प्रलेख; **~items** ~मदें; **~receipt** ~प्राप्ति ।

**Uncommon** 1. असामान्य; 2. असाधारण ।

**Uncompromising** 1. मताग्रही, हठधर्मी, हठीला; 2. अटल, दृढ़प्रतिज्ञ (inflexible); **~opposition** दृढ़ विरोध ।

**Unconditioned** 1. खराब; 2. अप्रतिबंध; 3. परम, असीम; 4. सहज; 5. अस्वस्थ ।

**Unconditional** 1. बिना शर्त, अशर्त; 2. अप्रतिबंध; **-ly** बिना शर्त, अशर्त; **~contract** अशर्त संविदा ।

**Unconfirmed** 1. अपुष्ट; 2. अदृढ़ीकृत; **~report** ~समाचार/रिपोर्ट ।

**Unconstitutional** असांविधानिक, असंवैधानिक ।

**Uncontested** 1. निर्विरोध, अविरोध; **~election** अविरोध निर्वाचन ।

**Uncontrolled** 1. अनियंत्रित, बेरोक; 2. बेलगाम; 3. उच्छृंखल; **~crowd** ~भीड़ ।

**Uncorroborated** 1. अपुष्ट; 2. असंपुष्ट; **~testimony** असंपुष्ट परिसाक्ष्य ।

**Uncovered** 1. अपूरित; 2. उघाड़ा हुआ; 3. बिना ढक्कन का; **~demand** अपूरित माँग ।

**Undated** 1. अदिनांकित, दिनांकरहित; 2. लहरदार (wavy); **~document** दिनांक-रहित दस्तावेज ।

**Undefaced** अविरूपित ।

**Undependable** 1. निर्भर न रहने योग्य; 2. जिस पर निर्भर नहीं रहा जा सकता ।

**Under** 1. कम, न्यून, अल्प, अव (inadequate); 2. अधीन; 3. अवर-, उप-, निम्न- (subordinate); 4. अधः, अधो-, निम्न-, अव-; **~age** कम उम्र, वय से पहले (विधि); **~certificate of posting** डाक प्रमाणित; **~consideration** विचाराधीन; **~consumption** अल्पोपभोग; **~developed** अल्पविकसित; **~estimate** अव-आकलन, कम अनुमान; **~examination** परीक्षाधीन; **-lying** अन्तर्निहित; तह या मूल में विद्यमान; **~production** न्यूनोत्पादन; **~reference** प्रसंगाधीन; **-taking** उपक्रम; **-trial** 1. परखाधीन, 2. अभियोगाधीन; **~utilization** न्यून उपयोग; **~valuation** अल्प मूल्यांकन; **~weight** न्यून भार **~the counter** छिपा (सौदा) ।

**Undergraduate** पूर्वस्नातक ।

**Underground** 1. भूमिगत; 2. अंतर्भौम; 3. छिपे हुऐ लोग; 4. गुप्त, प्रच्छन्न; **~cable** भूमिगत केबल; **~railway** भूमिगत रेल; **~way** भूमिगत रास्ता/पथ ।

**Underhand** 1. प्रच्छन्न; 2. धूर्त, चालाक; 3. चोरी-छिपे ।

**Underlined** 1. रेखांकित; 2. पर बल देना; 3. अधोरेखा ।

**Undersigned** अधोहस्ताक्षरी ।

**Understanding** 1. समझदारी, समझ, समझने की शक्ति, बोध; 2. समझौता; 3. बात तय करके; 4. अनुकूल, उदार, हमदर्द; 5. ज्ञान (knowledge); 6. मेल-मिलाप (harmony); 7. सहानुभूति; **international** ~अंतरराष्ट्रीय सद्भावना ।

**Undertake** 1. वचन देना, वचनबद्ध, वचनबंध करना; 2. भार (जिम्मा) लेना; 3. विश्वास दिलाना, आश्वासन देना; 4. प्रारंभ करना; 5. में हाथ डालना; **undertaking** 1. वचन, वचनबंध,

परिवचन, 2. उपक्रम (enterprise), 3. व्यापरिक कार्य; -n भार अपने ऊपर ले लिया हो ।

**Undeserved** 1. अनर्जित; 2. अयोग्य, अनधिकारी; 3. अनर्ह; **~want** अनर्ह अभाव ।

**Undesirable** 1. अवांछनीय; 2. अप्रिय, अनिष्ट; 3. आपत्तिजनक; 4. गुंडा-बदमाश; **~element** ~तत्त्व; **~person** ~व्यक्ति; **~transaction** ~संव्यवहार ।

**Undignified** 1. अशोभनीय, अभद्र; 2. मर्यादाहीन ।

**Undisbursed** असंवितरित; **~balances** -शेष; **~loan** ~कर्ज ।

**Undisputed** 1. निर्विवाद; 2. अविवादित ।

**Undivided** 1. अविभाजित, अविभक्त; 2. पूरा, अखंड (whole); 3. अनबाँटा; **~estate** अविभक्त संपदा; **~family** अविभाजित कुटुंब/परिवार; **~loyalty** अविभक्त निष्ठा ।

**Undoubted** 1. निस्संदेह; 2. असंदिग्ध; **-ly** निस्संदेह, निश्चय ही, बेशक; **~credit** असंदिग्ध प्रत्यय ।

**Undue** 1.अनुचित; 2. असम्यक्; 3. अनावश्यक, बेहद, अत्यधिक; **~complexity** असम्यक् जटिलता; **~credit** अनुचित ऋण/क्रेडिट; **~delay** अनावश्यक विलम्ब/देरी; **~discrimination** अनुचित भेदभाव; **~influence** अनुचित प्रभाव; **~preference** असम्यक् अधिमान ।

**Unearth** 1. पता लगाना, खोज निकालना; 2. खोदकर निकालना; **~ly** अलौकिक, असाधारण ।

**Uneasy** 1. अशांत, आशंकित; 2. संकुचित, घबराया हुआ; 3. चिंतित; **uneasiness** भय, बेचैनी, संकोच ।

**Uneconomical** 1. अलाभकर, घाटे का; 2. अनार्थिक, अमितव्ययी; 3. महँगा, खर्चे का ।

**Unemployment** 1. बेरोजगारी; 2. बेकारी; **~insurance** बेकारी बीमा ।

**Uneven** 1. असम, खुरदरा; 2. असमतल, ऊँचा-नीचा; 3. अनियमित (irregular); 4. विषम (odd); 5. परिवर्तनीय; **~number** विषम संख्या ।

**Unexpected** 1. अप्रत्याशित; 2. अनपेक्षित; 3. अकल्पित; **-ly** अचानक, सहसा; **~delay** अप्रत्याशित विलंब; **~demand** -माँग ।

**Unexpired** 1. असमाप्त, अपर्यवसित; 2. अनवसित, अवसित नहीं होना; 3. शेष; 4. चालू; **~discount** अनवसित डिस्काउंट; **~portion** शेष भाग ।

**Unfair** 1. अनुचित; 2. अऋजु, नावाजिब; 3. पक्षपाती (partial); 4. प्रतिकूल; **~advantage** नावाजिब फायदा; **~means** अनुचित साधन; **~wage** ~मजदूरी ।

**Unfavourable** 1. प्रतिकूल; 2. अननुकूल, नकारात्मक, **~balance** ~शेष; **~change** ~विनिमय ।

**Unfit** 1. अयोग्य; 2. अनुपयुक्त; 3. अयोग्य हो जाना, अयोग्य कर देना (to make unfit); 4. अस्वस्थ; **-ted** अनुपयुक्त; **~ting** अनुचित; **~person** अनुपयुक्त व्यक्ति ।

**Unforeseen** 1. अनवेक्षित, अदृष्ट; 2. अपूर्वदृष्ट; 3. अप्रत्याशित; 4. आकस्मिक; **~act** अकल्पित कार्य; **~charges** अदृष्ट प्रभार; **~circumstances** अप्रत्याशित परिस्थितियाँ; **~emergency** अकल्पित आपात ।

**Unhappy** 1. दुःखी; 2. अप्रिय; 3. अभागा (unlucky); 4. असामयिक; **unhappily** दुर्भाग्यवश; **unhappiness** दुःख ।

**Unicameral** एकसदनी, एकसदनीय; **~legislature** ~विधानमंडल ।

**Unification** 1. एकीकरण; 2. एकता ।

**Unified** 1. एकीकृत, एक; 2. सम्मिलित; **~scale** ~वेतनमान ।

**Uniform** 1. एकरूप, एक समान, एकरूपात्मक, एक-सा; 2. वर्दी; 3. अचर (unvariable); 4. अपरिवर्ती; **~ity** एकरूपता, समानता; **~ly** समान रूप से, एकरूपता से, एक समान; **~basis** एकरूप आधार; **~number** एकसी संख्या; **~rate** एकरूप दर ।

**Unilateral** 1. एकपक्षीय, एकशाखीय; 2. एकतरफा; **-ly** एकपक्षीय रूप में; **~action** एकपक्षीय कार्रवाई; **~relief** एकपक्षीय राहत ।

**Uninterrupted** 1. अविच्छिन्न, अविरत; 2. निरन्तर; **-ly** लगातार, बराबर; **~service** अविच्छिन्न सेवा ।

**Uninvited** 1. अनिमंत्रित, बिना बुलाया; 2. बेमाँगा हुआ, बेमाँगा ।

**Union** 1. संघ; 2. एकता, मेल-मिलाप; 3. जोड़, योजक; 4. संयोजन, संयोग; 5. संयुक्ति; 6. यूनियन, सभा; **~ism** संघवाद; **-ist** ~संघवादी; **~cabinet** संघ का मंत्रिमंडल; **~list** संघीय सूची; **~parliament** संसद; **~territory** संघ राज्यक्षेत्र, संघशासित क्षेत्र ।

**Unique** 1. अनुपम, अपूर्व, लाजबाव; 2. अनन्य, विशिष्ट, अद्वितीय, बेजोड़; 3. अनोखा, निराला, अनूठा; **-ness** अनोखापन ।

**Unit** 1. यूनिट, इकाई; 2. मात्रक; 3. एकक; 4. टुकड़ी, दस्ता; **-able** संयोज्य; **~capital** यूनिट पूंजी; **~certificate** ~प्रमाणपत्र; **~holder** ~धारक ।

**Unitary** 1. ऐकिक; 2. एकात्मक; **~university** ऐकिक विश्वविद्यालय ।

**Unite** 1. संयोजित करना, एकत्र होना; 2. . जोड़; 3. जोड़ना; एक करना; 4. मिलना, मिलाना; 5. समझौता करना; **-d** 1. संयुक्त, सामूहिक, 2. सहमत, 3. संश्रित; **-Nations** संयुक्त राष्ट्र; **-ly** मिलकर ।

**Unity** 1. एकता, एकत्व; 2. मेलमिलाप; 3. इकाई; 4. सहयोग; 5. अन्विति (नाट्य शास्त्र) ।

**Universal** 1. सार्वभौम, सार्वदेशिक; 2. सार्वजनीन, सर्वव्यापी, सर्वव्यापक; 3. सार्वत्रिक; 4. सामान्य, विश्वजनीन; 5. संपूर्ण; 6. सर्वप्रयोजन (for all purposes); **-ism** सर्वभौमवाद, सर्वमुक्तिवाद; **-ity** सर्वव्यापकता, विश्वजनीनता; **-ization** सार्वजनीकरण, साधारणीकरण; **- of education** शिक्षा का सार्वजनीकरण; शिक्षा को सभी के लिए सुलभ बनाना; **-ly** 1. सर्वत्र, 2. सदा, 3. सर्वतः; **~application** सर्वव्यापी प्रयोग; **~donee** सर्वस्व आदाता ।

**University** विश्वविद्यालय; **affiliating ~** संबंधक~; **~court** ~कोर्ट; **~education** ~शिक्षा; **~grants** ~अनुदान ।

**Unjust** 1. अन्यायपूर्ण; 2. अन्यायी; 3. अनुचित; **-ified** अन्यायपूर्ण; **-ify** अनुचित ठहराना; **-ly** अन्याय से ।

**Unlawful** 1. विधिविरुद्ध, अवैध; 2. गैर-कानूनी; **~assembly** विधिविरुद्ध जमाव; **~detaining** ~निरोध; **~purpose**

~प्रयोजन ।

**Unlimited** 1. असीमित, असीम, अपरिसीमित; 2. अपार; **-ly** बिना सीमा के; **~liability** असीमित दायित्व; **~power** ~अधिकार/शक्ति ।

**Unlisted** 1. असूचीगत; 2. असूचीबद्ध ।

**Unload** 1. भार उतारना; 2. खुलकर प्रकट करना; 3. माल उतारना; 4. खाली करना; 5. बेच डालना; **-ed** उतारा गया; **-ing** भार उतारना, उतारना, उतराई ।

**Unmanageable** 1. अनियंत्रणीय, नियंत्रण के बाहर; 2. अपरिचालनीय, टेढ़ा; 3. असंचालनीय ।

**Unnatural** 1. अप्राकृतिक; 2. अस्वाभाविक; 3. कृत्रिम (artificial) 4. असाधारण; 5. अपसामान्य (abnormal); 6. विकराल; 7. लोकोत्तर; **~death** अप्राकृतिक मृत्यु, अपमृत्यु; **~offences** प्रकृति-विरुद्ध अपराध ।

**Unnecessary** 1. अनावश्यक; 2. व्यर्थ, फिजूल; **~delay** अनावश्यक विलंब ।

**Unofficial** 1. अशासनिक, अशासकीय, गैर-सरकारी; 2. अनौपचारिक; 3. अनाधिकारिक; **~letter** अशासकीय पत्र; **~note** ~नोट ।

**Unopposed** निर्विरोध ।

**Unparliamentary** 1. असंसदीय; 2. अशिष्ट; **~language** अशिष्ट, अपशब्द, दुर्वचन, असंसदीय भाषा ।

**Unpopular** 1. अलोकप्रिय; 2. अप्रिय ।

**Unprecedented** 1. अभूतपूर्व, अपूर्व; 2. अद्वितीय ।

**Unpredictable** 1. अपूर्वानुमेय; 2. अननुमेय ।

**Unproductive** 1. अनुत्पादक, अनुत्पादी; 2. अनुर्वर (not fertile); **~labour** ~श्रम; **~saving** ~बचत; **~works** ~संकर्म ।

**Unprofitable** 1. अलाभकर, अलाभप्रद, बेफायदा; 2. बेकार; **~contract** अलाभप्रद संविदा ।

**Unqualified** 1. अयोग्य, अनर्हित (विधि); 2. अप्रतिबंध; 3. बिना शर्त; 4. पूर्ण, संपूर्ण; 5. पक्का (downright); **~acceptance** बिनाशर्त प्रतिग्रहण ।

**Unquestionable** 1. असंदिग्ध; 2. प्रश्नातीत, अविवाद्य ।

**Unrealised** अप्राप्त; **unrealiseable** अप्राप्य, डूबी; **~sum** ~राशि ।

**Unreasonable** 1. अनुचित, अयुक्तियुक्त, हद से अधिक; 2. असंतुलित, हठीला, अविवेकी; 3. अकारण, निर्मूल, असंगत; **-ness** अयुक्तियुक्तता; **unreasonably** अनुचित रूप से; **~delay** अनुचित विलंब; **~sum** अयुक्तियुक्त राशि ।

**Unrecorded** 1. अनभिलिखित; 2. अलेखबद्ध, अलिखित ।

**Unregistered** 1. अपंजीकृत, अरजिस्टरित, अरजिस्ट्रीकृत; 2. साधारण; **~document** अरजिस्ट्रीकृत दस्तावेज; **~firm** ~फर्म ।

**Unrest** 1. अशांति, असंतोष, उपद्रव, गड़बड़; 2. बेचैनी, व्यग्रता, घबराहट; **-ful** 1. अशांत, 2. बेचैन, अधीर, 3. अशामक; **-ing** अथक ।

**Unrestricted** 1. अप्रतिबंधित, अनिर्बंधित; 2. असीमित, अबाधित ।

**Unsafe** 1. असुरक्षित, अक्षेमकर; 2. संकटपूर्ण, खतरनाक ।

**Unsatisfactory** 1. असंतोषजनक, असमाधानप्रद; 2. बहुत साधारण; **~answer** ~उत्तर; **~compliance** ~पालन ।

**Unsecured** 1. असुरक्षित; 2. अप्रतिभूत, प्रतिभूतरहित; **~creditor** अप्रतिभूत लेनदार; **~debt** ~ऋण; **~liability** ~दायित्व ।

**Unserviceable** 1. बेकार, अनुपयोज्य; 2. अनुपयोगी ।

**Unskilled** अकुशल; **~labour** ~श्रमिक ।

**Unsound** 1. विकृत; 2. अस्थिर, विक्षिप्त, अविश्वस्त; 3. अप्रामाणिक, गलत, झूठा; 4. अस्वस्थ (unhealthy); 5. दूषित, बिगड़ा हुआ, क्षतिग्रस्त; **-ness** विकृति; **~mind** विकृत चित्त ।

**Unspent** 1. खर्चा जो न हुआ हो; 2. अव्ययित; 3. अश्रांत (not tired); **~balance** अव्ययित शेष ।

**Unstable** 1. अस्थिर, अस्थायी; 2. अविश्वसनीय (unreliable); 3. असंतुलित; 4. चंचल; **~government** ~सरकार ।

**Unstarred** अतारांकित ।

**Unstinted** 1. पूर्ण, प्रचुर, अत्यधिक, विपुल; **~support** पूर्ण समर्थन ।

**Untenable** 1. असमर्थनीय; 2. अतर्कसंगत; 3. अयुक्तिसंगत; 4. अरक्षणीय ।

**Untouchable** 1. अस्पृश्य; 2. अछूत; 3. अतिसूक्ष्म (स्पर्शातीत); **untouchability** अस्पृश्यता, छुआछूत ।

**Untransferable** 1. अहस्तांतरणीय; 2. अनंतरणीय (विधि); **~right** अनंतरणीय अधिकार ।

**Unwanted** 1. अवांछित, अनचाहा; 2. अनावश्यक; **~animals** ~पशु ।

**Unwarranted** 1. अकारण; 2. अनपेक्षित, अनुचित; 3. अनधिकृत, अप्राधिकृत ।

**Unwieldy** 1. दुर्वह, बोझिल, भारी-भरकम; 2. भद्दा, भोंड़ा; 3. दुष्प्रयोजनीय ।

**Unwilling** अनिच्छुक; **-ly** अनिच्छा से; **-ness** 1. अनिच्छा, 2. गैर-रज़ामंदी ।

**Unworthy** 1. अयोग्य, नालायक; 2. निकम्मा, बेकार; 3. अनधिकारी; **~of credit** विश्वसनीयता के अयोग्य, विश्वसनीयता का अपात्र ।

**Update** 1. आधुनिक बनाना; 2. अद्यतन बनाना ।

**Upgrade** 1. ग्रेड बढ़ाना; 2. कोटि उच्च करना, उन्नत करना; 3. चढ़ाऊ, चढ़ावदार; 4. ऊपर; 5. चढ़ाई, उन्नति; **-d** उन्नत; **upgrading** उन्नयन ।

**Uphold** 1. मर्यादा बनाए रखना; 2. पुष्ट करना, मान्य ठहराना (विधि); 3. थामना, संभालना; 4. प्रोत्साहित करना, प्रोत्साहन देना (encourage); 5. समर्थन करना (support); **~objection** आक्षेप को मान्य ठहराना ।

**Upkeep** 1. रखरखाव, संभाल, मरम्मत (repair); 2. अनुरक्षण; 3. चालू रखना (विधि) ।

**Uplift** 1. उत्थान, उन्नयन; 2. प्रेरणा, उत्साह, उल्लास; 3. सुधारना, ऊपर उठाना; 4. में जान डालना; **-ment** उत्थान ।

**Upper** 1. ऊपरी; 2. अपर, प्रवर, वरिष्ठ; 3. उच्च; 4. ऊपर, ऊर्ध्व; **be on one's uppers** फटे हाल होना, तंगी में होना; **~age** ~आयु, उम्र; **~limit** ~सीमा; **~most** 1. सर्वोच्च, उच्चतम, 2. प्रबल, प्रमुख; **~chamber** उच्च सदन; **~crust** धनीवर्ग; **~primary** उच्च प्राथमिक; **~hand** छा जाना, विजय पाना ।

**Upright** 1. सच्चा, ईमानदार, सीधा, खरा; 2. खड़ा, सीधा; 3. लंब ।

**Upset** 1. अस्तव्यस्त होना, अपसेट, प्रक्षित; 2. गड़बड़ कर देना, में गड़बड़ पैदा

करना; 3. उलट देना; 4. गिरा देना, गिराया जाना; 5. घबड़ा देना; 6. परेशान करना; 7. गड़बड़ी, घबराहट, परेशानी, कष्ट, झगड़ा; **-ting** 1. घबरा देने वाला, 2. गड़बड़ पैदा करने वाला; **~price** प्ररक्षित कीमत, सरकारी बोली ।

**Urban** 1. शहरी, 2. नगरीय; **-isable** नगरयोग्य; **-ization** शहरीकरण/नगरीकरण; **-ize** नगरीय बना देना; **~area** नगरीय क्षेत्र; **~land** नगरीय भूमि ।

**Urgent** 1. तुरंत, अविलंब; 2. अर्जेंट; 3. अत्यावश्यक; 4. अत्यंत महत्त्वपूर्ण; **~application** अति आवश्यक आवेदन; **~case** ~मामला; **~slip** तुरंत पर्ची, अति आवश्यक पर्ची ।

**Usage** 1. प्रथा; 2. प्रयोग, व्यवहार; 3. चलन, प्रचलन, दस्तूर; 4. लोकाचार; **-s** (pl) प्रथाएँ; **~of trade** व्यापार की प्रथा ।

**Use** 1. उपयोग, उपभोग; 2. उपयोग करना, उपयोग में लाना; 3. प्रयोग; 4. प्रयोजन; 5. प्रथा, रिवाज; 6. लाभ, फ़ायदा; 7. आदत, अभ्यास; **-d** 1. पुराना; 2. व्यवहृत; 3. अभ्यस्त; **-ful** 1. उपयोगी, लाभदायक; 2. सफल, सुयोग्य; **-r** उपभोक्ता, उपयोगकर्त्ता, प्रयोक्ता; **-less** 1. बेकार, व्यर्थ; 2. अनुपयोगी; 3. निकम्मा, बेकार; **economic ~** आर्थिक उपयोग; **~up** समाप्त करना, खर्च कर डालना ।

**Usual** 1. सामान्य, प्रायिक; 2. साधारण; 3. मामूली, घिसापिटा; **-ly** प्रायः, सामान्यतः, साधारणतया; **~clauses** उपबंध जो प्रायः रखे जाते हैं; **~course** सामान्य अनुक्रम; **~hours** प्रायिक घंटे; **~mode** प्रायिक ढंग; **~way** प्रायिक रीति ।

**Usurp** 1. हड़पना, छीन लेना; 2. अनधिकार ग्रहण करना; **-ation** अनधिकार, ग्रहण, अपहरण; **-er** अपहारी ।

**Utility** 1. उपयोगिता, लाभ; 2. व्यवहार्यता; 3. उपयोगी वस्तुएँ; 4. जनुपयोगी सेवाएँ; 5. व्यावहारिक (शुद्ध) ।

**Utilize** 1. उपयोग करना, उपयोग होना; 2. उपयोग; 3. काम में लाना; 4. (का) व्यवहार करना; 5. से लाभ उठाना; **utilizable** उपयोगी, व्यवहार्य, प्रयोज्य; **utilization** उपयोग, व्यवहार ।

**Utmost** 1. अधिकतम, उच्चतम; 2. परम; चरम, भरसक (most extreme); 3. अंतिम, बाह्यतम; **~endeavour** अधिकतम प्रयास; **~exertion** भरसक प्रयास, अधिकतम परिश्रम ।

# V

**Vacancy** 1. रिक्ति, रिक्तता; 2. खाली जगह, शून्य स्थान; 3. अभाव, कमी, सुस्ती; **leave ~**अवकाश रिक्ति ।

**Vacant** 1. रिक्त, शून्य; 2. खाली (empty); 3. भावहीन, निर्जीव, सुस्त; **~post** ~पद ।

**Vacate** 1. खाली करना, रद्द करना; 2. छोड़ना (to quit); 3. बातिल करना (to annul); 4. निष्प्रभाव करना (to make void); **~office** पद रिक्त करना; **~order** आदेश को रद्द करना ।

**Vacation** 1. अवकाश, लम्बी छुट्टी; 2. विश्रामावकाश; 3. परित्याग; **~incharge** अवकाश प्रभारी; **~leave** लंबी छुट्टी; **~judge** प्रावकाश जज; **~pay** सवेतन अवकाश ।

**Vaccinate** टीका लगाना; **vaccination** टीका, टीका लगाना; **vaccinator** टीका लगाने वाला ।

**Vaccine** 1. वैक्सीन, 2. टीका ।

**Vague** 1. अनिश्चित, अस्पष्ट; 2. धुंधला; **-ly** अस्पष्ट रूप से, अनिश्चित रूप से; **-idea** ~विचार ।

**Valedictory** 1. समापन; 2. बिदाई; **~address** विदाई भाषण ।

**Valid** 1. विधिमान्य, वैध; 2. मान्य; 3. तर्कसंगत, युक्तियुक्त; **-ate** 1. विधिमान्य बनाना, 2. अनुसमर्थन करना; **-ation** विधिमान्यकरण; **-ity** विधिमान्यता; **~date** ~तिथि/तारीख; **~acknowledgement** विधिमान्य अभिस्वीकृति; **~argument** मान्य दलील; **~charge** विधिमान्य आरोप ।

**Value** 1. मूल्य, भाव; 2. उपयोगिता, महत्त्व; 3. कीमत, दाम; 4. अर्थ (meaning); 5. मूल्यांकन करना; **-s** (pl) 1. नैतिक मूल्य, 2. मान्यताएँ; **valuable** मूल्यवान, बहुमूल्य; **valuation** मूल्यन, मूल्यांकन; **-d** सम्मानित; **-r** मूल्यांकक; **-less** 1. मूल्यहीन, 2. निरर्थक, बेकार; **above par ~**अधिमूल्य पर; **absolute ~** निरपेक्ष मूल्य; **, par ~** सममूल्य ।

**Vanity** 1. घमंड, अहम्मन्यता; 2. आडंबर, दिखावा; 3. खोखलापन; 4. असार वस्तु; **~bag** बटुआ ।

**Variable** 1. परिवर्ती, परिवर्तनशील, भिन्न; 2. चर, अस्थिर, चंचल; **variability** भिन्नता, अस्थिरता; **~capital** परवर्ती पूँजी ।

**Variance** 1. अंतर, भिन्नता; 2. फेरफार; 3. मतभेद; 4. विवाद, वैमनस्य; 5. विरोध; **at ~**मतभेद; **at ~ with** से विसंवादी ।

**Variant** 1. प्रकारान्तर, रूपभेद; 2. भिन्न; 3. असंगत; 4. पाठभेद ।

**Variation** 1. परिवर्तन, रूपभेद, रूपांतरण; 2. विभिन्नता, फेरफार; 3. विचरण (deviation); 4. अपक्रम; 5. परिवर्तित रूप; **~in quality** गुणता वैभिन्य ।

**Variety** 1. विविधता, अनेकरूपता; 2. किस्म, प्रकार; 3. भेद, विभेद, प्रभेद;

4. संग्रह (collection); 5. विविध (मनोरंजन) ।

**Vegetarian** 1. शाकाहारी, निरामिष; 2. निरामिषभोजी; **-ism** शाकाहार ।

**Vehicle** 1. वाहन, सवारी; 2. यान (विधि); 3. माध्यम, वाहक; 4. साधन, उपाय; **~depot** वाहन डिपो; **~rate** यान दर ।

**Vender** विक्रेता, बेचने वाला; **~account** विक्रेता लेख ।

**Vengeance** प्रतिशोध, बदला; **, with a ~**अत्यधिक/पूर्णतया प्रतिशोध से, बड़े जोर शोर से, अत्यधिक ।

**Ventilate** 1. अभिव्यक्त करना; 2. संवातन; 3. प्रकाश में लाना, जनता को स्पष्ट करना; 4. खुले आम विचार-विमर्श करना; **ventilating** संवाती; **ventilation** 1. संवातन, 2. सार्वजनिक विचार-विमर्श; **ventilator** 1. संवातक, 2. वातायनी ।

**Venture** 1. साहस, साहसिक कार्य, जोखिम; 2. उद्यम; 3. दाँव पर रखना; 4. खतरे में डालना; 5. साहस करना; **-some** 1. साहसिक 2. निर्भीक, निडर; **at a ~**यों ही, यदृच्छया ।

**Venue** 1. स्थान, स्थल; 2. घटना-स्थल, मिलन-स्थान; 3. क्षेत्र ।

**Veracity** 1. सत्यपरकता, यथातथ्यता; 2. सत्यशीलता, सत्यवादिता, सत्यता; 3. सत्यनिष्ठा ।

**Verbal** 1. मौखिक/जबानी; 2. वाचिक; 3. शाब्दिक; 4. क्रियाविषयक (व्याकरण); **-ism** 1. शब्दाडम्बर, 2. शब्द-विचार; **-ity** शाब्दिकता; **-ly** मौखिक रूप से; **~agreement** मौखिक करार; **~device** वाचिक, उक्ति; **~order** मौखिक आदेश; **~warranty** ~वारंटी ।

**Verbatim** 1. शब्दशः; 2. शाब्दिक; **~report** ~रिपोर्ट ।

**Verdict** 1. अधिमत; 2. पंचनिर्णय, निर्णय; 3. मत, राय, विचार ।

**Verification** 1. सत्यापन; 2. प्रमाणीकरण; 3. जाँच; **~of antecedents** पूर्ववृत्त का सत्यापन; **~of stores** माल का सत्यापन; **~sheet** सत्यापन पत्रक ।

**Verified** 1. सत्यापित, सत्यप्रमाणित हुआ; 2. प्रमाणित; **~by affidavit** शपथ द्वारा सत्यापित; **~copy** सत्यापित प्रति ।

**Vernacular** 1. जनभाषा, देशी भाषा; 2. मातृभाषा; 3. स्थानिक भाषा; **-ism** बोली का मुहावरा; **~language** जनभाषा; **~newspaper** देशी भाषा का समाचारपत्र ।

**Version** 1. कथन, बयान, विवरण; 2. रूप, पाठ, पाठांतर; 3. अनुवाद, रूपांतर, भाषान्तर; 4. व्याख्या; **English ~** अंग्रेजी पाठ; **~of work** कृति का रूपांतर ।

**Versus** 1. बनाम, विरुद्ध; 2. प्रति ।

**Vertical** 1. खड़ा/खड़ी, सीधा/सीधी; 2. ऊर्ध्व, ऊर्ध्वाधर; 3. लंब, अनुलंब; 4. शीर्ष; 5. ऊर्ध्वस्थ; (overhead); **-ity** ऊर्ध्वता; **-ly** ऊर्ध्वतः, ऊर्ध्व रूप से; **~filing** खड़ी फ़ाइल; **-system** -पद्धति; **~support** ऊर्ध्व सहारा ।

**Vessel** 1. पोत, जलयान; 2. पात्र (container); 3. बर्तन (utensil); 4. वाहिका; 5. सुपात्र (chosen person); **sacred ~**पूजा-पात्र ।

**Vest** 1. निहित होना; 2. प्रदान करना; 3. से संपन्न होना/करना; 4. पहनाना; **-ed** निहित; **-in trust** न्यास निहित; **-interest** निहित हित, निहित स्वार्थ ।

**Vet** 1. पुनरीक्षण करना; 2. इलाज करना; 3. जाँचना; **-ting** पुनरीक्षण, जाँच करना ।

**Veteran** 1. धुरंधर; 2. दीर्घानुभवी, अनुभवी; 3. पुराना (old) ।

**Veterinary** पशुचिकित्सा; **~officer** पशुचिकित्सा अधिकारी; **~science** ~विज्ञान ।

**Veto** 1. निषेधाधिकार (वीटो); 2. निषेध, निषेधन; 3. निषेध करना, मना करना; 4. रोकना ।

**Via** 1. बरास्ता; 2. के मार्ग से, के रास्ते से; 3. द्वारा, से होकर; 4. मार्ग; **~media** मध्यमार्ग ।

**Viable** 1. व्यवहार्य; 2. जीवनक्षम; 3. अंकुरणक्षम; **viability** 1. व्यवहार्यता, 2. जीवनक्षमता ।

**Vice**[1] 1. के स्थान पर, 2. के बदले में; **~versa** 1. विपरीत क्रम से, 2. इसका उल्टा, उलटे, विलोमतः ।

**Vice**[2] 1. उप-; 2. वाइस-; **~chairman** उपाध्यक्ष; **~chancellor** उपकुलपति ।

**Vicious** 1. दूषित, दोषपूर्ण, द्वेषपूर्ण; 2. भ्रष्ट, दुष्ट, चरित्रहीन; 3. त्रुटिपूर्ण; 4. कटु; 5. चिड़चिडा; **~atmosphere** दूषित वातावरण; **~circle** दुश्चक्र ।

**Victimise** 1. तंग करना, सताना, शिकार बनाना; 2. परिपीड़ित करना, पीड़ा पहुँचाना; 3. उत्पीड़ित करना; 4. दंडित करना (penalize) ।

**Victory** 1. विजय; 2.जय; **~overself** आत्मविजय ।

**View** 1. दृष्टि; 2. दृश्य (scene); 3. अवलोकन, विचार, पर्यवलोकन; 4. जाँचना; 5. देखना, निहारना, निरीक्षण करना, समझना; **-s** (pl) 1. मत, विचार; 2. दृष्टिकोण; **-er** 1. दर्शक, 2. दृश्यदर्शी; **-less** 1. अदृश्य, 2. दृश्यहीन; **consistent ~** स्थिर/अविचल/निरंतर विचार; **~ of place** स्थान का अवलोकन; **point** 1. दृष्टिकोण, 2. विचार, 3. प्रेक्षण स्थान; **in~of** ध्यान में रखते हुए, के विचार से, के कारण; **with a ~** की दृष्टि से ।

**Vigilance** 1. सतर्कता, (against corruption); 2. चौकसी, सावधानी, निगरानी; **~committee** सतर्कता समिति; **~officer** ~अधिकारी; **~section** ~अनुभाग ।

**Vigorous** 1. जोरदार, सशक्त; 2. प्रभावशाली; 3. तेजस्वी, ओजस्वी; 4. भलाचंगा, सुस्वस्थ; **~efforts** ज़ोरदार प्रयास ।

**Vigour** 1. ओज; 2. तेजस्विता; 3. बल, ताकत ।

**Vindictive** 1. प्रतिशोधी; 2. दण्डात्मक; 3. प्रतिशोधात्मक (of measures) ।

**Violate** 1. अतिक्रमण करना, उल्लंघन करना; 2. दूषित करना; 3. तिरस्कार करना, अपमान करना; 4. बिगाड़ना, बाधा डालना; 5. नष्ट करना; **violation** अतिक्रमण, उल्लंघन, भंग; **violative** अतिक्रमणकारी; **violator** अतिक्रामक ।

**Violence** 1. हिंसा, प्रहार, मार; 2. बलप्रयोग; 3. तीक्ष्णता, उग्रता; 4. दुर्व्यवहार; **violent** 1. हिंसात्मक, 2. प्रबल, प्रचंड, तीक्ष्ण; 3. प्रखर, तेज, उग्र; 4. उत्कट, प्रगाढ़ ।

**Vires** शक्तिमत्ता (authority, power) ।

**Virtue** 1. सद्गुण; 2. नैतिकता, ईमानदारी; 3. गुण, विशेषता; 4. उत्कर्ष; 5. शक्ति, क्षमता; **virtuous** सद्गुणी, सदाचारी; **by~of** के आधार पर, के अधिकार से, के बल पर; **with a ~of necessity**

बड़े जोर-शोर से, अत्यधिक, हद से बढ़कर ।

**Visa** 1. वीज़ा, प्रवेशपत्र; 2. प्रवेश-अनुमति ।

**Vis - a - vis** 1. के सामने; 2. की तुलना में, के मुकाबले में; 3. सामने वाला ।

**Visible** 1. दृष्टिगोचर; 2. दृश्य, दृश्यमान; 3. प्रत्यक्ष, प्रकट, स्पष्ट, सुस्पष्ट; **visibility** 1. दृश्यता, 2. स्पष्टता; **~form** दृश्य रूप; **~representation** दृश्य रूपण ।

**Vision** 1. दृष्टि; 2. दृक् शक्ति; 3. अंतर्दृष्टि, सूक्ष्म दृष्टि (insight); 4. झाँकी, झलक; 5. दृष्टिसीमा (range of~) 6. दूरदर्शिता (foresight); 7. कल्पना-शक्ति; **-al** काल्पनिक; **-ary** 1. काल्पनिक; 2. अव्यावहारिक; 3. स्वप्नदृष्टा; 4. आदर्शवादी ।

**Visit** 1. आना, जाना; 2. भेंट, मुलाकात, परिदर्शन; 3. वीक्षण, निरीक्षण; 4 आगमन; 5. भेंट करना; 6. निरीक्षण करना; **-ed** हो गया, संदर्शन किया; **-ing** 1. मिलने/मुलाक़ात का; 2. अतिथि; **-hours** -समय; **-or** 1. आगंतुक; 2. परिदर्शक; 3. मुलाकाती; 4. पर्यटक; 5. निरीक्षक; **visitor's book** आगंतुक पंजी; **~gallery** दर्शक वीथि; **first ~** पहली भेंट ।

**Visual** 1. दृश्य; 2. दृष्टि-; 3. प्रत्यक्ष; **ize** अनुमान लगाना, दृष्टिगत करना; **~aid** 1. दृश्य साधन; **~image** ~बिंब; **~inspection** दृष्टिक निरीक्षण; **~publicity** दृश्य प्रचार; **~range** दृष्टि परास; **~tract** दृष्टि-पथ ।

**Vital** 1. महत्त्वपूर्ण, अत्यावश्यक; 2. जीवनाधार, मर्म, प्राणाधार; 3. अनिवार्य, मार्मिक; 4. सक्रिय, ओजस्वी, जानदार; **-ism** 1. जैवशक्तिवाद, **~ity** 1. जीवनशक्ति, 2. ओजस्विता, तेज, 3. स्थायित्व; **-ize** जीवन प्रदान करना, नये जीवन का संचार करना; **~limb** महत्त्वपूर्ण अंग; **~part** मर्मस्थल; **~service** अत्यावश्क सेवा; **~statistics** 1. जीवन-मृत्यु सांख्यिकी, 2. जीवन संबंधी आँकड़े ।

**Viva voce** 1. मौखिक परीक्षा; 2. मौखिकी; 3. मौखिक, ज़बानी ।

**Vivid** 1. सुस्पष्ट, विशद; 2. ओजस्वी, तेजस्वी, उत्साही; 3. जीवन्त, जीता-जागता; 4. सजीव, तीव्र; 5. चमकीला, तेज, चटकीला (light, colour); **-ness** सजीवता, सुस्पष्टता ।

**Viz. (videlicet)** 1. अर्थात्, यानी; 2. नामतः ।

**Vocabulary** 1. शब्द भंडार, शब्दावली; 2. शब्द-संग्रह ।

**Vocal** 1. मुखर; 2. वाचिक; 3. मौखिक; 4. सवाक्, मुखरित; **-ism** स्वर साधना; **-ist** गायक; **-ity** वाक्शक्ति-सम्पन्नता; **~cords** स्वर-तंत्री (स्वरयंत्र) ।

**Vocation** 1. व्यवसाय, पेशा; 2. कर्तव्य; 3. योग्यता; **-al** व्यावसायिक ।

**Voice** 1. आवाज, वाणी; 2. वाक्; 3. कथन, अभिव्यक्ति; 4. विचार, राय, मत; **-d** सघोष, सस्वर; **-ful** गुंजायमान; **-less** 1. अघोष, 2. अवाक्; 3. मौन, 4. मूक; **inner ~** अन्तर्वाणी; **with one ~** एकमत होकर ।

**Void** 1. शून्य; 2. अभाव; 3. रिक्त, खाली; 4. रद्द करना, अमान्य ठहराना; 5. खाली करना; 6. उत्सर्जित करना, निकालना; **-able** शून्यकरणीय, अमान्यकरणीय; **-ance** 1. रिक्ति, 2. अमान्यकरण; **~agreement** शून्य करार;

**~contract** शून्य संविदा ।

**Volume** 1. जिल्द, खंड, किताब, ग्रंथ; 2. मात्रा, परिमाण; 3. आयतन; 4. प्रबलता (loudness) ।

**Voluminous** 1. विशालकाय, विशाल; 2. प्रचुर, विपुल (copious); 3. विस्तृत, विस्तीर्ण; 4. बृहदाकार, भारी भरकम; 5. बहुसर्जक ।

**Voluntary** 1. ऐच्छिक, स्वैच्छिक, स्वेच्छा से; 2. अभिप्रेत; 3. संकल्पित, विमर्शित; **voluntarily** स्वेच्छया, स्वेच्छा से, खुशी से; **~contribution** स्वैच्छिक अभिदाय; **~retirement** स्वेच्छया निवृत्ति; **~settlement** स्वैच्छिक निपटारा; **~transfer** स्वेच्छया अंतरण ।

**Volunteer** 1. स्वयंसेवक, वालंटियर; 2. स्वयंसेवक बनाना; 3. अपनी सेवाएँ अर्पित करना; **-ed** स्वेच्छया; **~corps** स्वयंसेवक कोर ।

**Vote** 1. मत, वोट, मतदान; 2. मत देना, वोट देना; 3. प्रस्ताव; 4. चुनना, 5. बहुमत से पास करना; 6. सुझाव देना; **votable** मतदेय; **-d** दत्तमत; **-r** मतदाता; **voting** मतदान; **~of censure** निन्दाप्रस्ताव, परनिन्दा का प्रस्ताव; **~of thanks** धन्यवाद प्रस्ताव; **~of confidence** विश्वास प्रस्ताव; **~on accounts** लेखानुदान ।

**Voucher** 1. वाउचर, खर्च का पुरजा; 2. प्रमाणक (document); **issue ~** निर्गम वाउचर; **receipt ~** प्राप्ति वाउचर ।

**Vow** 1. प्रतिज्ञा, वादा; 2. व्रत; 3. संकल्प; 4. मनौती; 5. व्रत लेना, मन्नत मानना; **-s** (pl) व्रत; **religious ~** धार्मिक व्रत; **solemn ~** महाव्रत ।

**Voyage** 1. समुद्र-यात्रा; 2. यात्रा करना; 3. प्रगति, उन्नति (progress); **-r** यात्री ।

**Vulgar** 1. अशिष्ट, अभद्र, ग्राम्य; 2. गँवार, असभ्य (of person); 3. आम, सामान्य; **-ian** गँवार; **-ism** ग्राम्यता, ग्राम्य प्रयोग; **-ity** ग्राम्यत्व, गँवारपन, अभद्रता, ग्राम्य प्रयोग; **-ization** ग्राम्यीकरण; **~tongue** देशी, अपभाषा, भद्दी ज़बान ।

**Vulnerable** 1. सुभेद्य, भेद्य; 2. दोषपूर्ण; 3. छेद्य; 4. सुकुमार, कोमल; **vulnerability** भेद्यता; **highly ~** सहज भेद्य; **~point** मर्म स्थान ।

# W

**Wage** 1. मजूरी, मजदूरी; 2. वेतन, तनख्वाह; 3. बदला, इनाम; 4. में लगा रहना; **-s** (pl) मजदूरी; **~adjustment** मजदूरी समायोजन; **~administration** मजदूरी प्रशासन; **~board** वेतन बोर्ड; **~differential** मजदूरी अंतर/विभेद; **~freeze** मजदूरी स्थिरीकरण; **living ~**निर्वाह मजदूरी; **~payment** मजदूरी भुगतान; **~regulation** मजदूरी नियमन; **~war** युद्ध करना ।

**Wait** 1. प्रतीक्षा करना; 2. प्रतीक्षा, इन्तजार; 3. स्थगित करना (postpone); 4. रुकना, ठहरना; **-er** 1. प्रतीक्षक, 2. परिवेषक (बैरा); **-ing** प्रतीक्षा, इन्तजार; **-list** -सूची; **-period** -कालावधि; **-room** प्रतीक्षालय; **~upon** का सहचर होना, प्रतीक्षा; **lay ~for** घात लगाना ।

**Waive** 1. छोड़ देना, अधित्याग करना; 2. अधित्यजन करना (विधि); 3. दूर करना, हटाना, टलना; 4. पर आग्रह नहीं करना; **-d** अधित्यक्त; **-r** अधित्याग, अधित्यजन; **waiving** अधित्यजन, छोड़ना, छूट; **-right** अधिकार का अधित्यजन करना; **~the recovery** वसूली का अधित्यजन करना ।

**Want** 1. आवश्यकता, चाह; 2. अभाव, कमी, तंगी; 3. चाहना (to desire); माँगना; 4. आवश्यकता होना; 5. का अभाव होना; 6. के लिए जरूरी होना; **-s** (pl) 1. आवश्यकताएँ; **-ed** आवश्यकता है; **-ing** 1. आवश्यक, अपर्याप्त, 2. अप्राप्त; **~ of bills** बिलों के अभाव में; **~ of capacity** क्षमता का अभाव ।

**War** 1. युद्ध, समर; 2. संघर्ष; 3. शत्रुता; **-fare** 1. युद्ध, 2. संघर्ष (conflict) 3. युद्ध-स्थिति; **civil ~**गृह युद्ध; **cold ~**शीत युद्ध; **~monger** युद्धखोर; **~path** अभियान; **~risk** युद्ध जोखिम; **~insurance** ~बीमा; **~time** युद्धकालीन; **~surplus** ~अधिशेष; **world ~** महायुद्ध; **~of nerves** मनोबल तोड़ने के लिए लंबा अभियान; **~footing** युद्ध स्तर पर, पूरी ताकत से ।

**Ward** 1. वार्ड, हलका; 2. प्रतिपाल्य, आश्रित; 3. रक्षक, अभिरक्षा; 4. रोगीकक्ष; 5. रक्षा करना, अभिभावक होना; **-en** वार्डन; **-er** वार्डर; **-ship** अभिरक्षा; **~boy** वार्ड परिचर; **~keeper** वार्डरक्षक; **~master** वार्ड मास्टर ।

**Wareshouse** 1. मालगोदाम, भांडागार; 2. भांडागार में रखना; **-d** भांडागार में रखी गई; **warehousing** मालगोदाम, भांडागारण; **-charges** -प्रभार; **~authority** भांडागार प्राधिकारी; **~expenses** ~व्यय; **~keeper** ~भांडागारपाल; **~man** भांडागारपाल ।

**Warn** 1. चेतावनी; 2. चेतावनी देना; 3. पूर्व सूचना देना, बतलाना; **-ing** 1. चेतावनी, 2. सूचना, 3. पूर्वसूचना;

~sign ~संकेत ।

**Warrant** 1. वारंट, अधिपत्र; 2. वारंटी देना; 3. समर्थित करना, समर्थन देना; 4. समुचित आधार; 5. उचित कारण; 6. अधिकार देना; 7. औचित्य प्रमाणित करना; 8. सच्चाई का आश्वासन देना; **-able** न्यायसंगत, उचित; **-ed** समर्थित, अधिदिष्ट; **warranty** वारंटी; **~case** वारंट मामला; **money ~**धन वारंट; **~of precedence** पूर्वता वारंट/अधिपत्र; **~officer** वारंट अधिकारी ।

**Wash** 1. धोना; 2. धुलाई; 3. साफ करना; 4. तर करना, भिगोना; 5. बहा ले जाना; 6. पानी में छानना; **-able** धोने योग्य; **-ery** धोवनशाला; **-ing** धुलाई; **-allowance** -भत्ता; **~man** धोबी; **~way** बाढ़ से बना दर्रा; **~away** 1. मिटा देना, 2. धो डालना; **~into** बहकर आना **~out** 1. धो देना, 2. खंगालना, 3. मिटा देना, 4. चौपट, ठप्प, निकम्मा ।

**Wastage** 1. बरबादी, नाश; 2. छीजन; अपव्यय; 3. हानि, क्षति ।

**Waste** 1. रद्द; 2. बंजर; उजाड; 3. बरबादी, दुर्व्यय; 4. अपशिष्ट (superfluous, left over) 5. दुर्व्यय करना (to expend uselessly); **~ful** 1. अपचयकारक, 2. खर्चीला, 3. अपव्ययी; **wasting** क्षयशील, विनाशकारी, अपव्ययी; **~basket** रद्दी की टोकरी; **~land** बंजर भूमि, उजाड़ भूमि; **~paper** रद्दी; **basket** रद्दी की टोकरी; **~place** बेकार स्थान; **~away** घुलना, क्षीण हो जाना; **lay ~**उजाड़ना ।

**Watch** 1. पहरा, निगरानी, चौकसी; 2. घड़ी; 3. पहरा देना, पहरा करना, नजर रखना, निगरानी रखना; 4. सतर्कता, सावधानी, खबरदारी; 5. अवलोकन, चौकी प्रहरी; **-er** चौकीदार; **-ful** चौकस, खबरदार, सावधान; **~ing** देखरेख; **-of delivery** मालदेने/परिदान की देखरेख; **~dog** 1. निगरानी करने वाला, 2. हितप्रहरी; **~man** प्रहरी, चौकीदार; **~(and) ward** पहरा व निगरानी; **~word** 1. संकेत शब्द, 2. नारा, 3. आदर्श वाक्य; **~for** से प्रतीक्षा करना; **~over** की देखरेख करना; **~out** सतर्क रहना; **~one's time** मौके की ताक में रहना ।

**Water** 1. जल, पानी; 2. जलक्षेत्र; **-s**(pl) सागरखंड; **-ing** पानी पिलाना, पिलाना; **~carriage** जलपरिवहन; **~carrier** जलवाहक; **~course** 1. जलमार्ग, 2. जलसरणी, 3. कुल्या; **~dispute** जलविवाद; **~mark** जलांक; **~trough** चरही; **waste ~** बेकार जल; **~way** जलमार्ग; **~works** जलकल विभाग; **in smooth~** 1. चैन से काटना, चैन की बंसी बजाना; **in deep -(s)** मुसीबतों में घिरे होना; **in hot ~** मुश्किल में पड़ना; **in low ~**हताश, मायूस, खस्ताहाल ।

**Waybill** 1. मार्गपत्रक; 2. रवन्ना; 3. माल-सूची ।

**Ways** 1. तरीका, तरीके; 2. चालचलन, आचरण (behaviour); 3. व्यक्तिगत विशेषता; **~and means** अर्थोपाय; **-committee** -समिति; **go on ~** राह लेना, प्रस्थान करना, चल पड़ना ।

**Wealth** 1. धन, दौलत, संपत्ति; 2. वैभव, अमीरी; 3. प्राचुर्य, बहुलता; **-y** धनी, दौलतमंद; **national ~** राष्ट्रीय संपत्ति; **~tax** धनकर, संपत्तिकर; **~of words** शब्दजाल, शब्दांडबर, वाक्पटुता ।

**Wear** 1. तोड़ना; 2. टूट; 3. धारण करना,

पहनाई; 4. पहनावा; 5. थकाना, थक जाना; 6. मुड़ जाना, मोड़ना (जहाज); -able पहनने योग्य; -iness थकावट; -ing 1. थकाऊ, 2. छिजाने वाला; ~and tear 1. टूट-फूट, कट-फट, 2. घिसाई; ~away घिस जाना, मिटना; ~down घटा देना; ~off धीरे-धीरे समाप्त हो जाना; ~on धीरे-धीरे बीत जाना; ~out 1. छिजाना; 2. थका देना; ~through the day ज्यों-त्यों दिन काटना; दिन पूरे करना ।

**Weather** 1. मौसम; 2. ऋतु; -ing अपक्षय; ~cock बेपेंदी का लोटा; ~proof वर्षासह; ~report मौसम रिपोर्ट; ~wise मौसमानुसार, मौसम पारखी; make heavy~of पहाड़ लगाना; under the ~तबियत ठीक न होना; fair~friends मतलबी यार; to make fair ~ खुशामद करना, राजी करना, मनाना ।

**Weed** 1. घासपात; 2. खरपतवार; 3. छाँटना, उखाड़ना, निकालना; -ing छँटाई (अभिलेखों/रिकार्डों की), निराई; ~control घासपात नियंत्रण; ~out 1. निराई करना; 2. छँटाई करना ।

**Week** सप्ताह; -ly साप्ताहिक; -statement बचे हुए कामों का साप्ताहिक विवरण; -off -छुट्टी; -reserve साप्ताहिक छुट्टी रिज़र्व; ~days कार्यदिवस; ~end सप्ताहांत ।

**Weigh** 1. तोल; 2. तोलना, वज़न करना, वज़न होना; 3. उठान; 4. भारी होना; 5. सावधानी से चुनना; 6. का महत्त्व होना, प्रभाव डालना; -able तोल्य; -ing तोलना; -machine तोल मशीन, तुला; -ment तोल; -charges तोल-खर्च; ~bridge तुला चौकी; ~man तुलाईकार; ~down 1. दबाना, झुकाना, 2. उदास करना; ~in with प्रभावी तक/दलील पेश करना; ~one's words नपी तुली बात करना; ~up कूतना, तौलना; ~with प्रभावित करना ।

**Weight** 1. महत्त्व, बल (importance); 2. बोझ; 3. भार, तौल, वजन; 4. बाट; 5. प्रभाव (influence) 6. अधिक भार डालना, बोझ डालना; -age 1. महत्त्व, बल, वरीयता, अधिमान; 2. भार; -ed भारित; -ing भारण; -y 1. भारी, वज़नी, 2. महत्त्वपूर्ण, 3. प्रभावशाली; gross ~ कुलभार; net ~शुद्ध भार; pull one's ~ अपना बोझ आप उठाना ।

**Welcome** 1. स्वागत, आदर, सत्कार; 2. स्वागत करना; 3. अभिनन्दन; 4. सुखद (pleasing); ~address स्वागत भाषण, 2. अभिनन्दन पत्र; warm ~हार्दिक स्वागत; make one ~ आँखे बिछाना; bid ~ तपाक से स्वागत करना ।

**Welfare** 1. कल्याण, 2. कुशल-क्षेम; ~activities कल्याण कार्य; ~centre कल्याण राज्य; ~commissioner कल्याण आयुक्त; ~officer ~अधिकारी; ~state कल्याणकारी राज्य; ~ of workers कर्मकारों का कल्याण ।

**Well** 1. ठीक, कुशलक्षेम, भलाई, कल्याण; 2. अच्छा, स्वस्थ, निरोग, तन्दुरुस्त; 3. अच्छा, अच्छा फिर, क्यों? 4. अनुकूल, ठीक-ठाक; -advised 1. सुविवेचित, 2. बुद्धिमान; ~balanced सुसंतुलित; ~being भलाई; ~founded सुआधारित; ~known सुविख्यात; ~versed सुप्रवीण; ~wisher शुभचिन्तक; as~as के अतिरिक्त, अलावा भी, के बराबर; just as ~बुरा क्या है, कोई बात नहीं; ~off/to do

सौभाग्यशाली, धनी, खुशहाल, खाते-पीते ।

**Wharf** 1. घाट; 2. माल चढ़ाने-उतारने का स्थान; 3. घाट पर ठहरना; **-age** 1. घाट-भाड़ा, 2. स्थान-भाड़ा; **~charges** घाट प्रभार; **~supervisor** घाट पर्यवेक्षक ।

**Whereabouts** 1. अता-पता; 2. ठौर-ठिकाना, पता-ठिकाना; 3. कहाँ ?

**Whereas** 1. जबकि; 2. यतः (विधि); चूँकि, क्योंकि ।

**Whimsical** 1. सनकी, झक्की; 2. बेतुका, मनमौजी; 3. अनोखा, अनूठा, निराला; 4. बेतुका, ऊटपटांग ।

**Whip** 1. सचेतक (राजनीति); 2. कोड़ा लगाना; **-ping** 1. सचेतक जारी करना (सामान्यतः 'सचेतक' का ही प्रयोग किया जाता है; 2. कोड़ा लगाना; **~off** झपट लेना; **~on** भड़काना; **~out** झटके से खींचना; **~up** प्रेरणा देना; **to have the~hand of** बागडोर हाथ में होना ।

**Whisper** 1. कानाफूसी; 2. कानाफूसी करना, फुसफुसाना; 3. सरसराहट; **-er** कनफुसका; **-ing** फुसफुसाहट, कानाफूसी ।

**White** 1. श्वेत, सफ़ेद; 2. शुभ्र; 3. कोरा; 4. पारदर्शक; 5. ईमानदार (honest); 6. शुद्ध, पवित्र, निर्दोष; **-n** सफ़ेद करना; **-ness** श्वेतता; **~ant** दीमक; **~collar** बाबूगिरी, सफ़ेदपोश; **~coal** जलशक्ति; **-elephant** सफेद हाथी, व्यर्थ खर्च; **~paper** श्वेत-पत्र; **~war** रक्तपातहीन युद्ध, आर्थिक लड़ाई; **~washing** 1. सफ़ेदी करना; 2. लीपापोती करना; **blood ~** कंगाल कर देना; **~night** आँखों में रात ।

**Whole** 1. पूरा, पूरा-पूरा, समूचा; 2. पूर्ण, संपूर्ण; 3. समष्टि, कुल, जोड़, सर्वयोग; 4. समग्रता, अखंड; 5. भला-चंगा; **wholly** पूर्णतः, पूर्ण रूप से, पूर्णतया; **-ness** पूर्णता; **~coverage** पूर्ण व्याप्ति; **-sale** थोक; **-saler** थोकव्यापारी; **-some** स्वास्थ्यप्रद; **-time** पूर्णकालिक; **-employee** -कर्मचारी; **-make out of~cloth** मनगढ़न्त, मिथ्या ।

**Wide** 1. चौड़ा; 2. बहु-; 3. विस्तीर्ण, विस्तृत, व्यापक; 4. विशाल, लंबा-चौड़ा; 5. बड़ा, वृहत्; 6. उदार, सामान्य, निष्पक्ष; **-n** फैलाना, बढ़ाना; **-ly** 1. बहु, 2. दूर तक, पर्याप्त मात्रा में; **-read** बहुपठित, सुपठित; **~fluctuation** व्यापक उतार-चढ़ाव; **~margin** काफी गुंजाइश, पर्याप्त गुंजाइश; **~ranging** व्यापक; **~spread** दूर तक फैला हुआ ।

**Wield** 1. काम में लाना; 2. नियंत्रित करना; 3. सँभालना, चलाना ।

**Wild** 1. वन्य, जंगली; 2. उजाड़, निरंकुश, बंजरभूमि, बीहड़; 3. निरंकुश, अनियंत्रित; 4. प्रचंड, तूफानी, तीव्र; 5. क्रोधोन्मत्त; 6. अंधा-धुंध; 7. अविवेचित, अव्यावहारिक; **-ly** बेतहाशा, अंधाधुंध; **-cat** खतरे की घंटी, खतरा; **~fire** 1. अग्निकांड, 2. छलावा, 3. बड़ी तेजी से; **~life** वन्य जीव; **-run** ~बेलगाम, निरंकुश होना; **drive ~** पागल कर देना ।

**Wilful** 1. जानबूझकर; 2. हठीला, हठधर्मी; **-ly** जानबूझकर; **-ness** हठ, दुराग्रह; **~absence** जानबूझकर अनुपस्थिति; **~act** जानबूझकर किया गया कार्य ।

**Winding** 1. समापन, परिसमापन; 2. परिसमापन करना, समेटना; **~affairs** कार्यकलाप का परिसमापन करना; **~up** समापन ।

**Wing** 1. स्कंध, खंड, भाग; 2. पक्ष; 3. पंख, पर; 4. पार्श्व-भाग; 5. उग्र पक्ष

(राजनीति); **-ed** 1. सपक्ष, 2. घायल, 3. द्रुतगामी; **-words** अर्थपूर्ण शब्द, तीर की तरह निशानें पर लगाना; **~less** पक्षहीन; **~commander** विंग कमांडर; **~officer** ~अफसर; **take under one's ~** शरण में लेना; **take ~**रफूचक्कर हो जाना ।

**Winner** 1. विजेता, जेता; 2. विजयी ।

**Wipe out** 1. मिटा देना, मिटाना; 2. सत्यानास करना ।

**Wireless** 1. बेतार; 2. रेडियो; 3. बेतार का तार प्रेषित करना; **~communication** ~संचार; **~diffusion** ~विसारण; **~operator** ~प्रचालक; **~supervisor** ~पर्यवेक्षक ।

**Wise** 1. बुद्धिमान, समझदार; 2. विवेकी; 3. जानकार; **~crack** पते/मार्के की बात, जोरदार नुक्ता; **~up** 1. चेताना, सावधान करना; 2. जानकारी प्राप्त करना; **~after the event** ठोकर खाकर अक्ल की बात करना; **get~to** समझ आ जाना ।

**Wit** 1. वाक्पटुता, वाक्चातुर्य, वाक्विदग्धता; 2. हाजिरजवाब व्यक्ति; **-less** मूर्ख, नासमझ; **out of one's ~**आपे से बाहर, पागल; **at one's wits end** हतबुद्धि ।

**Withdrawal** 1. वापसी; 2. प्रत्याहरण (the act of withdrawing); 3. वापस लेना; 4. निकालना, निकाला जाना, निकासी; 5. लौटना; **~of motion** प्रस्ताव वापिस लेना; **~slip** आहरण (रुपया निकालने की) पर्ची ।

**Withhold** 1. रोक लेना, रोकना; 2. विधारित करना; 3. देने से मना करना; **-ing** रोकना; **~payment** संदाय रोकना; **~refund** प्रतिदाय रोकना; **~one's hand** कार्यवाही न करना ।

**Within** 1. अंतर्गत; 2. अंदर, भीतर; 3. मन में; 4. के अंदर, के अंतर्गत; 5. से कम, की सीमा के अंदर; **~meaning of** के अर्थ में, के अर्थ के भीतर; **~purview** क्षेत्रांतर्गत, क्षेत्र के भीतर ।

**Without** 1. बिना, के बिना, से रहित, से मुक्त; 2. अ-/अन-; 3. निः-; 4. बाहर; **~arms** निरायुद्ध; **~authority** बिना प्राधिकार, प्राधिकार के बिना; **~delay** अविलंब; **~deviation** विचलन बिना, विचलित हुए बिना; **~fail** अवश्य ही; **~payment** निःशुल्क; **~risk** जोखिम के बिना ।

**Withstand** 1. सहन करना, सह सकना; 2. का विरोध करना, का मुकाबला करना ।

**Witness** 1. साक्षी, गवाह, प्रत्यक्षदर्शी; 2. साबित करना, प्रमाणित करना; 3. साक्ष्य देना, गवाही देना; **~box/stand** गवाह का कठघरा, साक्षी कठघरा; **eye ~**प्रत्यक्षदर्शी; **credible ~** विश्वसनीय साक्षी ।

**Work** 1. कार्य, काम, कर्म; 2. कृति; **-able** व्यावहारिक; **-ed** कार्यचालित; **-er** कामकर, कर्मकार, कार्यकर्त्ता; **-less** बेकार; **academic ~** शैक्षणिक कार्य; **~agent** करिंदा; **-load** कार्यभार; **~man** कर्मकार; **-ship** कर्मकौशल, कारीगरी; **~sheet** कार्यपत्रक; **~shop** 1. कार्यगोष्ठी 2. कर्मशाला; **~shy** कामचोर; **~study** कार्य अध्ययन; **~in** 1. के लिए जगह बना लेना; **~off** 1. शांत करना, 2. बेचना, 3. निकालना, पूरा करना; **~on** प्रभावित करना; **~out** 1. हल करना; 2. परिणाम निकालना; 3. संपादित करना; 4. कार्यान्वित करना; **~up** 1. गंभीर अध्ययन करना,

2. उत्तेजित करना; **~to rule** धीरे काम करना ।

**Working** 1. व्यावहारिक, कामचलाऊ; 2. सक्रिय, चालू; 3. श्रमजीवी; 4. कार्यकारी; 5. कार्यचालन, कार्यकरण, कार्यपालन; 6. कार्य-; 7. कामकाज; **~capital** कामकाज पूंजी; **~chairman** कार्यवाहक अध्यक्ष; **~committee** कार्य समिति; **~cost** कार्यपालन लागत; **~days** कार्य/काम के दिन; **~group** कार्यकारी दल; **~hours** काम के घंटे; **~knowledge** कार्यसाधक ज्ञान, व्यावहारिक ज्ञान; **~result** कार्य परिणाम; **~season** कार्य मौसम; **~out** 1. विस्तार; 2. नतीजा, परिणाम; 3. विकास; 4. परिकलन ।

**Works** 1. कृति; 2. संकर्म, कर्म; 3. निर्माण भवन, इमारतें, पुल, बाँध; 4. कर्मशाला, कारखाना, कल-पुर्जे; **~abstract** संकर्म सार; **~accounts** संकर्म लेखे; **~cost** संकर्म लागत; **~irrigation** सिंचन संकर्म; **~outlay** संकर्म परिचय; **petty ~** छोटे-छोटे संकर्म; **give on the ~** मुसीबत में डालना; **get the ~** जुल्म का शिकार होना; **shoot the ~** सब कुछ दाँव पर लगाना ।

**Worsen** 1. बदतर करना; 2. बदतर होना, और बुरा होना; **-ing** बिगाड़, विकृति ।

**Worth** 1. योग्यता; 2. मूल्य, गुण, महत्त्व; 3. के योग्य; 4. का मालिक/स्वामी; **-less** 1. बेकार, रद्दी, 2. निकम्मा; **-y** गुणसम्पन्न, योग्य, यशस्वी; **~while** लाभप्रद, लाभकर ।

**Wound** 1. घाव; 2. ठेस (injury done to feelings etc.); 3. हानि; 4. घायल करना; 5. ठेस पहुँचाना; **-ed** 1. घायल, आहत, जख्मी; 2. अपमानित; **~pension** क्षति/घायल पेंशन ।

**Writ** 1. रिट; 2. आदेश, समादेश, हुक्मनामा; **~ of attachment** कुर्की-आदेश; **~ of prohibition** प्रतिषेध रिट; **~ of quo warrant** अधिकारपृच्छा रिट ।

**Write** 1. लिखना, लिख देना; 2. रचना करना; 3. अंकित करना; 4. भर देना; **written** लिखित, लिखा हुआ; **-r** 1. लेखक, कातिब, 2. रचयिता, रचनाकार, लेखक, लेखिका; **writing** 1. लिखावट, 2. लेख, 3. लेखन, रचनाएँ; **-pad** लेखन पैड; **~back** प्रतिलेखन; **~down** अवलेखन; **~off** 1. बट्टे खाते डालना, 2. अपलिखित करना, 3. रद्द करना, 4. नष्ट समझ लेना; **~up** 1. आलेख, 2. पूरा करना, 3. प्रशंसा करना ।

**Wrong** 1. गलत, दोष; 2. दोषपूर्ण, खराब; 3. अन्याय (whatever is not right or just); 4. ग़लत (incorrect, mistaken); 5. अनुपयुक्त, अनुचित; 6. भ्रम में, भ्रांति; **-ed** अन्याय किया गया, अपकृत; **-ful** 1. दोषपूर्ण, सदोष, 2. अन्यायपूर्ण, 3. अनुचित; **-ly** ग़लत तौर पर, भूल से, ग़लत किया गया; **-rejected** ग़लत तौर पर नामंजूर; **~number** गलत नंबर; **~side** उलटी, चालीस से ऊपर; **get some one in ~** किसी को किसी की नजरों में गिरा देना; **put one in the ~** किसी को दोषी ठहराना/बताना; **in the~box** प्रतिकूल परिस्थिति में ।

# X

**Xerox** जिराक्स; **~copy** ~प्रति ।

**X-ray** 1. एक्सकिरण; 2. एक्सरे; 2. एक्स-किरण फोटो लेना; **~assistant** ~सहायक ।

# Y

**Yard** 1. यार्ड, अहाता, बाड़ा, प्रांगण; 2. पलदंड; 3. बाड़े में रखना; **-age** लम्बाई, आयतन; **~foreman** यार्ड फौरमैन; **~master** यार्ड मास्टर; **~stick** मानदंड ।

**Year** 1. वर्ष, साल; 2. अवस्था; **-s (pl)** वर्ष, 2. अवस्था; **-ly** 1. वार्षिक, 2. प्रतिवर्ष; **~book** वर्ष-पुस्तिका; **~long** वर्षभर का; **~to year** वर्षानुवर्ष ।

**Yes man** 1. हाँ में हाँ मिलाने वाला; 2. जी हज़ूरिया, चमचा ।

**Yield** 1. लब्धि, प्राप्ति; 2. उपज, पैदावार, उत्पादन, फसल; 3. देना; 4. उत्पन्न करना; 5. झुक जाना; 6. आत्मसमर्पण करना; **-ing** 1. सुनम्य, 2. आज्ञाकारी, 3. विचलित होने वाला; **~income** आय देना; **~tax** उपज कर; **~up** छोड़ देना ।

**Young** 1. बाल; तरुण, नौजवान; 3. अनुभवहीन; **-er** कनिष्ठ; **-ish** किशोर; **~man** उत्साही समाज सुधारक; **~person** तरुण व्यक्ति; **~turk** उग्र सुधारक ।

**Youth** 1. युवक, किशोर; 2. यौवन; 3. युवा; 4. किशोरावस्था (विधि); **-ful** किशोर; **-offender** किशोर अपराधी; **~movement** युवा आंदोलन; **~welfare** युवक कल्याण ।